学術としての民法 I

20世紀フランス民法学から

大村敦志―［著］

東京大学出版会

SCIENCE ET TECHNIQUE EN DROIT CIVIL
tome 1: De la France XXe siècle
Atsushi OMURA
Presses universitaires de Tokyo, 2009
ISBN978-4-13-031183-0

はしがき

　(1)　「学術としての民法」は，F・ジェニーの名著『実定私法における科学と技術』全4巻 (1913–24) を念頭に置いて付けた表題だが，「民法における『学』と『術』」と言った方が適当かもしれない．「学(理)」を主，「(技)術」を従としつつ，「学理」に基礎づけられた「技術」を探求する (これは，日本民法典の起草者の一人である富井政章の法学観でもある) という趣旨である．

　全体のコンセプトを一言で言えば，20世紀のフランス民法学を鏡にして (I)，21世紀の日本民法学のあり方を模索する (II) ということになる．第I巻には，20世紀のフランス民法学を，時期的には世紀の初めと終わりに絞って，方法的には総論と各論の双方について，それぞれ論じた2編の連載論文 (未発表分の草稿と新稿を含む) とこれら2編にかかわる小論を，第II巻には，現代日本の一民法学者としての私が書いた20数編の論文を，それぞれ配した．

　(2)　Iの第1編では，20世紀フランス民法学は，狭義の法律家だけでなくより広く市民一般を対象とした「共和国の民法学」として性格づけられるのではないかと考えて，その成立の背景を探った．「共和国の民法学」は具体的には，共和国＝市民社会が提示する諸問題に対応すべく，伝統的な民法上の諸概念を練り直す試みとして展開されたと考えるが，このことを示そうとしたのがIの第2編である．そして，Iの第3編・第4編には，第1編・第2編を補うものとして，フランス民法典200周年の機会に書いたもの，個別の問題につきフランス法を検討したものを集めた．

　Iの前2編の構想は1999年8月〜2000年6月の在外研究中に固め，資料もある程度まで収集した．しかし，帰国後は以前から約束してあった教科書類の執筆や大学内外の様々な雑事に追われ，締切のない原稿の執筆に割く時間を見いだすのは容易ではなかった．雑誌既発表の部分は2002年から2004年にかけて書き継いだものだが，その後は，何度も続編執筆の計画を立てては見たものの，結局のところ完成には至らなかった．本書の刊行にあたり，未発表の草稿

を整理するとともに，新たに「補章」を書き下ろした．これにより，全体の概略をほぼ示すことができたように思う．

　(3)　II所収の小論は，Iで示したフランス民法をめぐる学術のあり方に学び，それを実践に移そうとした私自身のささやかな試みの記録である．これらの小論においては，現代日本の市民社会が提示する問いのいくつかに答えるべく，第1章では，取引関係や家族関係とは性質の異なる「社会的なきずな」に注目し，これを構成する諸概念を抽出・整序し，また，第2章では，新しい制度の構築の際の力学に着目するとともに，人・物，親子・夫婦や契約といった基本概念を更新するように努めた．そして，第3章では，日本の民法学・民法教育の来し方・行く末に思いをめぐらせたが，そこでは社会から法へのシグナルをいかにとらえるかが大きなテーマになっている．

　IIの諸論文の大部分は，1998年から2007年の間に，様々な機会に求めに応じて執筆したものである．その時々にそれなりに力を注いで書いてはみたが，第1章・第2章での試みは緒に就いたばかりであり，第3章における見通しも暫定的なものにとどまる．道はなお遠いが，これまでの成果をまとめた上でさらなる歩みを続けたい．

　(4)　1990年代に執筆した小論は，「生活民法研究I・II」という副題を持つ2冊の論文集（『契約法から消費者法へ』，『消費者・家族と法』）として東京大学出版会から出版していただいた．本書はこれに続くものである．学術書の出版が困難になっているなか，こうしてまた2冊の論文集の出版を引き受けて下さったのは，前著と同じく，同会編集部の羽鳥和芳さんである．2008年度末に退職された同氏の多年のご厚情に対し，この場を借りて改めてお礼を申し上げるとともに，同氏の今後のご活躍をお祈りする．また，細かな作業については矢吹有鼓さんが担当して下さった．そして，原稿のとりまとめや初出の確認などについては，いつもながら私設秘書の伴ゆりなさんを煩わせた．お二人にもあわせてお礼を申し上げる．

　2009年5月

　　　　　　　　　　　　　　　　　　　　　　　　　　大村　敦志

目　次

はしがき

第 1 編　共和国の民法学

序　言　1999 年―2004 年の科学学派 …………………………………………… 3

第 1 章　科学学派の誕生 …………………………………………………………… 8
第一節　大学改革から見た科学学派 ……………………………………………… 8
第一　ジュール・フェリーの共和国……………8
　　一　初等教育改革　二　高等教育改革
第二　「大学」をめぐる状況……………14
　Ⅰ　文学部の場合……………14
　　一　社会学の誕生　二　「新ソルボンヌ」論争
　Ⅱ　法学部の場合……………20
　　一　政治経済学の導入　二　先駆者たち

第二節　司法改革から見た科学学派 ……………………………………………… 25
第一　法律家たちの共和国……………25
　　一　法学部での修学　二　法律家の地位
第二　「司法」をめぐる状況……………31
　　一　「司法革命」　二　ドレフュス事件　三　マニョー判事

第 2 章　科学学派の背景 …………………………………………………………… 38
第一節　科学学派と連帯主義 ……………………………………………………… 38
第一　連帯主義の潮流……………38
　Ⅰ　思想：L・ブルジョワを中心に……………38
　Ⅱ　理論：E・デュルケムを中心に……………42
第二　法学における連帯主義……………45
　Ⅰ　公法学の場合……………45
　　一　L・デュギー　二　M・オーリウ

　　　　Ⅱ　民法学の場合……………………49
　　　　　一　科学学派の時代　二　ポスト科学学派の時代
　　第二節　科学学派と世界主義……………………………………………………54
　　　第一　ドイツの存在……………54
　　　　Ⅰ　一般的傾向……………54
　　　　Ⅱ　ドイツ法学への傾斜……………55
　　　第二　比較法学の生成……………57
　　　　Ⅰ　制度の側面……………57
　　　　Ⅱ　担い手の側面……………58

補章　日本における科学学派の受容……………………………………………………60
　　　Ⅰ　戦前……………60
　　　　1　先駆者　2　主唱者――自由法論者・牧野英一　3　その他の者
　　　Ⅱ　戦後……………72
　　　　1　思想的観点　2　解釈的観点
　　むすびに代えて――星野民法学と科学学派……………79

間章　ベルエポックの法人論争……………………………………………………81
　　はじめに……………81
　　　Ⅰ　饗宴への招待――ベルエポックの法人論争の内容……………83
　　　　一　1912年・20年：デュギーの見たミシュー
　　　　二　1906年：ミシューの見たデュギー
　　　　三　1911年：ドゥモーグの見たデュギー・ミシュー
　　　　四　小括
　　　Ⅱ　饗宴のあとさき――ベルエポックの法人論争の知的環境……………91
　　　　一　ミシューに書かれていたこと　二　論争の意味すること
　　おわりに……………96

第2編　基本概念としての人・物・契約

序　言　試される基本概念……………………………………………………103

第1章　「人」の優越……………………………………………………108

　第一節　主体の確立……………………………………………………108
　　第一　意思の肯定……………108
　　　Ⅰ　契約の場合……………108

         一　意思の擬制　二　意思の変性
      Ⅱ　制度の場合…………116
         一　婚姻　二　会社
    第二　人間の尊厳…………121
         一　名誉　二　私生活　三　アイデンティティ

  第二節　支配の拡大………………………………131
    第一　人格の表象…………131
         一　イメージ　二　名前
    第二　人格の外延…………135
         一　知的財産権　二　団体訴権

第2章　「事物」の存在……………………………141
  第一節　物の性質…………………………………141
    第一　価値の化体…………141
      Ⅰ　生命の尊重…………141
         一　人体　二　動物
      Ⅱ　文明の存続…………149
         一　文化財　二　環境
    第二　物質の領分…………155
      Ⅰ　物からの解放…………155
         一　経済的所有権
      Ⅱ　労働力…………159
      Ⅲ　物の代替…………161
         一　情報　二　助言
      Ⅳ　物の力──失効の法理…………165

補章　基本原理に関する研究動向………………………169
      Ⅰ　契約に関するもの…………170
         一　契約内容　二　整合性・道義性　三　一般利益・権力
      Ⅱ　より一般的なもの…………176
         一　連帯・平等・衡平　二　一般原則　三　人権・欧州　四　立法
    むすびに代えて──新たな世紀に…………184

第3編　フランス民法典の200年

A　民法典を持つということ………………………………………………189

A－1　民法典200周年を祝う………………………………………189

はじめに，いかなる「祝辞」か……………………………………189

Ⅰ　関係者の言葉から……………………………………………192

　1　外を見わたす……………192

　2　内を見つめる……………195

Ⅱ　招待客としての言葉を………………………………………198

　1　あるじを讃える……………198

　2　みずからを省みる……………201

おわりに，「弔辞」を兼ねて………………………………………202

A－2　民法典の存在意義………………………………………203

Ⅰ　回顧……………………………………………………………204

　1　近代化と法典編纂……………204

　2　民主化と「新民法」……………206

Ⅱ　展望……………………………………………………………206

　1　判例の時代から立法の時代へ……………207

　2　現代における民法典……………207

むすびに代えて──民法典を持つということ……………………208

B　人の法の変化と再編………………………………………………210

はじめに………………………………………………………………210

Ⅰ　私権……………………………………………………………212

　1　権利の分類──私権と公権……………212

　2　主体の領分──人格と人身……………213

Ⅱ　同定……………………………………………………………215

　1　属性による同定……………215

　2　場所による同定……………218

Ⅲ　保護……………………………………………………………220

　1　個人の保護──未成年者と被保護成年者……………220

2　共同生活の保護——パクスと同棲……………223
　おわりに………………………………………………225
C　「契約の自由」と「結社の自由」………………229
　はじめに——2003年の日本から見たフランス法……229
　Ⅰ　民法1134条における「契約の自由」………230
　　1　通説的な見方……………230
　　2　最近の見方……………232
　Ⅱ　1901年法における「結社の自由」……………234
　　1　前提となる事実……………234
　　2　若干の歴史的な検討……………235
　おわりに——契約により社会を創る……………238

第4編　日本から見たフランス民法

A　保育から見た団体論…………………………243
　Ⅰ　はじめに………………………………243
　Ⅱ　概観——さまざまな支援……………244
　Ⅲ　保育の仕組み………………………248
　　1　保育所の諸形態……………248
　　2　保育所以外の諸形態……………250
　Ⅳ　保育を支援する諸団体……………253
　　1　団体の活動の具体例……………254
　　2　団体の活動の型づくり……………255
　Ⅴ　まとめに代えて——団体論・法人論の観点から…………258
B　信託の理論……………………………………262
　はじめに………………………………………262
　Ⅰ　法人理論の課題……………………263
　Ⅱ　ルポールの信託論…………………264
　Ⅲ　カルボニエの夫婦財産論…………268
　Ⅳ　その後の展開………………………272
　おわりに………………………………………274

C　パクスの教訓 …………………………………………………………… 276
Ⅰ　はじめに ……………………………………………………………… 276
Ⅱ　パクス立法の紹介 …………………………………………………… 277
1　パクス法の成立………………277
2　パクス法の反響………………280
Ⅲ　パクス立法の評価 …………………………………………………… 283
1　立法学の観点から………………283
2　解釈学の観点から………………285
おわりに …………………………………………………………………… 287
略年表………………288
参考文献………………289

D　障害児の出生をめぐる法的言説 ……………………………………… 292
Ⅰ　発端 …………………………………………………………………… 292
1　事件………………292
2　事件への関心………………294
Ⅱ　論争 …………………………………………………………………… 295
1　新聞………………295
2　法律雑誌………………296
Ⅲ　展開 …………………………………………………………………… 299
1　後続判例………………299
2　反対立法………………301
Ⅳ　結末 …………………………………………………………………… 303
1　観察………………303
2　観察の観察………………305
参考文献………………307

E　文献紹介・立法紹介 …………………………………………………… 309
E−1　二つの100周年 …………………………………………………… 309
E−2　人工妊娠中絶法の改正（2001年7月4日の法律第588号）……… 313
E−3　兄弟姉妹の絆に関する民法改正（1996年12月30日の法律

第 1238 号) ……………………………………………………316

あとがき……………319
収録論文初出一覧………………322
事項索引……………323
人名索引……………331
文献索引(邦文)………………334
文献索引(欧文)………………343

第1編　共和国の民法学

序　言　1999年―2004年の科学学派

　（**1**）　1999年は，フランソワ・ジェニー（François Gény, 1861–1959）[1]の2巻本の大著『実定私法における解釈方法と法源』（*Méthode d'interprétation et sources en droit privé positif*）[2]の初版が現れてから100年目の年にあたった．しかし，「科学学派」（école scientifique）[3]の誕生を告げるこの記念碑的な書物の公刊100周年を祝う書物や論文[4]は，少なくとも，この年にフランス国内で公刊されることはなかった．この年には，優れた私法学者でもある2人の著者の手になる2冊の『法哲学』が現れたが[5]，そのいずれにもジェニーに関する目立った叙述は見いだされなかった．世界中の法学者に大きな影響を与えた「科学学派」は，その母国においても存在を忘れられてしまったかのごとくであった[6]．これは筆者にとってはいささかショッキングなことであった[7]．

---

1)　ジェニーにつき，日本語では，世界の法学者（日本評論社，1985）を参照．百科事典の項目ながら，北村一郎・平凡社大百科事典（1985）も興味深い．
2)　第2版は1919年に現れている．また，第2版の復刻版が，1995年に出版されている．
3)　科学学派に関しては，日本語では，山口俊夫「フランス法学」碧海純一ほか編・法学史（東京大学出版会，1976）201頁以下を参照．
4)　ちなみに，生誕100周年を祝う企画としては *Centenaire du Doyen Gény*, Dalloz, 1963 があった．
5)　Oppetit, *Philosophie du droit*, Dalloz, 1999, Atias, *Philosophie du droit*, PUF, 1999.
6)　本稿は，1999年8月から2000年5月までのフランスにおける在外研究の結果の一部であるため，1999年の状況から説き起こしている．なお，この期間中に知りあった法理論にも明るい若手の民法学者モルフェシス教授も，自分の知見の範囲ではジェニーに関する企画は特に考えられていないと述べていた．
7)　私事にわたるが，四半世紀前に大学に入学した筆者が，はじめて知った外国の法学者はジェニーであった．1年次（1978）には星野英一教授から，2年次（1979）には山口俊夫教授から，それぞれに，ジェニーの名とともに「科学学派」の「科学（science）」の意味につき教えられた．両先生の説くところには共通点とともに相違点も見いだされたが――詳しくは本論中で述べることになるが，星野教授が中世以来の知的伝統を強調したのに対して，山口教授は19世紀後半の変化を重視したように思われる――，法学部進学以前の筆者にはこの点をさらに突き詰める術もなかっ

（2）　こうした状況にもかかわらず，本稿は「科学学派」に関するささやかな再検討を行おうとするものである．2004年の日本においてこのような作業を試みるのには，次のような三つの理由がある．

まず第一に，『実定私法における解釈方法と法源』そのものについて言えば，その後の状況の変化をあげなければならない．同書の100周年を祝う書物が，2000年になってカナダで出版されており，同書が今日でも意味を持つことが確認されている[8]．また，母国フランスにおいても，2002年に100周年を迎えた『民法季刊雑誌』——それ自体が科学学派と密接な関連を有するが——を中心に，おそらく民法典200周年を意識してでもあろうが，法学のあり方にかかわる論文が目立つようになりつつある[9]．100年前の科学学派のあり方を参照しつつ，現代における法学のあり方を考えることは，それ自体が試みるに値することだと言えよう．

また第二に，視線をわれわれの国の状況に戻すならば，いうまでもなく今年2004年は，司法制度改革・大学改革と連動した法学教育改革における画期の年である．「改革」の経験の中から，どのような法学方法論・法学教育論が登場するかは未知数であるが，現在の日本における「改革」を考えるにあたって，100年前のフランスでなされた，科学学派の登場に象徴される法学の大改革を総体として把握しておくことは，決して無駄なことではないだろう．

た．しかし，以後もずっとこの点は気になっており，最初の在外研究の時期（1987–89）には，アパートにこもってジェニーを読み続けノートをとったこともあった（主著2編全6冊はともかくもこの時に読了した）．フランス民法学に関する研究は，この最初の留学時以来のテーマであり，帰国後には，法源・解釈・民法学（有斐閣，1995）にまとめた諸論文を書いたが，ジェニーや科学学派そのものにつき取り組むことはできなかった．そこで，2度目の留学の機会を得たのを幸いに，中絶していた研究の再開を図ったわけだが（本稿でも利用した若干の資料を収集したりした），本文で述べたような状況に直面したこともあり，再び筆者のジェニー研究は棚上げされて今日に至った．以上のような経緯を経て構想された本稿は，大きな宿題を与えて下さった星野・山口両先生に対して，25年後に提出されるレポートでもある．

8)　Thomasset, Vanderlinden et Jestaz (dir.), *François Gény, Mythe et réalités. 1899–1999 Centenaire de Méthode d'interprétation, essai critique*, 2000．この書物の書評として，大村・国家学会雑誌117巻5＝6号（2004）を参照［本書第4編 E–1 として収録］．

9)　同誌では，100周年記念として，Centenaire de la Revue trimestrielle de droit civil, Les revues juridiques du XXe au XXIe siècle, *RTDCiv.*, 2002, n° 4 という特集を組んでいる．なお，前出注8)の書評では，この記念号もあわせてとりあげている．

最後に第三に，より広い視野に立つならば，科学学派とその影響について問うことは，20世紀フランスの民法学の特色を知るためにも有益であると思われる[10]．さらに付け加えれば，同様の意義は，20世紀日本の民法学に関しても認められるに違いない．なぜなら，日本においても，有力な民法学者（より広く法学者一般）のうちの何人かが，科学学派の有形・無形の影響を受けてきたからである[11]．

(3) 以上を前提に，本稿では，三つの章を立てて検討を進める．まず，第1章では，「科学学派の誕生」の様子を，第三共和政期のフランスにおける大学改革・司法改革の文脈の中に位置づけることを試みる．従来，「科学学派の誕生」は，狭義の学説史の文脈でのみ語られることが多かったが，これとは異なるアプローチをとることにより，その制度的な意味を探求したい．次の第2章では，さらに視野を広げて，「科学学派の背景」の一部に光を当てる．連帯主義・世界主義がそれである．こうした時代思潮との関連を考慮に入れなければ，科学学派のインパクトを十分にとらえることはできないと考えるからである．これら二つの章を受けて，第3章では，「科学学派の影響」につき，短期・長期の両面にわけて検討する．科学学派について多くが語られたのは1930年代までのことであり[12]，その後の影響についてはまだ十分な検討がなされていない．この章では，長期的な影響をも検討の対象とし，さらに，時代を超えた影響のみならず，空間を超えた影響をも視野に入れたい．日本民法学に対する影響はその一環として語られることになる[12a]．

本稿における検討は，資料的には不十分なつぎはぎに過ぎないが，以上の三

---

10) 本誌［法学協会雑誌］連載中の別稿「20世紀が民法に与えた影響」［本書第2編所収］は，本稿が総論であるとすれば，各論をなすものとして構想された．予定では，別稿の完結後に本稿に取りかかることとしていたが，諸般の事情により別稿の執筆が遅延しているため，これを一時中断し，本稿の発表を先行させることとした．
11) 詳細については後述するが，富井政章・牧野英一・杉山直治郎・松坂佐一・野田良之・星野英一などのほか，中田薫や宮沢俊義も科学学派に言及している．
12) Bonnecaseの著作が代表的なもの（Bonnecase, *L'école de l'exégèse en droit civil*, 2ᵉ éd., 1924など）．ほかに，日本語で読めるものとして，福井勇二郎「一九世紀仏国民法学の発達——ユージェーヌ・ゴドゥメ教授の講演に依りて」同編訳・仏蘭西法学の諸相（日本評論社，1943）がある．
12a) 実際には，第3章は完成しなかった．本書では補章を書きおろした．

つの視点からの考察——それらは科学学派の主張内容そのものに着目した従来の考察に対して，その制度的条件・知的背景・後代への影響などをとりあげるものであり，いわば内的視点から外的視点に視点を移すものである[13]——は，(第一点として掲げた最近の諸研究を含めて) 従来の研究の欠落部分を多少なりとも補う意味を持つだろう．また，先に述べた第二点・第三点につき，一定の示唆を与えるものとなるはずである．

(4) ここでいう「一定の示唆」は，どのようなものでありうるのか．序言の最後に，この点に関する本稿のもくろみを掲げておこう．本稿では，100年前のフランスにおいてなされた民法学 (さらには法学一般) の大きな転換を「共和国の民法学」を創出する試みの一つとして位置づけてみたい．敗戦を契機に登場した第三共和政が，短命であった先行する二つの共和政の轍を踏まずにその体制を確立していくまでには，長い時間とたゆまぬ努力が必要であったが[14]，教育改革や司法改革などの制度改革もそうした努力の重要な一部をなすものであった．このこととの関連を無視して，民法学の転回の意味を十分に理解することはできないのではないか．そして，このような観点から科学学派を見直すことによって，20世紀のフランス民法学の特色の一端を示すこと，また，そこから日本の法学者たちが引き出そうとしたものは何だったのか，さらには，今日，何を引き出しうるのかを論ずることも可能になるのではないか．すなわち，20世紀フランス民法学を「共和国の民法学」として位置づけた上で，極東から向けられた視線——私たちも引き継ぐべきであると筆者が考える視線——もこの点にかかわるものであったと考えることができるのではないか．

---

[13] こうした視点は，ピエール・ブルデューの方法論とフランスにおける法学史研究の流れから影響を受けている．前者につき，大村「ハビトゥス・象徴権力・法——『ブルデューと法』研究のために」UP 1994年8月号・9月号 (同・前出注7) 所収)，同「法における構造と実践の間——『ブルデューと法』再論」宮島喬＝石井洋二郎編・文化の権力——反射するブルデュー (藤原書店, 2003) を参照．なお，後者に関する文献は少なくないが，さしあたり，Gatti-Montain, *Le système d'enseignement du droit en France*, PUL, 1987 だけをあげておく．

[14] こうした視点は，宮島喬教授のデュルケム論とカルボニエのフランス民法典論から影響を受けている．後者につき，大村「民法と民法典を考える——『思想としての民法』のために」民法研究第1巻 (1996) (同・法典・教育・民法学〔有斐閣, 1999〕所収) を参照．なお，前者については，宮島・デュルケム社会理論の研究 (東京大学出版会, 1977)，同・デュルケム理論と現代 (東京大学出版会, 1987)．

以上のような作業仮説があたっているのかどうか．そもそも「共和国の民法学」とは何を意味するのか[15]．これらの点に関しては「結語」で振り返ることにして，まずは「科学学派の誕生」までの様子を見ていくことにしよう．

[15) 現代日本における「共和国の民法学」の構想の一端については，大村「大きな公共性から小さな公共性へ」法時 2004 年 2 月号を参照．

第1章　科学学派の誕生

第一節　大学改革から見た科学学派

第一　ジュール・フェリーの共和国

一　初等教育改革

（**1**）　標準的なフランス史の概説書には，次のように記されている．「首相の座について共和主義体制の構築を実際に担ったのは，穏健な共和派のリーダーとりわけジュール・フェリーであった」．「文部大臣として入閣して以来，フェリーが強力に推進した教育，学校の改革は，初期の第三共和政を語るときに無視することができない問題であるが，これもまたカトリック教会との摩擦や対立を伴わざるをえなかった．フランス革命後も，教会が深く関与してきた初等教育，中等教育を宗教から解き放って世俗化することがめざされていたからである．初等教育制度の基礎は，1881, 82の両年に成立した無償化，義務化，中立化（世俗化）を規定する三つの法律によってすえられた．通例，これをジュール・フェリー法と称している．その方向性を具体化するために，学校の建設，教育内容の改革，教員を養成する師範学校の整備などがおし進められた」と[1)2)]．

---

1) 柴田三千雄ほか編・フランス史 3（山川出版社，1995）129 頁，131–132 頁（中野隆生執筆）．
2) ジュール・フェリーに関しては，その植民地主義者としての側面にも触れておく必要があるが，この点に関して，杉本淑彦・文明の帝国——ジュール・ヴェルヌとフランス帝国主義文化（山川出版社，1995）199 頁以下，竹沢尚一郎・表象の植民地帝国——近代フランスと人文諸科学（世界思想社，2001）64 頁以下などを参照．なお，ジュール・フェリーに関する文献は数多いが，手元にある最近の仏語文献として，研究集会の記録である Furet (dir.), *Jules Ferry. Fondateur de la République*, Editions de L'EHESS, 1985 とフェリー自身の発言等を集めた Ferry, *La République des citoyens*, tome I et tome II, Imprimerie nationale, 1996 をあげておく．

(2) これらの法律 (81年6月11日法・82年3月23日法・82年3月28日法)[3]の目的は，この問題を専門とするフランス史家によって，次のようにも語られている[4]．「第三共和政はフランス革命原理の制度的定着をもたらしたとよく言われる．そのなかでもっとも困難な課題は『あたらしい人間をつくる』こと，すなわち共和主義的世界観をもった公民を育成することであった．国民統合の最後の仕上げは，青少年の教育からキリスト教的世界観にもとづく生活慣習を排除する，習俗の革命を実現することだったと言い換えてもよい」．そのためにまず行われたのが，上記のフェリー法による初等教育の改革であったというのである[5]．

これらの法によって，正規の教員免許をもたない聖職者たちは公立学校の教壇から逐われ[6]，師範学校出の若い教師たちがこれに代わった．「第三共和政の指導者たちは，小学校教師に『共和国の新しい司祭』としての役割を期待した」

---

3) 各法律の立法過程については，小山勉・教育闘争と知のヘゲモニー——フランス革命後の学校・教会・国家（御茶の水書房，1998）315–369頁を参照．
4) 谷川稔ほか・近代ヨーロッパの情熱と苦悩〔世界の歴史22〕（中央公論新社，1999）179–181頁（谷川執筆）．より詳しくは，谷川「司祭と教師——19世紀フランス農村の知・モラル・ヘゲモニー」谷川稔ほか・規範としての文化——文化統合の近代史（平凡社，1990），谷川・十字架と三色旗——もうひとつの近代フランス（山川出版社，1997）を参照．
5) 「習俗の革命」のための様々な方策につき，同じ著者は次のように述べている（谷川・前出注4）〔1997〕186–187頁）．「共和政を確固たるものにするには，人びとが意識的・無意識的に準拠する共通の文化規範と集合心性が創り出されなければならない．このいわゆる文化統合のためのシンボル操作の源泉となったのがフランス革命期の集合的記憶であった．たとえば，バスチーユ襲撃の日にあたる7月14日は建国記念の祝日とされ，1880年以降『七月一四日祭』として華やかな祭典と軍事パレードで祝れるようになった．……この『国民一致』の祝祭では，前年に制定されたばかりの『ラ・マルセイエーズ』がさかんに歌われ，7月革命いらい国旗とされていた三色旗がパリの街頭に彩りを添えた．……同じく革命期に唱えられた『自由・平等』という攻勢的スローガンに『友愛』という和解の合言葉が加えられて，共和国を象徴する三位一体の標語が広場の彫像や公共建造物に刻み込まれるようになったのも，この1880年代以降のことである」．なお，この点につき，より詳しくはピエール・ノラ編（谷川稔監訳）・記憶の場——フランス国民意識の文化＝社会史1～3（岩波書店，2002・03）を参照（フランス民法典もまた，こうしたシンボルとして利用されたことにつき，ノラの編者に収録されたカルボニエ論文を参照しつつ「序言」で紹介した大村「民法と民法典を考える——『思想としての民法』のために」民法研究第1巻（1996）（同・法典・教育・民法学〔有斐閣，1999〕所収）50頁以下を参照）．
6) 「フェリーは1880年の組閣直後，ただちに無認可修道会に解散命令を発し，全国で約2万人の修道士・修道女を追い立て，多くの修道会系私立校を閉鎖に追い込んだ．抵抗のはげしい地域ではしばしば流血事件に発展した」とされている（谷川ほか・注4）182頁）．なお，民事立法の領域でも，離婚を合法化したナケ法（1884年）や結社を合法化したアソシアシオン法（1901年）など，反カトリック政策と密接に絡む重要立法がなされていることも付言しておく．

のである.具体的には,「教師たちはまず,国語(フランス語)を普及し『単一にして不可分な共和国』のための前提条件を満たすこと,ついで聖史にかわる国史(フランス史)や地理の授業を通して祖国の観念を養い,共和主義的公民の強化をはかること,そして理科や算数の授業によって迷信を払拭し,科学的世界観にみちびくことがもとめられた」[7).「また給食や遠足などの学校行事をつうじて,公衆衛生,集団的規律などの生活規範を体得させ,生徒たちを旧来の教会行事に印づけられた習俗から脱却させることが期待された.さらに,農村の教師たちは子供だけでなく,村人を相手に農作業の近代化や農協の組織化などについても助言を与えた」[8).こうして,「教師たちの共和国」が成立したのである[9).

(3) このような教育改革が受け入れられた背景には,普仏戦争における敗戦があると言われる[10).折りあるごとにドイツの教育制度の優秀さが説かれ,これに対して敗れたフランスの兵士に関しては「あの連中を教育したのは誰か」という糾弾がなされた.また,ゾラは,「フランスは将来教師が作るものとなるだろう」と説き,ルナンもまた,「科学信仰の欠如はフランスの深刻な欠陥である.わが国が軍事的・政治的に劣っているのは,まさにここに原因がある.……わが国の教育制度は抜本的改革を必要としている」と説いたという.同様の関心は,高等教育に向けられることはなかったのだろうか.次に,この点を見てみることにしよう.

二 高等教育改革

(1) フランスにおいて「大学改革が本格化するのは普仏戦争の敗北後,第三共和政期に入ってから」であったが,そこでなされた一連の改革は,「その性格を簡単に言えば,産業革命後の新しい産業社会の出現,植民地帝国主義への

---

7) 個人的体験に基づく印象ではあるが,初等教育のこうしたあり方は,今日でも基本的には変わらないようである(なお,大村・フランスの社交と法〔有斐閣,2002〕143 頁以下も参照).
8) その様子は,谷川・前出注4)(1997)195 頁以下も引用するマルセル・パニョルの自伝的小説が活写している(この点に関しては,大村・前出注5) 66 頁注 26 でも触れた).
9) 第三共和政期に教師であった人々へのインタビューに基づく研究として,Ozouf et Ozouf, *La République des instituteurs*, Gallimard, 1992 がある.「教師たちの共和国」がいかなるものであったかが,当事者の経験と自己認識を通じて了解することができる.
10) 以下は,小山・前出注3) 262–265 頁による.

再編，戦勝国ドイツに対する再評価，『共和派による共和国』形成への民族主義的・階級的昂揚など，一連の政治・経済・社会的状況の諸要請に応えるべき『上からの改革』であった」と評されている[11]．

　第三共和政の初期は，「フランス大学のルネサンス」とも呼ばれる時期であるが，ここでは高等教育改革の全体像を予め示すために，三つの重要な日付を掲げておきたい[12]．

　一つ目は 1875 年である．この年は第三共和政生誕の年であると同時に，新しい共和国において最初の重要な大学立法がなされた年でもあった．1875 年 7 月 12 日法がそれである．この法律は直接には高等教育の自由に関する法律（「高等教育自由化法」と呼ばれる）であったが，同時に，政府に対して必要な高等教育改革をなすべきことを命ずる規定を含んでいた．こうして高等教育改革の幕が切って落とされたのである．

　二つ目の画期となったのは 1885 年である．この年には様々なできごとがあった．まず，同年 7 月 25 日のデクレは，大学に法人格を与えた．その結果，贈与・遺贈や寄付金を受け取ることが可能になった．さらに，12 月 28 日のデクレは，任命は大臣によるものの選出は教授会による「学部長 (doyen)」を置き，「学部」の組織化を促進した．

　そして，最後の到達点となったのが 1896 年である．同年 7 月 10 日法は，その後，1968 年まで変わらず維持される大学の管理システムを定めたが，革命以来はじめて，「大学 (université)」の呼称が用いられた点でも注目される．ここに，「学部」ではなく「（総合）大学」が登場したのである（同法は「総合大学設置法」と呼ばれる）．

　(2)　1875 年から 96 年まで――．確かに，この 20 年余の間に高等教育改革は急速に進行する．たとえば，建物としての「新ソルボンヌ」の礎石が置かれ

---

11) 田原音和・歴史のなかの社会学――デュルケームとデュルケミアン（木鐸社，1983）14 頁．なお，本書は，「デュルケーム社会学の成立，ひいてはその学派の形成は，1870 年代，フランス第三共和政の発足とともに開始される教育の『世俗化』改革，なかんずく高等教育の改革と深いつながりがある」という認識に立つものであり，著者の当面の目的を超えて，当時の大学のあり方に関する豊かな言及を含んでおり，本稿の観点からも有益である．

12) Renaut, *Les Révolutions de l'universités. Essai sur la modernisation de la culture*, Calmann-Lévy, 1996, pp. 154–155.

たとされるのは 1885 年である．その完成は 1896 年から 5 年後の 1901 年であるとされるが，一般的な大学改革と建物新装に象徴される文学部改革とはほぼ重なり合っていると言ってよいだろう．法学部についても事情は同様である．これも詳しくは後述することとして，ここではいくつかの法令の成立年のみを掲げておく[13]．① 1877 年 3 月 26 日のデクレ（政治経済学を必修化）．② 1880 年 12 月 28 日のデクレ・1889 年 7 月 24 日のデクレ（学部段階での政治経済学と公法の強化）．③ 1895 年 4 月 30 日のデクレ（博士課程および博士号の二元化——法学博士と政治経済学博士とに分かれる）．④ 1896 年 7 月 23 日のアレテ（教授資格試験の分科化——私法・刑事学，公法，法制史，経済学に分かれる）．

（3）　文学部や法学部で見られた具体的な改革の動きに関しては，後に項を改めて見る．また，一連の教育改革の背後にあるフランス国内における政治的な対立図式については立ち入らない[14]．ここでは，高等教育改革の社会的背景およびその担い手に関する一般的な叙述を紹介するに留める．本項目の冒頭に掲げた文章に続けて，同じ著者は次のように述べている[15]．

「この改革は，フランス高等教育史上，重要な意味を持つが，……それはまた，高等教育における社会諸科学の制度的登場を触発するものであった」．「この改革の焦点のひとつである『教科・科目の近代化』の目的は，時代的状況に応じた新しい教科・科目の導入によって高等教育の多様化と現実主義化を図るものであった」．具体的には，「文科系……に限って言えば，法学部に経済学・憲法・行政法・国際法などが，文学部には人文地理学・教育学・心理学・現代史・社会史・社会学などが導入され，従来のローマ法・民法，あるいは，古代史・古典文学・哲学などを中心とする特権的教科の支配を切り崩し，教科の『世俗化』をねらって社会的現実を直接の研究対象とする社会・人文諸科学を導入し，それによって文・法両学部の性格を大きく転換することが企図されたのである」．

---

13)　Bonnecase, *Qu'est-ce qu'une Faculté de Droit ?*, Sirey, 1929, pp. 160–165.
14)　Agulhon, *La République, I 1880–1932*, 1990, p. 44 は，高等教育改革につき，「この仕事は静寂の中で行われたわけではなく，作業はしばしば戦闘の様相を呈した．というのは，初期の共和国は，（対左翼・対右翼の——筆者注）二つの戦線を抱え込んでいたからである」と述べている．
15)　田原・前出注 11) 14–15 頁，17 頁．

こうした改革は「その企図それ自体が，教会神学と古典的学問をその支配の媒介物としてきた貴族・地主に代って登場した新しい市民階級の利害に合致するものであったし，社会的現実の客観的研究という方向それ自体が，新旧支配階級の交替にかかわるイデオロギー論争にひとつの武器を提供するものであった」．「のみならず，とくに法学部の場合のように，新しい社会科学の履修者は官庁・産業界への進出が期待され，また文学部を含めて，この新科学で育った世代が共和主義者として政界に登場することさえも期待されたのである．その意味でもこの改革は共和主義（とくに急進共和派）的改革であった」．

(4) では，この改革を担ったのはどのような人々だったのだろうか[16]．ジュール・フェリーの下で高等教育改革を担った中心人物とされるのは，1884年から1902年まで高等教育局長をつとめたルイ・リアールである．このリアールを中心に，「ノルマリアン（高等師範学校出身者——筆者注）の大学教授経験者が文教推進政策の中枢にあったことは，この転換期のきわめて大きな特色である」．言い換えれば，「第三共和政の教育改革は，こうした共和派知識人——より正確に言えば経済学や教育学などの周辺科学あるいは歴史学のような古典学でも近代をその研究の射程に入れはじめて異端呼ばわりをされていたような教授経験者，要するに新しい人文・社会科学の導入者たち——からなる閣僚や高級官僚の担うところとなったことは，きわめて重要な意味をもつ」．

ここで，改革者たちのねらったのは，現実に対応できるような学問の革新であったことに注意をしておく必要がある．確かに，彼らは偏狭な古典学を批判したが，学問自体の意義を否定したわけではない．また，学問分野の再編成を図ったが，一般教養なき専門化をねらったわけでもない．「フランスの大学改革者たちは……真剣な研究を促進し，現存する諸学部をいくつかの地方大学に統合し，最終的には科学の分野で突出しているドイツの大学に肩を並べることを意図していた」[17]のであり，「科学はひとつであることが認識され」「フランスの改革者たちは専門化を追求していくなかに，まさしくドイツの同業者の多くが恐れ克服しようと願っていること（学問の断片化への対処——筆者注）を求めた

---

16) 田原・前出注11) 158-160 頁．
17) K・F・リンガー（筒井清忠ほか訳）・知の歴史社会学——フランスとドイツにおける教養 1890〜1920（名古屋大学出版会，1996) 209 頁．

のである」[18]．このことは，リアール自身が「職業教育においても科学を中心に据えること」「各専門を一般教養に従属させること」を強調していたところからも確認される[19]．より詳しくは，文・法両学部の改革論議を通じて見ていくことにしよう．

第二　「大学」をめぐる状況

I　文学部の場合

一　社会学の誕生

（1）　最近の社会学入門書の一つは，巻頭で「社会学の創始者は誰か」という問いを立て，5名の人物の名を挙げている[20]．「一般に社会学の創始者は，フランスの哲学者A・コントであると言われる．かれは『実証哲学講義』という書物のなかで『社会学（sociologie）』という言葉を発案したのである」．しかし，ホッブスを「社会学の創始者とする社会学者もいる」し，「アカデミックな社会学の創始者とし，E・デュルケームやM・ヴェーバーの名前があげられることもある」．さらに言えば，T・パーソンズを「現代社会学の創始者と見ることもできないわけではない」としている．

ここでの関心は，社会学の「始祖探し」にあるわけではない．少なくとも「フランスにおける社会学の歴史を語る場合には，普通はオーギュスト・コントから始めて，次にすぐにエミール・デュルケームということになる．……この二人の創始者の間の連続性をあまり疑うことはなかったように思われる．……この二人が社会学という新興の科学を共同で生み出してきたかのように語られてきた」ことを確認しておけばよい[21]．

---

18)　リンガー・前出注17) 210–211頁．
19)　Renaut, *op.cit.*, p. 184, p. 188. この部分は，以前にも引用したことがある（大村・前出注5) 132頁).
20)　奥井智之・社会学（東京大学出版会，2004) 6頁．
21)　山下雅之・コントとデュルケームのあいだ——一八七〇年代フランスの社会学（木鐸社，1996) 7頁．Mucchielli, *La découverte du social. Naissance de la sociologie en France (1870–1914)*, Editions la découverte, 1998, p. 111 et s. は，デュルケムと並んでG・タルド，ウォルムスの名をあげる．

第 1 章　科学学派の誕生

　もっとも，このように，フランス社会学の誕生につき，二つの偉大な名前をあげ，その間の時期については特に言及しないという態度は，再検討を迫られているようである[22]．しかし，ここでの課題は，さしあたり，「ほとんど忘れられているこの中間の時期」が持つ社会学史の意義を論ずる見解を紹介することにあるわけでもない[23]．本項の冒頭で掲げた入門書の著者が改めて確認するように，コントはアカデミックな意味での社会学者ではなく，大学における社会学の成立に貢献したのは，確かにデュルケムであった．ここでは，このようにフランス社会学に二人の始祖がいるとされることの意味，すなわち，社会学誕生にはコントによる命名のほかに，デュルケムを担い手とする制度化が必要だったことを確認し，その経緯を明らかにしておきたい．

　(2)　すでに何度か言及している代表的な研究の著者は，次のように述べている[24]．「デュルケーム社会学の成立，ひいてはその学派の形成は，1870 年代，フランス第三共和政の発足とともに開始される教育の『世俗化』改革，なかんずく高等教育の改革と深いつながりがある．と同時に，学問としての社会学の制度化，つまりは社会学講座を大学に定着させるための努力と結びついていた」という．この著者は，次のようにも言う[25]．「フランスにおいて社会学が大学制度にどのように取り入れられたかを知るためには，デュルケームがその生涯で大学に受け入れられたポストを追ってみるのが最も手頃である」．そして，次のような年譜が掲げられるのである．

1887 年（29 歳）
　　ボルドー大学文学部講師補就任，「社会科学と教育」講座担当
1896 年（38 歳）
　　同学部教授，「社会科学」講座創設
1902 年（44 歳）
　　パリ大学文学部講師，ついで教授，「教育科学」講座担当

---

22) 山下・前出注 21) はこのような観点に立つ研究である．
23) ただし，後に別の形で，この時期の思潮を検討する．
24) 田原・前出注 11) 10 頁．
25) 田原・前出注 11) 11 頁．

1913 年（55 歳）
　同学部で「教育科学と社会学」講座創設
1917 年（59 歳）没

　この経歴を見る限り，社会学の確立は必ずしも容易ではなかったことが窺われる．ボルドー大学文学部の「社会科学と教育」講座は，高等教育局長のリアールが，デュルケムのために設けた講座だという[26]．リアールは，デュルケムの論文を読んでおり，「社会秩序の再構成」のためには，「新しい社会科学としての社会学と道徳学の確立」が必要だとするその立場に共感を示していた．この新設講座は，その名称にもかかわらず，社会学を講ずるために設けられたものであった．しかし，そこには常に反対があった．ボルドーではもちろん続くパリでも，デュルケムの多年の努力にもかかわらず，その在職中に「社会学」が独立の講座名になるには至らなかったことは，反対勢力の強さを示すと言える．まさに，デュルケムは「社会学という周辺科学の講座化に悪戦苦闘する」[27]こととなったのである．

　（3）　19 世紀後半の大学改革の中で，文学部に新たに導入されたのは社会学だけではない．地理学（1875 年，ナンシー大学），教育学（1882 年，ボルドー大学），心理学（1885 年，パリ大学），フランス革命史（1886 年，パリ大学）などの講座が相次いで設けられている[28]．こうした科目の中にあって，社会学の置かれた状況は必ずしも恵まれたものではなかった．政治的な条件は別にするとしても，社会学には，古典学のような形式的な精密さを持たない実学風のものとして，冷ややかな視線を向けられたという[29] [30]．

　しかし，少なからぬ抵抗があったとしても，「社会学」の誕生は時代の趨勢で

---

[26] デュルケム着任の経緯につき，夏刈康男・社会学者の誕生――デュルケム社会学の形成（恒星社厚生閣，1996）64 頁以下を参照．
[27] 田原・前出注 11）192 頁．
[28] 田原・前出注 11）20 頁の表による．
[29] 田原・前出注 11）19–21 頁．社会学の占めた位置に，Lepenies, *Les trois cultures. Entre science et littérature. l'avènement de la sociologie*, Editons de la Maison des sciences de l'homme, 1990（ドイツ語版の原著は 1985）も参照．
[30] なお，政治的に見ると，地理学には植民地政策などとの関係でプラス要因が働いたのに対して，社会学にとっては社会主義運動がマイナスとなったという．

あった.「社会的連帯」「家族」「自殺」「法と習俗の生理学」「犯罪社会学」「宗教」「社会主義史」といった「当時の社会的現実を踏まえた新鮮なテーマ」を扱うデュルケムの公開講義は,「古典学を主流としてきた文学部に新風をもたらすものであった」[31].そしてまた,彼の社会学は,まさに「新しい指導階級の理念,すなわち共和主義的,反教権主義的であるプチ・ブルジョワジーの理念」を担うものであった[32].

こうしてやがて,デュルケム社会学を代表格とする新興の人文・社会諸科学は,文学部(特に「ソルボンヌ」と呼ばれてきたパリ大学文学部)内において地歩を堅め,「『ヌーヴェル・ソルボンヌ』の気風を代表するもの」[33]と評される地位を占めるに至るのである.では,その「ヌーヴェル・ソルボンヌ」(新ソルボンヌ)とは何だったのか.次の項では,これにかかわる論争の一端を紹介することを通じて,当時の文学部で起きていたことの意味を,別の角度から考えてみたい.

二 「新ソルボンヌ」論争

(1) 今日では,「新ソルボンヌ」は,パリ大学旧文学部が分かれてできた大学のひとつであるパリ第三大学の呼称として用いられている(やはり旧文学部の流れを汲むパリ第四大学が「ソルボンヌ」と呼ばれている).しかし,第三共和政の時代においては,「新ソルボンヌ」という呼称は,当時の文学部に見られるようになった新しい学風をさす用語として用いられていた.この言葉の由来は,必ずしも明らかではないが,1903年頃には,「パリ大学の改革後の文学部と理学部」をさす言葉として使われるようになったらしいとも言われる[34].だが,後ですぐに触れるように,この言葉が広く知られるようになったのは,もう少し後の時期のことだとも言われる[35].

新しい学風の代表格と目される学者としては,デュルケムのほかに,ランソ

---

31) 田原・前出注11) 11–12頁.
32) 田原・前出注11) 26頁.
33) 田原・前出注11) 26頁.
34) リンガー・前出注17) 218頁.
35) Bompaire-Evesque, *Un débat sur l'Université au temps de la Troisième République. La lutte contre la Nouvelle Sorbonne*, Aux amateurs de livres, 1988, p. 13.

ン，ラヴィス，セニュボスなどがあげられる．このうち，デュルケム（1858–1917）と並んでとりわけ名高いのがランソン（1857–1934）である．彼は，「新しい文学研究の手法を代表する教授」[36] であり，「作家の伝記的状況や時代，つまり当時優勢な知識や信念，文明の状態と関連」づけた「実質的で歴史的な解釈」をめざした人物であった[37]．今日，このような文学研究の方法は，特に奇妙なものではない．むしろ，1960年代には主流をなす方法として，ロラン・バルトなどの批判の対象となった旧来の方法であるとの印象すらある．

（2）しかし，当時としては，このような方法の提唱は戦闘的な意味合いを帯びていた．というのは，それ以前に，サロンで行われていたような「文学的」な批評の方法を否定するものであったからである[38]．批判をされた側も黙っていたわけではない．1910年代には，「新ソルボンヌ」の科学主義・実証主義に対して，サロン系文学者・評論家の反撃が試みられる．これが「新ソルボンヌ」論争である．その経緯は，大略，次のようなものであった[39]．

「新ソルボンヌ」に対する批判の担い手となったのは，プラトンの饗宴からとった「アガトン」を筆名とした2人のジャーナリストであった．文学部の学生マシスと若い弁護士アルフレッド・ド・タルドの2人が，1910年7月から12月にかけて，新ソルボンヌ批判の一連の記事を雑誌に発表したのである（翌年に一書にまとめられている）．彼らの攻撃はパリ大学文学部の教授陣全体に向けられているが，より具体的には，ランソン，セニュボス，デュルケムなどに対して名指しの批判がなされている．

アガトンの批判は，まず中等教育におけるカリキュラム改革に向けられる．ある著名な研究者は，この批判を次のようにまとめている[40]．「新ソルボンヌの指導者たちは功利主義的な考慮と誤った民主主義の感覚とに導かれて，伝統的な中等教育のカリキュラムを破壊してしまったとして，彼らの責任を追及する．

---

36) Charles, *La République des universitaires, 1870–1940*, Seuil, 1994, p. 207.
37) リンガー・前出注17) 220頁．
38) この点につき，ピエール・ブルデュー（石崎晴己＝東松秀雄訳）・ホモ・アカデミクス（藤原書店，1997）176–177頁．
39) 以下は，リンガー・前出注17) 229頁以下による．Lepenies, *op.cit*., pp. 46–86, Bompaire-Evesque, *op.cit*., pp. 91–147 に詳しい．
40) 以下の引用は，リンガー・前出注17) 230頁，231頁から．

……しかしアガトンによれば，初等教育と中等教育の二つの『位階』のあいだの伝統的障壁は復活されねばならない．なぜなら初等教育は常に『より下位の職業の必要に向けられていたのに対して，中等教育は『知的職業』のための準備としての精神の一般的教育だったからである」．

　彼らは続ける．同じ研究者の要約するところに従うならば，「高等教育においてはソルボンヌは愚かな専門化を押しつけてきた．狭い分野における博学がそれ自身のために追求され，分業が強迫観念となった．文学や歴史においては，書誌学や原典考証，参考文献，年表，文学的影響を辿ることなどの補助的技術に強調点が置かれている．学生たちは，きまりきっていて卑しいまでの研究業務をこなすようにし向けられている」．

　さらに，ランソンとデュルケムに関しては，次のような見方が示されている．「ランソンの文学研究の概念のなかには，『個人的』解釈の余地も，文学作品を個人の観念や趣向と関連させて判断する余地もなかった．新しい観念をえて，個人の内的生活を豊かにするために文学作品はあるという感覚はまったくない」．また，「デュルケームがみるところでは，社会的事実は個人の外に，個人に優越して存在する実在なのだ．……彼の『社会分業論』は，新ソルボンヌを特徴づける専門化崇拝を反映している」．

　以上からもわかるように，「新ソルボンヌに対する攻撃の中心的な論旨は，彼らの教師たちが進んで『エリートを大衆の』犠牲に供し，『数の支配』を確立しようとしていることに対する憤激だったのである」[41]．若い2人の問題提起は大きな波紋を呼び，これに対する支持と批判を受けた側からの応答の双方を誘発した．こうして，1910年から11年にかけて，「新ソルボンヌ」をめぐる論争は，多くの人々の関心の対象となったのである．

　(3)　では，論争は，どのように決着したのだろうか．勝敗を云々するのは適切なことではなかろう．ここでは，二つの事実を指摘しておけばよいだろう．一つは，論争を経て，「新ソルボンヌ」はメイン・ストリームとしての地位を確実にしたということである．「新ソルボンヌ」の主要な論者は論争に加わっているが，学部長クロワゼの次の見方が彼らの共通の認識であると言ってよかろ

---

[41]　リンガー・前出注17) 234–235頁．

う[42]．すなわち，「学識やノートカード，参照文献や原典考証に悪いところは何もない．……もちろん歴史の細部のなかでみずからを見失ってしまう学者たちもいる．しかし彼らでさえも，より才能ある者が総合を行うための一助となるであろう．魅力的なディレッタントを養成するのは，ソルボンヌの努めではない」．もう一つは，大学の外には，このような科学主義・実証主義に対する有力な反流が存在していたということである．すなわち，一方で，「生の哲学者」として知られるアンリ・ベルグソンが，1904年にはコレージュ・ド・フランスでの講義を始めている．他方で，1906年からは，保守派のシャルル・ペギーによる共和派大学人に対する攻撃も始まっている．

　文学部，とりわけ「新ソルボンヌ」をめぐる動向は，以上に略述した通りである．では，同じ時期に，法学部では何が起きていたのか．この問いに答えること，より正確には，このような問いとの関係で「科学学派」を位置づけることは本書第1編全体（特に第1章・第2章）の課題であるが，次の項では，「科学学派」誕生以前の法学部の状況を概観しておくことにしよう．

II　法学部の場合

一　政治経済学の導入

　(1)　文学部における社会学の誕生に匹敵するのは，法学部では，政治経済学の導入であろう．しかし，法学部の場合には文学部の場合とはやや異なる事情もあった．そこには，「シアンスポ（Sciences Po）」と呼ばれる私立政治学院の創設が影響を与えていた[43]．1870年代にブートミーによって設立されたこの学校の存在が，「官房学（行政管理学）の教育をわがものとしてきた法科大学の伝統をまさしく危機に陥れたからである．70年代後半には，はやくも『シアンスポ』は伝統的法科大学の新しくかつ強力なライバルとなっていた」のである．しかし，「シアンスポの保守主義的・エリート主義的性格に対立していた第三共和政初期の為政者たちは，この学校を国立の行政専門学校に改変するか，

---

42)　リンガー・前出注17) 236頁．
43)　以下の引用は，田themes・前出注11) 218–219頁から．なお，シアンスポの歴史については，Vincent, *Sciences-Po. Histoire d'une réussite*, Oliver Orban, 1987, p. 21 et s. に詳しい．

少なくとも国の管轄下に置くことを考えた[44]．しかし，上・下院とも授業料の高い『シヤンスポー』よりも，従来の法科大学でもっと廉価で行政諸学を学べるようにする意見が多数を占め，爾来 10 余年，後者に社会・経済諸科学を導入するための財政援助が継続されたのである」．

(2)　その結果，「元来が法曹の養成を主目的としてきた法学部に行政管理科学ないし政策科学の色彩の濃い学問が導入されて，法曹の養成から一転して官僚・経営者の養成に向う傾向を示しはじめる．……いま，ローマ法と民法を代表とする法学部の古典的学風を破る新しい科学の導入をパリ大学法学部についてのみ見ると，次のようである．1865 年，『経済学』講座の創設，1866 年，『憲法学』再建，1878 年以降，『行政法』『比較憲法』『国際法』『条約史』『財政学』『人口論』『統計学』が創設される」[45]．「総括的にみると，1865 年から 1914 年までに，全フランスの法学部（旧法科大学）では，講座数が 85 から 198 へと倍増している．その主なものは……経済学，比較法制，憲法，国際法，財政学，産業法制，植民地経済論などの新設によるものが多い」[46]．

「かくして，法学部教育は二つのコースに大別されるようになる．ひとつは，卒業資格（法学士）をとった上で司法官・弁護士の資格試験をめざす従来の法曹養成コースであり，ラテン語が必修である．もうひとつは，政経の一般教育と言ってよく，リサンスをとった後は主として官庁や産業界に入る．ラテン語は不要であるが，前者に比して社会的には低い評価を受ける．いうまでもなく，法学部の拡張は，後者のルートを開くことを意味した」のである[47]．この経緯は，「フランスの法学部は 19 世紀の後半以降に，経済学・社会学・政治学といった課程，およびそれらの博士号を付設した．20 世紀初頭フランスの法学部で年齢集団あたりの在学者数が多いのは，ひとつにはこれらの社会科学が単一の研究領域として学部内でこのように膨張していったからである」とも評されている[48]．

---

44)　こうした動向については，Thuiller, *L'ENA avnt l'ENA*, PUF, 1983 を参照．
45)　田原・前出注 11) 24–25 頁．
46)　田原・前出注 11) 217–218 頁．
47)　田原・前出注 11) 25 頁．
48)　リンガー・前出注 17) 54 頁．

（**3**）　以上のような変化を，制度改革に即した形で見ておこう．すでに掲げたことのある諸法令をめぐる動きにつき，ある研究者は次のように述べている[49]．「民法典を中心とした法的な知の統一性は，公法と政治経済学の勝利を保障する新しいルールによって手ひどい打撃を受けた．たとえば，1877 年 3 月 26 日のデクレにより，法学士課程の 1 年次において政治経済学は必修科目とされた．さらに，二つのテクスト，1880 年 12 月 28 日のデクレと 1884 年 (89 年の誤り？——筆者注) 7 月 24 日のデクレにより，公法と政治経済学がより一層重視されるとともに，3 年次における半年間の科目が数多く設けられた．これらに先立つ報告を読んでみると，そこには，法学部を法典読解の場に限定する考え方を断ち切る意思が示されていることがよくわかる．法学教育は，新しい基礎と方法に基づき，再定義されたのである．そして，その基礎・方法とは，学問としての法学の対象領域を拡大することをめざすものであった．法の新しい領域の拡張は，初期のテクストによって確立された民法の影響の外で行われていたが，最終的には 1895 年に認められることになった．法学学習の再編成に関する 1895 年 4 月 30 日のデクレは，学士課程のカリキュラムに関するこの流れを確認しただけでなく，従前の法学博士の学位を法学博士号と政治経済学博士号の二つに分けたのである」．

しかし，「新しい講義の制度化は法学教育に関する伝統的な考え方を変更するには十分ではなかった」という．「改革者たちは，このことを意識しており，教師の採用に関心を持ち，1896 年には教授資格試験を改革した．……1896 年 7 月 23 日のアレテによって，教授資格試験は，私法・刑事学，公法，法制史，経済学の 4 つに分けられたのである」[50]．

二　先駆者たち

（**1**）　以上に見てきたような制度的な環境の変化に応じて，伝統的な法学，とりわけ民法学の側からの対応が図られることになる．「19 世紀の末には，法知識とは民法典に関する知識であると定義するのはだんだんと時代錯誤的なことになっていた」のであり，「古典的な考え方の欠点を意識して，私法学者たちは

---

49)　Gatti-Montain, *op.cit.*, p. 83.
50)　Gatti-Montain, *op.cit.*, p. 84.

法知識の改良・変形へと乗り出した」[51]．こうして，本稿の主題である科学学派が登場することになるのである．しかし，彼らの登場について語る前に，確認しておくべきことはまだいくつもある．ここでは，まず，彼らの先駆者たちの考え方について触れておこう．

科学学派の先駆者としては，ラベ（1825-94）のほかに，ブダン（1829-95）やビュフノワール（1832-98）などの名があげられることが多い．しかし，ラベは，判例評釈というジャンルを確立し，危険責任論の提唱で名高いが，まとまった著作を残してはいない[52]．また，判例・慣習への関心を示したブダンも，伝統的法概念を批判したビュフノワールも，自らは著作は残しておらず，その講義録が没後にまとめられたにすぎない[53]．それにもかかわらず，彼らの影響力は非常に大きかったとされている．最後のビュフノワールにつき，最近の著者は，次のように書いている[54]．「1898 年のその死の時までパリの法学部の教授の地位にあったが，彼は書かれた作品は残さなかった．しかし，新しい世代の民法学者に対する彼の影響には見るべきものがあったように思われる」と．

(2) もっとも，幸いなことに，法学部改革に関しては，ビュフノワールの書いたものが残されている．しかも，彼は，1895 年の改革に直接に関与しており，当事者が制度改革の趣旨を語るという点でも，彼の書いたものには意味がある．そこで，以下では，ビュフノワールの基本的な考え方を紹介しておくことにしよう．紹介する論文は，1881 年の創刊以来，教育改革論議の中心的な場の一つとなった雑誌『国際教育評論』[55]――ビュフノワール自身も編集委員で

---

51) Gatti-Montain, *op.cit.*, p. 85, p. 89.
52) Arnaud, *Les juristes face à la société du XIXe siècle à nos jours*, PUF, 1975, p. 97.
53) Harpérin, *Histoire du droit privé français depuis 1804*, PUF, 1996, p. 184.
54) Jestaz et Jamin, *La doctrine*, PUF, 2004, p. 107.
55) この雑誌は，19 世紀フランスの教育改革に関する研究にとって不可欠とされるが（田原・前出注 11）168 頁注 22．なお，日本国内では筑波大学に所蔵されている），同誌には法学教育改革に関する論文も数多く発表されている．本稿でも引用するいくつかの論文（すぐ後で引用するビュフノワールのほか，サレイユやデュギの論文が注目される）のほか，外国の制度に関するもの（Blondel, De l'enseignement du droit dans les Universités allemandes, *Revue internationale de l'enseignement*（以下，*RIE* と略称），1885-I, p. 432 et., p. 521 et s., 1885-II, p. 39 et s., p. 521 et s., Blondel, Note sur l'organisation des Etudes juridiques en Angleterre, *RIE*, 1887-II, p. 156 et s., Jacuinot, L'Université Harvard, troisième partie. Les écoles spéciales et les annexes, *RIE*, 1890-II, p. 536 et s. など）や調査・統計に関するもの（Despagnet, La fonction sociale des Facultés de droit, *RIE*, 1891-I, p. 561 et s., Petit de Julleville, La statistique de l'enseignement supérieur en

ビュフノワールは，博士課程改革を扱う論文の中で，この問題の直接の背景（徴兵猶予とかかわる）に触れつつ，この観点を超えて問題を検討すべきことを指摘し，博士課程のあり方につき論じている．彼は，次のように述べている[57]．「新しい考え方によれば，学士課程が実務的・職業的なものであるのに対して，博士課程はすぐれて学問的＝科学的（scientifique）なものであるべきだという．博士課程は，職業的な関心から切り離された思索的・利益中立的な新しい勉学の場であることになる．……しかし，教授団の中にはこのような見方を支持する者は少ないと思う．この見方に魅力がないからではない．法学部の教育をこうした方向に発展させていくことに私は賛成である．博士課程は（ある程度までは学士課程も）学問的でなければならないというのも同感だ．しかし，すでにそのような傾向は存在しているのであり，将来に対する関心に導かれて，たぶん無意識のうちにこれを曲げようとする傾向に抵抗しなければならないのである．……とはいえ，学士課程を現状のままにしていたら，法知識のレベルの低下を見ることになろう」．

　彼は，具体的な科目に関しては，次のように言っている[58]．「私の理解するところに誤りがなければ，この問題を論ずる人々は二つの点ではほぼ合意に達している．すなわち，博士課程における法学教育においては，何としても民法と歴史の重要性を維持しなければならないという点である」．

　もっとも，この点に関しては，2年後の報告書では次のように述べられており，ややトーンが変わっている[59]．「採用された制度は，六つの法学部から出された意見を容れていない．新しくできる二つの博士課程のいずれにおいても民

1889, *RIE*, 1890-I, p. 233 et s.) が目立つことが注目される．なお，リヨン・カーンの多数の論文や法学教育改革に関する各法学部の意見をまとめた論文（著者はリアールである．Liard, La réforme de la Licence en droit, *RIE*, 1889-II, p. 113 et s.），1880年代の議論状況を展望した論文（Turgon, L'enseignement des Faculté de droit de 1879 à 1889, *RIE*, 1890-I, p. 274 et s.) なども有益な情報を含む．

56) Bufnoir, La réforme du doctrat, *RIE*, 1893-II, p. 35 et s., La réforme du la licence et du doctrat, *RIE*, 1895-I, p. 358 et s. 後者は改革案をとりまとめた委員会（リアールほか5名からなる）の報告書の要旨を掲げるものだが，同報告書はビュフノワールによるものとされている．

57) Bufnoir, *op.cit.* (1893), pp. 37–38.

58) Bufnoir, *op.cit.* (1893), p. 38.

59) La réforme..., *op.cit.* (1895), pp. 359–360.

法を必修にせよという意見である．もちろん，民法の学習が法学教育において貴重な手段であり，政治諸学を学ぶ人々にも有益なものであることは確かである．そもそも，それらの学問のいくつかは固有の意味での法に属するのである．しかし，試験を増やし負担を重くして，やっと専門の勉強ができるという状態にすることは望ましいことではない．学士課程において獲得される民法の知識がより整序されたものとなって必要を満たすであろうことを期待すべきだろう．法学専攻の博士課程においても，民法の分量はかつてよりは小さくなっている．しかし，子細に見れば分かるように，新しい試験制度の下でも，一般理論ということで民法全般がカバーされているとともに，受験者が選んだ部分についてはより深い知識が必要とされている[60]．……民法は何も失っておらず，改革から得るところが大きいことが明らかになるだろう．その上，学士課程においてもたらされた改革も考慮に入れる必要がある」．

（3） このように，改革の前提となった報告書においては，民法の重要性に関する言及はなされているものの，実際の制度においては，民法が占める地位は全体として低下しつつあったことは否定のしようもない．最近，『民法季刊雑誌』の100周年に際して指摘されているように，まさに「1902年には，少なくとも若い世代の一群の教授たちにとって，脅かされつつある民法の研究を促進することは急務であるように思われた」[61] のである．

第二節　司法改革から見た科学学派

第一　法律家たちの共和国

一　法学部での修学

（1） すでに触れたように，19世紀フランスの法学部（法学校）は，多数の学生を抱えていた．ある著者が言うように，「初期産業社会という状況において，

---

60) 1895年のデクレは，法学専攻の博士課程に関しては，民法二科目を必修としていた（同3条）．なお，アレテによって，民法は，第1部＝人事法・家族法・夫婦財産制，第2部＝相続・贈与・遺言，第3部＝債権および各種契約，第4部＝所有権・物権・物的担保に分けられたが，各部分で，民法典や特別法の条文だけではなく，補充的な法理論や一般理論の適用も対象となるとされた．

61) Jamin, Les intentions des fondateurs, *RTDCiv.*, 2002, p. 647.

フランスの大学教育とは，ひとえに法学・医学の専門職を育成し，その資格を授けることに他ならなかった」[62]．では，すべての法学部（法学校）卒業生たちは，法律家としての道を歩んだのかと言えば，そうではないようである．上記の著者も，次のように述べている．「1870年代まで，フランスがドイツよりも法律を学修した卒業生を数多く世に送り出していたことは明らかである．……19世紀のほぼ全期間においてこのような相違が生じたのは，フランスの文学部と理学部のカリキュラムが偏狭なものであったことにひとつの原因があるのは間違いない．大まかに見積もって，フランスの法学部学生の約半数が法律専門職に就こうとする意図もなく，一種の一般教養的な学位として法律の学士号を得ようとしたのである」[63]．

　初めから一般教養的な学位をめざしていたというのは言い過ぎかもしれないが，法学部（法学校）で学ぶ学生に，法律専門職が保証されていたわけではないことは確かである．このあたりの事情につき，19世紀の社会事情に詳しい文学者は，次のように述べている[64]．「1815年の第二次王政復古とともに，若者のあこがれの職業は軍人ではなくなる．……彼らに残された道はなにかといえば，とりあえず，平和な時代に強い役人，司法官，弁護士といった職業に就くか，あるいは医者として身を立てることである．そのためには大学で学位を得なくてはならない．かくして，1820年前後から，大学都市であるパリの下宿屋や安ホテルは，地方からやってきた大学生で満杯の状態になる．……なかでも圧倒的に多かったのが，法学部の学生である．彼らがコレージュを出てバカロレアに受かったとき，両親は息子の将来を考えてこういう．『法律をやらなければならない．法律こそ教育を完全にするために不可欠のものだ．弁護士の肩書きはすべてに通じる』だが，こうして地方から送り出された良家の子弟の全員が，一心不乱に法律の勉強に励むわけではない」．

　(2)　では，実際にどの程度の学生が学位を取得していたのだろうか．たとえば，19世紀の末には，法学部における学生数・資格取得者数（5年ごとの平均

---

62)　リンガー・前出注17) 52頁．
63)　リンガー・前出注17) 54頁．同89頁注37) には，1867年には法科の学生約4,900人中法律専門職に就こうとしていたのは約2,000人であったというデータが引用されている．
64)　鹿島茂・職業別パリ風俗（白水社，1999）10-11頁．

値) は，次のようなものだったという[65].

	学生数	学士数	博士数
1870〜75 年	5,200	1,136	131
	*　　*　　*		
1886〜90 年	5,152	1,326	117
1891〜95 年	8,000	1,346	125
1896〜1900 年	9,050	1,335	347

なお，別の資料によると，1889 年における法学部の学生数は 5,152 名（この時点では，微減の傾向にあるとされている）で，うちパリに在学する者が 2,300 名である（トゥールーズが 700 名強，ボルドー・リヨン・モンペリエ・レンヌが 200〜300 名，アルジェを含む他の 8 校は 100〜200 名である）．1887〜88 年度の法学士数は 1,332 名，法学博士数は 123 名とされている[66]．

学位を得た者がどのような職業に就いたのかは不明であるが，当時のある著者は，次のように報じている[67]．「リアール氏の印象的な表現に従い，法学部が年ごとに世間に送り出す 1,400 名ほどの学士たちのうち，彼らが得た法知識を直接に使うことができる司法職・行政職に就くものは半分足らずであることを認識するならば，すべての高等教育機関の中で，法学部は，ある特定の職業に就くための準備をするという意味において，職業的な性格が最も薄いことになる」．

同じ著者はさらに続ける．「しかしながら，法学士号を取得しながら，司法官にも弁護士にも司法補助職にも税収吏にも行政官にもなろうとしない若者たちが毎年 600〜700 人もいるわけだが，なぜ彼らは，規則通りならば 3 年間，場合によっては 5 年，6 年，あるいはそれ以上の期間，私たちの法典を学びにやってくるのだろうか．このような質問を彼らに向け，かつ，彼らが正直に答えた

---

65) 田原・前出注 11) 177 頁から引用．
66) Petit de Julleville, La statistique de l'enseignement supérieur en 1889, *RIE*, 1890-I, p. 243, p. 246.
67) Despagnet, La fonction sociale des Facultés de droit, *RIE*, 1891-I, p. 538.

としよう．少なからぬ数が，そうするほかないから，と答えざるを得ないのではなかろうか．後で役に立つかもしれない学位を得ておくのは悪くない，人生の困難に直面する前に楽しい学生生活を送っておきたい，あるいは，親の希望ないし命令に従ったという答えも多いに違いない」．

著者は，最後の点に，親たちの先入観が現れているという．法学部では職業的・実用的な教育が行われているにちがいないというわけである．しかし，と著者は言う．「法学士になることと弁護士になることは違う」．「弁護士」とは「様々な訴訟事件を実際に処理できる人間のことであり，学位やそれに表象される勉学・研究は手段に過ぎず，そもそも常に職業準備のためのものではない」．実際のところ，弁護士になるには，法学士の学位のほかに数年の研修が必要とされていた[68]．ところが親たちは，「息子が法学士になったとすれば，当然それは弁護士になったということを意味する」と思っているというのである[69]．

（3）　以上に見てきたように，19世紀を通じて，法学教育には熱い期待が寄せられてきたが，それは，弁護士になるためのステップとしてであった．ところが実際には，法学部での教育は必ずしも弁護士になることと直結したものではなかったのである．「司法職に就こうと考える学生たちは，法をまじめに研究するように誘う法学教師たちの声にはあまり耳を傾けなかった．彼らは，弁護士や代訴士，あるいは司法官たちの助言に従った」のである[70]．他方，すでに簡単に見たように，19世紀末には，法学部における「学問＝科学」に対する指向はますます強まることとなる．

では，「職業」や「実務」は，いまや法学部の関心の埒外にあるとして，打ち捨てておけばよかったのか．実はそう言ってばかりはいられないところに，問題の難しさがあった．この点は，当時における「法院（Palais）」と「法学校（Ecole）」の力関係にもかかわる．詳しくは後に触れるが，法学者たちは，実務法律家に対する優位を確保したいと考えていた．その背後には様々な事情があ

---

68)　Sur, *Histoire des avocats en France des origine à nos jours*, Dalloz, 1998, p. 174. なお，ここには「3年間」の研修と書かれているが，「2年間」とするものもある（鹿島・前出注64）19頁，野上博義「7月王政期のフランス法学と法学教育」上山安敏編・近代ヨーロッパ法社会史〔ミネルヴァ書房，1987〕236頁など）．

69)　Despagnet, *op.cit.*, pp. 538–539.

70)　Despagnet, *op.cit.*, p. 551.

るだろうが，当時，実務法律家たち（弁護士たち）が占めていた社会的な地位（とその変動）もその一つであるだろう．

二　法律家の地位

(1)　第三共和政は，後期になると「教授たちの共和国」と呼ばれるようになるが，その初期においては，「法律家（弁護士）たちの共和国」と呼ばれるような実質を備えていた[71]．法律家は，社会的に見て高い地位を占めており，様々な分野，とりわけ政治の世界に進出していた．「1875年から1920年までの間，代議士のうちの4人に1人は弁護士であり，首相や大臣などについて見ると，この割合はもっと高いものとなった．……代議士や行政官となった弁護士は非常に多く，全体的に見て彼らは公的な問題につき支配的な地位を占め，人々は彼らを指導的なエリートとみなした」．言い換えれば，「第三共和政の最初の数十年において，弁護士たちの政治的な冒険は成功を収めた」のである[72]．実際のところ，ガンベッタ（1838-82），ジュール・フェリー（1832-93），ワルデック゠ルソー（1846-1904），ミルラン（1859-1943），ポワンカレ（1860-1934），ブリアン（1862-1932），……．弁護士出身の政治家のリストを作れば，日本でも親しい名前がきら星のように連なることになる．

(2)　このような法律家の地位の上昇の背後には様々な条件を見出すことができるだろう．ここでは，その基底にある民事司法の状況について一言しておこう．すでに触れたように，法学部に子どもを進学させた親たちは，子どもが学位を得た上で弁護士になることを強く望んだが，その背後には，19世紀には，日常生活において訴訟に直面することが多く，司法関係の職にある人々の数も人口に比べると多かったという事情があるようである．このことは，直感的には，ドーミエの風刺画，あるいは，バルザックやフローベルなどの小説によっても理解されるところである．しかし，ここでは，より端的に，次の二つ

---

71)　前者は，1927年に出版されたチボーデの書物のタイトル（Thibaudet, *La république des professeurs*, Sauret, 1927）に，後者は，1981年に出版されたデュプレの書物のタイトル（J. L. Debré, *La république des avocats*, Perrin, 1981）に由来する．

72)　以上の引用は，Karpik, *Les avocats. Entre l'Etat, le public et marché. XIIIe–XXe siècle*, Gallimard, 1995, p. 199, p. 198.

のデータを掲げておこう[73].

	治安判事	民事判事	弁護士	代訴士
1840 年	2,846	1,639	5,550	3,017
1855 年	2,849	1,656	4,349	2,977
1875 年	2,861	1,617	4,025	2,607
1905 年	2,884	1,447	4,638	2,309
1920 年	2,889	1,216	4,478	2,171
1960 年	750	2,148	6,400	——
1970 年	——			238

	治安裁判所係属件数	初審裁判所係属件数
1850 年	約 550,000	242,464
1870 年	約 530,000	176,329
1890 年	約 300,000	260,440
1910 年	約 380,000	233,970
1920 年	——	551,905
1930 年	約 250,000	321,427
1950 年	約 150,000	316,395
1970 年	約 250,000	364,996
1980 年	約 400,000	636,268

（3）　このように，19世紀末になり，法律家（弁護士）の進出が政治の世界で目立つ以前から，人々の日常生活においては，（広い意味での）法律家や民事訴訟はかなりの頻度で遭遇するものであったと言える．その意味で，18世紀に引き続き，19世紀の社会も「司法社会（société judiciaire）」であったと言えよう[74]．しかし，この「司法社会」は19世紀末から20世紀の初めにかけて，いくつかの事件で揺さぶられることになる．科学学派の誕生の直接の背景として，これらの事件はそれぞれに重要な意味を持つように思われる．どのような事件が起きたのか，項を改めて順に見ていくことにしよう．

---

[73]　Rouet, *Justice et justiciables aux XIXe et XXe siècles*, Belin, 1999, p. 67, p. 100, p. 126. なお，表中の「治安判事」「民事判事」「治安裁判所」「初審裁判所」は，それぞれ途中から「小審裁判所判事」「大審裁判所判事」「小審裁判所」「大審裁判所」となる．

[74]　Royer, *La société judiciaire depuis le XVIIIe siècle*, PUF, 1979 の用いる表現．

第二　「司法」をめぐる状況

一　「司法革命」

(1)　第三共和政の下での司法のあり方は，その内部の組織においても，また外部（社会）との関係においても大きな変化を見せるが，まず注目すべきは，「司法革命（révolution judiciaire）」と呼ばれる現象であろう[75]．1879 年に王党派の最後の拠り所であったマクマオン大統領が退陣したのに伴い，第三共和政の主導権は共和派の手に握られることになる．これをきっかけに，司法の領域においても「共和主義化（républicanisation）」が進められることになる．反共和派の司法官たちの追い落としが行われるのである．まずは検察官の追放が行われ，裁判官の地位の見直しがこれに続いた．その終着点が，1883 年 8 月 30 日法の制定である．1883 年 8 月 30 日法の制定に至る過程において争われたのは，裁判官の終身性（inamovibilité）である．この点に関しては，共和派の中でも意見の対立が見られた．クレマンソーらの革新派が，終身原則は共和政と両立しないとしてその全面廃止を主張したのに対して，ガンベッタやフェリーなどの穏健派はむしろ現状を維持して，行政府に近いところに司法を留めおこうとした．争われたのは，まさに司法のあり方であったのである．

(2)　より具体的には，立法は次のような経緯をたどった．最初の法案は 1880 年 1 月 20 日に政府から提出された．当初，同法案は定員の削減を企図するだけであったが，下院（代議院）でより過激な内容に改められたという．そのため，法案は上院（元老院）で拒否される．そのような「報復立法」を行うべきではないというのである．そして，数年に及ぶ論争の末に，1882 年には終身原則は否定され，「追放のアリバイ」として大革命の記憶を呼び起こす裁判官選挙制が可決されることになる[76]．しかし，様々な対立があったために，いったんは

---

75)　以下は，Royer, *Histoire de la justice en France*, PUF, 1995, pp. 577–600 による．なお，一次資料を用いた分析として，Royer et al., *Juges et notables au XIXe siècle*, PUF, 1982, pp. 359–375 も参照．

76)　大革命前後の司法制度の変遷につき，石井三記「フランス革命期の法学教育・司法制度・法曹」同・18 世紀フランスの法と正義（名古屋大学出版会，1999）所収を参照．なお，この時期の選挙制導入をめぐる議論につき，Poumarède, La magistrature et la République. Le débat sur l'éléction des juge en 1882, *Mélanges Hébraud*, 1981, p. 665 et s. がある．

導入されたこの制度は，結局は実施に移されることがなかった．この混乱を受けて，1883年3月に，政府は改めて法案を提出することになる．683のポストを削減するために，3ヶ月だけ終身原則を停止するという内容の法案である．この法案が可決されて1883年8月30日法となる（最終的な削減ポスト数は614）．

結局，デクレによってこの法律が施行に移された同年の9月から11月までの間に，自発的な辞職者も含めて，900～1,000名の司法官がその職を去ることとなった．その中には，10名の控訴院院長のほか，教会に好意的な122名の裁判所長が含まれていた．政治的に見れば，ボナパルティストや王党派の裁判官たちが消え去った．このように，第三共和政は1883年8月30日法によって，過去を清算して「共和主義的司法の時代 (âge de la justice républicaine)」を開こうとしたのである．

二　ドレフュス事件

（1） しかし，1883年8月30日法は，十分な成果をあげたのだろうか．その後の情勢について，「司法革命」を説いた司法史家は，次のようにまとめている．「穏健派の共和国とその判事たちは，厳しい試練に直面することになる．それは，知的生活，社会・経済の各面にわたるものであった」．なかでも，重大な事件は，言うまでもなくドレフュス事件である．ユダヤ人将校アルフレッド・ドレフュスのスパイ冤罪事件は，ゾラの「私は弾劾する」とともに，あまりにも有名であるが，「この事件は，フランスを揺るがせ，司法を揺るがせた．このことは明らかであり，かなり早い時期に，事件は，主役の個性を超えた問題となったのである」[77]．

ドレフュス派・反ドレフュス派という表現が示すように，国論を二分したこの事件が「フランスの政界にドラスティックな再編をうながした」ことはよく知られている[78]．すなわち，「ドレフュス事件の結果，反ドレフュス派にかかわった王党右翼，ナショナリスト，カトリックなどの諸勢力は共和主義の枠組みからはずれたものとみなされ，保守的傾向を強めていた共和政はその性格を大きく転換した．……急進派が政権中枢にくいこみ，社会主義者のなかにも政

---

77) Royer, *op.cit.* (1995), p. 640.
78) 谷川ほか・前出注4) 184頁．

府への参画をよしとするものが出現した．対照的に，ナショナリズムあるいは愛国主義がもっぱら右翼的なものととらえられ，カトリックはふたたび共和主義に対立する勢力として位置づけられることになった」のである[79]．この事件の背景に「根強い反ユダヤ感情」や「対独復讐熱」があったことや，この事件が「知識人やマスコミが，政治，社会に大きな役割を演ずる画期ともなった」こともまた広く知られている[80]．

ここでは，ドレフュス事件の推移の詳細には立ち入らず，略年表の形で主要な四つの出来事（「四幕の悲劇」[81]）を掲げるにとどめる．

　　第一幕＝通常の訴追
　　　1894年　10月，ドレフュス逮捕
　　　　　　　12月，軍法会議で位階剝奪，終身刑
　　　　　　　　　　上訴棄却
　　　1895年　 1月，陸軍学校肯定で位階剝奪
　　第二幕＝偽造と真実
　　　1896年　　　　ピカール，エステラジーを疑う
　　　1898年　 1月，エステラジー無罪
　　第三幕＝醜聞の勃発
　　　1898年　 1月，ゾラ「私は弾劾する」
　　　　　　　 2月，ゾラ裁判（クレマンソー，ローロール誌を弁護）
　　　　　　　　　　ゾラに有罪判決，亡命
　　　　　　　 8月，アンリ偽書発覚，アンリ自殺
　　　　　　　 9月，政府，再審を決定
　　第四幕＝名誉の回復

---

79) 柴田ほか・前出注1) 148頁．
80) スーパー・ニッポニカ 2003 の「ドレフュス事件」の項（中木康夫執筆）．なお，ユダヤ人問題との関連では，有田英也・ふたつのナショナリズム――ユダヤ系フランス人の「近代」（みすず書房，2000）を，知識人の登場との関係では Ory et Sirinelli, *Les intellectuels en France, de l'Affaire Dreyfus à nos jours*, Almand Colin, 1986, Charle, *Naissance des « intellectuels » 1880–1900*, Minuit, 1990 を参照．
81) Sur, *op.cit.*, pp. 214–219. もともとは，Bredin, *L'affaire*, Julliard, 1983 が用いた表現だという．

1899 年　6 月，破毀院，再審を命ずる
　　　　　9 月，ドレフュス再び有罪，大統領恩赦
1906 年　7 月，破毀院，無罪判決

(2)　繰り返すが，ドレフュス事件は直接には冤罪にかかわる司法事件であった．そこで，以下では，「司法」との関係に絞って，この事件の意味を見ていく．法律家や司法の歴史を論ずる著者たちは，この事件に多くの紙幅を割いており[82]，また，「司法」との関係という観点に着目し，「法律家の共和国の終焉」「引き裂かれた司法」[83] といった観点からこの事件を論ずる論者たちもいる．以下，これらの論者の説くところを聞いてみよう．

　ある論者は次のように述べている[84]．「弁護士たちは，少なくとも 1914〜18 年の戦争までの間は，相対的に均質な集団を形成してきた．大多数が左派か中道左派に属していた」．この意味では，確かに法律家たちは「共和主義化」していたのである．「しかし，この自由主義的なモデルは，二つの出来事——ドレフュス事件と社会問題——によって，その限界を露呈することになる．1894〜95 年に，ドレフュスに有罪が宣告され，位階剝奪の上で追放がなされた時に，大多数の弁護士たちは，多くの国民と同様に彼の有罪を疑わなかった」．そして，ドレフュスの弁護を行ったのは，ゾラの「私は弾劾する」であり，「人権同盟」であり「知識人の署名」であった．「裁判の誤りがくっきりと浮かび上がったその時に，司法や法の第一人者たちの姿はそこになかった」のである．

　そもそも弁護士たちには，反ドレフュス派が多かったと言われている．とりわけ地方の小さな都市ではそうだった．1898 年には，ブザンソン，シャンベリー，トゥール，ルマン，ポントワーズ，オルレアン，ニース，グルノーブル，レンヌ，トゥーロンなど 12 の弁護士会が公式に軍部支持を表明している．また，パリでも，ドレフュス派と反ドレフュス派の割合はほぼ 1 対 2 であったと

---

82)　前注の Sur や Karpik, *op.cit.*, p. 203 et s. のほか，Royer, *op.cit.* (1995), pp. 640–666 に詳しい．

83)　いずれも，Birnbaum, *La France de l'affaire Dreyfus*, Gallimard, 1994 に収録された論文のタイトルである（Charle, Le déclin de la République des avocat, Royer, La magistrature déchirée）．

84)　Karpik, *op.cit.*, pp. 203–204.

第1章　科学学派の誕生　　　　　　　　　　　　　　　　　　　35

言われている．最後の点に関しては，次のようなデータがある[85]．

 ドレフュス派（28.9%）
  知識人の署名　　　　　　　　　　30 名
  ピカール問題への抗議　　　　　　243 名
 反ドレフュス派（71.1%）
  フランス祖国同盟　　　　　　　　512 名
  アンリ像寄付　　　　　　　　　　101 名

　もちろん弁護士たちの中には，ドレフュスを弁護した人々も知られている．しかし，大勢として見れば彼らは，二つに分かれた「共和国」のうちの否定される方に与する結果となった．このことは，法律家たちの共和国に少なからぬ影響を与えた．「ドレフュス事件は公的な生活における法律家の覇権の終わりを告げる最初の兆候になったのである」[86]．

三　マニョー判事

　（1）　ここまで見てきたように，裁判官たちには共和主義への忠誠が求められる一方で，共和国の担い手であった弁護士たちの威信は，ドレフュス事件を契機に失われ始めた．これが科学学派が登場する頃の「司法」の状況であった．こうした状況を，もちろんジェニーをはじめとする人々は意識せざるを得なかったはずである．しかし，より直接的に，彼らの関心の対象となったのは，こうした政治的な事情よりもむしろこの当時の裁判のより具体的なあり方であったかもしれない．すでに述べたように，ラベやビュフノワールが判例に対して強い関心を抱いたことは，このことを強く示唆する．後に見るように，ジェニーにとってもまた「判例」をどうとらえるかは大きな課題であった[87]．

　（2）　こうした観点から見た場合，忘れてはならない当時の出来事として「マ

---

85)　Charle, *op.cit.* (1994), p. 69.
86)　Charle, *op.cit.* (1994), p. 82.
87)　以前に，大村「現象としての判例」同・法源・解釈・民法学（有斐閣，1995）所収で触れたことがある．

ニョー判事（juge Magnaud）」の存在に触れておいた方がよかろう．ある論者は，「法律家と社会の直面」の一例として，「マニョー判事の冒険」をあげている．では，マニョー判事とは何者か．同じ論者は，次のように説明する[88]．

「1890年から1905年までの間，シャトー・チエリーにおいて，『衡平に基づき』判決を下そうとした一人の司法官が猛威をふるった．彼が下した判決は，控訴審において必ず修正されたことを強調しておくことが必要だろうか．彼の教説の核心は，『生への権利（Droit à la vie）』へと導く点にあった．しかし，いかなる生でも同じというわけではない．彼の関心は，社会経済的な衡平の回復へと向けられており，彼は，不平等な世界において純然たる抽象を行うに過ぎないと批判される法律のテクストを適用可能なものへと変えようとしていた．それゆえ，彼は，男女の平等（姦通の廃止，合意による離婚の復活，独身の母の保護，父の探索），子どもの平等（姦生子の保護，嫡出概念の否定），社会における個人の平等（資本集中への対抗，争議権と争議の扇動の承認，貧者に対する義務・責任）を強く主張した」．

これに対しては，同時代の2人の民法学者が論評を加えている．1人は，ボヌカーズであり，1人はジェニーである．ボヌカーズは，マニョー判事の態度を「平俗，気まま，扇動的，背徳的，反社会的」と評しているという．では，ジェニーはどうか．彼の『実定私法における解釈方法と法源』の第2版（1919年）には，「エピローグ」と題して四つの補論が付されているが，そのうちの二つ目が「判例のちょっとした気まぐれ（une passade de jurisprudence）」と題されて「マニョー現象（phénomène Magnaud）」（副題）にあてられている[89]．

(3) ジェニーは，自分の説く「批判的方法（méthode ciritique）」に対する反対と関連づける形で，マニョー現象をとりあげている．「いったん判事個人の固有の評価に対して門戸が開かれたならば，彼は，必然的に正当な範囲を超えざるを得ない．そして，すぐに恣意の坂道を転げ落ちることになる」[90]．反対論のこうした危惧を現実のものとしたのが，マニョー判事ではないか．ジェニー

---

88) Arnaud, *op.cit*., pp. 103–104.
89) Gény, *Méthode d'interprétation et sources en droit privé positif, LGDJ*, 2ᵉ éd., tome 2, pp. 287–307（以下，本書は *sources* と略称して引用する）．
90) Gény, *sources*, 2ᵉ éd., tome 2, pp. 288–289.

は，この疑問に応えようとしている．マニョー判事に対するジェニーの態度は，慎重であり，両義的でもある．多数の批判が寄せられていることを示しつつ，同時に，フランスだけでなく外国でも，同判事に対する共感の声が聞かれることに注意を喚起している．その上で，同判事の下した判決に即して検討するという指針が示され，諸判決のメリット・デメリットがあげられている．

　ジェニーは，マニョー判事の諸判決は，フランスの判例の一般的な流れから必ずしも外れたものではないが，その大胆さは判例の水準を超過していると言う．また，少数ではあるが賛同を得ているものもあり，全面的に無意味だったわけではないとも言う．また，不幸な者や弱い者にやや甘く，特権を持つ者に対して過度に厳格であるとしても，「社会的連帯（solidarité sociale）」の考え方や現実を見つめる姿勢には見るべき点があるとしている．ただし，そこには「完全で堅固な体系（système complet et ferme）」が欠けている，すなわち，現実をとらえる「学問的＝科学的（scientifique）」な基礎と目的に適した「技術（technique）」が欠けている．ジェニーによれば，マニョー判事は「司法における印象主義（impressionisme judiciaire）」に陥っている．それゆえに，同判事の諸判決は「きまぐれ」にとどまり，追従者が出ないというのである．

　ジェニーは，マニョー判事の試みの意図は是としつつも，彼のように「主観的評価（appréciation subjective）」にとどまるのではなく，「客観的正義（justice objective）」に至る道を探ることが必要であると説いている．マニョー現象に対するこのような評価は，「科学学派」の意義を考える上で重要なポイントの一つであると言えるだろう．

第 2 章　科学学派の背景

第一節　科学学派と連帯主義

第一　連帯主義の潮流

Ⅰ　思想：L・ブルジョワを中心に

(1)　概観＝現代から 19 世紀末へ　　20 世紀の末年,「連帯」はフランス社会のキーワードの一つとなった[1]. 法学（民事学）に限ってみても,「連帯主義」の主張が登場し注目を集めている[2]. しかし, 連帯主義の起源は, 少なくとも 100 年前, 19 世紀末に遡ることができる[3]. 連帯主義は, 当時の社会において,

---

[1]　福井憲彦「20 世紀の文化と社会」柴田三千雄ほか編・フランス史 3（山川出版社, 1995）503 頁は「『ソリダリテ』（連帯）は, 20 世紀末のフランス社会と政治にとって一種の合い言葉のようになった観がある」とする. なお, 曲折の末に 1999 年に法律が成立したことで著名なパクス（PACS）の正式名称は, 民事連帯規約（la pacte civil de solidarité）だが, これは「連帯」の象徴的な意味を十分に利用しようという意図によるものであった（この点につき, 大村「パクスの教訓」岩村＝大村編・個を支えるもの〔東京大学出版会, 2004〕［本書第 4 編所収］を参照）.

[2]　代表的な論者（民法学者）の論文として, Mazeaud, Loyauté, solidarité, fraternité, la nouvelle devise contractuelle?, *Mél. Terré, Avenir du droit*, 1999, p. 603 et s., Jamin, Plaidoyer pour le solidarisme contractuel, *Mél. Ghestin, Le contrat au début du XXIᵉ siècle*, 2001, p. 441 et s. がある. ほかに, 連帯主義に関する研究集会記録（Grynbaum et Nicod（dir.）, *Le solidarisme contractuel*, Economica, 2004. 以下, 編者名で引用する）や博士学位論文（Courdier-Cuisinier, *Le solidarisme contractuel*, Litec, 2006）も現れている. なお, 公法学においては, より早い時期に関連の研究集会記録（CURAPP（dir.）, *La solidarité: un sentiment républicain?*, PUF, 1992）や博士学位論文（Borgetto, *La notion de fraternité en droit public français. Le passé, le présent et l'avenir de la solidarité*, LGDJ, 1993）が現れていることを付記しておこう. このような状況につき, 邦語文献では, 金山直樹「フランス契約法の最前線——連帯主義の動向をめぐって」判タ 1183 号（2005）を参照.

[3]　多くの論者の指摘するところである. たとえば, 注 2）所掲の研究集会の序論部分で報告をし

また，法学の世界においても，有力な潮流であった．本稿の主たる対象である科学学派も，この潮流と無縁ではなかった．19 世紀末のフランスにおける連帯主義を象徴するものとしては，たとえば，1989 年の労災補償立法をあげることができる[4]．以下においては，この立法に代表されるような社会の動きを念頭に置きつつ，まずは，社会思想・社会理論一般のレベルでの連帯主義について概観し[5]，その上で，法学における連帯主義の状況に進みたい[6]．

(2) 思想家群像 19 世紀末において連帯主義を代表する思想家としては，協同主義を説く経済学者シャルル・ジッド (1847–1932)[7]，デュルケム派の社会学者セレスタン・ブーグレ (1870–1940) などが挙げられることもあるが，その代表格と目されるのは，急進共和派の政治家レオン・ブルジョワ (1851–1925) であろう[8]．ブルジョワの考え方は，項を改めて取りあげるとして，ここではこれらの思想家たちの先駆者にあたるとされる人々のうち，哲学者・社会学者アルフレッド・フイエ (1838–1912)[9]について一言しておきたい[10]．

ている三人の論者 (Rémy, Mazet, Grynbaum) は，そろって歴史的な経緯に触れている．なお，同様の思想の淵源をさらに遡ることも不可能ではなかろうが，solidarisme という表現は，Léon Bourgeois, *Solidarité*, Armand Colin, 1896 に由来するという (Rémy, La genèse du solidarité, *in* Grynbaum et Nicod, *op.cit.*, p. 4)．ちなみに，ブルジョワの書物は版を重ね，20 世紀末には復刻版が刊行された．

4) この法律については，岩村正彦・労災補償と損害賠償（東京大学出版会，1984）に詳しい．
5) フランスでは 1980 年代に興味深い研究が続出した (Donzelot, *L'invention du social*, 1984, Duvignaud, *La solidarité*, 1986, Evald, *Etat-Providence*, 1986 など)．日本では，最近になって，社会保障の再構築という観点からの研究が現れている（廣澤孝之・フランス「福祉国家」体制の形成〔法律文化社，2005〕，特に第 2 章，田中拓道・貧困と共和国——社会的連帯の誕生〔人文書院，2006〕，特に第 4 章．また，歴史的な研究ではないが，Rosanvallon, *La nouvelle question sociale*, 1995 が『連帯の新しい哲学——福祉国家再考』〔北垣徹訳，勁草書房，2006〕という表題で翻訳されているのも，同様の関心に由来するのだろう）．
6) 邦語文献では，表題に「連帯主義」を冠するものとして，大塚桂・フランスの社会連帯主義——L. デュギーを中心として（成文堂，1995）がある．
7) よく知られているように，小説家アンデレ・ジッドのおじにあたる．
8) たとえば，注 3) 所掲の論者 (Rémy, Mazet, Grynbaum) は，そろってブルジョワ，ブーグレに言及している．そのほかに，Rémy, Mazet はジッドをあげ，Mazet はさらにビュイソン (1842–1932) の名をあげている．
9) フイエの妻，オーギュスティヌは，ブリュノというペンネームによって共和派の教育読本 *Tour de France par deux enfants*, 1877 などを執筆している．この書物については，大村・法典・教育・民法学（有斐閣，1999）2 頁，66 頁を参照．
10) Rémy がフイエの名をあげているほか，田中・前出注 5) もフイエに頁を割いている（同 199–204 頁，206 頁）．なお，フイエについては，ウィリアム・ローグ（南充彦ほか訳）・フランス自由主義の展開 1870〜1914（ミネルヴァ書房，1998）が 1 章を割いている（同 209–243 頁）．

というのは，フイエは，民法学とも無縁ではないからである．フランスの債務法教科書にしばしば引用される「契約によるということは正しいということである」という表現は，フイエに由来する[11]．

フイエは時に自由主義者とされることもあるが，彼の自由主義は「改革主義的自由主義」であり，その内容は次のように要約される性質のものであった[12]．「彼は……個人の自由と社会の必要との間に和解がもたらされると信じたのである．……その社会学は特に，個人と社会との中間地点を構築しようと模索した．……その中間地点とは連帯という観念力であった．……フイエは，連帯という事実だけでは政治的・社会的義務の根拠とするには不十分であると主張したのである．……それに対して，連帯を観念力として考えれば，それは現実以上に刺激力を持ちうると彼は考えた．……連帯という観念力は人間の道徳的相互依存の表現であり，それゆえ義務において必要な根拠を与えることができよう」．

フイエのこうした考え方を支えるのが，「契約に基づく有機体 (organisme contractuel)」という考え方であった．そこには「社会は個人を超越すると同時に個人に内在し，自然的に存在するものであると同時に意志の力でつくりだされるもの」であるという考え方が見てとれる．そして，フイエはこの考え方を説明するのに，「準契約 (quasi-contrat)」という概念を援用する[13]．この「準契約」の概念は，次に見るブルジョワに引き継がれることになる．

(3) ブルジョワの考え方 では，代表的な連帯主義者ブルジョワの議論はどのようなものだったのか．まずはブルジョワの経歴について触れておこう[14]．フイエが正規の大学教育を受けていなかったのに対して，ブルジョワは，「パリで法学を修め，複数の地方の知事を務めた後，1888 年に代議士に転身し，内務大臣，法務大臣，公教育大臣などを歴任する．1895 年に首相，1902 年には下院議長に就任する．1901 年に創設された急進党では初代代表に選出され，公衆衛生・累進課税・社会保険の実現に尽力した．……その一方で，1896 年に

---

11) Fouillée, *La science sociale contemporaine*, 2ᵉ éd., 1885, 1re éd., 1880, p. 410. この表現については，大村『『契約の自由』と『結社の自由』』［本書第 4 編所収］でも触れた．
12) ローグ・前出注 10) 224–226 頁．
13) solidarité（連帯）にせよ quasi-contrat（準契約）にせよ，法概念からの概念の転用が計られているのは興味深い現象である．
14) 田中・前出注 5) 208–209 頁．

第 2 章　科学学派の背景　　　　　　　　　　　　　　41

は『連帯（solidarité）』を発刊し，政治の世界，知的世界で大きな評判になるなど，『連帯主義』の主導者としても知られている」．さらに，付け加えるならば，彼の閣僚経験は合計 12 回，また，国際連盟の主導者の一人であり，1920 年にはノーベル平和賞を受賞している．

　ブルジョワの思想は，先に触れた「準契約」の概念によって特徴づけられる．これは，日本の最近の研究が共通に指摘するところでもある．次のように説かれている[15]．「ブルジョワの連帯主義における中心的概念である『疑似契約』とは，社会契約論における『契約』の概念のように，最初から何か，『自然状態』といったものに依拠して成立するのではなく，後からその合意が遡及されるような契約のことを指す」．「ブルジョワの思想の特徴は，社会という集合を個人に優越するものと見なし，その維持・発展という観点から個人の権利・義務を規定していくことである．『準契約』とは，このような権利・義務にたいする遡及的な同意を意味する．すなわちそれは，『もしも平等で自由な条件で交渉したとするならば，両者の間で前もって成立しえたはずの合意にかんする解釈であり，表現である』．人びとが具体的な状況の中で社会から得ている恩恵や利益は様々である．それらを抽象し，各々が『平等で自由な条件』という仮想状態にあると推定した場合に，各人は万人との間に『契約』を結び，『人類』という集合の一員となってそこから恩恵を享受することを選択し，それに伴う『義務』を承認するはずである．『準契約』とは，このような仮想状態で推定される互いの対象性と，個人と社会の間に生じる相互義務に対する遡及的な承認を意味する」．

　ロールズを思わせるこの思想から，さらにはブルジョワは「社会的債務（dette sociale）」という考え方を導く．引用を続けよう[16]．「ブルジョワの『正義』論でもう一つ注目すべきなのは，かれがこの『疑似契約』論において，『社会的債務』（dette sociale）をつねに考慮に入れなければならないとしている点である．この『社会的債務』とは，個人が社会に存在するさまざまな制度を利用することから自然に発生するものとされている．つまり『人間はその生活の

15）　順に，廣澤・前出注 5) 64 頁，田中・前出注 5) 210 頁．
16）　廣澤・前出注 5) 66 頁，田中・前出注 5) 209 頁．

なかで，かれの同時代人に対してだけでなく，その誕生の日から義務を負っている』」．「ブルジョワによれば，個人は社会の内に生まれ，あらゆる知的・文化的・物質的資源を社会から調達する．したがって，『社会の中で生き，そこから離れて生きられない人間は，常に社会に対する『負債者 (débiteur)』である」．

　以上のような観点から，ブルジョワはリスクの相互化を導く．準契約には，個人が偶然に被るリスクを相互に補償しあうこと（連帯的な相互共済）が含まれているというのである．また，ブルジョワは「連帯」の実現において，アソシアシオンや共済組合などがはたす役割を強調する．

　こうした思想をより理論的に展開したのが，次に見る E・デュルケムにほかならない．

II　理論：E・デュルケムを中心に

（1）概観＝デュルケム・ルネサンス　　E・デュルケムは長い間，全体論的な色彩の濃い社会学者であるとされた．しかし，20 世紀後半からは，デュルケムに関するこのような見方は大きく変わりはじめたようである．英米に始まった「デュルケム・ルネサンス」の潮流は日本にも及んでおり，多くの論者がこの言葉を掲げつつ，知られざるデュルケムの探究を企てている[17]．その結果，「"ルネッサンス"以前のデュルケム像はといえば，コンフリクトよりも統合重視，社会の重視に対する個人の軽視，変動論の欠如，といった欠陥をかかえもつ社会学者，という像が支配的であった」のに対して，「ドレフュス事件に際して，軍に抗してドレフュスの人権を擁護するデュルケム，そして，近代社会の統合原理としての道徳的個人主義を称揚する個人主義者，デュルケム，といった新たな像が定着していった」[18]という．

（2）デュルケムの考え方　　では，デュルケムにおいて，連帯主義はどのよ

---

17) この言葉は，たとえば，宮島喬・デュルケム理論と現代 (東京大学出版会，1987) 2 頁をはじめ，近年では，北川忠明・フランス政治社会学研究――デュルケムと現代 (青木書店，1994) 3 頁，中島道男・デュルケムの〈制度〉理論 (恒星社厚生閣，1997) ii 頁，山崎亮・デュルケーム宗教学思想の研究 (未来社，2001) 240 頁などに例外なく見られる．なお，多くのデュルケム研究者を集めて編まれた佐々木交賢編・デュルケーム再考 (恒星社厚生閣，1996) ix 頁でも言及されている．

18) 中島・前出注 17) i–ii 頁．

第 2 章 科学学派の背景

うに位置づけられるのか．とりわけ新たに発見された彼の個人主義との関係はどのように説明されるのか．次にこの点を見てみよう[19]．

まず，デュルケムの個人主義については次のように述べられている[20]．「デュルケムの根本問題をもう少し別の角度から提起しなおしてみるならば，産業化の進行する近代社会における個人の存立条件の変化がかれの関心の中核にあった，とも表現できる．……第三共和制のある二つの秩序原理のはげしい対抗・抗争のなかで，デュルケムが共和制支持，反教権主義，反ミリタリズムのがわに一貫して身を置いた事実は，個人の自由と権利の擁護がかれにとって当然の課題でなければならなかったことを示唆している」．

この個人主義はさらに次のように説明されている[21]．「デュルケムによれば，個人の尊厳の高まりは近代社会の不可欠の趨勢である．けれども，個人を解放する近代社会とは，いっさいの規制や共同性を欠く原子論的イメージのそれではない．ふりかえってみれば，『分業論』においても，個人の自立の問題はたんに伝統的な社会関係と集合意識の拘束からの解放という観点のみから論じられてはいないことが想起される．個人の自立は，同時に個人の相互依存化として，あらたな連帯関係の形成として記述されているのである」．「近代社会の統合原理は伝統的集合意識から導出しえないのはもちろんのこと，自由放任主義的経済社会に内在するものでもありえないというのがデュルケムの確信であった．この社会が本来的に anormal な利益社会への傾斜をもっていればこそ，その統合の紐帯として，コミュニオン的なものが不可欠であるとされたのである．コミュニオンへの希求は，その意味では，かれの危機意識の表現にほかならなかったといえよう．その危機とは，一言にしていえば，近代社会が一方で根強く残存する伝統主義に部分的に支配されている反面，他方ではすでに純然たるゲゼルシャフトへの絶えざる変質のなかにおかれていること，そのことであった」．

---

19) 以下は，主として，日本におけるデュルケム・ルネサンスの担い手の一人・宮島喬教授の説くところに負う（とりわけ宮島・前出注 17) 以前に刊行された宮島・デュルケム社会理論の研究〔東京大学出版会，1977〕による．なお，同書 9 頁において，ルネサンスの要因の一つとして，その刊行に触れられている『社会学講義』〔原著，1950 年刊．宮島喬＝川喜多喬訳，みすず書房，1974〕や，ルネサンスの担い手であるフィユーが編んだ『社会科学と行動』〔原著，1970 年刊．佐々木交賢＝中嶋明勲訳，恒星社厚生閣，1988〕にも必要に応じて言及する）．

20) 宮島・前出注 19) 19 頁．

21) 宮島・前出注 19) 91–92 頁，27–28 頁．

ここに現れる連帯やコミュニオンは，次のように位置づけられる[22]．「近代社会においては，その分業と社会的分化にもとづいて個々人の職能，思想の多様化が推しすすめられ，その多様化の社会的承認が，いわゆる自由の原理としてあらわれるが，これをより強固にするためには，限りない分化の進展のなかで最後に残る唯一の共同性の紐帯——個の人格の尊厳を相互に承認しあうという共同性——を自覚し，それを集合的規範にまで高めることが必要である．そのような規範のみが近代社会において個々人の自由を保障しながら，かれらを相互に連帯させることができる」．「人間の人格の普遍的な尊重としての個人主義は，生まれながらの神聖不可侵の権利といった抽象に帰されるものではなく，社会の発展・分化の歴史的過程のなかからその必然的な帰結として生みだされ，社会的に確認され，定着してきたものである」．

　以上をデュルケム自身の言葉で要約するならば，次のようになる[23]．「要するにこのように理解された個人主義とは，我ではなく個人一般の讃美なのである．それは利己主義を原動力としているのではなく，人間的なものすべてへの共感，人間のあらゆる苦悩，あらゆる悲惨に対する，より大きな憐憫，そして，それらと戦い，それらを軽減することへの，より熱心な欲求，また正義へのさらに大きな渇望を原動力としている」．

　デュルケムは，より具体的に——そして本稿の観点からは興味深い法的な問題につき——次のように述べている[24]．「われわれはますます，契約が道徳的に義務的であると感じられるには，たんに契約が合意されるだけでなく，契約当事者の諸権利がそのなかで尊重されることを要求するようになる．……偏頗な契約，すなわち他方を犠牲にして一方の当事者に不当に有利に働くような契約のすべてを，われわれは非とするであろう．したがって，われわれは，社会が

---

22)　宮島・前出注 19) 99 頁，254 頁．
23)　デュルケム「個人主義と知識人」同・前出注 19) (1988) 212 頁．宮島・前出注 19) 254 頁のほか，中島・前出注 17) 204 頁も，この部分に言及している．なお，1898 年に発表されたこの論文は，ドレフュス事件を念頭に置きつつ書かれたものである．
24)　デュルケム・前出注 19) (1974) 255 頁，257 頁．なお，二つの引用部分に挟まれる形で，次のような言及も見られる．「公正な契約，それはたんに自由な合意にもとづく，すなわち明白な強制をともなわない契約すべてを意味するのではなく，事物および労役の真の正常な価値，要するに公正な価値にもとづいて交換された契約を意味するのである」(255 頁)．この文章は，大村・前出注 11) 2 頁に掲げたことがある．

そのような契約を尊重する必要はない」．「われわれはまだ，あらゆる前例や過去の伝統の影響の下にあって，異なる階級に属する人を同じ目でみようとしない傾向をもっている．すなわち，高貴な職務にたずさわる上層階級の人間のこうむるであろう苦痛や不当な窮乏に，下層の労働や職能にたずさわる人間のそれよりも，容易に心を動かされやすい．ところが，あらゆることから推して，この双方に対してはたらくわれわれの共感の不平等性は，次第に弱まっていくと思われる．……その結果，われわれは，契約制度がこの双方の間に平等の均衡を維持するよう，いっそう厳しく監視するようになろう．契約における公正をいっそう要求するようになろう」．

ここには，現代フランス法学における連帯主義者の源泉とも言うべき考え方が示されている．では，当時のフランス法学における連帯主義との関係はどうであったのか．項を改めて，この点を見ていくことにしよう．

第二　法学における連帯主義

Ⅰ　公法学の場合

― **L・デュギー**

(1)　デュギーの位置づけ　法学の領域に目を転ずるならば，当時を代表する連帯主義者として第一にその名をあげるべきなのは，L・デュギー (1859–1928) であろう[25]．デュギーはフランス公法学を代表する学者として，広くその名を知られており，日本でもこれまでに彼に関する研究が蓄積されている[26]．

---

25) Rémy, *op.cit.*, p. 7 は，公法学者としてはデュギー，私法学者としてはサレイユが，当事者の連帯主義者の代表格であったとしている（もっとも，私法学者としては，より後の世代のデュモーグの名をあげて，サレイユ以上に詳しい説明がなされている．この点については後述する）．また，ローグ・前出注 10) 311–322 頁もデュギーに言及している．さらに，大塚・前出注 6) はまさに連帯主義の中心人物としてデュギーを位置づけている．

26) 代表的な研究として，高橋和之・現代憲法理論の源流（有斐閣，1986），とりわけ第 1 部第 4 章がある．また，同書に「補論」として収録された「レオン・デュギー――人と業績」は，伊藤正己編・法学者――人と作品（日本評論社，1985）にも収録されている．ほかに，大塚・前出注 6) があるほか，より古い時代の研究として，中井淳・デュギー研究（関西学院大学法政学会，1956) もある．なお，筆者自身がデュギーに触れたものとして，大村「ベルエポックの法人論争」樋口古稀・憲法論集（創文社，2004）［本書第 1 編間章］がある．

まずは公法学一般のレベルにおけるデュギーの位置づけにつき簡単に触れた上で，連帯主義者としての側面につき述べることにしよう．

日本における代表的なデュギー研究者は，次のように述べている．「デュギィによれば，従来の法理論は個人主義的社会観を基礎にしていた．そこでは，Droit (法＝権利) の源泉が個人の意思に求められていたのであり，その意味で，Droit Subjuctif (「主観法」＝「権利」) がすべての出発点であった．Droit Objectif (「客観法」＝「法」) は，この「権利」間の調整として，Droit Subjectif から導出されるものにすぎなかった」[27]．これに対して，「デュギィは，この個人主義的社会観の逆転の上に立って，かれの法理論の出発点を個人にではなく社会に置こうとしたのである．……デュギィは，感覚によって知覚可能なもの以外をすべて形而上学的観念として排除しようとする．ここから，社会に先立つ個人とか，この個人の有する自然権といった観念はすべて形而上学的と烙印され，まずもって社会の存在こそが事実として確認されねばならないとするのである」[28]．

以上からデュギーは次のような法理論を導く．「個人が社会内存在であるという事実は，個人の意識に社会連帯として表象され，そこから社会連帯の維持と増進という行為規範が生み出されてくる．これが事実としての Droit の源泉なのであった．したがって，個人主義的法理論が Droit Subjectif を出発点に置いたのに対して，ディギィは Droit Objectif を出発点に置き，そこから Droit Subjectif を導出するという逆の展開をとるのである．……個々人にとっては Droit Objectif に服する社会的義務が中心的観念となり，権利とはその社会的義務を果たすため個人に与えられた権限に過ぎないとされるのである．かかる Droit の観念から，国家 (統治者) も社会内存在であり社会連帯の一契機であるかぎり，Droit Objectif に服する義務があり，国家 (主権) とは，実は社会連帯の維持増進という義務を果たすために統治者に認められた権限に過ぎない」[29]．

(2) デュギーの連帯主義 以上のように，デュギーの理論において「社会連帯」は重要な位置を占めている．そこで次に，デュギーの考え方を連帯主義の観点からもう少し立ち入って見ておくことにしよう．

---

27) 高橋・前出注 26) (1986) 131–132 頁．
28) 高橋・前出注 26) (1986) 132–133 頁．
29) 高橋・前出注 26) (1986) 134–135 頁．

この点については，次の説明がわかりやすい．「デュギーは，本質的な事実とは社会連帯という事実にほかならぬ，と見ていた．『人間は生まれながらにして自由であり，かつ権利において平等である』とはア・プリオリな仮説に過ぎず，『人間は生まれながらにして集合体の一員である』というのが事実である．それゆえ，彼にしてみれば，連帯という基礎の上に権利を打ち立てることが可能なはずであった，……人間は権利を持つが，それはあくまでも社会的連帯を防衛し促進する権利である．権利は義務が伸張する限りで伸張する」[30]．デュギーによれば，「支配者も被支配者と同じく，社会連帯という規範に拘束される．否ればかりか，その権力ゆえに支配者は社会連帯を促進するための一層大きな機会を与えられ，したがって一層の重責を負わされている」[31] ことになるという．

このようなデュギーの連帯主義の意義は次のように総括される[32]．「社会連帯を再建しようとする社会学的自由主義者の努力は，現状を維持しようという努力ではない．それは，旧自由主義が往々にして単に成功者の利得を擁護する手段へと堕してしまうことに対する反発の中から生まれたものであるからである．……彼ら……は……いかなる方法によれば個人の自由が全ての人々の生活の中で現実的な意味を持つことができるかを，示唆したのである．……個人と集団との関係について人々を真の意識にまで高めるような社会科学のみが，自由と連帯とを生き生きと両立させる道を示すことができる，と信じて疑わなかった．個人の権利の社会的基盤を認めることで，そのような権利を揺るぎない基盤の上に確立する方法を見出そうとしたのである」．

二　M・オーリウ

(1)　オーリウの位置づけ　　M・オーリウ (1856–1929) はデュギーと並び称される同時代の公法学者である．最近の学説にはオーリウを連帯主義者の列に加えるものもあるが，まずはデュギー以上の研究の蓄積があるとも言えるオーリウ学説につき，一般に説かれているところを見ておこう[33]．

---

30)　ローグ・前出注 10) 314–315 頁．
31)　ローグ・前出注 10) 316 頁．
32)　ローグ・前出注 10) 323–324 頁．
33)　代表的な研究として，磯部力「モーリス・オーリウの行政法学」兼子＝磯部＝村上・フランス行政法学史（岩波書店，1990）225–436 頁があるほか，同じ著者による「オーリウ」伊藤編・

オーリウは「制度の理論」で知られる．「その理論はしばしば捕らえどころがなく難解であるとも評される」[34] が，その骨子は次のように説明されている[35]．「オーリウは，法律関係という法の主観的な表現形態の背後に，より深層的な客観的法秩序が存在することを強調し，この法が，個人間の主観的な意見の合致たる契約のようなカテゴリーでは捉え切れず，また国家法からも相対的に独立した客観的存在として自立的に生成・発展するものであることを主張した．そして彼はこのような客観的法秩序を胚胎する主要な源泉が，一定の条件を備えた一個の社会的生命体としての団体の中にあることに着目して，これを制度 (institution) と呼んだのである．……制度とは一つのイデア (実在としての理念) の現実化であり，この理念に共鳴する者の間に集団が形成され，その内部に権力が発生する．この権力の内部的均衡 (権力分立) と代表制の確立を通じての構成員による合意の表示によって次第に合法性を獲得する．つまりここに事実から法へという法にとっての基本的に重要なプロセスが胚胎する．……重要なことは彼がつねに一元的方法論を排し，持続する秩序を通しての個人の自由と人間性の最大限の実現を確保しようとしたことである」．

以上のような引用だけで，レアリズム対イデアリズムに始まり公役務か公権力かなど様々な点で対立関係にあるとされるデュギーとオーリウの間に，客観的秩序の先行，秩序と自由の相互関係への着目など重要な共通点が存在することが理解されるだろう[36]．こうした観点からすると，次に述べるように，オーリウをデュギーとともに連帯主義者のリストに加えるのは，必ずしも奇異なことではないと言えるだろう[37]．

前出注 26) 所収がある．近年では，より若い世代による本格的なオーリウ研究が相次いで現れている．橋本博之・行政法学と行政判例――モーリス・オーリウ行政法学の研究 (有斐閣，1998)，木村琢磨・財政法理論の展開とその環境――モーリス・オーリウの公法総論研究 (有斐閣，2004)，仲野武志・公権力の行使概念の研究 (有斐閣，2007) 〔特に第 2 章〕など．なお，筆者自身がオーリウに触れたものとして，大村「フランス法における契約と制度」北村一郎ほか編・現代ヨーロッパ法の展望 (東京大学出版会，1998) 〔大村・契約法から消費者法へ (東京大学出版会，1999) 所収〕がある．

34) 磯部・前出注 33) (1986) 23 頁．
35) 磯部・前出注 33) (1986) 127–128 頁．
36) この共通性につき，磯部・前出注 33) (1990) 253 頁は，「近年はオーリウとデュギーの関係に言及する場合には，両者の対立よりはむしろその同時代的問題意識の共通性を強調する傾向にあることに注目しておく必要があろう」としている．
37) 実際のところ，Denzolot, *op.cit.*, pp. 86–103 は，「連帯の発明」という章において，デュルケム，ブルジョワと並び，デュギーとオーリウを取りあげている．

(2) オーリウの連帯主義　　連帯主義という観点から見た場合，オーリウの考え方は次のように評価されている．

「オーリウは，デュギの理論に反対すると同時に，これに触発されて自らの理論を展開した．オーリウもまた主観的な観念にのみ依拠した法＝権利を危険視した．彼によれば，権利だけによって権威を基礎づけることはできない．……しかし，彼はデュギの理論に重要な欠落を見出していた．すべてが社会連帯という客観法によるならば，誰かが連帯的なものと連帯的でないものを仕分けるまでもない．……いかにして19世紀末に発展している様々な公役務やアソシアシオンにおける権威の行使を基礎づけるか．……オーリウが主権という法的言語を厳密に用いることによって提起した問題であった」[38]．「オーリウによれば，制度の理論によって連帯の観念は明確さと正確さを得ることができる．というのは，この理論は，社会に外在する規範ではなく，団体がその目的を達するための組織原理に依拠するからである」[39]．

そして，オーリウとデュギーの異同は次のように説明される．「この二人の重要な著者は，国家の問題を扱うためには連帯の観念に訴える必要があるとする点では一致が見られた．同時に，方法と帰結に関しては鋭い対立があった．オーリウはデュギを『講壇アナーキスト』と呼び，デュギは『恥知らずの精神主義や』と切り返した」[40]．

II　民法学の場合

一　科学学派の時代

(1) 誰をとりあげるか？　　デュギーの連帯主義は，公法学を超えて民法学にも及ぶ．彼の著書『ナポレオン法典以降の私法の一般的変遷』[41] には，デュギーの法学観・権利観が集約されており，それを出発点として法主体・契約・責任・所有権など私法の基本概念が分析されている．そこには「形而上的で個

---

38) Donzelot, *op.cit.*, pp. 95–96.
39) Donzelot, *op.cit.*, p. 98.
40) Donzelot, *op.cit.*, p. 99.
41) Deguit, *Les transformations générales du droit privé depuis Code Napoléon*, 1ʳᵉ éd., 1912. なお，本書の翻訳として，レオン・ドュギー（西島彌太郎訳）・私法変遷論（弘文堂，1925）がある．

人主義的な法システムから社会的な法システムへ」という発想が色濃く出ており，権利，とりわけ所有権はその社会的機能 (fonction sociale) において把握されるとともに，附合契約・労働協約や労働災害など集団的な法現象が分析されている．しかし，デュギーはあくまでも公法学者である．では，民法学者のうち連帯主義者に数えられるのは誰か．

当時の民法学者で連帯主義者に数えられるのは，科学学派の領袖の一人・サレイユ (1855-1912) にほかならない[42]．それ以外には，たとえば，権利濫用論で名高いジョスラン (1868-1941)[43] の名があげられることもある[44]．しかし，ここではこのリヨンの巨匠ではなく，あえてパリの大立者を連帯主義者の列に加えてみたい．今日でもフランス語系国際学会にその名を残すアンリ・カピタン (1865-1937) である[45]．民事責任論をめぐるサレイユとカピタンの学説の対立を思うと，サレイユとカピタンとを併置することには異論があるかもしれない．しかし，次に述べるように，二人の間には共通の関心が伏在する．やはりサレイユのライバルであったプラニオル (1853-1931) は連帯主義に反対であったとされるが[46]，カピタンとプラニオルを同列に論ずることはできない．

(2) サレイユとカピタン　連帯主義者としてのサレイユについては，次のように評されている[47]．「連帯主義の民法におけるヴァージョンはサレイユに見出すことができる．……もちろん，『社会法』や『法の社会化』への期待，『社会的機能』による権利の再解釈，契約における意思自律の批判，民事責任における危険 (リスク) の理論がある．もっとも，このような法的連帯主義の民法ヴァージョンは，デュギ的なヴァージョンに比べるとより複雑でより穏健なも

---

42)　Rémy, *op.cit*., pp. 7-8 のほか，Jamin, in Grynbaum et Nicot, pp. 163-164 も参照．
43)　ジョスランにつき，日本語では，山口俊夫「ジョスラン」伊藤編・前出注 26) 所収がある．
44)　Rémy, *op.cit*., p. 7 のほか，Jamin, *op.cit*., p. 163, p. 165 も参照．
45)　カピタンにつき，日本では，日本仏語法曹会・日仏協会館・日仏協会編「アンリ・カピタン教授追悼講演集 (1938) があり，挨拶のほか，杉山直治郎「カピタン先生とその法律業績」，田中耕太郎「カピタン教授と統一法の理論」，レオン・マゾウ「アンリ・カピタンと仏国民事責任理論の形成」の 3 編が収められている．
46)　Rémy, *op.cit*., p. 6 は連帯主義の「明確な敵手 (adversaires déclarés)」として，ブーダンとプラニオルをあげている．プラニオルにつき，日本語では，フィリップ・レミー (吉田克己訳)「ベル・エポック期のフランス民法学——プラニオル」北大法学論集 52 巻 5 号 (2002)，小粥太郎「マルセル・プラニオルの横顔」日仏法学 23 号 (2005) がある．
47)　Rémy, *op.cit*., pp. 7-8.

のであったように思われる．サレイユの場合，おそらくそれにはいくつかの理由がある．政治的には，サレイユはルミール神父や雑誌『ル・シヨン』に近い共和派カトリック（catholique « rallié »）であった[48]．学問的には，彼のドイツ法に関する深い学識や歴史学派に対する傾倒が，彼の法の理解にデュギーには見られない深みと技術的堅固さを与えた．最後に，彼の社会学からの借用は，デュギーよりも幅広く，デュルケムのほかにタルドも援用している」．

サレイユの政治的な立場はともかくとして，その研究の重点が，「権利の再解釈」や「意思自律の批判」や「危険（リスク）の理論」に置かれていたことはよく知られている．このことは，彼の主著のリストを掲げるだけで一目瞭然である[49]．すなわち，『民事責任と労働災害』（Les accidents de travail et la responsabilité civile, 1897），『意思表示について』（De la déclaration de la volonté, 1901），『法人について』（De la personnalité juridique, 1910）などがそれである[50]．

このような問題関心はカピタンにも共通している．戦前に訪日したこともあるカピタンの業績に関しては，日本でも次のようにまとめられている[51]．まず，その「思想的立場」については，「その特徴は空論を排する実証精神と人格自由と社会協同との調節たる連帯主義とに在りとされた．それは法の社会的・並に普遍的立場を包含するは勿論，而も正義と共同福祉とを内容とする自然法に基く精神と解される」とされている．次に，「立法」については，「保険契約法そ

---

48) ルミール神父（1853–1928）は，カトリック民主主義の担い手として，1893 年に代議士となる．議会では労働者，家族，働く女性の利益擁護に努めた．労働者（家庭）菜園を主唱．『ル・シヨン』は，1894 年にサニエ（1873–1950）によって創刊された雑誌で，カトリック民主主義的な社会運動を展開．
49) サレイユについては，その論文集（L'œuvre juridique de Raymond Salleiles, 1914）に付されたタレールによる紹介が詳しい．日本語文献における紹介については，別に扱う．
50) サレイユの民事責任論については，野田良之「フランス民法における faute の概念」川島武宜ほか編・我妻還暦・損害賠償責任の研究（上）（有斐閣，1957）のほか，飛世昭裕「サレイユの『フォオト』概念とドネッルスの『クルパ』定義（1）」帝塚山法学 9 号（2005），意思表示論・附合契約論については，杉山直治郎「附合契約の観念に就て」同・法源と解釈（有斐閣，1957，初出，1924）のほか北村一郎「契約の解釈に対するフランス破毀院のコントロオル（2）」法協 94 巻 1 号（1977）や沖野眞已「契約の解釈に関する一考察（3）」法協 109 巻 8 号（1992）などがある．権利論・法人論についての言及は相対的に少ないが，最近では，仲野武志・前出注 33）が「サレイユ（組織体としての制度）」という款を設けている．
51) 杉山・前出注 45）320 頁以下．

の他諸種の保険立法に就て……大なる寄与をなされた」，あるいは「労働及社会立法に就ても……先生の貢献は著大なるものがある」．なお，カピタンは労働法の教科書の著者でもあった．

二　ポスト科学学派の時代

(1)　誰をとりあげるか？　　サレイユの世代に現れた連帯主義は，次の世代にも影響を及ぼした．広い意味では科学学派に含められることも多い次の世代（ここでは「ポスト科学学派」と呼んでおく）の論者についても，簡単に見ておくことにしたい．

具体的には，誰の名をあげるべきだろうか．今日，一致して連帯主義者とされるのは，ドゥモーグ（1872-1938）であろう．しかし，あわせてリペール（1880-1958）の見解にも触れておきたい．このプラニオルの教科書・体系書の後継者は，重要ないくつかの点において先師とは異なる見解をとる[52]．また，その方法的なスタンスもむしろ連帯主義になじむものを含んでいるように思われる．

(2)　ドゥモーグとリペール　　ドゥモーグについては次のように言われている[53]．「緩和された連帯主義は，次の世代においてはルネ・ドゥモーグにおいて『契約的連帯主義（solidarisme contractuel）』という形で見出される」．たとえば，彼は「社会における自然状態は連帯である．自由はある節度のうちにおいて望ましいものとされるだけである」，「法律行為は，追求される社会的目的が個人の意思と合致する行為として定義されなければならない」と述べているという．とりわけ強調されるのは，「債務の効果につき，ドゥモーグが『契約当事者は一種のミクロ・コスモス，すなわち，各人が共通の目的のために働かなければならない小さな社会を形成する』と述べている」ことである[54]．

もっとも，これには反対論も提示されている．ある有力な論者は，助言義務・情報提供義務に触れて，「このような義務がある種の契約から生じること，それ

---

[52]　たとえば，その法人論につき，大村・前出注26）を参照．
[53]　Rémy, *op.cit*., p. 8.
[54]　なお，Jamin, *supra* note 42 のほか，Henri Capitant et René Demogue: notation sur l'actualité d'un dialogue doctrinal, *Mél. Fr. Terré*, 1999, p. 125 et s. も参照．

は異論の余地のないところである．しかし，これを連帯主義によって基礎づけるというのは別の話である」と．この論者によれば，連帯主義や利他主義を持ち出さなくても，これらの義務を基礎づけることは可能であるという[55]．他方で同じ論者は，リペールを援用して次のようにも言う[56]．「リペールは，連帯主義の支持者ではなかったが，道徳律に訴えることによって完全に同じ解決に至った」と．

確かに，この指摘はあたっているかもしれない．連帯主義者が求める解決を支持するとしても，必ずしも連帯主義に立つ必要はない．しかし，見方を変えるならば——前出のカピタンの場合も同様だが——，連帯主義を標榜しないとしても，連帯主義者の問題意識を共有している人々を，連帯主義の同伴者に加えることは不可能なことではない．より端的に言えば，連帯主義者か否かというレッテルはさほど重要ではない．むしろ，連帯主義が一定の力を持ちうるような法的環境が存在し，好むと好まざるとにかかわらず，同伴者や反対者を引きつける引力が生じていたことにこそ注目すべきであろう．

そこで，次に，リペールの見方を簡単に示しておこう[57]．リペールは一般には「実証主義者（positiviste）」として扱われてきたという．「しかし，このことは，かれが実定法の枠のなかに閉じこもってその内在的解釈に終始していたことを意味しない」．「かれの基本的な関心は実定法がどのように形成されるかにあり，これを社会的な諸力の闘争のなかに見出したのである」．具体的には，リペールは「法を創る諸力」を，すでに言及した道徳律——『民事的な債務関係における道徳律』（La règle morale dans les obligations civile, 1925)——のほか，政治——『民主制と近代民法』（Le régime démocratique et le droit civil moderne, 1935)，経済——『近代民主主義の法的諸相』（Aspects juridiques du capitalisme moderne, 1946）に求めた．このようなアプローチは，連帯主義（的な発想）と無縁だとは断じにくいのではなかろうか．

---

55) Leveneur, Le solidarisme contractuel: un mythe, in Grynbaum et Nicod, *op.cit*., pp. 182–183.
56) Leveneur, *op.cit*., pp. 180–181.
57) 野田良之「フランス法学——デュギー，レヴィ，オーリユー，リペール」川島武宜編集・法社会学講座 1（岩波書店，1972）53–54 頁．

第二節　科学学派と世界主義

第一　ドイツの存在

Ⅰ　一般的傾向

（**1**）　世界への関心　　19 世紀末のフランスは，世界に対して大きな関心を寄せていた．フランス第三共和政が植民地帝国としての性格を持つことについてはすでに一言したとおりだが[58]，海外への関心を導いたのは帝国主義的な野心のみではなかった．国境を超えた人や商品の流通，そして思想の流通が，世界への関心を加速したと言ってよいだろう．この時期には，「万国」や「国際」という言葉が好んで用いられ，国境を超えた様々な試みがなされている．

　この潮流の背景に関しては，立ち入った検討が必要ではあるが，ここでは，次の二つの著名な事実を掲げておくにとどめる．一つは，「万国博覧会」であり，もう一つは，「インターナショナル（国際労働者協会）」である[59]．どちらもイギリスに発祥したものではあるが，19 世紀の後半にはフランスが有力な担い手となる．すなわち，パリ万国博は 1855 年を皮切りに，1867 年・1878 年・1889 年・1900 年と続く[60]．他方，第 2 インターナショナルは，1889 年 7 月 14 日，パリにおいて事実上成立したとされている．

（**2**）　ドイツへの関心　　外国に対する関心は，とりわけドイツに向けられていたことも，すでに一言した通りである[61]．とりわけ学問の世界においては，19 世紀後半から 20 世紀前半にかけて，フランスは様々な面でドイツの影響を受けている．デュルケムはドイツに留学し，「ドイツ学派」から大きな影響を得

---

[58]　「共和国の民法学（1）」法協 121 巻 12 号 140 頁注 17)［本書 8 頁注 2)］参照．
[59]　これらに関する文献は数多いが，ここでは，当時のフランスの社会状況と関連づけつつ，万博や労働者の様子を論ずるものとして，いずれも第二帝政期に重点を置くものであるが，鹿島茂・絶景，パリ万国博覧会——サン＝シモンの鉄の夢（河出書房新社，1992）と木下賢一・第二帝政とパリ民衆の世界——「進歩」と「伝統」のはざまで（山川出版社，2000）をあげておく．なお，両著においては，万博と労働者の関係にも触れられている．
[60]　1867 年万博は日本が初めて出品した万博であり，1900 年万博はパリ・オリンピックが開催された万博である．
[61]　「共和国の民法学（1）」法協 121 巻 12 号 120 頁［本書 10 頁］．

たと言われているし[62]，フイエやルヌヴィエなど当時の思想家たちもカントの影響を強く受けていたと言う[63]．なお，これに反旗を翻したH・ベルクソン（1859–1941）もまたカントを強く意識していたようである[64]．

次の世代の知の大立者を見ても，同様の事情が窺われる．たとえば，アナール学派の総帥M・ブロック（1886–1944）は，ドイツ留学の後，独仏係争の地・ストラスブールにあって，ドイツ系の学会誌に対抗して雑誌『アナール』を創刊した[65]．また，20世紀中葉の思想界に君臨したJ・P・サルトル（1905–1980）も，ヒトラー政権下のドイツに留学しており，フッサールやハイデッカー，そしてニーチェの思想に出会っている[66]．

II　ドイツ法学への傾斜

（1）　一般的な傾向　法学の世界に限って言えば，1900年のドイツ民法典に集約されるドイツ法学に対する関心が高かった．この点に関しては日本でも，比較法学者によって次のように指摘されている[67]．「比較立法の大きな流れを巻き起こしながらも，しかも優秀な法典をもちながらも，フランスの法学者のドイツ法学に対する関心は無視し難いものがあった．注釈学派の優勢な中にあっても，また独仏両国間の宿命的対立が激化の一途をたどるまさにこの世紀においても，その法学交流はむしろ顕著なものがあった」．

（2）　具体的な事実　同じ比較法学者は，より具体的にドイツ法学のフラ

---

62)　デュルケムのドイツ留学については，夏刈康男・社会学者の誕生――デュルケム社会学の形成（恒星社厚生閣，1996）56頁以下．

63)　ローグ・前出注10）86–87頁，91–92頁，215–216頁．

64)　ベルクソンとカントの関係につき，沢瀉久敬・アンリ・ベルクソン（中公文庫，1987）26頁の簡単な記述のほかに，「ベルクソン」現代思想1994年9月臨時増刊号の「カントとベルクソン」の項に寄せられた2編（中島義道「持続と時間のあいだ」，マドール〔市原＝江川訳〕「ベルクソンから観たカントの認識論と形而上学」）を参照．

65)　ドイツ留学については，二宮宏之・マルク・ブロックを読む（岩波書店，2005）27–28頁，『アナール』創刊の経緯については，キャロル・フィンク（河原温訳）・マルク・ブロック――歴史のなかの生涯（平凡社，1994）147頁以下．なお，池上俊一「フランスの歴史家と『ドイツ』――ミシュレとマルク・ブロックをめぐって」石井洋二郎＝工藤庸子編・フランスとその〈外部〉（東京大学出版会，2004）も参照．

66)　サルトルとドイツ哲学の関係はよく知られているが，最近の評伝でも紙幅が割かれている（ベルナール=アンリ・レヴィ（石崎晴己監訳）・サルトルの世紀〔藤原書店，2005〕173頁以下）．

67)　大木雅夫・比較法講義（東京大学出版会，1992）54頁．

ンスへの影響を指摘している[68]．「ドイツ法学に依拠してフランス民法学に最大の寄与をした人は，とりわけツァハリエとその翻訳者たちおよびサレイユである．ツァハリエの『フランス民法提要』はフランス民法に向けられたドイツの窓だっただけではない．それは，ストラスブールの教授オーブリとローによって仏訳され，1839 年に《 Cours de droit civil français » として公刊され，フランス民法学の質的転換をもたらす契機となったのである．……その後このフランス語版は，引続き改訂が加えられ，その第 3 版 (1856–63 年) は，ドイツの方法によりながらも独自の書物とな (った)」．「その世紀の終りにおけるサレイユの活動は，いっそう重要な意味を持っている．かれは，法哲学者であり，法史学者であり，比較法学者であったが，とりわけドイツ法学者であった．1890 年の『ドイツ民法典草案による債権総論の研究』以来，……等々を次々刊行し，普通法時代以来のドイツ民法学における中心的な諸問題をフランスに伝えた」．

　ドイツ民法学の影響を受けたのは，サレイユのみではない．ジェニーにせよカピタンにせよ，科学学派の人々は程度の差はあれ，その影響下にあったと言ってよい[69]．個別の問題につきドイツ民法学の影響を残らず列挙することはできないが，最近ではフランスでも，第三共和政期における独仏法学交流に関する研究が進みつつあることは注目される[70]．さらに，影響は，民法学を超えて他の法分野にも及んだ．たとえば，ストラスブールの憲法学者カレ・ド・マルベール (1861–1935) の名をあげることができるだろう[71]．

---

68) 大木雅夫「独仏法学交流の私的素描」上智法学論集 19 巻 2＝3 号 (1976) 104 頁以下．ツァハリエの影響には，五十嵐清・民法と比較法 (一粒社，1984) 11–12 頁も言及する．
69) この点については，大村・法源・解釈・民法学 (有斐閣，1995) 10–11 頁参照．
70) BAUD et WACHSMANN (dir.), *La science juridique française et la science juridique allemande de 1870 à 1918*, PUS, 1997．同書の中には，イェーリングやプリンツの影響を論ずる諸論文も含まれる．
71) カレ・ド・マルベールについては，樋口陽一「カレ・ド・マルベール」伊藤編・前出注 26) のほか，高橋・前出注 26) (第 3 章「カレ・ド・マルベールの法的国家理論」)．いずれもカレ・ド・マルベールがドイツ法学と密接な関係を持つことに言及している (高橋 117 頁注 3) は，「デュギーのばあいは，ドイツ理論とのかかわり合いはきわめて深く……その後のデュギーの著作も，ドイツ国法学に対するアンチテーゼを一貫して主要モチーフとしている」とも指摘する)．なお，BAUD et WACHSMANN, *op.cit.* にも，カレ・ド・マルベールに関する諸論文が収められている．

第二　比較法学の生成

Ⅰ　制度の側面

(1)　前史　（ドイツを中心とした）世界への関心は，「比較法学」という形で結実する．フランスにおける比較法学は科学学派と密接な関係を持つが，その点に触れる前に，比較法学の生成の経緯を簡単にたどっておこう．

1834 年にすでにフェリックスが『外国立法・経済評論（Revue étrangère de Législation et d'Economie politique)』を創刊しているが，この雑誌は必ずしもうまく行かなかったという[72]．比較法学が確固たる基盤を築くには 19 世紀の後半を待たなければならなかった．最初の画期となった年は 1869 年である．この年，今日まで続く比較立法協会（Société de législation comparée）が設立された[73]．続いて，1876 年には，司法省内に外国立法・国際法局（Office de législation étrangère et de droit international）が創設され，1892 年・95 年・1902 年には，パリ大学にそれぞれ比較海商法・比較憲法・比較民法の講座が設けられた．このようにして比較法学の制度化が図られたのである[74]．

(2)　1900 年　比較法学にとって第二の画期の年は 1900 年であったと言えよう．この年，パリ万博の機会に，最初の比較法国際会議（Congrès international de droit comparée）が開催されたからである[75]．これを主導したのが，サレイユとその高弟であるリヨン大学の E・ランベール（1866–1947）であった．

その背景には次のような事情があった[76]．「19 世紀後半に成立した近代比較法は，一方では法の発展法則を明らかにするため比較法史学の道を歩み，他方

---

72)　五十嵐・前出注 68) 13 頁，大木・前出注 67) 53 頁．
73)　同協会の歴史については，DRAGO, La Société de législation comparée, in Livre du Centenaire de la Société de législation comparée, tome 1, 1969 がある．
74)　ツヴァイゲルト＝ケッツ（大木雅夫訳）・比較法概論 原論・上（東京大学出版会，1974) 94 頁．さらに，その後，1920 年にはリヨン大学に比較法研究所が，1932 年にはパリ大学に比較法研究所が設立されている（なお，ISHIZAKI, *Le droit corporatif international de la vente des soie*, 3 tomes, 1928 はリヨン大学比較法研究所の叢書として刊行された）．
75)　五十嵐・前出注 68) 23 頁以下，大木・前出注 67) 60 頁，ツヴァイゲルト＝ケッツ・前出注 74) 96 頁．
76)　五十嵐・前出注 68) 23 頁，ツヴァイゲルト＝ケッツ・前出注 74) 95–96 頁．

では実務目的のための比較立法に向かい，統一がとれなかった」．しかし，「経済と商業がますます顕著に国際的に結びついてきたこと」により「外国法規範に対して，或いは統一法規範に対してすら一層よく認識すべきことを要求したようである．つまり，比較法の再開は，法統一と国際的協力のための最初のかなり大きな努力，すなわち著作権と商標権条約，万国郵便同盟，ハーグにおける初期の民法上の諸条約等と並行して行われている」．結果として，「この会議が世界的統一を目指して楽天的かつ進歩の進行に基づいてなした努力において……特徴的」なものとなった．

こうした特徴は，その担い手であったサレイユやランベールの思想にも色濃く現れている．

Ⅱ　担い手の側面

（1）　サレイユとランベール　　サレイユの比較法学については，次のように言われている[77]．「サレイユは……比較法により，『文明（化された）人類の共通法（le droit commun de l'humamité civilisée）』（それは同時に自然法でもある）を見出し，それにより自国法の改良をはかることを目的とした」．「サレイユが文明人類共通法の名において探究しているものは……永久不変の自然法ではない．もちろん国際統一法でもない．……根を生きた法の土壌におろし，かつ，進歩を可能とするような理想法である．そのような理想法が存在しうるということは，同一の発展段階にある文明諸国民には類似の社会的・経済的必要があるという事実を前提とする．その前提の上にサレイユは，法律における欠缺補塡（一般的には法解釈）の場合について……共通法の観念を説明する．このような場合に，もし諸外国の立法や判例が類似の必要を満足させる定式（formules）を用意し，かつ，それが法解釈の新たな展開を保証しうるものであるときは，この定式は科学的価値を取得する．……そこに『文明人類共通法』が得られる．……それが具体的問題に応用される場合にも，柔軟，かつ，可変的な仕方で国内法の解釈や発展を補助するとされる」．

---

[77]　五十嵐・前出注68）24-25頁，大木・前出注67）60-62頁．なお，ランベールに関する言及も含めて，大木雅夫「サレイユとダヴィド——現代比較法学の岐路」上智法学論集30巻2＝3号（1987）90-94頁も参照．

これに対して，ランベールの比較法学は次のような特徴を持つ[78]．「ランベールは比較法を，科学である比較法史と，技術である比較立法とに分けるべきであり，後者を本来の研究の対象と考えた．そして，比較法の目的は，文明の同一性または類似性の存する国の間の『立法的共通法 (le droit commun législatif)』の樹立にあるとし(た)．……サレイユがひろく文明人類の共通法を求めたのに対して，ランベールは類似の法系（ロマン法系とドイツ法系）に限ることによって，法の統一を実現可能なものにしようとした」．「もっとも，第1次世界大戦後の状況は，平和志向のもとに比較法に有利であり，ランベールも中国や日本を含めて『国際共通法 (droit commun international)』の可能性を感じた」．

(2)　サレイユにおける自然法＝歴史観と共通法　その後，国際情勢の変化もあり，20世紀末に至るまで共通法論には懐疑の目が向けられるようになったという[79]．また，サレイユの共通法論は，「明らかに国内法の補助科学である」と評されている[80]．

独立の学問としての比較法学の観点からは，このような評価は当然ありうるところである．しかし，民法学の観点から，サレイユが，独自の自然法＝歴史観に立ちつつ，連帯主義や共通法を説いたことには別の意味を認めうる．「静観的な歴史主義」にも「永遠不変の自然法」にも与せず，「社会の発展に応じて，あるべき法を発見すること」，「文明諸国民」の類似性を基礎にしつつ，「各国内法」を漸進的に改良すること[81]．それはベル・エポックだからこその「希望に満ちた学説」であったとしても，当時の人々を鼓舞するものであったことは確かである．

---

78) 五十嵐・前出注68) 25頁，大木・前出注67) 62頁．なお，ランベールについては，DAVID, Eduard LAMBERT (1866–1947), Bulletin de la Société de législation comparée, 1947, p. 296 et s. があるほか，最近の DEROUSSIN (dir.), *Le renouvellement des sciences sociales et juridiques sous la IIIe République. La Faculté de droit de Lyon,* Ed. Mémoire du droit, 2006 に複数の論文が収められている．日本語では，石崎政一郎「ランベールの統一法観」法学5巻11＝12号 (1936) がある．
79) 大木・前出注67) 63頁．ただし，今日では，ヨーロッパ統合の進展とともに，状況は変化しつつあるとも言える．
80) 大木・前出注67) 64頁．
81) 引用は，大木・前出注67) 60–62頁から．

補章　日本における科学学派の受容

　補章においては，日本における科学学派の受容の歴史を概観することにしたい．はじめに，補章の検討対象および本編各章との関係につき一言しておく．
　当初，本編の第 3 章は科学学派の影響にあてる予定であり，具体的には，フランスにおける私法学・公法学への影響を主とし，あわせて日本における影響にも触れることを考えていた．諸般の事情により，科学学派に端を発する 20 世紀フランス法学の歴史をたどる作業は断念せざるを得ない．しかし，科学学派を軸として民法学を中心としつつ 20 世紀日本法学の歴史を素描するという試みは，それが骨格だけにとどまるとしても，ぜひとも着手しておきたい作業である．というのは，この部分は，本書上巻と本書下巻とを架橋する意味を持つからである．
　以下においては，戦前（Ⅰ）と戦後（Ⅱ）に分けて，科学学派に言及する研究のうち主要なものを紹介していく．

Ⅰ　戦前

　戦前の研究は，初期の先駆的なもの (1) を別にすると，その後の中心的なもの (2) とその他のもの (3) に分けられる．順に見ていこう．

1　先駆者

　フランス科学学派の紹介の先駆者の栄誉は，中田薫 (1877–1967) に与えられるだろう．中田は，「仏蘭西ニ於ケル自由法説」(1913) において，ジェニー・サレイユおよびモルネーの諸説を詳しく紹介している[1]．中田の研究は直接に

---

[1]　法協 31 巻 1 号，2 号．なお，この論文のもとになった法理研究会における中田の報告の概要は，国家 26 巻 11 号 (1912) に「仏国に於ける自由法説に付て」と題して掲載されている．

は「仏国留学中に見聞したる事柄」に由来するとされているが[2]，より学問的な観点からは，「自由法説と同一の思想は，我が維新前に於ては明白に意識せられたる所にして，殊に徳川幕府時代に於ては，裁判官の職務規程中に，明に其の原則を宣言したる明証あり」とする点にあったようである[3]．

ジェニーに関しては，中田は『私法ニ関スル解釈法及ヒ法源』(1899) に従い，「旧学説ノ非難」と「自家ノ法律解釈論」とに分かち，後者については，成文法の解釈が尽きたところで「自由討究」が始まるという考え方を紹介している．これに対してサレイユに関しては，2,3 の論文に依拠しつつ，彼が，「後来ノ目的」を考慮に入れて成文法を解釈すべきことを説いたとする．中田は，ジェニーの著書の表題が示すように，解釈方法論と法源論とが密接な関係にあることを重視し，ジェニーの法源論を多元論，サレイユの法源論を一元論として位置づけ，それぞれを有名な評言によって指示している．すなわち，ジェニーの立場が「民法法典ニ依テ然レトモ法典以外ニ (par le Code civil, mais au-delà du Code civil)」と評されるのに対して，サレイユの立場は「民法法典以外ニ然レトモ法典ニ依テ (au-delà du Code civil, mais par le Code civil)」と評されていることを紹介する．

中田の議論のうち，今日から見ても興味深いのは「科学的自由探究」に関する次の叙述である．自由法説を擁護する中田は，まず次のような反論を想定する．「難スル者ハ或ハ云ハン裁判官ハソノ任務ヲ全フセンカ為メニハ総テノ科学ニ依リテ社会現象ヲ討究スルコトヲ要スト云フハ裁判官ニ望ムニ総テノ社会科学ノ研究者タランコトヲモツテスルモノモトヨリ常人ノ能クスル所ニ非スト」．これに対して中田は次のように応答している．「裁判官ハ国家ヨリ人民ノ生命財産ヲ司ルノ重任ヲ托サレタルモノ若シ彼ニシテ社会ノ何物タルヲ知ラス人間ノ何物タルヲ解セストセハ如何ニシテカ此重任ヲ正当ニ遂行スルコトヲ得ンヤ……仮令裁判官ハ自カラ総テノ社会科学ノ研究者タルコト能ハサルモ少ナクトモ社会科学ノ研究ノ結果ヲ評価シ利用スルニ足ルノ素養ト識見トヲ具備スルコトヲ要スヘキハ多言ヲ須ヒス」[4]．

---

2) 中田・前出注 1) (1912) 142 頁．
3) 中田・前出注 1) (1912) 144 頁．
4) 中田・前出注 1) (1913) 法協 31 巻 2 号 95–96 頁．

「自由法説」は当時の若手研究者の関心事であったようで，中田論文の掲載された『法学協会雑誌』の前の号には三潴信三の自由法反対論が，また同じ号には上杉慎吉の反対論がそれぞれ掲載されていた[5]．中田は，このような反対論（特に三潴のそれ）に反論を加えるものであった．中田論文の翌年にも，さらに若手の高柳賢三によるイギリス法紹介が書かれるが，これも自由法反対論であった[6]．これらを受けて，一連の「論争」に一応の決着をつける形になったのが，民法起草者の一人であり彼らの先輩にあたる老大家・富井政章 (1858–1935) の「自由法説ノ価値」(1915) であったと言えよう[7]．

富井の議論のポイントは，「此ニ一ノ不文法ト認ムヘキヤ否ヤニ付キ従来最モ議論アルモノハ自然法又ハ条理ナリ」として，「自然法説ノ近状ヲ述ヘ次ニ余輩ノ所見ニ言及セントス」る点にあった[8]．富井のライバル・梅謙次郎が自然法説に立つ以上，この問題は富井としても放置できないものであった．

富井によれば，ジェニーの自由法説は自然法論として位置づけられる．「所謂自由発見ニ依ル理想法」の探究がなされるから，というのがその理由である[9]．当時のフランス法学の状況に通暁した富井は，ジェニーに対して相応の理解を示している．富井は，「同国法典ノ下ニ於テハ大ニ理由ナキニ非ス蓋仏国ノ法典ハ百有余年前ニ編纂セラレ近代ノ社会状態ト相距ルコト遠キヨリシテ裁判官ハ自由解釈ニ依リ百方其不備ヲ補ヒ事実上ニ於テ法文ノ改造スル慣例ヲ馴致スルニ至レリ」としている[10]．しかし，結論としては，「自由法派ノ主張ハ現今ノ法治制度殊ニ法典ノ存在ト相容レサルモノトス」と言う．「理想法」とは「各自ノ脳裏ニ映スル主観的理想」に過ぎないというのが，その理由である[11]．

とはいえ，富井は「法律ニ不備欠缺ナシトスル従来ノ学説ニハ賛同スルコトヲ得ス」とする[12]．ではどうするか．富井の議論は 3 段構えになっていると言

---

5) 三潴「独逸ニ於ケル自由法説ニ付テ」法協 30 巻 12 号 (1912)，上杉「自由法説非ナリ」法協 30 巻 1 号 (1913)．
6) 高柳「英人の自由法運動観（自由法説非なり）」法協 32 巻 6 号 (1914)．
7) 法協 33 巻 4 号．
8) 富井・前出注 7) 60 頁．
9) 富井・前出注 7) 62 頁．
10) 富井・前出注 7) 61 頁．
11) 富井・前出注 7) 64 頁．
12) 富井・前出注 7) 69 頁．

える.まず第一に,解釈の方法を尽くすこと.「其(法律の——筆者注)全体ノ関係ヨリ生スル原理ハ即チ隠タル法規ニ外ナラス」[13].第二に,条理によること.現行法である明治 8 年第 108 号布告を適用して解決すべきであるというのである.ただし,富井によれば,「条理其者ハ之ヲ独立ノ法源ト見ルヘキニ非ス唯上記ノ両法源(成文法・慣習法を指す——筆者注)ニ拠ルコトヲ得サル場合ニ於ケル裁判ノ準拠タルノミ」[14].そして第三に,法改正を行うこと.「常設ノ法律調査局ヲ設置スル如キハ適当ノ一方法」であるし「学者ノ研究ニ成ル立法意見ノ如キモ間接ニ法律ノ改良ヲ促ス一大原動力ト為ルコトアリ」.特に,「解釈方法ノ改良ト新立法」が実現すれば,条理による必要はなくなるとしている[15].なお,法改正の推進の観点から,「此点ニ於テモ法学教育ノ拡張ハ根本的重要ナル事業ト謂ハサルコトヲ得ス」としているのも,興味深い[16].

2 主唱者——自由法論者・牧野英一

日本の自由法論の大立者は,何と言っても牧野英一 (1878–1970) であろう.新派刑法学の第一人者であった牧野には,民法・民法学に関する著作も多く,その主要なものは『民法の基本問題』(全 5 巻)と『同・外編』(全 5 巻)にまとめられている[17].『民法の基本問題』は外編も含めて,その全編が自由法論の提唱に向けられていると言っても過言ではないが[18],科学学派の影響を主題とする本稿との関係では,とりわけ『同第 1 編』(1924)・『同第 2 編』(1925) と『科学的自由探究と進化的解釈(民法の基本問題・外編第 4)』(1937) が興味深い[19].

---

13) 富井・前出注 7) 67 頁.
14) 富井・前出注 7) 71 頁.
15) 富井・前出注 7) 74 頁.
16) 富井・前出注 7) 74 頁.この段階では,臨時法制審議会は設置されていないが,やがて富井を委員長とした同委員会は民法改正へと乗り出すことになる.
17) 民法学者としての牧野の位置づけにつき,星野英一「日本民法学史 (2)」法学教室 9 号 (1981) 19 頁.最近では,白羽祐三・刑法学者牧野英一の民法論(中央大学出版部,2003)がある.
18) 牧野自身も,たとえば同第 3 編(有斐閣,1930)の「はしがき」で,同書を「自由法論に関する研究の第 3 次の仕事」と位置づけている.
19) 牧野自身も同外編第 4 で述べるように(同 160 頁・169 頁など),民法の基本問題第 1 編の第 2 章「進化的解釈」はサレイユ論,同第 2 編の第 2 章「科学的自由探究」はジェニー論であると言える.そして,この二つの章名を重ねた表題を持つ外編第 4 は,当初,法協 54 巻 4 号〜12 号 (1936) に連載された同名の単行論文を一書としたものであり,この時点での牧野の自由法論を総括するものであると言える.

以下，とりわけ最後のものに拠りつつ（以下，これらの諸著を単に，第1編，第2編，外編第4として引用する），科学学派との関係で牧野の自由法論の特色を見てみよう．

若き牧野は，富井政章の勧めによって刊行間もないジェニーの『法律解釈論』（『実定私法における解釈方法と法源』）を手にし，「飢えたる者の如く貪り読んだ」という[20]．その牧野の自由法論の骨格は，すでに第1編の巻頭に示されている．「20世紀の劈頭に於ける法律上の思想は，その謂ゆる自由法論に於て特色を有するのである．……われわれの自由法論は，一方には，法律の理想的構成，即ち自然法の思想と，他方には，歴史的構成，即ち歴史派の学説とから，生まれて来たわけになることを覚らざるを得ないのである．われわれは自然法の児である．何となれば，われわれは法律の理想を論ぜざるを得ないからである．同時にわれわれは歴史派の児である．何となれば，われわれは現在成立して居る法律のみを法律として意識せざるを得ないからである」[21]．極めて粗雑にまとめるならば，牧野は，理想の発見を主としてジェニーの「科学的自由探究」に，法律の解釈を主としてサレイユの「進化的解釈」に求めた，ということができる．

その骨子は牧野自身によって次のようにまとめられている．「わたくしは考へる．ジェニーが，成文法の外に広く，条理において，法律の淵源を見出さねばならぬとしたのはよし．サレイユが，ジェニーの自由探究として『自由』を高調したのに対し，『進化的』といふことを明かにしたといふことは，上にも述べた．成文法は進化的に解釈されねばならぬ．進化的に解釈されることに因つて，法律は普遍的な意義において動かされてゆくのである．さて，進化的といふことと普遍的といふことの融合は，すなわち，実証的なものと他に還元することのできない根本的なものとの接触を意味することになるのではあるまいか．……サレイユは歴史的方法といふことを説いた．その要点は，法律家が現代法を明かにするについては，その法律の発達を論じ，法律の進化と社会の進化との結合する関係のカーヴを理解することにせねばならぬ，といふ点に在る．そこには，連続した価値の系列が見わたされねばならぬのである．サレイユは，かく

---

20) 牧野・第1編4頁．
21) 牧野・第1編5–6頁．

して，自然法と歴史派との間の架橋工事を全うし，称して，それを，上に掲げたやうに『歴史的精神』としたのである．それは，歴史的実証的なものに就いて，価値を求め，精神を明かにし，規範的の立場において，これを把持し，これを展開することを意味するのである．ジェニーは，成文法と慣習法とを，それぞれ，そのしかるべき意義に位置せしめることに因つて，自由探究の広い領域を確定した．そこには，他に還元することのできない自然法が，やはり，実定的なものとして存立せねばならぬとしたのであるが，しかし，それについては，やはり，それを発見する方法を考へねばならなかつた．一方には直観である．しかし，他方には技術である．そこで，法律は，直感に依つて統制されながらも，技術的構成を全うせねばならぬことになるのである．法律が道徳に対して具有する特色は，見方に依れば，単純な直観から離れたその技術的な構成的な点に存するのである．すなわち，科学的な所与は構成的な技術と結合せねばならぬのである」[22]．

こうした理解の上に，牧野は改めて次のように説く．「民法法典においてさし当り適当な解決を見出し得ないとき，われわれは，それを理由として直ちに民法法典を捨て去ることを許され得るものであらうか．抑も，法律は，それが明白にできているものとされる場合においても，必ずや解釈の余地のあるものであるし，実に，解釈の余地なきものと見られる場合においても，解釈の施さねばならぬものである．何となれば，解釈といふことは，われわれが法律を認識するについての必要な方法であるのであり，さうして，その解釈といふ仕事は専ら科学的に経営せられなければならぬものであるからである．……われわれは，固より，理論として，成文法の外になほ法源の多元的なることを承認せねばならぬのであるが，実践としては，何よりも先に，現行の法典に対して解釈の努力を科学的に完うせねばならぬのである．……解釈におけるわれわれの仕事は，成文法以外の資料を，ひろく，慣習に求め，条理に探つて，自由に科学的に経営せられなければならぬのである」[23]．「しかし，法律はやはり歴史的なものである．法律が道徳と区別されてその独立な社会的機能を営むゆえんのものは，それが客観的な妥当性を具有するの点にこれを求めねばならぬ．……

---

22) 牧野・外編第 4・170–172 頁．
23) 牧野・外編第 4・8–10 頁．

されば，その意味において，それは，一定の時代と一定の環境とに制約されつつその存立を全うするものである．……われわれは法律に存する歴史性を尊重せねばならぬのである．しかし，又，その歴史は常に流転を続けて已まないものであることを考へねばならぬ．さうして，その歴史を，その流転に就き，関係せしめて理解することに因り，われわれは，流転に進化を見，進化において事物の合理性の発展することを見るのである」[24]．

以上が牧野の議論の概略であるが，牧野に関しては，さらに次の2点を付け加えておく必要がある．一つは，牧野の社会思想についてであり，もう一つは，牧野の比較法研究についてである．牧野は，大正デモクラシー期の「改造」の法学の担い手であったが[25]，現実の社会問題への関心はその自由法論の中にも現れている．また，牧野は，リストを始めとするドイツ刑法学に対して深い造詣を持っていただけでなく，ドイツの法哲学・法理論一般に通じており，比較法に強い関心を持っていた．

以上の点は，たとえば，『民法の基本問題第2編』の第1章「自然法の客観化」の第4節「自然法の客観的実現と社会的法思想」や第5節「自然法の客観的実現と比較法学」によく現れている．牧野は前者において，サレイユの議論を下敷きとしつつ，当時の日本の判例につき論じている．具体的には大正4年（1915）の婚姻予約判決や大正8年（1919）の信玄公旗掛松事件がとりあげられている．後者においては，サレイユやランベールあるいは後述の杉山博士の議論に多くの紙幅を割いているが[26]，ここでも妻の無能力に関する判例に言及し，「大審院が……畢竟は，生存権といふ観念の発達に関する文明諸国の最近の趨勢と，妻の能力の拡張といふ普遍的な動かし難き傾向とに，おのづから支配され

---

24) 牧野・外編第4・12–13頁．
25) いわゆる焼け跡バラック問題に関する牧野のスタンスについては，白羽・前出注17) 55頁以下のほか，小柳春一郎・震災と借地借家（成文堂，2003）にも詳しい．なお，牧野の第2編「はしがき」には次のような言及も見られる．「大正12年の帝都の大震災は，伝統的な法律上の概念が如何に社会的には無意義なものであるかを知らしめると共に，自由法的な思想の構成が……復興の第一歩を占めるものであったことを知らしめるものであった．……わたくしは，その小さな一例として，焼け跡の仮小屋問題を想起し，その調停に依る処理が，更に借地借家臨時処理法となったことを挙げたい」としている．
26) サレイユの比較法論については，牧野『法律学における進化的と普遍的（民法の基本問題・外編第3）』（有斐閣，1948) 132頁以下も参照．

たものと考へざるを得ないのである」[27] としているのが興味深い．

3　その他の者

(1)　対抗者——純粋法学者・横田喜三郎　牧野の科学学派理解に対しては，これに対抗する理解も示されていた．純粋法学の推奨者であった横田喜三郎 (1896–1993) の「ジェニーの自由法論」(1929)[28] がそれである[29]．横田論文は『フランスの社会科学』という論集に「私法学における諸傾向」と題されて寄稿されたものである．同論文がジェニーを中心とする理由は，著者自身によって「そのうちに包含せられる諸思想分子を摘出して紹介することは，やがて現代におけるフランス法律思想のすべてを紹介することになる．少なくとも多少注目に値する諸法律思想は，ことごとく網羅されて洩れるところがないようである」[30] という点に求められた．横田は，ジェニーの紹介から出発して解釈法学・自由法学・社会法学・自然法学の諸傾向を摘出した上で，次のように述べる．「伝統的な解釈法学は，たんに無自覚な惰性によってようやく地位を保つのみであり，内在的生活力はすでに枯れつくしたといいうるであろう．……自由法論は，解釈法学をしだいに蚕食して，ますます広く行われようとしているが，すでに述べたように，それはたんに解釈法学に対する反動として制定法の文理解釈に専念することを排撃する点に本質があり，すでに解釈法学が実質的に克服されたと見える現在においては，自由法論そのものの使命も大部分はたされたといいうるであろう．少なくとも，さらに進んで，自由な解釈または探究の指導原理が積極的に確立されねばならぬ．そこに……社会法学と自然法学とが対立する．……社会法学は，根本において歴史法学と同一の思想方向に立つものであり，ある意味ではそれの修正と見られるのに対し，自然法学は，明白に古典的自然法学の修正であり，再生である．両者の対立は，結局において昔な

---

27)　牧野・第 2 編 149 頁．なお，この判決については，同・第 1 編の第 1 章第 2 節「或判決の批評」でも取りあげられている．
28)　後に，横田・純粋法学論集 II (有斐閣，1977) に収録．引用はこれによる．
29)　なお，横田に近い立場からジェニーに言及するものとして，宮沢俊義「法律学における科学と技術——又は，法律における存在と当為」同・法律学における学説 (有斐閣，1968，初出，1925) もある．
30)　横田・前出注 28) 253 頁．

がらの自然法学と歴史法学との対立にほかならないものである」[31].

　このような結論は，牧野にとっては不満なものであった．牧野によれば，「両派が果たしてその対立と抗争とを永久にせねばならぬかである．サレイユに依つて代表されている実証的精神とジェニーに依つて指示されている自然法的直観的態度とが，いかに融合されねばならぬかを，わたくしは問題としているのである」ということになる．さらに，牧野は横田自身の主張である純粋法学に対して疑義を呈する．「かく批評して，横田教授は，今，純粋法学を主張されるのである．自由法学を消極的のものだとした論者になほ田中(耕)教授がある．田中教授は，法律における没倫理的な技術性を尊重しその一種としての自然法論を高調されつつあるのである．それで，わたくしは，両家の所説こそ『消極主義』なものであれ，と考へるの外ないのである．……横田教授は純粋法律論こそ却つて積極主義であれ，と答へられたことがあつたが，それが重ねて考察されねばならぬのである．……ザインとゾルレンとの峻別といふことを高調する人人は，実定的な法律をいかに解釈しようとしても，政治を繹出することはできないといふのではなからうか．そこには思惟の方法として形式的論理しか考へられていない．ザインの内在する価値を把持し，価値の展開に因つてゾルレンの構成といふことを考へている者には，形式論理を超えた論理といふことが常に予定されているのである．……そこには，やはり，『科学的自由探究』と『進化的解釈』との結合が考へられねばならぬのである」[32].

　(2)　並行者——世界法論者・田中耕太郎　すでにその名の現れた田中耕太郎 (1890-1974) は，牧野によって「自由法論に対して著しい反情を示される」「強い形容詞を用いて自由法論を罵倒される」「反自由法論者」[33] とされている．

　田中の議論に対して，牧野は次のように評する[34]．「要するに，田中教授は，商法がその本質において純正に技術的なものであり，この意味において倫理か

---

31) 横田・前出注 28) 278-279 頁.
32) 牧野・外編第 4・183-185 頁.
33) 牧野・外編第 4・168-169 頁.
34) 牧野の田中批判は，その著・法律学に向けられている．本文に掲げたもののほか，『法律における価値と論理 (民法の基本問題・外編第 1)』(有斐閣，1930) の第 6 章・第 7 章も参照．なお，とりわけ批判の対象となる「自由法運動及び其の批判」は，戦後の田中耕太郎・法律学とは何ぞや (手元にあるのは，河出・市民文庫版，1951) においても維持されている．

ら遊離されたものである，といふことを出発点とし，かくして，商法の分野に
おいては，形式をおなじくする法律が世界的に統一的に行はれることになる,
とされるのである」．「技術と倫理とを区別してかかるところに田中教授の中世
自然法論的なものと称せられる商法論の要点があるともいひ得ようか．技術と
倫理とを結合して事を考へるところに，わたくしの自由法論がそれに対立し来
つているのである．しかし，今や，その対立は新たに解消されねばならぬこと
になつて来たのだと見るべきであらう」[35]．

　以上のように批判しつつ，牧野は田中の世界法論に対して一定の評価を示し
ている．「その世界法論が特に貴重なものであり，これに対するわたくしの所見
は一再ならず既に明かにしておいたところである」[36] としている．ここでは,
田中と牧野の論争には立ち入ることは避けて，田中の『世界法の理論・第 3 巻』
(1934)[37] の概略を示しておこう．そこには，田中から見たランベールとサレイ
ユ，あるいはドゥモーグやカピタンの姿が記されているからである．

　『世界法の理論・第 3 巻』は第 8 章「狭義の世界法論」と第 9 章「国際法と
世界法」の 2 章からなるが，その大部分を占めるのは第 8 章である．同章の第
1 節「緒言」で「狭義の世界法」とは何かを論じた田中は，第 2 節「世界法運
動小史」で手形法統一事業やそのほかの事業を紹介し，第 3 節「世界法の理論
概観」に至る．11 の款に分かたれた第 3 節は基本的には学者ごとの紹介の形式
をとっている．本稿にとって興味深いのは，そのうちの第 7 款「比較法学派殊
にランベール，サレイユ及びデル・ヴェキオ」と第 9 款「ペーテル・クライン，
ドモーグ及びカピタン」である．

　田中は，まずランベールにつき，初期の思想と後期の思想を対比して，後期
においては「共通法即ち統一法を同一の文化を前提とする羅甸系及びゲルマン
系の国民のみに局限したが，今は此の立場を捨て，限界を拡張して之を亜細亜
大陸にまで推及した」こと．また，「従来民族的色彩が最も濃厚なる相続法，婚
姻法，夫婦財産制を対象としていたことを過誤とし，比較法的研究に活動的目

---

35)　牧野・外編第 4・270 頁，273 頁．
36)　牧野・外編第 4・270 頁．具体的には，牧野・前出注 26) を指すのだろう．同書は，「田中 (耕)
　　教授の『世界法の理論』がその第 3 巻を見るに至ったこと」を機縁として書かれている (同 2 頁)．
37)　引用は，手元の春秋社版・田中耕太郎著作集 3 (1954) による．

的を与へんと欲するならば，之と反対の方向即ち商法，債務法及び経済的取引の法一般に転換する方が適当であると認めた」ことを指摘している[38]．

次にサレイユについては，次のような位置づけをしている．「サレイユが普遍的共通法に就き熱心に主張する所は，其の実定的価値が国際法に決して劣らぬと云ふことである．此の点に関し彼れが私法殊に商法を国際法に対照せしめて論ずる所には，特別に興味深きものが存する．……要するに，サレイユは国際的商法の存在の基礎が私人のイニシアチーヴにあること，及び其れが又更に国内法として採り入れらるることを主張する．彼れは，商業に関する共通法が其の事項に関する法律的解釈を支配する原理たる事実自体に因りて各国の私法と結合し，其の国の法と成るものと認むる．……要するに，サレイユが世界法の理論に関して為したる貢献は，従来の学者が比較法を以て単に世界法実現の有用なる手段と思料せるに止まらずして，両者間に存在する有機的牽連及び比較法を通じての世界法と国内法との相関関係に着眼したる点にある．……サレイユの比較法学の任務としての普遍的共通法の理論は，世界法の理論的方面に一大光明を齎らすものなることを認めざるを得ぬのである」[39]．

「此の貢献は，要するに，経験的方法，社会学的認識を通じて歴史的所与たる多様なる実定法の中に潜在する人類に共通なる法を抽出せんとするにある」[40] のであり，この限りで，田中はランベールやサレイユを高く評価したわけである．

なお，ドゥモーグとカピタンに関しては，『私法の国際的統一』という問題の著書ないし講演が取りあげられていることのみを指摘しておこう[41]．

（3）　総括者——フランス法学者・杉山直治郎　　田中に先立ち，杉山直治郎 (1878–1966) はすでに，富井の還暦を祝うべく「比較法学の観念に就て」[42] (1918) を執筆していた．この論文をはじめとする杉山の研究は田中の論評の対象ともなっていた[43]．また，杉山には，サレイユ・ジェニーおよびカピタンに

---

38)　田中・前出注 37) 161 頁．
39)　田中・前出注 37) 167–168 頁．
40)　田中・前出注 37) 168–169 頁．
41)　田中・前出注 37) 193 頁以下，197 頁以下．
42)　法学志林 20 巻富井博士還暦祝賀号 (1918)．後に，杉山・法源と解釈 (有斐閣，1957) に収録．引用はこれによる．
43)　田中・前出注 37) 208 頁以下．

関する小論もある[44]．しかし，ここでは，ジェニーにかかわる大論文「明治八年布告第百三号裁判事務心得と私法法源——ヂェニー先生の古稀を祝して」(1931)[45] を取りあげることにしたい．

これにはいくつかの理由がある．一つは，明治8年布告第103号問題は富井以来の問題であり，自由法論の試金石となるべき問題であること．もう一つは，戦前の諸研究の最後に現れたこの論文は，いわばそれまでの議論の総括の意味を持つものであること．そして，最後に，この論文のアプローチ自体が，いわば科学学派の方法の応用になっていること．

以上の特徴を示すには，論文の目次を掲げるのがよいだろう．次の通りである．

「序言
一　歴史的規範としての布告第百三号
二　布告第百三号の変遷
　　立法変遷―解釈変遷―学説変遷―判例変遷
三　法源並びに裁判に関する主義の比較法
　　（上）客観的対象としての比較
　　（天）一般関係諸主義の比較
　　　　（甲）年代的個別観念　（乙）総合的比較考察
　　（下）代表的法制の存在理由
四　現行規範としての布告第百三号
　　（天）解釈考察
　　　　（甲）布告第百三号全体の効力乃至本質　（乙）特に第三条の解釈
　　（地）立法考察
　　　　（甲）布告第百三号自体　（乙）関連事項
結詞」

そして，この論文の末尾に近い部分には次のように記されている．「同法（明

---

44)　杉山・前出注42) 315頁以下．
45)　法協49巻9号〜12号，50巻1号 (1931)．後に，杉山・前出注42) (1957) に収録．引用はこれによる．

治 8 年布告第 103 号──著者注) は立法司法の協同に立脚せる自由探求を規定してその科学的なるべきを明にしなかつた，之に対して我現代の学説，否な，学説，判例，立法は之に含有さるる科学的要分を認め，その科学的積極構成の完成に努力を集中すべき共同の任務を帯びて居るからである．而も此やうな動向に就ては従来既にヂェニーの二大主著殊に科学と技術に負ふ所が多かつた」[46]．

　以上の杉山の見解は，富井・牧野に比べると条理の領分を広く認めるものであり，田中に比べると実質的価値を帯びた自然法を指向するものであったと言えるだろう．このことをふまえて，次の項では，戦後へと話を進めよう．

II　戦後

　戦後の科学学派研究は，戦前に比べるとやや低調である．以下においては，戦後初期に現れた研究（1）と1980年前後の研究（2）とを紹介する．

1　思想的観点

　科学学派の研究は，杉山の後継者としてフランス法を講じた野田良之（1912–1985）によって引き継がれた．野田の主著の一つ『法における歴史と理念』(1951)[47]に収録された2論文（「サレイユにおける自然法の客観的実現」と「ジェニーの自然法理論の素描」)[48]がそれである．

　（1）　野田における「理念と歴史」　　野田は同書執筆の意図を「フランス法思想そのものをそれとして紹介するに止まらず，これを通じて法学の最も根本的な課題たる実定法の研究と法哲学の研究との架橋を果さんとするにある．そしてこの課題は著者によれば，《法の歴史哲学》の問題であり，比較法学ならびに法解釈学等の実定法学の基底にはこの根本問題が常に伏在している」と説明している[49]．すなわち，「われわれは経験的・歴史的な法学に固執して悪しき意

---

[46]　杉山・前出注42) 111頁．
[47]　東京大学出版部刊．なお，収録論文は終戦前に執筆されたというが，単行書によって広く知られるに至ったことに鑑み，戦後の業績として位置づけたい．
[48]　これら2論文に先立つ「現代フランス法思想史序説──註釈学派生成の史的背景」も，広い意味ではこれらと一体をなす．
[49]　野田・前出注47) ii頁．

味での相対主義に堕すべきではなく，また単純に先験的な法哲学に固執して形式的な普遍妥当性を明らかにすることを以て能事畢れりとなすこともできない．……哲学は科学に開くことにより，科学は哲学に開くことにより，ますますその正しい位置を自覚せねばならぬ．而してその両者を媒介するものこそ，トレルチの謂う実質的歴史哲学の精神であろう．……かくてわれわれにとっては，問題はいずれかの時代の自然法思想を端的に承認することでもなく，自然法のごときは非科学的な過去の遺物なりとして捨て去ることでもなく，歴史的・実証的な法の中に自然法を見出すことでなければなるまい」というのである[50]．

野田はこのように述べて，サレイユとジェニーの自然法思想の探求へと向かう．野田の考察はサレイユにつきより詳しくなされているが，それはそのサレイユ論がサレイユを超えて，野田の依拠するトレルチやヴィンデンヴァルトに及び，さらに野田自身の思索の結果が付加されているのに対して，ジェニー論は表題が示すように一筆書きの様相を呈するものであることによる．野田の考察はそれ自体として検討に値する．しかし，以下においては，本稿の目的に照らし，サレイユ・ジェニーの紹介・検討という観点に立ちその余の部分を捨象する形で，野田の立論の大筋を辿るに留める．

（2） サレイユにおける自然法の意義　野田がサレイユに向かう理由は次のように述べられている．「サレイユにとっては，自然法はもはや十八世紀の合理主義的自然法のごとく内容の固定せるものであることはできない．それは実定法の歴史的変化に即応してその評価の基準を提供すべきものでなければならぬ．そこで『自然法学派の真に科学的な再生，更に言いかえれば自然法学の要請と歴史学派の要請とを調和せしめる可能性』（92 頁）[51] が問題となって来る．ここにわれわれは，サレイユの問題が明白にわれわれの問題とする自然法と歴史法との関連に存することを，彼自身の言葉によってたしかめ得たと思う」と[52]．

この問題に対するサレイユの答えを野田は次のようにまとめる．「サレイユに

50）　野田・前出注 47) 67 頁．
51）　頁数は，野田が検討対象とするサレイユの論文「歴史学派と自然法」(Saleilles, Ecole historique et Droit naturel, *RTDC*, 1901, p. 80 et s.) のそれである．
52）　野田・前出注 47) 86 頁．

よれば，認識することは創造することではない．認識することは歴史学のなすべきことであろうが，創造することは社会科学の任務であり，そして法学は正に社会科学として創造の原理を持たねばならぬこととなろう．しかるに歴史学派はかかる創造的方法を提供することができない．……歴史学派の法学者といえども，もろもろの対立する利益を正しく解決せんとする時に，単にいかなる利益が優越するかを歴史的に明らかにするを以ては足りない．そこには正義の理念によって社会的調査の理想が明らかにされねばならぬ．しからば，このような創造的方法を法学者に供しうるものは，何であるか．サレイユによれば，それが正に自然法なのである．けれども，それは先に見たごとく万古不易なる固定せる自然法ではあり得ないのであって，サレイユはここにシュタムラアの『内容の変化する自然法』なる概念を借り来るのである」[53]．

では，その「内容の変化する自然法」とは何か．野田は続ける．「然らば万物は流転して止まず，不変なる何物もないのであろうか．サレイユは謂う．『変化することなきもの，それはこの世で実現されるべき正義が存すると言う事実である．それは，われわれが万人に対して社会正義ならびに社会秩序の範囲においてその権利を尊重すべき義務を負っているという感情である』(98頁)．しかし，その正義とは，秩序とは，また範囲とはいかなるものであるかを，われわれはア・プリオリに述べることはできない．それは社会事実の歴史的変化とともに変化するものであるから」[54]．

さらに野田は，サレイユが「自然法の客観的実現」への途とした立法的類推・社会的法意識・比較法の三つの方法を紹介し[55]，その批判的検討へと進む．その際の野田の立論のポイントは次の点にあるように思われる．「サレイユは……『ここでは問題は現存する法の評価の尺度として，もはや絶対的ではなく，本質的に相対的な，少くも特定の時代の歴史的環境に即応せる或る理想的な法の要請を考えることである．』と言っている．それは，いかにして可能であろうか．彼は『あるものを評価するために理想を構成することは，その事実自体によってあるべきものを定義し明確化することだ』と言っている．そのことは，われ

---

53) 野田・前出注47) 91-92頁．
54) 野田・前出注47) 93頁．
55) この点については，すでに牧野などが紹介している．

われが既に明らかにしたようにそれ自体超越的である理念を歴史的なものにおいて求めることでなければなるまい．いわば歴史を超越するものを歴史に内在するものとして求めることでなければならぬ．それは明らかに超越が内在すると云うこと，すなわち一個の矛盾を承認することによってのみ可能となる．果してこのようなことがいかに可能なのであろうか．サレイユは，この点までは問題を追求しなかった」[56]．

(3) ジェニーにおける自然法の発見　野田は幾人かの哲学者を援用することによりこの問題をさらに追うが，それとは別に展開されたジェニー論も，実はこの点に密接にかかわるものとなっている．野田は，牧野・杉山に続き重ねてジェニーを論ずる意義を次のように述べている．「ジェニイ自身の根本的な法理的立場を更めて理解することは，彼の業績が法の根源への深い省察であったことを思えば，この歴史的転換期において極めて必要なこと」である．そして，「私がここに今更らしく彼の自然法理論を紹介否むしろ蒸し返さんとするのは，彼の二大主著たる « Méthode d'interprétation » と « Science et Technique » 中彼の体系的著作たる後者の第二巻が « Irréductible droit naturel » の副題の下にこれを取り扱い，これを理解することは彼の根本的立場を知る上には不可欠のものなることを考えるからである」と[57]．

野田はジェニーにおける自然法を，その認識論との関係で次のように位置づけている．「直観は，本来的なる知識が概念により分析抽象したるところを綜合し，これを全体として構成する能力にほかならず，われわれは狭義の認識と直観の二機能によって現実を把握し得るのである．かくて実体法の全体はわれわれによって科学的に把握される．しかしながら，この科学によって把握されるところは，謂わば一つの方向をわれわれに指示するにすぎない．これを更にわれわれの現実の生活を規律しうる具体的な原則に構成するのは，彼のいわゆる技術にほかならぬ．以上が，彼における科学と技術との関係の概要である．この両者のうち，実定法の科学的確定により現実の所与から法規律を認識することが彼のいわゆる法の科学であり，而して，これによって得られるものが，すなわち自然法にほかならぬ．従ってジェニイにおいては法の科学の対象が自然

---

56) 野田・前出注47) 138頁．
57) 野田・前出注47) 171頁，172頁．

法なのである」[58].

　続いて，野田は，この自然法を「社会生活の普遍的方向」を示す「指導理念」として提示する．「ここに謂う自然法とは不変永久なる理想法と異なる．それは現実の多様から普遍的なるものとして把握された抽象的原理ではあるが，それは決して反対論者の謂うごとく無内容にして存在理由なきものではなく，社会生活の普遍的方向を知らしめるものとして実定法の重要な一契機である．……実在に対しては自然法則しか求めないと主張する論者といえども，かく主張することによってかかる『指導理念』の存することを告白するにすぎない．而してジェニイによれば，正にこの理念の存在することを指示することが最小限度における自然法の使命なのであり，この『指導理念』の内容を確定することが法の科学の固有の対象なのである」[59].

　では，「この理念をいかにして客観的に概念化することを得るか．それには，この理念が根を下しており，それによって方向を与えられている現実の所与全体を考察しなければならぬ．ここにジェニイにおける所与の範疇論が登場する」[60]．ジェニーは，現実の所与を実在的・自然的所与，歴史的所与，理性的所与，理想的所与の四つに分かつ．しかし，「彼によれば，四所与中その中心的地位は理性的所与に与えられる．実在的所与と歴史的所与とは，すべての法的建設の確固たる下地とはなるが，これはただ確認の対象であって，決してそれ自身法的精神の個人的・創造的活動に対し力を与えるものではない．同時に理想的所与は，歴史と自然とを解釈することによって理性が窺知した行為の方向を仕上げ完成するものにほかならぬ．かくて，法の全科学的建設の心棒は，生を考察する理性が規律を弁別する点に存する．実在と歴史とによってつくられ，そして不断に理想によって操作を受けつつも，法の根元的本質は理性に宿る」[61]．長い引用になったが，この部分は，サレイユに仮託して野田が立てた問いに対応すると言えるだろう．

　もっとも，さらなる問いが誘発される．「理性的所与が他の所与との関連を通

---

58) 野田・前出注 47) 174–175 頁.
59) 野田・前出注 47) 175–176 頁.
60) 野田・前出注 47) 176 頁.
61) 野田・前出注 47) 181–182 頁.

じて吾人に指示するところは何であるか」[62]．野田はジェニーの応答を次のようにまとめる．「ジェニイは……それはただ，われわれに社会生活の秩序を維持する正義の観念を指示するにすぎないものと限定する．……それでは正義とは何であるか．……正義は社会的・理性的且つ自由なる人間の本性に適合して，理性が吾人に示すところの《客観的正しさ》であって，それは人間の社会生活の現実なる諸条件に基く調和の思想に従う秩序とか均衡の観点として表象される．而してこれを発見する器関が，事物の自然を考究し，歴史によって啓蒙せられ，而して理想の中にその目指す発達の要素を見出すところの理性である」[63]．

ただし，「かかる正義の観念は余りに抽象的・一般的にすぎて曖昧に堕し，客観的な法の科学的建設に十分の基礎たり得ない嫌いがある．……それでは，われわれは正義の理念の直接明証性に訴えてその内容の確定を断念すべきであるか．ジェニイはそう考えない．ちょうど，具体的な法規律も，それは究極的にはそのよって立つ根本原則によってのみ根拠づけられるが，それはなおわれわれのより近づき易い中間的原則に基けることを得るように，正義の抽象的観念もこれをもっと深遠でない，すなわちわれわれの生活にもっと近い幾つかの観念に分解することが可能である．……こうしてわれわれは人格の優れて高き価値，それと他人格および物との関連における自由な発展という比較的・具体的な事態から《各人に各人のものを》の原則を得るのである．そして，その段階を更に下ることによって人による人の絶対的支配禁止の原則とか，更に下っては，生存権，労働権，社会的損害賠償義務，とかの具体的概念へと到達する．こうして下方に降るに従ってその内容が明確化を受けると共に，その直証性は喪われ，そこに逡巡・異論を惹き起すのである．そして最後に個々の事実に降るに及んで，そこには無数の偶然の配慮が呼び起され，それはもはや正義の問題に非ずして技術の問題となるのである」[64]．

2　解釈的観点

野田の後，科学学派に正面から対峙する研究はしばらく現れず，1980年前後

---

62) 野田・前出注47) 183頁．
63) 野田・前出注47) 182–183頁．
64) 野田・前出注47) 183–184頁．

になってようやく,「民法解釈上の基礎理論」という観点から「自由法学」を論ずる松坂佐一 (1898–2000) の「ジェニィの『解釈方法論』を顧みて」が現れる (『民法解釈の基本問題』所収, 1985, 初出, 1978)[65]. 老大家の晩年の作であるが, 本論文を含む上記論文集には, 当時の内外の学界における方法論議をふまえた力作が集められており, 本論文もまたそうした文脈の中で書かれたことが窺われる[66]. ただ, 全体としては研究ノートとしての性格が強いものであり, 著者の関心の所在は興味あるものではあるものの, 何か明確な主張がされているという性質のものではない.

　松坂は次のように説き起こす.「彼の理論は緻密で体系的であり, その後の解釈学に重要な影響を与えた. 今日, われわれが行っている解釈方法も, 知らず知らずのうちに, 彼に負うところが多い. その意義と限界を知る意味においても, 改めて彼の理論を振り返ってみることは, 無駄ではないと思う」[67]. そして, 松坂は,「註釈学派」と「伝統的解釈方法」とについて述べ, 主としてジェニーの『解釈方法論 (Méthode d'interprétation)』の引用によりつつその「科学的自由探究」の方法を紹介した上で, 結語において『科学と技術 (Science et Technique)』に言及する. ここまでは研究ノートである.

　最後に松坂は, ジェニーに対する予想される批判とそれへの応答を紹介している.「法文の確固たる基盤も, 抽象的構成の堅固な支柱もない場合に, 解釈者は, 主観的感情に捕われて, 正確な規則を欠き, それによって実際の生活を個人的判断のあらゆる不確実にさらしたままにするという恣意の危険に関する異議に対しては, 伝統的な体系は, 客観的真理のために, より以上の保証を与えるものではないということができる. ひとが抽象的論理の推論に支えられた法律の条文の解釈の中に, 法的解釈の真の確固たる基盤を発見すると想像するのは, 単に当てにならない幻想にすぎない」[68]. 松坂は「正にジェニィの言う通りである」としつつ,「しかし, 成文法の解釈として, 立法者の意思, しかも制定

---

65)　名古屋大学出版会刊.
66)　なお, ジェニーは, 同書の巻頭論文「科学としての法学と法技術——主としてフランスにおける近時の動向, 特にアムゼレックの所説について」においてもとりあげられている.
67)　松坂・前出注65) 349頁.
68)　松坂・前出注65) 405頁.

当時におけるそれを基準とすることは，成文法がその本質的目的を達するために，その効果にあらゆる確固性を維持する長所よりも，成文法の進化を阻害する弊害の方が大きいという非難は，免れないであろう」としている[69]．最後の批判的コメントの注に杉山や牧野が引用されていることからもわかるように，この指摘もまた松坂の創見にかかるものではない．

むすびに代えて——星野民法学と科学学派

戦後日本における科学学派の影響は，野田の次の世代に属する星野英一(1926-)において別の形で現れる．先行の諸家とは異なり，星野には科学学派そのものを扱った独立の研究があるわけではない．しかし，その民法解釈方法論・民法学方法論への関心は，ジェニーの二つの主著と重なり合う．とりわけ，解釈そのものとその前提の区別は，(我妻の表現に触発されたものではあるものの) ジェニーの construits と données の対比，すなわち，technique と science の対比を想起させる．また，星野の沿革的・比較法的考察の重視，基本価値としての (自由・平等とならぶ) 連帯の重視は，サレイユの立場へと繋がる[70]．

もちろん，星野の民法学は，戦後日本的な環境の中から生まれたものであり，科学学派を単純に継受したというものではない．すなわち，一方で，1960〜70年代の高度成長に伴う社会変化への対応，90年代以降の社会思潮の受容などが，星野民法学を特徴づける．他方，フランス法学の影響について見ても，星野の関心は，ジェニーの抽象論・一般論よりも，リペールやカルボニエの具体的な議論に多くを負うように思われる[71]．しかしそれでも，星野民法学は20世紀後半に遠く極東の地に伝播され花開いた新種の科学学派である，と評することは不可能ではなかろう．

注意すべきは，極東に根付いたこの新種には，原種の特徴がむしろよく保存

---

69) 松坂・前出注65) 405–406 頁．
70) 星野民法学と科学学派の親近性の一端については，大村「『時効に関する覚書』に関する覚書——星野民法学の存在理由，あるいは70年代日本民法学の一側面」慶應法学10号 (2008) も参照．
71) 星野英一・ときの流れを超えて (有斐閣, 2006) 117–118 頁．

されていることである．星野の民法学は，もともとは法社会学との緊張関係のうちに生成したものである．また，その後も，法学部5年制問題など法学教育の課題を念頭に置きつつ展開されてきたと見ることができる．最近では，ロースクール問題との関連での発言も多い[72]．そこには，（母国フランスでは近年は低調気味だった）民法学のアイデンティティを問う姿勢がなお保持されている．「法学」が文化の一部としての伝統を持たない国においては，この姿勢は貴重なものであると言えよう．

---

[72] 星野・前出注71) 90–92頁，227頁以下．

間章　ベルエポックの法人論争

はじめに

　「ルソー＝一般意思モデル」と「トクヴィル＝多元主義モデル」を対置することによって，「近代国家の二つのモデル」を提示するとともに，「解釈論上の基本問題への視角」として「『結社の自由』対『結社からの自由』の視点」を設定した樋口陽一教授の理論モデル[1]は，憲法学のみならず民法学に対しても大きな刺激を与えるものであった[2]．「法人の人権」という民法学者により親しい問題構成に即して言うならば，「巨大法人が大きな社会的役割を演ずるようになっている今日だからこそ，『法人の人権』ではなく法人からの人権が問題とされる必要がある」[3]，「無造作に『法人の人権』が語られる反面，諸個人が法人をつくる場面での憲法上の保障については，ほとんど論ぜられていない．……日本の現行法制で，法人設立の条件が厳しく，かつ，その運用も極めて厳しいことこそ，結社の自由との関係で問題にされなければならない」という認識が，民法学に対する問題提起にもなっていることは容易に理解されるだろう．

　ところで，樋口教授の問題提起を受けて，ごく最近になって民法学の側からの応答がなされるまで[4]，法人をめぐる憲法学と民法学の対話は必ずしも十分なものではなかった．その理由はいくつか考えられるが，その一つとして，石

---

1) 教科書のレベルでは，樋口陽一・憲法（創文社，1992）26頁以下，151頁以下．
2) 私自身のこれまでのささやかな応答として，大村・フランスの社交と法（有斐閣，2002）第3章「結社と法」，同「『結社の自由』の民法学的再検討・序説」NBL767号（2003）などを参照．
3) 樋口・前出注1) 175–176頁，221–222頁．
4) 前出注2) の拙稿のほかに，吉田克己「憲法と民法——問題の位相と構造」法時2004年2月号などがある．

川健治教授の興味深い指摘をとりあげよう．樋口教授の下から巣立った俊英の一人である同教授は，シュミットの「制度体保障」論を中心に据えつつも，様々な方向への展開可能性を秘めたその著書の中で，次のように述べている[5]．「法人の本質を問ういわゆる法人理論（法人本質論）は，かつては熱心に研究された論題であった」が「今日の民法学書では，体系好きなドイツ民法学が創り出した『実益のない』仮象問題に過ぎないものとして，その検討が放棄されている」．しかも，「私法上の法人本質論は，元来，国家論に直結しており，公法人論を通じてたちまち憲法学に影響を及ぼす，という関係にあったはず」なのに，かつての日本民法学は，この点を捨象してしまったというのである．石川教授自身も言及するように，この点は，すでにドイツ法の海老原明夫教授が指摘するところであった．「日本の民法学は，主としてフランスの文献を通じて独仏の法人理論を受容した．しかしながら，この受容に際して法人理論は一つの変容を被ることになった．すなわち，独仏の法人理論は多かれ少なかれ私法・公法の両分野にまたがるものであったが，我国ではもっぱら民法学上の理論として扱われるようになった」というわけである[6]．

　こうした受容がなぜ生じたのかは，それ自体が検討に値する問題である．しかし，本稿がとりあげるのはこの問題ではない．石川，海老原の両教授が，日本の民法学者によって十分には受容されなかったとする「フランスの文献」，具体的には，そのうちの中心的な業績であると見られるミシューの法人理論[7]とそれをめぐる論争の検討が本稿の課題である．こうした考察が本稿の副題である「憲法学と民法学の対話のために」いかなる意義を持つかは後に述べることにして（おわりに），まずは，本稿が「法人論争」としてとりあげるものの内容を示そう（Ⅰ）．その上で，論争の対象となったミシュー法人理論の特色（Ⅱ一）

---

5) 石川健治・自由と特権の距離（日本評論社, 1999) 90-91 頁, 99 頁注 217).
6) 海老原明夫「法人の本質論（その3)」ジュリスト954号（1990）13頁．
7) 富井から我妻に至るまでの民法概説書の法人の項には，「組織体説」の主唱者としてミシューの名は，もう一人の論者サレイユの名に先だってあげられてきた．しかし，その後は，組織体説の論者の名があげられるとしても，サレイユの名のみでミシューの名はなくなる（おそらくは，現代日本の民法学者にとって科学学派の雄であるサレイユの方が親しみ深いことによるものだろう）．しかし，フランスの民法学にとって，法人理論の代表者は依然としてミシューであると言ってよい．「ミシュー（ナンシー大学法学部教授）の作品『法人理論とフランス法へのその適用』は，長い間，注目すべき権威を持ち続けてきた」(Carbonnier, *Droit civil, tome 1, Les personnes*, 20e éd., 1996, p. 369) のである．

と論争の特色（Ⅱ二）について述べることにしたい．

Ⅰ　饗宴への招待——ベルエポックの法人論争の内容

一　1912年・20年：デュギーの見たミシュー

「ベルエポックの法人論争」とは何か．そのように命名された論争の存在がフランスの学界で語られているわけではない．ここ数年，立て続けに復刻されている法律書のいくつかをたまたま手にした筆者が，それらの中にたまたま見出した「論争」をこのように呼んだだけのことである．筆者がはじめに繙いたのは，レオン・デュギーの『ナポレオン法典以降の私法の一般的変遷』（第2版，1920年，復刻版，1999年）[8]である．1912年に初版が刊行されたこの小さな書物にはデュギーの法学観・権利観が集約されており，それに従って法主体・契約・責任・所有権といった私法の基本概念の変遷が説かれている．

同書を一見して筆者が興味を持った点の一つに，「ミシューの理論と形而上学的な考え方」[9]と題された「付録Ⅰ」がある．デュギーの『一般的変遷』の根底にある考え方は，「形而上学的で個人主義的な法システムから実証主義的で社会的な法システムへ」[10]というシェーマにまとめられるが，「付録Ⅰ」ではこの観点から，ミシューは「権利と法主体につき古い形而上学的な考え方を維持しようとする人々」の代表格としてとらえられているからである．フランス民法学を学ぶ者の一人としては，最も著名な法人理論の提唱者として現れるミシューが，誰もがその名を知るデュギーにより「古い形而上学的な考え方」に立つと批判されている以上，その批判に耳を傾けないわけにはいかない．

ところで，『一般的変遷』におけるミシューへの言及は，「付録Ⅰ」にとどまらない．「付録Ⅰ」の冒頭に掲げられているように，本文の第三講「意思の自

---

[8]　Léon Duguit, *Les transformations générales du droit privé depuis le Code Napoléon*, Librairie Férix Alcan, 2ᵉ éd., 1920, Editions la mémoire du droit, reproduction, 1999.

[9]　Duguit, *op.cit.*, pp. I–II．なお，デュギーの法思想・法理論に関する研究は少なくないが，高橋和之「レオン・デュギー——人と業績」伊藤正己編・法学者一人と作品（日本評論社，1985．初出，1974）［高橋和之・現代憲法理論の源流（有斐閣，1986）にも所収］のみをあげておく．

[10]　Appendice I, La théorie de M. Michoud et les conceptions métaphysiques, in Duguit, *op.cit.*, pp. 179–184.

律」に「付録Ⅰ」によって補完されている叙述がある．まずは本文の方を見てみよう．デュギーの議論はおおよそ次のように展開されている[11]．権利とは意思の力に他ならず，法主体とは意思の主体であり，意思を持ち得ないものは権利を持ち得ない．しかし，この個人主義的な考え方は，もはや事実に合致しない．「今日の社会主義・結社主義の潮流と決定的に対立する」．ところが，法人を論ずる多くの論者は，上記のドグマを維持しようとする．ドイツでは，ベッカー，ギールケ，チーテルマン，イエリネック，フランスでは，ジェニー，オーリウ，ミシュー，そして（留保付きで）サレイユ．デュギーはこうしてミシューを守旧派に組み込み，法学から形而上学的な考え方は放逐されなければならないとする．ミシューの理論は一見もっともだが，結局は，古典的な法人擬制説に帰着するか，（意思と利益の双方によって権利を基礎づける）ベッカー説と機関に関するギールケ・イエリネック説の折衷に帰着するというのである[12]．「付録Ⅰ」はこのようなミシューの位置づけに対する反論を意識して書かれている．

では，デュギー自身は法人をどうとらえているのか[13]．デュギーによれば，法人理論は全く無意味であり，論争は頭の体操に過ぎない．「集団，結社（アソシアシオン），同業組合（コルポラシオン），財団，これらはその性質からして法主体か否か．これらは権利を持ちうるか否か」．権利の存在を否定し，法主体の存在を否定するデュギーにとって，このような問いはそれ自体が意味を持たない．彼にとって，ありうる問いは次のようなものである．「集団，結社，同業組合，財産，これらは特定の時点・特定の国における社会連帯に適合した，つまり，その国の客観法に適合した目的を追求しているか」．そして，答えがイエスならば，その目的に従って行われた行為は法的に承認され保護されることになる．「集団的目的によって規定された個人の意思は個人的なものにとどまる．……しかし，法は個人的意思が追求する集団的目的を保護し保障する」というわけである[14]．

---

11) Duguit, *op.cit.*, p. 56 et s.
12) Duguit, *op.cit.*, pp. 69–70.
13) Duguit, *op.cit.*, pp. 70–72, p. 74.
14) さらに続けて，デュギーは，1901年7月1日アソシアシオン法では，「法人格」という用語が避けられており，「目的」の概念が重視されていることを指摘して，自説に適合的なものであるとしている（Duguit, *op.cit.*, pp. 70–81）．

「付録I」に戻ろう．そこでデュギーは，ミシューが形而上学的所与を捨象して純粋に実証的な法システムを樹立しようという意図を持っていたことをまず認める．個人的に交わされた書簡における言い分も参酌しつつ，ミシューが純粋に技術的な理論を打ち立てようとしたこと，中世の実在論のような意味で法人の実在を語っているわけではないこと[15]を紹介している．しかし，それでもデュギーは，「ミシュー氏は形而上学派の頭目であることに変わりはない」とするのである．ミシューは権利や法主体の概念を仮説として用いているに過ぎないという．しかし，仮にそうであるとしても，「形而上学」が「自然を超えるもの」（リトレなど）であるとすれば，それはやはり形而上学にほかならない．また，ミシューは，権利や法主体の概念なしには法現象を認知することはできないとするが，デュギーによれば，これもまた形而上学にほかならないとする．以上の議論は，ミシューの著書の冒頭部分を参照しつつ展開されている．そして，実はその部分ではデュギーへの言及がなされている．そこで，次に，ミシューの側に視点を移してみよう．

二　1906年：ミシューの見たデュギー

　ミシューの主著であり，フランス法人理論を代表するとされる『法人理論とそのフランス法への適用』にもやはり復刻版が存在する[16]．復刻されているのは，3つの版が存在するこの書物の第2版（1924年）であるが，初版が刊行されたのは1906年であった．もっとも，初版と第2版とで本文に変化は見られず，補訂者によって括弧書きの注が加えられたのが第2版なので，復刻版によって1906年のテクストを知ることができる．同書は，全2巻13章1,000頁余の大著であるが，ここでとりあげるのは，さしあたり総論をなす第1章「法人の概念」のうちでも序論の部分とデュギー批判の部分に限られる[17]．

---

15) 当時，カトリック的法人論を代表するものとして，de Vareilles-Sommières, *Les personnes morales*, 1902 があった（ただし，法人に否定的な見方をしている）．これに関しては，ミシューの書評（*Revue du droit public*, 1903, p. 345 et s.）があるほか，著者の政治理論に関する最近の研究論文もある（Matthys, *Revue d'hist. des Facultés de droit*, 1993, p. 43 et s.）．
16) Léon Michoud, *La théorie de la personnalité morale. Son application au droit français*, 2 tomes, LDGJ, 2e éd., par Trotabas, 1924, reproduction, 1998.
17) Michoud, *op.cit.*, tome 1, pp. 3–15, pp. 43–56.

「法律用語においては，人という語とは法主体，すなわち，その者に帰属する権利や義務を持ちうる存在を指す．そして，法人という語は，同時に人間ではない，つまり自然人ではない法主体を指す」．ミシューはこのように説き起こしている．ミシューが問題にするのは，法的な概念としての人である．それは，法主体性＝権利帰属可能性を意味するのであり，それ以上でもそれ以下でもない．ミシューは「人は法人を創造しうるか」といった哲学的問題は考慮の外に置いているのであり，その意味では形而上学に与するものではない．確かに，彼は，法主体や権利という概念を前提としているが，それらは客観的な実在ではなく思考上の手段として位置づけられている．デュギーのように，これをも形而上学と呼ぶことも可能ではあろう．しかし，ミシューによれば，概念は出発点に過ぎず，事実を包摂できない場合には，修正を迫られるものとして理解されていることは確認しておかなければならない．この点は，次の項で改めて触れることにして，デュギー批判に進もう．

　ミシューは，デュギーの見解――『公法研究』第1巻・第2巻（1901年・03年）[18] が参照されている――を法人否定説の一つとして位置づけて，次のように言う．「デュギー氏は法人の有用性を否定し，権利をその主体と結びつける必要はないとする」．ミシューは続ける．デュギーによれば，法規範の源は社会連帯にあり，個人の意思は法規範に合致する場合にのみその実現を求めることができる．権利は，二つの法主体の関係としてとらえられるべきではなく，法規範に合致している場合にのみ認められる権能に過ぎない．このように考えるならば，法人格の概念は不要になる．団体の代表者の意思に個人の意思を越える効果が与えられるとしても，それは団体が法人格を有することによるのではなく，法規範に適合することによると説明されるからである．

　ミシューがこの議論を退ける理由は次の2点にある．その一つは，法理論から抽象や擬制を除去することはできないということである．ミシューによれば，デュギーもまたこの制約を免れない．たとえば，国家は実在ではなく，存在するのは治者と被治者だけであるとしても，これは一つの抽象を別の抽象に置き換えたに過ぎないというのである．この点はすでに触れたところであるが，デュ

---

18) Duguit, *Etudes de droit public, tome 1, L'Etat, le droit objectif et la loi positive*, 1901, *tome 2, L'Etat, les gouvernants et les agents*, 1903.

ギーとミシューの大きな相違点である．ミシューにとっては，法人格が抽象か否かではなく，この抽象が適切なものかどうかなのである．ここから次のような帰結が導かれる．デュギーの議論は技術的に見て不十分であるというのである．デュギーは，契約の効果は法規範に由来すると言うが，これだけでは，ある人の締結した契約の効果が別の人に帰属することを説明できない．ミシューは，この点を説明するのには，法主体の概念が必要だとする．もう一つの理由は，デュギーには「強制 (imperium)」の契機が欠けているということである．デュギーの理論によれば主権の概念が消滅することになるが，これは現実に合致しないというのである．

　以上のようなデュギー・ミシュー間の応酬は，より若い有力民法学者の関心を引いた．本稿にいう「法人論争」に第三の登場人物が現れるのである．すでに紹介したデュギーの「付録Ｉ」にもその名が見られるその人は，ルネ・ドゥモーグであった．項を改めて，彼の見解を見てみることにしよう．

三　1911 年：ドゥモーグの見たデュギー・ミシュー

　デュギーが，「ドゥモーグ氏は法技術につき興味深い叙述を行っている」として引用するのは，ドゥモーグの『私法の基本的概念――批判的試論』(1911 年)[19]である．ドゥモーグは，戦間期に書かれた浩瀚な債権法体系書[20]の著者であるが――その名はとりわけ結果債務・手段債務とともに記憶されている――，『基本概念』は，その序論として書かれた方法論の書である．700 頁近い分量を持つ同書は，プラニオルやカピタンの法学入門を意識しつつ，これを超えることを意図するものとして書かれており，今日の観点から見ても興味深い考察が展開されている．最近になって，復刻版が出たのも自然なことである．

　『基本概念』は「法の概念と諸基礎」(第 1 部)，「技術」(第 2 部)，「私法と国家」(第 3 部) の 3 部構成をとっているが，第 2 部はさらに「原則」と題された 7 章と「適用」と題された 8 章に二分されている．このうち，本稿の関心の対象となるのは，「原則」の第 6 章「技術的機構」と「適用」の第 2 章「法主体

---

19) René Demogue, *Les notions fondamentales du droit privé. Essai critique*, Librairie Nouvelle de Droit et de Jurisprudence, 1911, reproduction, Editions la mémoire du droit, 2001.

20) Demogue, *Traité des obligations en général*, 7 tomes, 1923–33, reproduction, 1994.

の概念」の二章である[21]．いずれの章もデュギーとミシューの理論を軸に展開されている．

　ドゥモーグの「技術的機構」論はその必要性を問うところから始まる．法の実現のためには，単なる「技術的熟練（art technique）」に限らず，より複雑・高度な「技術的機構（mécanisme technique）」が必要か，具体的には，法主体や法人，あるいは，代理や法関係などの理論は必要か否か．この例にも窺われるように，この問い自体がデュギーを意識して立てられている．しかし，ドゥモーグは数頁を割いてデュギーの見解を提示した後に，次のように述べる．デュギーは単純さを求め，煩雑さを避けようとするが，それにもかかわらず，法の実現のためには，すなわち，連帯の哲学の高みから日常的な諸問題の低地へと下降するには，技術が必要であることは認めていると．その際の基準は，ある行為が法規範に適合するかどうかである．法規範の本質はそれが守ろうとしている利益・目的にある．そして，法の目的を引き出すのに，法人格の問題は捨象可能である．この点で，ミシューの批判は当たっていないとしている．

　デュギー自身が好意的に引用するように，ここまでのところ，ドゥモーグの立場はデュギーに近いように見える．それでは，法主体の概念についてはどうか．この点に関しても，ドゥモーグはデュギーの見解に注目している．しかし，彼はここでは，「法主体という概念には，少なくとも都合のよい呼称としての側面がある」としている．デュギーは，それだけのことに過ぎないという口ぶりでこの部分を引用しているが，ドゥモーグ自身はかなり詳細な法主体の理論——享有主体と処分主体を区別する——を展開しており，むしろ法主体の概念の有用性をより積極的に受けとめているように思われる．

四　小括

　これまで見てきたベルエポックの法人論争は，フランスの法人理論にどのような影響を与えたのだろうか．この点につき確言することは困難であるが，ここでは，20世紀を通じて影響力を保ってきた代表的な民法教科書の叙述の変遷を採りあげて，これを手がかりに若干の考察を試みてみよう．採りあげるのは，

---

21)　Demogue, *op.cit.* (note 19), pp. 252–267, pp. 320–382.

マルセル・プラニオルの教科書『民法基本概論』[22] である．

　プラニオルの教科書が 20 世紀（とくにその前半）の民法学に与えた影響は大きい[23]．この点に関しては，プラニオルの改訂者となったリペールは，本稿の主要登場人物の一人であるデュギーの評に言及しつつ，次のように述べている．「デュギーは，その強靱な想像力によって法の新しいとらえ方を夢見たわけだが，彼は，プラニオルの『概論』を時代遅れの自由主義の白鳥の歌であると書いて，これとは別の基礎の上に民法を樹立することを願った．時が経ち，デュギーの思想は過去のものとなった．他方，プラニオルの『民法概論』は人々の手中に残った」[24] と．

　もっとも，強い個性を持つリペールは，必ずしもプラニオルの忠実な改訂者ではなかった．一般論はともかくとして，本稿のテーマである法人理論に関しては，このことははっきりしている．というのは，プラニオルの初版とリペールの改訂版とでは，法人に関する扱いが大きく変わっているからである．

　『概論』の初版は 1899 年に刊行されているが，初版以来，プラニオル自身は，一種の法人否定説を展開していた．この点に関する限りでは，プラニオルの立場はデュギーに接近する．プラニオルは，一般には人には二種のものがあるとされているとしつつ，自身の見解としては，法人は一種の「集合的財産 (propriété collective)」であるとしていた．法人というフィクションが「集合的財産」という実質を覆い隠していることを強調し，体系的にも，法人に関する説明を「人」のところではなく「物」のところに置いていた[25]．この態度は，リペールが協力者として参加してプラニオル=リペールと呼ばれるようになる版——手元の版は法人論争後の 1925 年に出版されたもの[26]——を見ても，全く

---

22) Marcel Planiol, *Traité élémentaire de droit civil*, tome 1, 1899. 手元にあるのは，1908 年の 5ᵉ édition であるが，内容は初版と変わらないようである．

23) プラニオルに関しては，Malaurie, *Droit civil, tome 1, Introduction générale*, 2ᵉ éd., 1994 の巻末の quinze grands juristes のなかの Planiol の項を参照．最近では，Rémy, Planiol: un civiliste à la Belle Epoque, RTDC.2002.11 があるほかに，日本語では，小粥助教授のプラニオル研究も近く公刊されよう．

24) Ripert, Marcel Planiol 1853–1931, in *Traité élémentaire de droit civil de Marcel Planiol*, tome 1, 4ᵉ éd., 1948, p. XII から引用．もっとも，このネクロロジーは，プラニオル=リペールの第 12 版 (1931) 以来のもののようである．

25) Planiol, *op.cit.* (note 22, 1908), p. 984 et s.

26) Planiol, *Traité élémentaire de droit civil*, 2ᵉ éd., avec la collaboration de G. Ripert, tome 1, 1925.

変わっていない（もっとも，文献欄ではミシューやサレイユが引用されている）．

ところが，プラニオルの死後の改訂版，リペール＝ブーランジェと呼ばれるようになった版[27]を見ると，法人の位置づけは大きく変わっている．リペールはもはやプラニオルには従わず，法人を「人」のところで論じるに至るのである[28]．なぜこのような変化が生じたのかについては，検討を要するところではあるが，すくなくとも法人に関しては，デュギーが去った後に，リペールが帰ろうとしたのはプラニオルではなかったことは確かである．

リペールはおおむね次のように述べる[29]．まず，法人擬制説については，いったん擬制が認められた後は，自然人に認められる効果がすべて認められることになることを指摘するとともに，擬制説は法人がなぜ擬制されるのかについては説明を与えていない，自然人については法人格は人の性質の帰結であるが法人についてはそうは言えないとする．続いて，プラニオルなどの集団的財産説については，集合的財産という実定的な概念によって人格という神話を除去しようとするものとしてこれを位置づけ，この考え方は法人の財産については説明できるが，法人の存在・活動・意思・責任などについては十分な説明を与えてくれないとしている．最後に，実在説については，今日，フランスでは，法人は「技術的実在（réalité technique）」すなわち「団体の一般的利益に対応する法的形式（forme juridique correspondant aux intérêts généraux du groupement）」であるとされており，固有の意思を持とうまたは固有の利益を守ろうとする団体に法人格が付与されるとしている（ここでミシューが引用されるとともに，カピタン・ジョスランの教科書が引用されている）[30]．結局のところ，「精神的な存在が固有の意思を持ち，この意思はそれを指導する自然人によって表明されること，そして，この精神的な存在は，その指導者たちの個人的活動とは区別される活動性を持っていることを承認しなければならない．このような意思または活動が存在するのであれば，この意思に効果を与えるために，ま

---

27) Ripert, *op.cit.* (note 24) を参照したが，この改訂版の初版の刊行年および法人の扱いについては未確認．
28) Ripert, *op.cit.* (note 24), p. 266 et s.
29) Ripert, *op.cit.* (note 24), pp. 269–271.
30) カピタン・ジョスランの教科書は，プラニオルのそれとあわせて，20世紀前半の三大民法教科書と評されている．なお，ジェニーの引用もなされているが，この点に関しては後述する．

た，この活動性を作用させるために，団体に対して法的保護を与えるべきである．この保護は，法人格の存在の承認と財産の帰属によってのみ与えられる．というのも，この二つの思想はフランス的思考様式においては結びついているからである」．こうして，プラニオルの後継者であったリペールは，師説を退けてミシューに与したのである．

しかし，とリペールは続ける．「忘れてはならないのは，本当の法主体は人間であること，人間以外に人が存在するわけではないということである」．その結果として，「個人の人格が団体のそれに吸収されてはならないし，アソシアシオンや組合（会社）において，構成員は，一般意思によって奪われず，また団体加入によって放棄できない個人権を持っている」ことになる．また，「自然人と同様に，単一平等の法人格を与える必要は法人には認められない．法人においては，法人格の多様性の方が原則である．法人格の広がりは法人の性質と目的によって定まるのである」と．

このように，リペールは，法人における「自然人の考慮」に格別の注意を促しているのであるが，そこでもミシューに言及されているように，この点もまたミシューの強調する点であった．この点は，デュギーとの論争では正面に出ては来なかったが，ミシューの（あるいはミシューに代表されるフランスの）法人理論の一つの特色であるとも言える．また，この点を明らかにすることが，本稿にいう「法人論争」の意義を明らかにすることにも繋がる．そこで，項を改めて，これらの問題を見ていくことにしよう．

II 饗宴のあとさき——ベルエポックの法人論争の知的環境

一 ミシューに書かれていたこと

再びミシューの大著に戻ろう．ここで注目したいのは，第1巻ではなく第2巻の方である．ミシューは，第1巻で，法人の概念（第1章），分類（第2章），公法人の設立（第3章），私法人の設立（第4章）を扱った後に，第2巻では，法人と構成員の関係（第5章），法人の非財産権（第6章）・財産権（第7章），目的限定性（spécialité）の原則（第8章），法人の訴権（第9章），法人の責任（第10章），国際私法上の法人（第11章），法人の廃止（第12章）という順で考察を進める．以

下で検討するのは，このうちの第5章と第8章についてである．

ミシューは，第5章を「構成員」の定義から始めている．そこで，法人の実質を構成する人々を構成員と呼ぶとされているが，会社・協同組合における社員，財団における受益者・管理者，国家における国民，自治体における住民などが例示されている．ここでも，ミシューの議論は公法・私法の双方にわたっているのである．

さて，これらの構成員と法人の関係について，ミシューは，ギールケの議論を引きつつ，三つのタイプのものを区別している[31]．第一は，構成員も第三者も同様の条件で持つような関係である．これは，構成員の人格にかかわるものであり，集団的な関係に委ねられたとはいえないものである．たとえ，国家であってもこれを奪うことはできず，その処分に関しては，第三者が相手の場合と同様に，契約によって行われる．第二は，団体自体に由来する関係であり，これに関しては内部規範が妥当する．構成員としての資格と結びついたものであり，この資格が失われれば同時に消滅する．第三は，内部規範と外部の立法の双方によって規律される関係である．ミシューによれば，こうした関係はすべての法人に存在する．たとえば，国家の場合には，憲法によって保障された諸権利がこれにあたるという．これらは個人に留保された権利であるが，社会的な関係とかかわりのあるものであり，その保護は団体の目的の一つをなすようなものである．

構成員と法人の関係に関するこのようなミシューの考察は，もともとはギールケに由来するものであるとしても，興味深いものを含んでいる．そこでは，法人（というよりも団体）には固有の内部規律が必要であることが認められつつも，そうした規律が全く及ばない領域や規律に対する制限の必要な領域があることが承認されている．ここには，人々は何のために法人（団体）を構成しているのか，という問題意識が存在している．

同様の問題意識は，形を変えて，第8章にも現れる．この章で扱われているのは，「目的限定性（spécialité）」と呼ばれる考え方である．まず，この考え方について説明しよう．ミシューは次のように述べている[32]．法人がすべての財

---

31) Michoud, *op.cit*., tome 2, p. 6 et s.
32) Michoud, *op.cit*., tome 2, p. 144 et s.

産権を取得しうるとしても，そのことは，当該財産を自然人と同じように自由に使用できることを意味しない．法人の財産は特別な様相を帯びる．すなわち，それは特定の目的のためにのみ利用可能なのである．

　一見すると，この説明は，英米法のウルトラ・ヴァイレス理論と類似しているが（ミシューも英米法に言及している），そこには独自の色彩が認められる．というのは，自然人と異なって法人においては，権利は機関の自由な処分に委ねられているわけではないとされており，その理由は，法人の目的である集団的利益とは，一つまたは複数の特定利益であり，国家も含めてすべての法人が，構成員の個人生活全般を吸収することはあり得ない点に求められているからである．

　もう一つ興味深いのは，「目的限定性」の理論は，必ずしも法人擬制説と親和的だとは考えられていないことである．実在説に立つとしても，法人の実在性は，集団的に特定の目的を追求する団体の存在に基礎を置く以上，この法理を認めざるを得ないというのである．

　以上のような議論は，必ずしもミシューに固有のものではなく，むしろフランスの法人理論に通底するものであるようにも思われる．実際のところ，このような主張がミシューの主張として引かれることはほとんどない．しかし，むしろ，法人を論ずる中で，団体とその構成員の関係に関心が寄せられ，また，団体の目的との関係でその権限が限定されるというスタンスが，広く支持を集めてきたこと自体が注目に値する．確かに，フランス民法学には，財産管理のための法技術として法人をとらえる流れが存在する（前述のプラニオルなど）．また，社会連帯といった高次の価値によって法人論を融解させようという試みもなされた（前述のデュギー）．それにもかかわらず，学説が共感を示したのは，「集団的利益」を中核にしつつ，その実現に必要な限度で，法人の存在を承認するという考え方であったのである．

　実際のところ，こうした見方は現代のフランス民法学にも継承されているように思われる．今日，フランスでも，かつてのように熱心に法人理論が論じられることはなくなった．法人理論は忘れられつつあると評されることもある．その意味では，日本民法学の状況と共通のものがある．しかし，「法人」という問題の提示の仕方は，日仏で全く同じではない．繰り返しになるが，フランス

では,「集団的利益」との関係で法人が語られる.これは,「団体」との関係で法人が語られるのと異なる.

たとえば,現在,最も権威ある教科書の一つは,法人に関する叙述を次のように始めている[33).「法の世界には,人,個人,自然人が存在するだけではない.個人的な利益・目的が存在するわけではない.そこには,集団的な目的・利益が存在し,それを実現するために,自ら活動し固有の生命を持つように見える個人の集合体である組合やアソシアシオン,さらに,財産の集合体である財団が存在している」.また,別の権威ある教科書は次のように結ばれている[34).「法人格は,『トリック』か実体かのどちらかではない.それは両者である.……法においては,実体なき技術はないし,技術の伴わない実体もない.立法者は多くのことをなしうるが,すべてをなしうるわけではない.トリックだけではそれは機能しない.個人は多くのことをなしうるが,すべてをなしうるわけではない.集団的な意思があるだけでは,それは機能しない(少なくとも長くは)」.こうした叙述と,たとえば,「人類の社会生活は,いかなる時代,いかなる地方においても,決して個人だけを中心として成立しているものではない.家,国家・市町村等の地域団体,同業者の組合団体,公益または私益のための団体など,大小強弱無数の団体をもその構成分子とする」(我妻)[35) といった叙述の間には,大きな開きがある[36).

以上のように,ミシューの法人理論は,個人本位の団体観に裏づけられていると言える.しかし,何度も繰り返すように,そこでは「集団的利益」の存在が語られ,この集団的利益が法人の保護を要請するとされている.ここで改めてミシューの論理をたどってみよう.先に引用した最近の教科書は,ミシューの見解を次のように要約している[37).「技術的実在説 (théorie de la réalité technique) は,法的実在とは,必ずしも具体的現実の単なる複写物であるわけでは

---

33) Carbonnier, *op.cit.* (note 7), p. 355.
34) Malaurie, *Droit civil, tome 2, Les personnes, les incapacités*, 3ᵉ éd., 1992, p. 199.
35) 我妻栄・新訂民法総則(岩波書店,1965) 114 頁.
36) なお,我妻の法人理論は,デュギーにも負うとされている(我妻・前掲書126頁).ところが,デュギーの議論が法人の実在性を肯定するのに援用されているのは興味深い点であるが,本稿ではこの点には立ち入らない.
37) Malaurie, *op.cit.* (note 34), p. 198. なお,Carbonnier, *op.cit.* (note 7), pp. 396–397 も参照.

ない．自然人に関しても，その法制度は生物学的現実を単純に投影したものではない．人格を生みだすのは身体でも意思でもなく，法主体（権利主体）となりうる適性である．そして，権利とは法的に保護された利益にほかならない．したがって，団体の構成員の個人的利益から分離して定義される利益が存在し，それを防衛・主張するための意思を導きうるだけの組織があれば，そこには法人格が存在しうる．しかし，法人は自然人と同じ性質を持つわけではない．法人は，十分に定義された集団的利益が存する限度においてのみ存在するのである」．

　ここから，制定法が欠けていても，最低限の組織によって擁護された集団的利益が存在する以上は，法人は存在しうる，そして，法人には，それが担う集団的利益の実現に必要な権利を，その必要の限度で付与する必要があるという帰結が導かれることになる．この点において，ミシューの見解は，国家はその政策的必要に応じて，団体(や財産)に法人格を付与することができるという擬制説とは一線を画することになる．

二　論争の意味すること

　ミシューが，法人をとらえる際によりどころとしたのは，「法主体」と「権利」の概念である．そして，この点こそがデュギーの批判するところであった．本稿が紹介した法人論争は，まさに「法概念」あるいは「法的構成」の意義をめぐって展開されたのである．論争の結果はいかなるものであったのか．この点の評価は難しい．すでに見たドゥモーグによれば，ミシューの批判は必ずしもあたってはいないとされている．しかし，ドゥモーグは，法的構成の意義そのものについては疑いを挟んでいない．

　ここで問題は二つに分かれる．

　一つは，「法的構成」とは何か，何のためになされるかという問題である．フランスにおいて，この点を意識的に議論したのは，いうまでもなくフランソワ・ジェニーの著作，とりわけ『実定私法における科学と技術』である．ナンシー大学でジェニーの同僚でもあったミシューは，その学説を念頭に置いており，その『法人理論』においてもジェニーに対する言及が見られる．ドゥモーグにおいても同様である．そのドゥモーグはジェニーを引きつつ，次のように言

う[38]．「本来がそれが用いられることを想定していない仕事にある道具を使うならば，出来上がった物がよくないことは驚くにあたらない．建物のファサードを美しく描き，各部分の使い勝手を考えないならば，建物は住みにくいものとなる．ジェニーが言うように，この方法は先験的な，すなわち現実の考慮から離れたものではない」と．ジェニーらの科学学派の主張は，20世紀フランス民法学を完全に支配したわけではない．とりわけ「科学的自由探究」の方法は，必ずしも広く受け入れられたとは言いにくい．むしろ，大きな影響力を持ったのは，「法的構成」の重要性の指摘であったのかもしれない．この点に関しては，民法学に比べてより直接的にデュギーの挑戦を受けた憲法学の状況も含めて，なお検討されるべきであろう．

　もう一つの問題は，ミシューのデュギー批判が当たっていたかどうかは別にして，法的構成としての法人理論として，ミシューとデュギーの理論のうちのどちらが優れていたかという問題である．この点は，「法的構成」の可否をどのように評価するのかにかかわっている．デュギーが示唆した法人理論は，少なくとも民法理論としては完成度の低いものであったと言わざるを得ない．しかし，デュギーの社会観・法学方法論の全体の中に位置づけて見ると，そこには魅力的なものが含まれていることもまた確かである．その意味では，比較をすること自体が無理なのかもしれない．

おわりに

　ここまで見てきたベルエポックの法人論争は，われわれに何を教えているのだろうか．最後に，この点に触れておこう．標語的なまとめ方をするならば，次の3点を指摘することができるだろう[39]．

　第一は，原理性である．広い意味での法人論争自体が，団体と個人の関係を問い，さらには，社会の構成原理を求めるものであったと言える．その意味で，

---

38) Demogue, *op.cit.* (note 19), p. 262.
39) 以下の点に関しては，さしあたり，大村・法源・解釈・民法学（有斐閣，1995）第1部序章や同・法典・教育・民法学（有斐閣，1999）補論Aを参照．詳しくは，別稿「共和国の民法学」［本書第1編］で検討を予定している．

ある論者の言うように,「論争は実益よりも哲学を重視したものであった」[40]. 本稿の対象としたベルエポックの法人論争には, その色彩がより強く見られた. デュギーの言うところの「社会主義・結社主義」の大きな流れの中にあって, 伝統的な個人＝社会像を維持しつつそれを更新していくのか (ミシュー), 思い切って社会中心の考え方に移行するのか (デュギー). この点は, まさに当時のフランス社会が直面した問題であった. ベルエポックの法人論争は, その法学版であったとも言えるだろう.

第二に, 学際性も重要である. 上記の問題は, 問題自体が憲法学・民法学といった個別の法領域を超えて存在するという性格を帯びていた. しかし, そのことが当然に, 法領域を超えた論争を呼び起こすわけというわけではない. ベルエポックのフランス法学界には, 幅広く論客を集めて論争が展開されるような固有の要因があったと考えられる. 公法学者デュギーが民法を語り, 私法学者のサレイユやジェニーの方法論が公法にも影響を及ぼす. そうした知的交流を可能にした要因は何か.

さらに言えば, この学際性はより大きな広がりを持っていた. すなわち, 一方で, ベルエポックの法人論争には, ドイツ法学の強い影響が認められるが, これはやはり当時の一般的な傾向であったと言える. 民法学に限って見ても, 上記のサレイユやジェニーのほかにアンリ・カピタンなどの著書を見てもドイツの文献の引用が驚くほどに多い. 他方, デュギーにはデュルケムの影響が見られることは広く知られているが, 当時の勃興する社会学をどう見るかという問題もある.

もちろん, 外国法や社会科学の影響に関しては, 第一点につき述べたのと同様に, 社会的な背景との関連を指摘することが可能である. しかし, 同時に制度的な要因も考えなければならない. おそらくこの点に関しては, 当時の法学部・法学教育のあり方を考慮に入れる必要があるだろう. ベルエポックには, 法人理論を含めてさまざまな理論が登場する. 民法学の領域で言えば, 新コーズ論・附合契約論・危険責任論などがあげられる. こうした理論指向はベルエポックの法学部・法学教育の成果であったと言えるのではないか. 旧来の法学

---

40) Malaurie, *op.cit.* (note 34), p. 193.

の枠にとどまらず，広い視野に立って大きな構えの理論を打ち立てることが，新しい法学の共通の目的とされていたように思われるのである．

　最後に，構築性を付け加える必要がある．デュギーの強力な批判にもかかわらず，ミシューの理論は標準理論として生き残った．その理由の一つとしては，その技術的構築性をあげることができるだろう．デュギーが否定しようとした法主体や権利といった基本概念に一定の意義を与えつつ，法人を説明しようというそのスタンスが，共感をもって受けとめられたものと思われるのである．
　以上を一言で述べるならば，ベルエポックの法人論争は，まさに，法学における「学問と技術」（ジェニー）をめぐるものであったと言えるだろう．「学問と技術」に対する共通の関心が，論争を支えていたと言ってもよい．しかし，フランスにおいても今日では，法人論争は過去のものとなっている．「論争は実益よりも哲学を重視したものであった」という前掲の評言には，次のように続く．「これは今日の法学界においては賛辞ではない．今日，論争はもはや関心を引かない．支配的になっている法律実証主義の影響の下で，人々は法人の活動が惹起する具体的な問題に関心を寄せている」[41]と．もっとも，民法学に関する限り，最近の様々な学位論文は技術的構築性には大きな関心を寄せている[42]．また，法学内部での学際的検討も実定法レベルではむしろ活発になっているようにも見える．ただ，社会の構成原理や隣接の社会科学に対する関心は確かに衰弱しているのかもしれない．こうした状況に危機観を抱く立場からすれば，法人論争は，まさに法学の「ベルエポック（良き時代）」を反映していたということにもなる．

　翻って日本の状況を見てみるとどうだろうか．日本においても，原理性・学際性・構築性を伴った論争が展開された時代がなかったわけではない．たとえば，第二次大戦後の法解釈論争は，一方で法社会学やマルクス主義法学などの勃興を背景に，他方で憲法9条の解釈という実践的な問題を念頭に置きつつ，法領域を超えて多くの法学者の関心を集めた．あるいは，1970年代の公害訴訟を契機に現れた環境権論も，憲法学・民法学の双方にまたがる形で議論が展開

---

41) Malaurie, *op.cit.* (note 34), p. 193.
42) フランス民法学の最近の動向につき，大村「20世紀が民法に与えた影響（1–2 未刊）」法協 120巻1号，12号（2003）［本書第2編］を参照．

された．しかし，その後は，こうした広がりのある論争が展開されることはほとんどなくなった．民法学に限って言えば，フランスと同様に日本でも，「法律実証主義の影響」が強まりつつある．「具体的な問題」への関心は悪いことではなく，実践知としての実定法学には不可欠の側面である．しかし，社会の構成原理や隣接の社会科学への関心が衰退しつつあるのは，決して好ましいことではない．

　樋口陽一教授が古稀を迎える 2004 年，フランスでは民法典の 200 周年が祝われる．様々な行事・研究集会が予定されてようだが，フランス民法典の存在意義が改めて確認されることになろう．それは，過去を振り返りつつ，「ヨーロッパの民法典」の将来を視野に収めた作業となることが予想される．同じ年に，日本では法科大学院がスタートする．多数の法律家を社会に送り出すために法学教育を改革するのは重要なことではあるが，そこでの教育が「法律実証主義」の名にすら値しない些末主義・画一主義に陥るとしたら，遠からず，戦後改革期や住民運動期の法学は，「ベルエポック」の法学として懐かしまれる過去のものとなることだろう．

　実定法学の諸領域の中では，憲法学と民法学は，その性質からしても伝統からしても，高い原理性と学際性を備えていると見ることができる．この二つの学が共同することによって，「学問と技術」のバランスのとれた法学の展開が可能になる．実際のところ，ミシューの著書の公刊から 100 年余を経て，日本では，憲法学・民法学の枠を超えて法人理論を再検討する兆しが現れている．この議論を突破口として，新たな「ベルエポック」の法学を求めていくことが，高い原理性・学際性を備えた樋口法学の恩恵を受けた人々に課された任務というべきではなかろうか[43]．

---

43) 樋口・前出注 1) の「はしがき」には「個人の尊厳を核心とする西欧型憲法原理の内部での，複数の体系的理解のうちでの価値選択（国家「からの自由」と「への自由」と「による自由」，個人の人権と集団の権利，少数者の権利と多数者の利益，など）という関心を，日本国憲法をめぐる諸問題に結びつける」という視点が示されているが，法人論はまさにこうした関心にふさわしいテーマであるし，こうした関心自体が高い原理性・学際性に支えられていると評することが許されるだろう．

第 2 編　基本概念としての人・物・契約

序言　試される基本概念

(1) 人，物，そして契約．これらは民法の基本概念である．

もちろん，民法の基本概念はこれらに尽きるものではない．たとえば，日本民法典100周年にあたって『ジュリスト』が組んだ特集号は，民法の基本概念として，人，団体，財，取引，危険・リスク，情報，時間をあげている[1]．あるいは，しばらく前に刊行された『基本法学』全八巻は，法学一般の基本概念を軸に各巻を構成していたが，そこでは，主として民法にかかわるものとして，人，団体，財産，契約，責任がとりあげられていた[2]．前者に見られる情報や時間は，現代的な観点を前面に出したものである．さしあたりこれらは除くとしても，人・物(財，財産)・契約(取引)だけではなく，団体や危険(責任)もまた，民法の基本概念として重要なものであることに疑いはない．

それでも，人・物・契約を基本概念中の基本概念と呼ぶことに，それほどの抵抗はないはずである[3]．実際のところ，大陸法系の諸国では，ローマ法大全以来，これらの概念を中軸に民法の体系を構築してきた．近代民法典を見ても，たとえば，インスティチューション方式を採用した国々では，民法典は人・物・(財産取得方法の中心である)契約にほぼ対応する三編に大別された(フランス民法典や日本の旧民法典など)．他方，パンデクテン方式を採用する国々では，債権・物権の区別と総則・各則の区別が法典を貫いているが，民法全体の総則部分は人・物・法律行為(そして時間)を中軸として編成されている(ドイツ民

---

1) 「特集・民法100年　新時代の民法を展望する」ジュリ1126号 (1998)．
2) 芦部信喜ほか編・岩波講座基本法学 (1983)．本文で掲げた基本概念はそれぞれ，第1巻〜第5巻の表題(テーマ)とされていた．なお，第6巻〜第8巻の表題(テーマ)は，それぞれ権力，企業，紛争であったが，これらは公法，商法，訴訟法を特徴づける基本概念であろう．
3) 奥田昌道「民法の基本制度とその原理」法教139号 (1992) 27頁以下では，「市民法の基本原則」として，権利能力平等，所有権絶対，契約自由，過失責任があげられている．

法典や日本の現行民法典など）．

　(2)　もっとも，基本概念としての人・物・契約が，長い歴史を超えて現代に至ったものであるとしても，これらは必ずしも永久不変の存在であるわけではない．そこには，変わらざるもの（不易の側面）と変わりうるもの（流行の側面）とが含まれている．近世以前については，法史の専門家に委ねるとして，ここでは19世紀以降に限って見てみよう．近代民法典の母国フランスでは，19世紀における急速な社会変化に伴い，人・物・契約にせよ，あるいは責任にせよ，民法典の基本概念もまた変化を被らざるを得なかった．とりわけ，19世紀後半から20世紀初頭にかけての変化は著しかった．

　このことは，たとえば，有名な一冊の書物を眺めれば，容易に理解される．その一冊とは，レオン・デュギーの『ナポレオン法典以降の私法の一般的変遷』のことである[4]．これは，1912年にブエノス・アイレス大学で行われた連続講演をまとめたものであるが，デュギーは，新世紀を迎えてまもない時期に外国の聴衆を前にして，19世紀フランスにおける私法の変貌を，大きなタッチでわかりやすく描き出している．具体的には，第1講で「個人的権利から社会的機能へ」というシェーマが示された上で，第2講以下においては，自由，意思の自律，法律行為，契約と責任，所有などの変貌がそれぞれ扱われている．知名度はやや下がるが，同じ時期に刊行されたルネ・ドゥモーグの『私法の基本概念』も興味深い．浩瀚なこの書物はそれ自体立ち入った検討に値するが，本稿にとって意味があるのは第2部Ⅱの「技術の適用」の部分である．そこでドゥモーグがとりあげているのは，法的意思，法主体，財産，絶対権と相対権，金銭，個人の独立と相互依存などであり，そこではやはり諸概念の変遷が意識されている[5]．

　もう少し各論的な研究を見ても，たとえば，レイモン・サレイユが附合契約や法人を論じ，ルイ・ジョスランが危険責任や権利濫用を論じたのも，社会の

---

4)　Duguit (L.), *Les transformations générale du droit privé depuis le Code Napoléon*, 1912, reproduction, 1999.
5)　Demogue (R.), *Les notions fondamentales du droit privé. Essai critique*, 1911. なお，同書（東京大学法学部図書館では所蔵しておらず，パリ大学キュジャス図書館所蔵本は盗難に遭っている）のコピーの入手にあたっては，ポワチエ大学に留学中の幡野弘樹氏の手を煩わせた．記して感謝する．

大きな変化が理論的な関心を惹起したがゆえにほかならない[6]．さらに，これらの変化は，遠く離れた極東の島国の法学者達の目にもとまった．大胆に言ってしまえば，少なくともある時期までの日本のフランス法学は[7]，この大きな変化への法学的対応をフォローすることをテーマとしてきたとも言えるだろう（牧野英一の権利濫用論，杉山直治郎の附合契約論，野田良之の民事責任論，山本桂一の知的所有権論・法人論など[8]）．

　総論・各論の双方のレベルで，19世紀における社会変化を総括し，民法の基本概念を再検討してこれを更新する．20世紀の初めにこうした作業を行なった上で，フランス民法学は新たな世紀へと旅立った．

　(3) では，20世紀における変化についてはどうか．フランスに関する限り，現時点ではまだ総論的な作業は行われていない．しかし，各論レベルで見るならば，このような作業は，このところ充実の著しい博士学位論文（テーズ）によって，行われつつあるように思われる．そこで，本稿では，過去10年間にフランスで公表された学位論文のうち[9]，人・物・契約に関するものを選んで，それらの概要を紹介し，その意義を探りたい．

　この作業の主たる目的は，20世紀（特にその後半）の社会変化が民法の基本概念に与えた影響を，フランス民法学の成果を通じて明らかにすることにある[10]．

---

6) Saleilles (R.), *De la déclaration de volonté*, 1901, *De la personnalité juridique, histoire et théorique*, 2ᵉ éd., 1922, Josserand (L.), *De la responsabilité des choses inanimées*, 1897, *De l'abus de droit*, 1905, *De l'esprit des droits et de leur relativité*, 1927.

7) 日本におけるフランス民法研究の成果と特色については，別の機会に検討する予定である．

8) 牧野英一「権利の濫用」法協22巻6号（1904），杉山直治郎「附合契約の観念に就て」同・法源と解釈（1957，初出，1924），野田良之「自動車事故に関するフランスの民事責任法」法協57巻2号（1939），山本桂一「フランスにおける組合法人論」同・フランス企業法序説（東京大学出版会，1969，初出，1947–48），同「フランス各種法領域における所有権とくに無体所有権について」法協87巻3号（1970）．

9) 本稿は，1999年8月から2000年5月までのフランスにおける在外研究の結果の一部であるため，この時期までに入手可能であった文献を対象としている（場合により以後の文献を若干追加することがありうる）．なお，筆者は，最初の在外研究の結果の一部として，本誌［法学協会雑誌］に「フランス民法総論研究ノート」「フランス家族法改革と立法学」「フランスにおける人工生殖論議」の三編（現在では，大村・法源・解釈・民法学〔1995〕の第一部序章・第二章・第三章および第二部第一章・第二章）を公表したことがあるが，本稿は，それらの続編ともいえる研究ノートである．

10) 本稿の表題でもあるこのテーマは，もちろん，星野英一「フランス民法典の日本民法に与えた影響」を念頭に置きつつ設定したものである．言うまでもなく同論文は，フランス民法研究のパラダイムとなったものであるが，本稿では，これとは別のアプローチを模索してみたい．

これに加えて，二つの従たる目的もある．一つは，フランス民法学の最近の動向を示しつつ，同時に，その特色を確認するということ[11]．もう一つは，そこから，日本民法学における今後の研究のための指針を引き出すということ[12]．もちろん，同様の作業は，さらに過去に遡って，また，責任や団体（特に家族）も含めて，行った方がよい[13]．しかし，本稿のような限定をしても，上記の諸目的はある程度まで達成可能であろう．

（4） 序言の最後に，本稿の構成について一言しておこう．結論を先取りする形になるのだが，検討対象となる40～50編の博士学位論文を総覧すると，そこには，「人」の優位（第1章），「事物」の存在（第2章）というキーワードで括れる方向性が見出されるように思う．これ自体，一個の作業仮説にほかならな

---

11) 最近のフランス民法学の動向・特色については，大村・法典・教育・民法学（1999）第三章B「現代フランス民法学と『基本民法』」を参照．本稿は，そこでの議論をより具体的に展開しようとするものである．なお，19世紀後半～20世紀初頭のフランス民法学の特色を検討する研究ノート（大村・前出注9）（1995）の序章「問題提起——『法学入門』の歴史と現状」をより具体的に展開するものとなる）を，本稿と対をなすものとして別に公表すべく，準備を進めている［本書第1編］．

12) このような方向の萌芽を示すものとして，大村・消費者・家族と法（1999）結章「民法における『人』」，大村・契約法から消費者法へ（1999）第1章第2節「合意の構造化に向けて」を参照．本文で触れたジュリストの特集号や岩波講座基本法学は，同様の目的を持つものであったと言えるが，前者は，現代的な問題（社会の実態）の指摘に重点があり，後者は，歴史や比較法に開かれている（実定法学に限っても，中心＝周辺はあるものの領域横断を指向している）．これに対して，本稿は，概念の方に着目し，しかも，対象をフランス民法（学）のみに限定して検討を行う．また，単独の著者の手になる先行研究としては，星野英一教授や吉田克己教授の研究がある（星野「契約思想・契約法の歴史と比較法」同・民法論集第6巻〔有斐閣，1986，初出1983〕，同「私法における人間」同・民法論集第6巻〔1986，初出1983〕，吉田克己・現代市民社会と民法〔日本評論社，1999，初出1996-98〕）．本稿は，前者に比べるとより紹介的なものにとどまり，後者に比べるとやや射程が短い．しかし，「基本概念の更新」という視点において両者とはやや異なり，かつ，フランスの最近の研究状況をサーヴェイするものである点で，相応の存在意義を持ちうるだろう（かつて筆者らは大村＝道垣内＝森田＝山本・民法研究ハンドブック〔2000〕において，① 外国法研究の意義について一般的に検討するとともに，② フランス法やドイツ法・英米法などの研究のための基礎知識の一端を提示したが，①②の中間に位置するフランス法やドイツ法・英米法の具体的な研究状況については触れなかった．本稿は，領域・時代を限定した上ではあるが，研究状況を概観する「手引き」としての役割をはたすものとして，上掲書を補うものでもある．若手研究者による利用を期待したい）．なお，本稿での考察を基礎として，日本民法（学）における人・物・契約の将来に関して筆者自身がどう考えるかについては，やはり準備中の別稿（法人・時間なども含め民法総則全般を対象とする）において提示する［大村・民法読解総則編（有斐閣，2009）］．

13) もちろん，同様の作業をたとえばドイツ民法・民法学について行うことも必要だが，残念ながら筆者の能力の及ぶところではない．同学の諸氏による検討を期待したい．

いが，ここでは，このような見方が妥当かどうかを述べることはさしひかえる．さしあたりは整理のための仮の分類として位置づけておいて，以下の本論を通じて，この分類の当否についても考えていくことにしたい．

第 1 章 「人」の優越

第一節　主体の確立

第一　意思の肯定

I　契約の場合

一　意思の擬制

（**1**）「意思自律の原則」は，フランス民法の大原則であるとされる．その起源についてはここでは問わないが[1]，20世紀を通じてこの原則が広く承認されてきたことに疑いはない[2]．確かに，しばらく前から，新たな原則を樹立しようという試みもないわけではない[3]．それでも，この原則はなお命脈を保っている．「意思（volonté）」の哲学を捨てるべきではない，というのがおそらくはその理由だろう．「人間（humanité）」が世界に対して屹立し，これに抗し自らの運命を切り開く．「意思自律の原則」は，こうした人間中心主義の世界像の法的表現であるがゆえに[4]，容易には廃棄されない．

---

1) この概念の生成に関する研究としては，Ranouil (V.), *L'autonimie de la volonté*, 1980 が知られている．日本では，山口俊夫「フランス法における意思自治理論とその現代的変容」法協百年論集第 3 巻 (1983)，北村一郎「私法上の契約と『意思自律の原理』」基本法学 4 契約 (1983)，星野英一「意思自治の原則，私的自治の原則」民法講座第 1 巻 (1984) [同・民法論集第 6 巻 (有斐閣，1986) 所収].
2) たとえば，Carbonnier (J.), *Droit civil, Introduction*, 25ᵉ éd., 1997, p. 300 を参照．
3) たとえば，Ghestin (J.), *Traité de droit civil, La formation du contrat*, 3ᵉ éd., 1993, p. 200 et s. を参照．
4) Carbonnier (J.), *Droit civil, tome I, Les personnes*, 20ᵉ éd., 1996, p. 19 は，民法においては，「人」は「身体（corps）」ではなく「意思（volonté）」を中心にとらえられている，としている．

とはいえ，様々な実定法上の例外の増加の傾向は，20世紀を通じて止むことなく続いている．また，このことをふまえた新理論も世紀の初めに登場して以来，世紀の後半には有力な支持者を見出すに至っている[5]．今日では，かつてのような素朴な意思信仰に対して疑問が提示されていることも，また否定しようのないところである．「意思自治の原則」を支持するにせよしないにせよ，そこでいう「意思」とはいったい何であるのか，この点をより深く探究せざるを得ない．

こうした観点から興味を惹く研究は，近年，様々な領域で異なる視点に基づき展開されているが，まず手はじめにウィケの『法的擬制：法律行為の分析への貢献』(1997)[6] を取りあげよう．

(2) 「意思」と「法的擬制」の関係については，アミエル＝ドナ教授による本書の「序文」にわかりやすく述べられている．彼女によれば，擬制は法体系の整合性の維持のために用いられるが，法律行為理論は，その不完全さゆえに擬制の温床となっている，という．「自律的にして全能なる意思 (volonté autonome et ommipotente)」によって，法律行為の成立・効果のすべてを説明するには擬制が不可避であるというわけである．このように，法律行為理論における「法的擬制」の存在は，同理論における「意思」の支配の強力さを裏面から示すものであると言える．その意味で，「法的擬制」の研究は，「意思」に関する研究でもありうるのである．

意思主義的な法律行為論の虚構性を指摘する見解は，これまでにもなかったわけではない．「意思自律の原則」に対する批判理論は，いずれもこのような批判・攻撃を含んでいた．しかし，本書の著者は「法的擬制」に着眼した．著者は，法的擬制を「法的構成における断層を指し示す現象」として理解し，その存在を法的分析の進化への誘いとして受けとめるのである[7]．このように「法的擬制」を主軸に据えたことによって，本書は二つの特色を持つことになった

---

5) 「意思」ではなく「正義 (justice)」を重視する見解としては，注3) の Ghestin 以前に，Gounot, Rouhette などが知られている．最近の「連帯 (solidarité)」を強調する見解 (Mazeaud (D.), Loyauté, solidarité, fraternité : la nouvelle devise contractuelle ? in Mélanges Terré, 1999, p. 603 et s.) も，この潮流の延長線上に位置づけることができるだろう．
6) Wicker (G.), Les fictions juridiques. Contributions à l'analyse de l'acte juridique, LGDJ, 1997.
7) Wicker, op.cit., p. 14.

と言えるだろう．

　特色の第一は，本書の検討対象の広さである．この点は，本書の目次を一覧するだけでも明らかである．20世紀後半におけるフランス法学の作法に従って，本書もまた二部構成で編成されているが，その第1部は「法的擬制と法律行為の主観的要素の評価」と題されている．第1部の第1章は「法律行為における意思の役割に関する擬制」を扱っており，「法律行為理論における擬制」の中核部分をカバーしている．ところが，続く第2章では「法主体の存在に関する擬制」という表題の下で，法人に関する議論が展開されている．さらに，第2部「法的擬制と法律行為に基づく機能的概念の適用」では，「遡及効 (rétroactivité)」(第1章) や「充当 (affectation)」(第2章) までが視野に入れられている．ここまで「法律行為理論」の外延を広げることには疑問がないわけではないが，「意思」を補完する「法的擬制」が広い範囲に見られることを認識すること自体の意義は大きい．

　特色の第二は，本書が様々な「法的擬制」を内在的に理解しようとしていることである．単に，意思に基づく説明が破綻していることを摘示し，「意思自律の原則」を否定しようとするのではなく，意思の果たす一定の役割を承認し，一般に「法的擬制」とされているものを，意思の領分とその他の要素の領分に仕分けるという複眼的な視点がとられている．別の言い方をすれば，「法的擬制」の分析を通じて，意思の役割・領分の確定がはかられていると言ってもよい．著者のいう「法律行為における意思の要素の再評価」[8]とは，このような作業を指しているのだろう．

　(3)　では，著者が見出す「意思」の役割は，いかなるものか．

　著者は次のような見方を支持する[9]．著者はまず，行為を行うか否かを決めるのは法主体であるとして，法律行為において，法主体の意思が必要不可欠であることを承認する．しかし，意思が直ちに法効果を産み出すわけではない．意思と法効果を結びつけるのは，法の与える「拘束力」である．仮定的構造としての法規範が存在し，法主体によってその具体化がはかられるという見方がとられているのである．言い換えれば，法主体は，与えられた権限を行使して，

---

8)　Wicker, *op.cit.*, p. 22.
9)　Wicker, *op.cit.*, pp. 51–53, pp. 55–56.

行為を行うか否かを決める．意思の役割は「引き金を引くこと（déclenchement）」にある．そして，行為の効果を定めるのは規範であり，また，意思表示の要件を定めるのも規範である．著者によれば，自然の意思と法的な意思は同じでない．法規範が意思表示を方向づけ（canaliser）・枠づける（encadrer）のは，「法的擬制」とは言えず，法規範を作動させるのが法主体でなく，法規範自体が法主体に義務を負わせる場合と区別されなければならない．

さらに進んで，著者は，意思は，ある利益を表す目的を持たない限り法的意味を持たないという[10]．法的意思は実体的要素（＝表明された利益）と形式的要素（＝個人の権限・自由の表象）からなるというのである．著者によれば，法律行為における個人の領分は，それが個人の目的（fin individuelle）を充足する点に求められるべきであり，法律行為理論は，「意思」ではなく，「利益（intérêt）」の概念を中核としたコーズによって，再編成されるべきだという[11]．

(4) このような著者の「意思」論の当否については，慎重な検討が必要である．とりわけ著者が言及するコーズ論については，本稿でも，別の論文の紹介を通じて後に再説したい[12]．ここで確認しておきたいのは，「法的擬制」の検討を通じて，「意思」の果たすべき役割につき，再検討をしようとする本格的研究が現れているということ，そして，その研究においては，なお「意思」が一定の役割を果たすことが承認されているということである．確かに，「意思」は「万能」ではない．それは法規範を前提とし，法規範に方向づけられている．しかし，それでも「意思」の要素は必要不可欠である．法律行為に関する限り，いかなる形で法規範と協働するのであれ，意思があってこそ法規範が作動するのだから．法律行為理論における「法的擬制」の蔓延は，このことを否定するわけではなく，むしろ再確認する契機となったと言えよう．

二　意思の変性

(1)　契約の内容につき，裁判所がなしうるのは「解釈（interprétation）」で

---

10)　Wicker, *op.cit.*, p. 105.
11)　Wicker, *op.cit.*, p. 371.
12)　筆者自身のコーズ観については，大村・典型契約と性質決定（有斐閣，1997）を参照．なお，フランスにおけるコーズ理論の展開を検討するものとして，小粥太郎「フランス法におけるコーズの理論」早稲田法学 70 巻 3 号（1995）を参照．

あって,「変性 (dénaturation)」は許されない．そして,契約解釈は事実問題として下級審の専権事項に属するが,変性の有無に関しては破毀院のコントロールが及ぶ[13]．このようなシステムによって,フランス法は,契約内容から裁判官を遠ざけようとする．「適法に成立した契約は,当事者間において法律に代わる」(仏民 1134 条) のであり,判事はその法律を適用すればよい．当事者の法である契約内容に裁判官が介入すべきではない．

このような「変性」への警戒は,これまでは,現に存在する契約規範 (当事者の合意) の効力は 100% 認めるべきであり,これを削減することはできないという形で示されてきた．違約金条項への判事の介入を禁止していた 1975 年改正前のフランス民法典 1152 条は,このことを端的に示すものであった[14]．しかし,同じ警戒心はもう一つの帰結を導きうる．契約規範が完全に有効に成立し得ないのであれば,無効とすべきであって,契約内容の改訂・修正によって効力の維持を図るべきではない,という帰結である．たとえば,「売買の価格は当事者によって定められなければならない」(仏民 1591 条) という規定を根拠に,価格未確定の売買は無効であると解されてきたのは,このような考え方によるものだろう[15]．すなわち,契約の効力は 100 でなければ 0 なのであり,裁判所は 0 を 50 にしたり 70 にする権限を持たないというわけである．

以上に見たように,「変性」にはいわば削減型と増加型がありうるが,パンクラジ=チアンの『契約関係の司法的保護』(1996)[16] は,後者のタイプの「変性」にかかわるものであると言える．同書の序文で,メストル教授は「契約関係の保護は,私たちの契約法の特別な要請とはなっていない．それどころか,与えられた言葉 (parole donnée) への信頼を根拠として,さらに,個人の自由の保護に配慮して,契約法は契約関係を脆弱化するロジックのために闘っているように思われる」と述べて,このような法的不安定に満足するべきかという問い

---

13) 以上につき,北村一郎「契約の解釈に対するフランス破毀院のコントロオル (1〜10)」法協 93 巻 12 号〜95 巻 5 号 (1976–78) を参照.
14) 日本民法典の 420 条はこの規定に対応する．違約金条項については,能見善久「違約金・損害賠償額の予定とその規制 (1〜5)」法協 102 巻 2 号〜103 巻 6 号 (1985–86) を参照．なお,フランスでは,Mazeaud (D.), *Les clauses pénales*, LGDJ, 1992 が最近の代表的な研究である.
15) この点に関する最近の動向につき,野澤正充「有償契約における代金額の決定 (1〜2)」立教法学 50 号,51 号 (1998–99) を参照.
16) Pancrazi-Tian (M.-E.), *La protection judiciaire du lien contractuel*, PUAM, 1996.

を投げかけている. 著者もまた, このような関心から「契約関係の保護」へと向かったのである.

(2) 「契約関係の保護」をテーマに掲げる著者は, その必要性を確認するところから出発する. 著者は, 今日,「契約関係の保護」に対する社会的な要請・経済的な要請が存在していることを指摘する. すなわち, 労働関係や賃貸借関係につき, 多年にわたり契約の一時性・不安定性 (précarité) に対する闘争がなされてきたこと, また, 債権者にとっては, 債権債務関係それ自体が一つの財産としての価値を持つようになっていることが指摘されている[17]. ところが, 契約関係の保護に関する配慮・検討は様々な点で十分であると言えない. 確かに, 民法典には若干の関連規定がないわけではないが, 特別法を含めて制定法による規律は貧しい. 判例には見るべきものがあり一定の貢献がなされてはいるが, 契約の履行・解消の局面を離れて契約の無効化の局面を見ると, 十分な関心が払われてきたとは言えない. そして, 学説 (「債権債務の一般理論」) には, これらを汲み上げる理論的な枠組みが欠けている[18]. しかし, 最近では, 前述の代金 (対価) の不確定の問題をはじめとして, いくつかの問題に関して, 判例は, 古典的な全部無効から瑕疵の矯正による契約の救済へ, とシフトしつつある[19].

著者は, こうした認識に立ち, 具体的には, 第1部でまず「無効化の危険にさらされた契約関係の司法的保護」を取りあげ, これに続く第2部では「消滅の危険にさらされた契約関係の司法的保護」につき検討している. 第2部で扱われているのは, 解除訴権や期限到来などからの契約関係の保護 (第1章) や事情変更による契約改訂による契約関係の保護 (第2章) であり, 著者自身も指摘するように, 問題としては比較的よく知られたものである. その意味では, 本書の特色は第1部にあると言えるが, その第1部では,「契約意思の不完全さ」(第1章) と「契約意思の違法性」(第2章) とに分けて, 契約関係の保護が論じられている. より詳細に見ると, 次のような編成で議論が展開されている.

---

17) Pancrazi-Tian (M.-E.), *op.cit.*, pp. 7–9.
18) Pancrazi-Tian (M.-E.), *op.cit.*, pp. 11–15.
19) Pancrazi-Tian (M.-E.), *op.cit.*, p. 17.

第1章第1節　契約関係を救済する司法的再性質決定
　　　第2節　契約欠缺の判事による補充
　　　　第1款　司法による契約の要素の決定
　　　　第2款　司法による契約の要素を決定する第三者の指定
第2章第1節　契約関係の司法的矯正
　　　　第1款　判事は適法へと連れ戻す
　　　　第2款　判事は違法を除去する
　　　第2節　是正命令

　章節の命名がフランス風であるため，それぞれの箇所でどのような制度・法理が検討されているのかは必ずしもわかりやすくはないが，性質決定（第1章第1節）のほか，価格の決定（第1章第2節），過大な価格・期間の削減（第2章第1節第1款），公序違反の一部無効（第1節第2款）などが扱われている．なお，是正命令（第2章第2節）が取りあげられているのは興味深いが，これはヨーロッパ共同体法との関連による．このような分析を総括して，著者は言う[20]．判事は様々な手段を用いて契約関係を無効化から救済しようとしている．契約の解釈や性質決定は伝統的な手段であるが，そればかりではなく，より大胆に契約内容を補充することもある．その際には，欠缺部分が付随的か本質的かという区別よりもむしろ，その欠缺の重要性が重視されているという．また，社会的・経済的公序は，契約関係を禁止・否定するよりもむしろ，その内容を方向づける（canaliser）ものであるという理解が示されている．そして，以上のような操作は，費用を要さず契約関係から離脱しようとする契約当事者が，意思の不完全性を口実とするのを避けるために行われるのであり，意思の不完全さを克服して，与えられた言葉への信頼を確保しようというものであると説明されている．

　日本法の文脈からすると，以上のような議論にはさして新しいものは含まれていないかに見える．いずれの分析も日本では当然のことのように思われる．しかし，ここではフランス法が日本法に比べると相対的に固い契約法を持って

---

20)　Pancrazi-Tian (M.-E.), *op.cit.*, pp. 373–374.

いる点に留意する必要がある．たとえば，前述のように，価格は契約の要素であり，価格の不確定は契約の無効（不成立）を導く，という考え方が伝統的には強固であったことを忘れてはならない．また，フランス法においては相対的に判事の威信が低かったということも考慮に入れる必要がある．契約の量的要素（価格・期間など）に対する介入さえも，その正統性を承認するのは容易なことではなかったのである．

（3）　契約法の固さと判事の威信の低さ．これらは表裏一体をなして，裁判所の契約への介入を拒む言説を形成する．著者は様々な判例を援用しつつ，これに挑むが，その作業を通じて，契約の観念と判事の役割に関する従来のイメージに変更を迫ろうとする[21]．

本稿の問題関心との関連では，前者が特に関心を惹く．著者によれば，今日，契約はそれ自体が単独で権利義務を発生させるわけではないことには異論がないという．合意そのものではなく，それとは別に存在する「合意は尊重されなければならない」という原則の適用によって，契約の拘束力は発生する．ここまではよいとして，問題はその先にある．契約における意思の役割・位置づけをめぐり，学説は，意思重視の主観説と法秩序重視の客観説とに分かれて対立する．著者は，自身の見方は客観説に与するものであるとする．著者にとって，契約は，判事の介在を念頭に置きつつ法秩序が提供している，一つのメカニズムである．確かに「規制緩和」は進んでいるが，契約メカニズムからの解放はありえない．立法的な規制からの解放はありうるとしても，契約は判事のコントロールからは逃れられない．そして，この「司法的ディリジズム（dirigisme judiciaire）」は，法律によって集団的秩序を強制するのとは異なり，個別の事件に公正かつ効率的な救済をもたらすことを目的としている．著者はこのように説いている．

著者の契約観・判事観には，われわれの眼にも新鮮に映るものが含まれている．まず第一に，著者の出発点そのものが興味深い．従来，自由主義・個人主義は契約の拘束力を基礎づけるものとされてきたが，著者は，自由主義・個人主義は契約からの解放をもたらすと考える．そして，契約の拘束力は，契約の

---

21)　Pancrazi-Tian (M.-E.), *op.cit*., pp. 375–381.

社会的・経済的有用性(制度としての性格・財産としての性格)に由来し，判事はこれを守る役割を担うと考える．しかしながら，第二に，メカニズムとしての契約を利用する個人の立場の重要性，あるいは，契約メカニズムを作動させる意思の領分の存在を，著者は当然の前提としている．著者の契約観・判事観も，従来からの契約法の固さ・判事の威信の低さを全面的に否認・解消しようというものではない．「意思」の尊重と密接に結びついたこのフランス的伝統の意味を，われわれは再考すべきなのかもしれない．

Ⅱ　制度の場合

一　婚姻

(1)　客観的要素を重視する契約理論の生成・展開にもかかわらず，意思の要素はなお捨てられることがない．では，従来，「契約か制度か」が問われてきた諸領域では[22]，「意思」はどのように扱われているだろうか．

そうした諸領域の典型は，いうまでもなく婚姻である．フランス民法典は，婚姻の章の冒頭に「満18歳未満の男，満15歳未満の女は，婚姻を約する (contracter mariage) ことができない」(仏民144条) と定める規定を置いている．続いて，「合意 (consentement) が全く存在しないときには婚姻は存在しない」(仏民146条) という規定が現れる．これらの規定にもうかがわれるように，婚姻は「契約」としての側面を有する．しかし，それは共同生活・出産・育児といった共通の目的の制度であり，個人の意思を越えて存在するという伝統的な理解が，なお今日でも有力である．

ところが，1970年代に端を発する「婚姻の契約化 (contractualisation)・私事化 (privatisation)」の流れは，80年代に入ると加速され，90年代の最後の年にはついに，パクス (PACS = pacte civil de solidarité) の法認に至った[23]．パクスとは，異性・同性のカップルの共同生活のための「契約」に与えられた名

---

22) こうした問題については，大村「フランス法における契約と制度」同・契約法から消費者法へ (東京大学出版会，1999) を参照．
23) 婚姻とパクスを比較するものとして，マゾー = ルヴヌール (大村訳)「個人主義と家族法」ジュリスト1205号 (2001)，また，パクス立法の前史につき，大村「性転換・同性愛と民法」同・消費者・家族と法 (東京大学出版会，1999) などを参照．

称であるが，立法者は民法典第一編「人」(家族に関する諸規定はここに置かれている) の末尾に，関連の規定を挿入したのである．裁判所書記局への届出のみを要件とし，自由に解消できるパクスは，契約化された婚姻であるかの観を呈しており，これを「第二の婚姻 (mariage bis)」と呼ぶ向きもある．

　パクスに関しては，様々な政治的・社会的な議論が交わされ賛否両論が激しく対立したが[24]，その出現が，「婚姻」の概念の再検討を促していることは確かである[25]．たとえば，オゼ教授——ゲスタン教授の編集する体系書の家族法部分を担当する中道左派の家族法学者——は，「婚姻の一枚岩的偏狭さは，その機能の多様性に鑑みて，再検討に付するに値するのではないか」と述べている．この指摘を含む序文を得て出版されたのが，ラマルシュの『婚姻の諸段階』(1999)[26] であるが，まさに同書は，こうした考え方を展開するものであると言える．

　(2)　婚姻の置かれた現状を，オゼ教授の序文は次のように要約してみせる．「われわれが直面しているのは，婚姻という法律行為の再構築 (reconstruction) である．デュギ的な分類に立ち返るならば，それは，行為＝規範 (acte-règle) ——純粋に公的な状況としての婚姻の特権——に向かうと同時に，行為＝主観 (acte subjectif)——繰り返される合意によって補強された婚姻——へと向かっている」と．このような二分法に代えて，婚姻に段階の概念を導入すること，それによって，一つのではなく複数の婚姻があることを示すこと，これが著者のもくろみである[27]．著者によれば，婚姻法には可変的な余白部分があり，当事者も判事も立法者も無意識にこれを利用している．それゆえ，この余白の大きさを測定し，婚姻の段階性の中で，何が可能であり何が不可能かを明らかにすることがなされるべきである．婚姻においてはいくつかのバリエーションが許されないわけではない，しかし，すべてが許されるわけではないだろうというのである[28]．

---

24)　この点につき，大村「パクスの教訓」岩村＝大村編・個を支えるもの (東京大学出版会，2005) を参照 [本書第 4 編 C]．
25)　こうした動きを示すものとして，たとえば，多数の有力家族法学者を集めて開催されたコロックの記録 *La contractualisation de la famille*, Economica, 2001 を参照．
26)　Lamarche (M.), *Les degrés du mariage*, PUAM, 1999.
27)　Lamarche, *op.cit.*, p. 25, pp. 19–20.
28)　Lamarche, *op.cit.*, pp. 29–30.

仮装原因・違法原因に基づく婚姻，「名誉」婚，同居を伴わない婚姻，貞操義務なき婚姻，外観婚……．「段階」の観点から，様々な婚姻を整序すべく著者は，本論を第1部「婚姻の成立における段階」と第2部「婚姻生活における段階」に分ける．さらに，第1部では「客観的側面の可変性」「主観的側面の可変性」が区別され（第1章と第2章），第2部では「人格的側面の諸変形」「財産的側面の諸変形」が論じられる（第1章と第2章）．より具体的に見ると，第1部第1章では，重婚・性転換・再婚禁止期間・婚姻適齢・方式などについては規制緩和の傾向が見られるが，内縁が婚姻と同視されることはない点などに限界があることが指摘され，第2章では，婚姻意思の問題が，合意（consentement）とコーズ（cause）の両面から論じられている．さらに，第2部では，序章で「共同生活（communauté de vie）」について予備的な考察が行われた上で，第1章では，貞操義務や協力義務に関する検討がされている．そして，第2章では，夫婦財産契約や離婚の問題も含む財産関係の検討が，当事者間と対第三者に分けて行われている．

　（3）　検討の末に著者が行き着くのは，次のような総括である．「婚姻の諸段階は，制度の存在の限界点を明らかにする．一定の境界を越えたところでは，法は結合体（union）に対して婚姻という性格づけを拒む．発見された諸段階は，法的結合体の複数性と混同されてはならない．それは時に外国で見られるような異なる結合体の共存を意味するのではなく，一つの婚姻の内部にとどまるものである」[29]．こうした指摘自体は，ある意味では平凡で穏当なものである．しかし，様々な実定法の問題を検討した上で，このことが確認されることの意味は小さくない．

　著者は，婚姻の外部における結合体の多様化に関してはさしあたり射程の外に置いている．様々な結合体に対して，ある時は同一の，ある時は異なる法的保護が与えられることがあるかもしれない．著者は，婚姻の内部における結合体の多様化に対象を絞った上で，一方で，多様化の可能性を摘出する．特に婚姻成立段階における客観的要件に関しては，法は諸段階を許容しつつあることは確かなようである．他方，主観的要件に関しては，「意思」が重要性を増しつ

---

[29]　Lamarche, *op.cit*., p. 481.

つあることを指摘している．しっかりとした合意とコーズがなければ，法は婚姻としての性格づけを拒絶するというのである．

本稿の観点からは，最後の指摘がとりわけ興味深い．著者によれば，今日，法が婚姻に要求するのは，形式的要件ではなく主観的要件の方である．この点がまさに婚姻と同棲を分かつ．「共同生活を形成し，婚姻のコーズとなり，法的結合体としての特徴を産み出すのは，婚姻意思（intention matrimoniale）である．夫婦は彼らの結合体を継続（durée）の中に置く．この継続性の承認は，夫婦に予見可能性を保証する．共同生活体の将来における計画（projet dans l'avenir）が法的に承認されて，効果を付与される．これに対して，同棲者たちについては，一定の法的効果は事後的にしか与えられない．それは単なる法律事実（fait juridique）であって法律行為（acte juridique）ではない」．このように，著者のいう「婚姻意思」は，定型的な効果に向けられた「意思」であり，はだかの「意思」ではない．婚姻には諸段階がありうる．それによって個人的な利益の充足をはかることができる．同時に，婚姻は，依然として一般利益のための制度である．婚姻は，「カップルの間に継続的な関係を作り出し，将来を予見することを可能にする唯一の約束（engagement）」として，社会的な役割をはたしている[30]．

著者は，婚姻内部での多様性を承認するが，当事者のはだかの「意思」によって婚姻を解体することはしない．著者の重視する「婚姻意思」は，婚姻の核心部分と結びついた定型的な意思——制度的な意思と呼んでもよいかもしれない——なのである．

二　会社

(1)　「契約か制度か」が問題になるのは，「婚姻」ばかりではない．歴史的にはこの問題は，広く「団体」一般をめぐって論じられてきたが，フランスでは20世紀を通じて，労働運動の展開を視野に入れつつ，「企業」の位置づけに大きな関心が寄せられてきた．すなわち，「企業制度論」をめぐる論争[31]を通じ

---

30) Lamarche, *op.cit.*, pp. 483–484.
31) 大村・前出注22) 参照．

て，労働関係は契約か制度かが争われてきたのである．

　労働関係に関する限り，1970年代以降は，その柔軟化・多様化への傾向が顕著になっている[32]．そうした中で労働関係の契約性を改めて強調する見解が有力になりつつある．しかし，「企業」は，労働との関係だけに依存して存在するわけではない．ある意味でより重要かつ本質的な関係として，資本との関係があることは言うまでもない．ここから，資本の集合体としての「会社」は契約か制度か，という問題が立ち現れることになる．

　モンサリエの『株式会社の機能の契約による整備』(1998)[33]は，まさにこの問題にかかわるものである．実際のところ，ヴィアンディエ教授は序文の冒頭に，「株式会社は契約か制度か」という問いを置いている．そして，契約の後退・制度の優越という通念(先入観)を越えて，このことの意味を問う必要があるとしている．もちろん，このような問題設定の背後には，労働関係の(再)契約化と通底する社会事情がある．著者自身が指摘するように，フランス企業の足かせは，1970年代には労働法であったが，今日では会社法がこれに代わっているというのである[34]．

　(2) そこで，著者は，「契約自由と株式会社の機能整備」の関係を論じ(第1部)，その上で，「株式会社の制度的性質：その機能の契約による整備の限界」へと進む(第2部)．われわれにとって興味深いのは，第2部の方である．そこでは，株式会社の「制度的性質 (nature institutionnlle)」が検討に付され(序章)，会社が「権威(多数決原則など)に従う社会的組織体」であると同時に「共通の目的」を持つことが指摘される．そして，これをふまえて，「会社の利益 (intérêt social)」(第1章)，「公の秩序 (ordre public)」(第2章) の二つの観点から，契約自由へのチェックが論じられている．

　ここでも結論自体はいささか平凡なものである．「制度」には，優先すべき利益と強行規定が伴う．会社に即して言えば，それは「会社の利益」と「公の秩序」に関する会社法の諸規定であることになる．そして，前者は契約的処理を

---

32) このような状況につき，水町勇一郎・労働社会の変容と再生 (有斐閣，2001) を参照．
33) Monsallier (M.-C.), *L'aménagement contractuel du fonctionnement de la société anonyme*, LGDJ, 1998.
34) Monsallier, *op.cit*., p. 1.

行う際の判断基準となるとされ，後者に関しては，絶対的強行規定(会社の構造に関する諸規定など)と相対的強行規定(株主権に関する諸規定など)とが区別され，後者の衰退＝任意規定化が指摘されている[35]．以上のような結論だけを見れば，特に斬新なものはない．「法と経済学」を導入した日本の会社法学には，より進んだ契約化を主張する見解も見られるだろう[36]．

　しかし，ここでも注目すべきは，会社法の固さ，あるいは，その背後にある制度理論の根強さであろう．著者は，会社法における契約自由に光を当てつつも，常にその限界を意識せざるを得ない．会社は，公序の法である会社法に従って，共通の目的を実現するために，設立される．一度設立されれば，それは固有の論理に従って活動をする．しかし，それでも「共通の目的」の拘束は免れない．別の言い方をすれば，この共通の目的に向けられた会社設立者たちの「意思」が，会社の活動を制約するのである．日本の会社法学から見れば，こうした会社観は「時代遅れ」であると思われるかもしれない．だが，「会社」を示すsociétéという語が，「組合(契約)」を指し，同時に，「(小文字の)社会」をも指し示す法文化から，学ぶべきことがらは本当にないのだろうか．

第二　人間の尊厳

一　名誉

　(**1**)　民法における人間は，まず第一に，権利の主体として現れる．フランス民法典の第1編「人」の第1章第1節は「私権の享有について」と題され，私権を公権から区別する冒頭の規定(第7条)に続いて，「すべてのフランス人は私権を享受する」と宣言する規定が置かれている．日本民法3条1項「私権の享有は出生に始まる」も同旨の規定であるが，フランス民法典の表現はより明瞭である．「私権を享有する」というのは，権利義務の帰属主体になりうるということであるが，ここから，自ら権利義務を処分できるということも導かれる．フランス民法典の第1編「人」においては，第11章「成年及び法律によって保護された成年者」の冒頭規定が，このことを明示している．「成年は満18

---

35) Monsallier, *op.cit.*, pp. 383–384.
36) 藤田友敬「契約と組織——契約的企業観と会社法」ジュリスト1126号(1998)などを参照．

歳とし，この年齢に達すれば，人は民事生活におけるすべての行為をなしうる」
(仏民488条) のである．再び日本民法典を参照すれば，「満20年をもって成年
とす」(民4条) がこれに対応する規定である．

　だが，人間は，権利の帰属主体・行使主体であるばかりではない[37]．人は，
人格を備え身体を持つ存在として，この世界にある．しかしながら，1804年の
フランス民法典の原始テクストを見る限りでは，人格や人身に対する配慮は必
ずしも十分ではない．もちろん，今日，不法行為責任の対象となる「損害 (dommage)」(仏民1382条) に，精神的損害や人身損害が含まれることに異論はない
が，少なくともこの点に注意を促すような文言は存在しない．この点について
は，19世紀末に成立した日本民法典はより意識的であり，710条は，「他人の
身体，自由又は名誉」を「財産権」と併置し，「財産以外の損害」もまた賠償の
対象となることを明示している．さらに，名誉回復処分に関する723条が置か
れていることも周知の通りである．われわれにとっては，人格的利益のうち「名
誉」が特別な地位を占めることは，少なくとも条文との関連では自明のことと
なっている．

　では，フランス法では名誉はどのような扱いを受けているのだろうか．この
問いに答えてくれるのが，ベニエの『名誉と法』(1995)[38]である．日本民法710
条・723条のような具体的な繋留点を持たないこともあって，本書は，より広
くより根元的に「名誉と法」の関係を問うものとなっている．それゆえ本書か
ら，われわれは，「名誉の保護＝人格の保護の一環」という図式――必ずしも十
分に検討されていない図式――を再検討する手がかりを引き出すことができる
だろう．

　(2)　もっとも，本書は，「名誉の保護＝人格の保護の一環」という図式自体
を否定するものではなく，これを確認するものにすぎない．「名誉保護への権利
(droit à l'honneur) は存在する．この権利は，様々な面において人格権の保護
を求める一般的かつ基本的な権利から導かれる」「名誉の保護は，人格権のより
一般的な保護の一側面である．この一般的権利はその平穏と尊厳を保護する権

---

37)　以下については，大村「人――総論」同・消費者・家族と法 (東京大学出版会, 1999) で，簡
　　単に触れたところである．
38)　Beigner (B.), *L'honneur et le droit*, LGDJ, 1995.

利を意味する．私生活は前者の一側面であり，名誉は後者の一側面である」「人格の保護に対する権利は，憲法の明文はなくとも，基本権の一つである」……[39]．こうした言明は，それ自体は驚くに値するものではない．1881年7月29日法律(出版の自由に関する法律)以来の実定法の分析も，貴重なものではあるがそれ以上のものではない．

　本書の大きな特色は，名誉の概念を非常に広くとらえている点にある．このことは本書の構成を見れば明らかである．本書の第1部「法は名誉感情を保護する」は，われわれの理解する「名誉」の概念とほぼ重なる（ただし，第1章「通常の名誉」に続く第2章「特殊な名誉」で，「国」や「神」の名誉が論じられているのには，やや意表をつかれる）．これに対して，第2部「法は名誉の掟を実施する」は，まさに本書の真骨頂を示すものである．本書裏表紙の紹介文は，「法が唯一の社会規範であるわけではないことは一般に認められている．名誉はこれに勝るとも劣らないもう一つの社会規範である．本書は，この二つの価値秩序の関係を検討しようというものである」としているが，第1部もまたこの視点によって貫かれているものの，とりわけ第2部がこの視点を前面に出しているからである．法外の社会規範として「名誉」をとらえるというのが，本書の基本的視点なのである．

　本書は法理論的にも興味深い．ジャン・フワイエ教授の序文はこの側面に重点を置いている．同教授は，「名誉の掟 (loi de l'honneur)」を，「非法から法への通路 (passage du non-droit au droit)」と表現する．具体的には，決闘における動機の考慮や自然債務のように，「名誉」を媒介として，法規範は社会規範を取り込むというのである．すべての法が根本規範に由来するわけではない．法秩序には憲法院や人権裁判所が想像する以上のものがある．そう主張する同教授は，「名誉」の存在こそが法律実証主義に対する反証となるとしている[40]．

　このような規範的多元主義への関心はひとまず置くとして，著者の依拠する「名誉」の概念をもう少し詳しく見てみよう．フランスの学問の常道であろう

---

39) Beigner, *op.cit.*, p. 43, p. 91.
40) 以上の議論は，民法と人権の関係にかかわるものを含んでいる．フワイエ教授の見解も含めて，さしあたり，大村「フランスにおける『憲法と民法』」同・法源・解釈・民法学 (有斐閣，1995) を参照．なお，この点に関しては，本書でも後に検討することを予定している（第2編補章Ⅱ三「人権・欧州」）．

が，著者は「名誉」の語源からスタートする[41]．著者(そしてフワイエ教授)によれば，ローマにおける honos は，市民による承認を意味し，それは負担を伴うものであったという．それは，一定の配慮を求めると同時に，なすべき行為を指し示すものでもあった．このような観点から，評価としての名誉と基準・規範としての名誉という名誉の二元性が導かれ[42]，本書はこれを軸に構成されることになる．一言で言えば，名誉をこのように定義して，これに従って実定法を分析した点にこそ，本書の独創性がある．

(3) 名誉とは，人が人格的価値について社会から受ける客観的評価(社会的名誉)であり，人が自己自身の人格的価値について有する主観的評価(名誉感情)を含まない(最判昭 45・12・18 民集 24 巻 13 号 2151 頁)．名誉を違法に侵害された者は，人格権としての名誉権に基づき侵害行為の差止めを求めることができる(最判昭 61・6・11 民集 40 巻 4 号 872 頁)．日本においては，このような名誉の定義が広く承認されている．この定義自体は正当なものであろう．しかし，なぜ，「社会的名誉」が保護されるべきなのか．しかも，なぜ，その根拠として「人格権」が援用されるのか．「人格」と「社会」を結ぶ「名誉」とは何か．民法学においても，こうした問題がもっと議論されるべきなのではないか[43]．著者が展開した「名誉」に関する考察は，このような議論のための出発点の一つとなりうるだろう[44]．

二　私生活

(1)　名誉の場合とは異なり，「私生活の尊重 (respect de la vie privée)」につ

---

41) Beigner, op.cit., pp. 20–35.
42) Beigner, op.cit., p. 39.
43) 刑法学における研究としては，佐伯仁志「プライヴァシーと名誉の保護 (1〜4)」法協 101 巻 7〜11 号 (1984)，民法学においても，山口成樹「名誉毀損法における事実と意見 (1〜3)」東京都立大学法学会雑誌 35 巻 1 号〜36 巻 2 号 (1994–95) があるが，検討のウエイトは，名誉の概念を論ずる性質論 (nature) よりも要件効果を論ずる制度論 (régime) に置かれている．もちろん，人格権に関する研究は存在するが (五十嵐清・人格権論〔一粒社，1989〕，斉藤博・人格権法の研究〔一粒社，1979〕，同・人格価値の保護と民法〔一粒社，1986〕など)，「名誉」の概念自体に焦点をあわせているわけではない．
44) 筆者自身の「人格」に関する基本的な見方は，小論ながら，「人──〈社会性〉と〈個人性〉の間で」法教 264 号 2002 年 9 月号で示した通りである〔大村・もうひとつの基本民法 I (有斐閣，2005) 所収〕．

第1章 「人」の優越　　125

き，フランス民法典は明文の規定を有する．判例・学説による多年の法形成を経て[45]，1970年改正で新設された9条がそれである．同条は，その1項で「各人はその私生活を尊重される権利を有する」と定めているが，このような規定の体裁からも，またそれが置かれた位置[46]からも，同条が原則を宣言する規定であることが理解される．ここでいう「私生活」は，英米や日本でいう「プライヴァシー」におおむね対応するが，具体的には，感情生活（恋愛関係）・妊娠出産・健康状態・宗教・住所・肖像・信書・資産状況などが含まれると解されている．

「私生活の尊重」は，20世紀後半のフランス民法を特徴づけるテーマの一つであったと言える．多数の判例の存在と法典における原則の宣言は，その一つの証左であるが，法理の生成に際しては，学説もまた重要な役割をはたしてきた．多くの研究が存在するが，ケゼール教授の『私生活の研究』（初版，1984，第3版，1995）[47]が代表的な研究であることに異論はなかろう．近年では，ベルギーの憲法学者・法理学者，リゴー教授の手になる浩瀚な大著『私生活およびその他の人格的財産の保護』（1990）[48]も現れている．

こうした学説状況の中で，より若い世代の研究は新たな視点へと向かわざるを得ない．アゴスティネリの『私生活の民事的保護に直面する情報への権利』（1994）[49]は，その代表例と言えるだろう．同書は，表題の示す通り，「情報への権利」に対する制約要因として「私生活の尊重」をとらえるものであり，ジャーナリストの職業規範に関するものとして，「倫理と職業規範」シリーズの一冊として公刊されている．本書の問題設定は明瞭である．デバッシュ教授の序文は，コミュニケーション技術の発達とその知的制御の未発達を対照し，情報への自由は民主主義の支柱であるが，当然のことながら，そこには限界があるとする．

---

45) 北村一郎「私生活の尊重を求める権利――フランスにおける《人の法＝権利》の復権」同ほか編・現代ヨーロッパ法の展望（東京大学出版会，1998）．
46) ちなみに，仏民10条は，裁判への協力に関する規定であり，11～14条は外国人に関する規定，15条は（フランスで）裁判を受ける権利に関する規定であり，これに1994年に付加された人身の尊重に関する16条・1611条が続き，第一編「人」の第1章第1節が完結する．
47) Kayser (P.), *Protection de la vie privée*, PUAM-Economica, 3ᵉ éd., 1995.
48) Rigaux (F.), *La protection de la vie privée et des autres biens de la personnalité*, Bruylant-LGDJ, 1990.
49) Agostinelli (X.), *Le droit à l'information face à la protection de la vie privée*, Librairie de l'Université, 1994.

公衆 (public) の知る権利と市民 (citoyens) の親密圏の尊重はいずれも憲法的価値であり，その均衡がはかられなければならない．われわれにもおなじみの問題であるが，著者は，本書において，この均衡の構成要素と実現手段を探究しようとする（第 1 部「必要かつ正当な，しかし，相対的で不安定な均衡」，第 2 部「均衡の実現または保全のための民事的諸技術」）．

(2) 容易に予想されるように，二つの憲法的価値の均衡をはかるのは容易なことではない．デバッシュ教授も言うように，双方を活かすようなアプリオリな解決は存在しない．しかし，著者は，このことを予め考慮に入れている．著者は，1970 年法によって状況が変化したわけではないという見解に与する．フランス民法 9 条は原則を宣言するのみであり，そこに絶対的な解決の基準を見出すことはできない．法律による抽象法ではなく判例による具体法が求められなければならない[50]．著者は，法（さらに権利）に関する流動的・状況的なとらえ方に立脚しているのである．

それゆえ，著者の考察からは確定的な基準は導かれない．しかし，そこにはいくつかの興味深い指摘が含まれている．ここでは，次の 3 点をあげておこう．第一は，判例の整理である．これまでにもすでに様々な整理が試みられているが，著者は，「私生活」に含まれる諸要素を次のように分類しているが[51]，この分類は「私生活」の構造を考える上で有益であろう．

　　肉体的親密性に関する諸要素（性関係・裸体・健康・妊娠出産・死亡）
　　個人的生活に関する諸要素（家族生活・恋愛生活・宗教生活・経済生活）
　　個人の特定に関する諸要素（住所・肖像）

第二に，「私生活」と「親密性」の関係について．フランス民法 9 条は，原則規定である 1 項に続けて，2 項を置いて，「私生活の親密性 (l'intimité de la vie privée)」に対する侵害に対し，レフェレ（急速審理手続）によって各種の救済を行うことができるとしているので，「親密性」とは何かが問題となる．裁判

---

50) Agostinelli (X.), *op.cit*., pp. 50–51.
51) Agostinelli (X.), *op.cit*., pp. 96–113. 以上の他に，職業生活は全く保護の対象にならないかという問いが付加されている (Agostinelli (X.), *op.cit*., pp. 113–116).

例の中には，この区別を実体化しようとするものもあるが，著者は，レフェレの要件を絞るための道具であり，結局は，判事が侵害の重大さを評価することになるとしている[52]．この結論はそれ自体は正当であるが，著者と異なるアプローチをとるならば，上記第一点の分類・整理と連動させて，もう少し立ち入った実体的な傾向の析出を試みてもよいかもしれない．

第三に，均衡をはかる際の考慮要素である．著者は，主観的要素と客観的要素という用語を用いているが，前者としては，私生活の尊重が問題となる人およびその人の行う行為の公的性格や明示の承認の有無があげられているので，むしろ主体にかかわる要素であると言った方がわかりやすいだろう．特徴的なのは後者の方である．この項目では，ニュース性（actualité）と歴史（Histoire）という要素があげられている[53]．現に人々の関心の対象となっているか，歴史の登場人物としてとらえられるべきかが，重要な要素となるというのである．これらの要素は，公衆が正当な関心を持つべきことがらとは何か，「忘却への権利（droit à l'oubli）」は認められるか，を考えさせる．

(3) 上記の最後の点にもかかわるが，本書においては，「私生活の尊重」を絶対視することが慎重に避けられている点を，重ねて強調しておこう．著者が，フランス民法9条1項をルールではなく原理を示すものとしてとらえるのは，それが歴史の中で生成したものであるという認識に立つからである．歴史の初期の段階では，「私的なもの・こと」と「公なもの・こと」とは十分に区別されていなかったが，家族や個人の価値が重視されるようになるのに伴い，「私的なもの・こと」の重要性は高まり，やがて本質的な価値を有するものと見られるに至る．われわれの「社会的つながり（sociabilité）」のあり方は，より限定されたものに変化したわけであるが，これは，超越的な「人間の本性（nature de l'homme）」によるものではなく，個人の外側にある歴史的な「事物の本性（nature des choses）」のもたらしたものであるというのである．

著者が依拠するような客観主義的な自然法の観念を採用するか否かは別にして，その歴史性を考慮に入れて「私生活の尊重」をとらえるという視点は，参照に値するだろう．前項で扱った「名誉」ほどではないにせよ，われわれは，

---

52) Agostinelli (X.), *op.cit.*, pp. 281–282.
53) Agostinelli (X.), *op.cit.*, pp. 209–259.

ひとたび確立された「プライヴァシー」を，自明の価値としてとらえがちである．保護のための基準の探究以前に，あるいは，その探究を通じて，なぜ「プライヴァシー」が価値とされるのかを問う．本書の特長は――さらに言えば「私生活の尊重」をめぐるフランスの議論全般の特長でもあるが――，このような問いを誘発する点にあると言えるだろう．

三　アイデンティティ

（1）「名誉」にせよ「私生活」にせよ，これらが民法上の概念であることに疑問の余地はなかった．他者による社会的評価（名誉）や他者の視線にさらされない領分（私生活）．保護の程度や基礎づけには議論がありうるとしても，これらが法的保護に値するものであることは，広く認められている．そして，その根拠としては，人格権が援用される．では，人格権とは何か[54]．この大きな問いに対して，ここで答えを与えることはできない．しかし，人格とは「人が人であること」を意味する．人が人であること――この命題に現れる二番目の「人」は二重の意味を持っている．一方で「その人」であること，他方で「人一般」であること．もっとも，この二つの側面は不即不離の関係にある．たとえば，名誉にせよ私生活にせよ，これらが損なわれるということは，「その人」であることが損なわれるということであり，かつ，それは「人一般」であることを損なわれることを意味する．つまり，「その人」として扱われるということが，「人一般」として扱われることでもある．

では，「人がその人である」とは何を意味するのか．このことを指し示す言葉として「アイデンティティ（自己同一性）」という言葉がある．ところで，この言葉もまた二重の意味を持っている．そこには，外部（他者）から判定される自己の同一性と内部（自己）に由来する自己の同一性とが含まれている．IDカードの「ID（＝identification）」は前者を意味するが，これとは別に，「自分を自分であると感じること」という後者の意味で用いられることも多い．日本語となっ

---

54)　日本では，判例が「人格権」「人格的利益」という言葉を用いるが，その内容は必ずしも明確ではない．学説では，たとえば，星野英一・民法概論Ⅰ（良書普及会，1971）89頁は「身体・生命・精神の自由や完全性」に対する「平等な権利」としている．広中俊雄・民法綱要第1巻上（創文社，1989）13頁は「生命，身体，自由，名誉その他その確保が各人の生存および人格性の条件であるような」利益としている．

た「アイデンティティ」には，後者の意味合いが強い．ただし，ここでも二つの意味は無関係ではない．他者から「その人」と扱われることが自己の内部における「アイデンティティ」を保証するという関係があるからである．

このようなアイデンティティ，とりわけ後者の意味でのアイデンティティは，これまで法の世界では十分に取りあげられてこなかった[55]．グットマンの『アイデンティティ（自己同一性）の感情：人と家族の法の研究』(2000)[56]は，このテーマに挑もうとする野心的な作品である．同書裏表紙の宣伝文が述べるように，「同一性の感情は，哲学，心理学，社会学の関心対象となるばかりではなく，法律家にもかかわるものである．人と家族の法の最近の動向は，このことを確認させる」．著者は，「人と家族の法」を広く見渡すことによって，従来は法学と関わりの乏しかった「同一性の感情」を発見し，これを「人と家族の法」の基本原理に据えようとするのである．

(2) 著者はまず，自己同一性そのものと同一性感情を区別し，前者の定義は困難であるとしつつも，後者と法の関係を問うことは可能であるとする[57]．著者は，ヒュームやリクールによりつつ，実体的・客観的な「同一性」そのものではなく，経験の中・変化の中でなお「自分であると言いうる」という「同一性感情」に着目する．そして，時を超えて変わらないということ(通時性)と状況を超えて変わらないということ(共時性)の二つの相において，この「同一性感情」と法の関係を探究しようとする（第1部「時間の中の同一性感情」，第2部「空間の中の同一性感情」）．

このような基本的な枠組みの下に，著者が包摂を試みる法素材はヴァラエティに富んでいる．第1部ではまず，「出自 (origine) へのアクセス」（第1節），「情動的環境 (environnement affectif) の安定性」（第2節），「民事的同一性 (identité civile) の安定性」（第3節）が取りあげられている．この第1部での検討を通じて，著者は，出自・親子・親権・氏などすべての領域で心理的要素 (considérations psychologiques) の考慮が進みつつあるとする．たとえば，親権に関

---

[55] たとえば，*Vocabulaire juridique* は，氏名・生年月日など人の同定のための指標の総体に焦点をあわせた説明をしている．

[56] Gutmann (D.), *Le sentiment d'identité. Etude de droit des personnes et de la famille*, LGDJ, 2000.

[57] Gutmann, *op.cit.*, pp. 8–12.

しては親子関係の安定性の保護が重視され，民事的同一性に関しても心理的な同一性感情の形成にはたす役割が重視されるようになっている．さらに，訪問権は，かつてのように親族関係によってではなく，むしろ愛情の存在によって基礎づけられる．著者はこのように述べている[58]．こうした観点は日本でも示されつつあるが[59]，本書のようなまとまった形をとるには至っていない．それゆえ，本書は，この部分だけでも大きな参照価値を持つ．

二つの章に分けられた第 2 部はさらに大胆である．第 1 章「同一性感情と私生活の尊重への権利」では，まず，アメリカ法を参照しつつ，プライヴァシー＝個人情報コントロール権という考え方を導入する（第 1 節）．これ自体はわれわれにとっては目新しいものではないが，続いて，私生活の尊重と民事的同一性の関係が論じられているのは興味深い（第 2 節）．著者は，「個人を同定することは，すでに私生活を侵害することである」という命題を掲げて，両者の緊張関係を指摘し（情報コントロール権 vs. 民事身分の不可変更性），具体的には，氏名の問題や性転換の問題を論じている．その中で，著者は「不可変更性の衰退」を確認しつつ，「私生活の尊重」の濫用に警鐘を鳴らす．本書の最後に置かれた第 2 章「同一性感情と法的多元主義」では，国際問題（第 1 節）と国内問題（第 2 節）とに分けて，異なる規範秩序への帰属が同一性感情にもたらす困難につき検討する．ここで著者は，国籍や宗教に関する問題を扱い，さらには法的多元主義の理論的検討に及ぶ．ヨーロッパの法が多文化主義への応答を迫られている今日，この考察は時宜に適ったものであろう．序文を寄せたテレ教授が，「著者の大いなる成熟性を示す」と評する所以である．

(3) 著者によれば，現代における個人は，「できるだけ知られず，できるだけ認められる (toujours moins connu et toujours plus reconnu)」ことを求めているという[60]．そして，匿名性と承認とを同時に要求するのは，一見すると矛盾しているようであるが，どららも「私生活の尊重」によって説明が可能であるという．しかし，著者は，「私生活の尊重」を拡張的にとらえるのには懐疑的

---

58) Gutmann, *op.cit.*, p. 207.
59) 水野紀子教授の諸研究を貫くのはこのような観点だろう．たとえば，水野「人工生殖子の家族法上の身分――出自を知る権利はあるか」産婦人科の世界 52 巻春期増刊号 (2000).
60) Gutmann, *op.cit.*, p. 451.

であり，次のように言う．「法は，二重の拘束を消し去ることができない．他者 (alter) の存在と社会 (polis) の存在がそれである」[61]．確かに，愛情の重視，同一性の安定の確保，氏名や性の変更の自由化など，「同一性感情」によって説明できる現象が増えている．「同一性感情」は「人と家族の法」の重要な要素の一つとなるだろう．しかし，それはすべてではない．「法制度への理論的な考察と同一性感情への関心を調整しなければならない」[62]．テレ教授の表現によるならば，「同一性の感情は他者との対峙を前提とする」のであり，「存在の個人性と社会性，感情と制度は，法によって調整されるべきである」からである．同一性感情が，他者の存在を前提とするという認識，そしてそれは，匿名性と承認の二つの側面(消極面と積極面)からなるという指摘．さらに，「同一性感情」への権利の出現を語りつつ，同時に，その限界を画するものの存在に注意を喚起するという態度．これらの点は，著者の立場への賛否を超えて，興味深い問題提起であると言えるだろう[63]．

第二節　支配の拡大

第一　人格の表象

一　イメージ

（1）　名誉，私生活，さらには同一性感情，民法は様々な形で人格を保護している．これらは20世紀に特徴的な現象である．しかし，これまで見てきたのは，人間の尊厳を確保するためにその侵害を許さないというタイプの保護であった．いわば消極的な保護である．

ところが，しばらく前からこれとは異なるタイプの保護が問題となっている．イメージに対する保護はその顕著な例を提供している．人の肖像(イメージ)は，「私生活の尊重」への権利の一環として保護の対象となる．原則として，他人の

---

61) Gutmann, *op.cit.*, p. 454.
62) Gutmann, *op.cit.*, p. 208.
63) 筆者自身は，「事実婚」や「性転換」などにつき，基本的には著者に近い立場をとってきたが，本書に接することによって，問題の所在がかなりの程度まで明瞭になったと感じている．

肖像を撮影することは許されない．もちろん，本人の許可がある場合は別であり，例外的に違法性が除去される．問題はその先に現れる．今日では，人の肖像(さらには物の画像)は商業化の対象となっているからである．イチロー(あるいは日本代表チームのユニフォーム)の映像は，それ自体が大きな商品価値を持つのである．

　この点に関しては，アメリカやその影響を受けた日本では，パブリシティの権利という名の下に議論がなされている[64]．同様の議論はフランスでも始まっている．セルナの『自然人や物のイメージ』(1997)[65]は，この問題にかかわるものである．200頁に満たない本書は，学位論文としては小さなものである．その構成にもさほどの独創性は感じられない(第1章「イメージへの／に対する権利 (droit à et sur l'image) の観念」，第2章「国内法におけるイメージへの／に対する権利の発展」，第3章「イメージへの／に対する権利の商業化」の三章構成)．裏表紙の宣伝文は，「有効な収益化と実効的な保護」という惹句を掲げるが，これらの点に関して，めざましい議論が展開されているというわけでもない．それにもかかわらず本書を取りあげるのは，本書には，この問題に対するフランス的なアプローチの仕方が現れていると思うからである．

　(2)　本書の特徴は，一言で言えば，社会状況と法状況の双方に対する原理的な視線にあると言えるだろう．この点を端的に示すのが，故オプティ教授——商法学者であり法哲学者でもあった——のブリリアントな序文である．同教授は，本書の主題はすぐれて現代的なものであると言う．劇場社会・外観社会・消費社会・広告＝コミュニケーション社会……．様々な表現で形容される現代社会では，伝統的な秩序が崩壊して「人と物の主観化」が進行しており，そこでは「イメージが中心的な位置を占める」．ところが，法の世界はもっと平凡でつまらないものである．そこは，夢・虚構・つかのま・想像・表象・モード……などと言った(フランス現代思想ではおなじみの)言葉ではなく，実在・具象・継続・財産などが支配する世界なのである．もちろん，法の世界でも「外観 (apparance)」や「偽装 (simulation)」が問題になることはあるが，それは

---

[64]　日本においては，たとえば，井上由里子「パブリシティの権利」法教252号 (2001)．なお，フランス法に触れるものとして，田中通裕「氏名権の法理」民商120巻4＝5号 (1999)．

[65]　Serna (M.), *L'image des personnes physiques et des biens*, Economica, 1997.

病理としてであり，そこではあくまでも実在の確保がめざされている．しかし，現代においては法概念も変化を迫られている．イメージに関する規律は重要問題であり，それは，人格権の理論，コミュニケーション・情報の自由の原則，所有権や著作権，私生活の尊重への権利，知る権利，物・サービスの自由流通など様々な法領域にかかわる．それゆえ，混乱する実定法を整序し，「イメージへの／に対する権利」の観念を明確化することが必要となる．オプティ教授の序文によれば，本書の課題はこのように要約される．

もっとも，繰り返しになるが，本書自体はこの序文ほどのパースペクティブを持たない．「イメージ」は創造 (création) の対象ではないが，「イメージへの／に対する権利」は無体財産権の性質を帯びる．それは，債権・物権の区別になじまない．それは，第三者に対抗可能である点では物権的だが，財産権と非財産権の双方を含み，他者に利用を許しつつ自身も利用を継続することができる点で物権とは異なるので……[66]．こうした性質論はいささか退屈であるとも言える．しかし，第1章第1節の試み，すなわち，「財産 (patrimoine)」の構成（第1款）や「人身 (corps humain)」の処分可能性[67]（第2款）に変化が生じているという認識，あるいは，イメージと「目的 (objet)」（仏民1108条）や「物 (chose)」（仏民1384条）との関連の分析には，見るべきものが含まれている．先に「フランス的なアプローチ」「原理的な視線」といった表現を用いたが，本書において示されているのは，「いかに」を問う以前に「なぜ」を問うという姿勢である．本書は，十分な「答え」を与えてくれるか否かは別にして，「問い」の持つ可能性は指し示しているように思われる．

二　名前

(1)　人格の一部として，イメージとともに商業化の対象となっているものとして，もう一つ重要なものなのは「名 (nom)」である．シャネルやサンローラン，ルイ＝ヴィトンやカルチエなど，個人名に由来するフランス企業の商号・商標には，日本でもよく知られているものが少なくない．日本でも，三井や住友はもちろんトヨタやホンダなど，同様の例は数多い．しかし，ここで取りあ

---

66) Serna, *op.cit.*, pp. 3–4.
67) これ自体，興味深いテーマであるが，本書では，後に別に扱う（第2編第2章第一節第一）．

げるのは，スポーツ選手や芸能人など著名人の「名」の商業的利用の問題である．バスケットシューズに付けられた「マイケル・ジョーダン」などといった商品名がその例である．

先に取りあげたイメージの場合以上に，フランスにおけるこの問題に関する検討は緒についたばかりの状況にあるが，ロワゾーの『契約の目的としての名』(1997)[68]は，はじめて現れた本格的業績であると言えよう．細かな活字で組まれた500頁を超える大著である．しかし，明確な分節化を施されている本書は分量の割には読みやすい．たとえば，本書の序論は，「科目」「道具」「作業」に分けられており[69]，「人の名」が様々な法（人・物・契約の法，そして家族法や商法など）の交差点に位置すること，比較法（本書では英米法との比較）が重要だが「法的ツーリズム」に終わってはならないこと，「取引の可能な物のみ合意の対象となりうる (Il n'a y que les choses qui sont dans le commerce qui puissent être l'objet des conventions)」という規定（仏民1128条）が考察の出発点になることなどが明瞭に語られている．最後の点から著者は，「取引可能性 (commercialité)」と「資産化可能性 (patrimonialité)」「商業化 (commercialisation)」との区別に進む．本書の基本的な発想はこの区別の導入にあり，本論の議論もこの区別を軸に構成されている（第1部「取引における名」，第2部「著名な名の商業化」）．

(2) 第1部における著者の基本戦略は，「不可処分性の領域」（第1章）と「合意の領域」（第2章）とを仕分ける点にある．著者は，前者に属するのは，主体の社会的識別（第1章第1節）や名の名義人の人格保護（同第2節）の側面であり，名に由来する識別記号 (signe distinctif)（第2章第1節）としての側面は合意の対象（同第2節）となりうるとするのである．著者によれば，（商業的な記号となっている場合以外の）狭義の名の使用に関する合意は，名の譲渡や名に対する権利の放棄ではなく，権利行使の回避を意味する．この部分（第2節第2款）では，名の利用に関する契約理論が展開されており，興味深い．ゲスタン教授の序文が「人格にかかわる契約の法」にかかわる大きな貢献と呼ぶのは，直接的にはこの部分であろう．

---

68) Loiseau (G.), *Le nom, objet d'un contrat*, LGDJ, 1997.
69) Loiseau, *op.cit.*, pp. 3–10.

第 2 部では，まず「著名な名の商品性・商品価値」(第 1 章) が論じられる．そこには様々な考察が含まれているが，たとえば，無許可利用に関して「イメージの保護から名の保護へ」と向かった判例の動向，あるいは，人と物の二元論における「名の両義性」や「名の商品化」の段階性の指摘などは，とりわけ興味深い[70]．そして，著者は，「著名な名の商品化から見た名への権利」(第 2 章) へと向かう．外国法 (アメリカ法) や他の権利 (著作権) の中に指導モデルが探究され (第 1 節)，最後に「新しい考え方の試論」(第 2 節) が提示される．ここで著者は，「名への権利 (droit au nom)」を二元的にとらえるべきことを提唱する．すなわち，処分不能で商業化の対象とならない第一次的人格権と，処分は可能であり商業化の対象ともなる派生的人格権とを区別し，後者を個人的性格を帯びた財産権であり，さらに新しい形態の知的財産権 (イメージの場合と同様に知的創造を含まないが) とも言いうるとするのである[71]．この部分は，再びゲスタン教授の序文の表現によるならば，「契約における人の法と物の法との結合」を求める試みであるとも言えるだろう．

(3) 人格権は，「人の法」において消極的な保護を受けるだけではない．そのある部分は，「商業化」の対象となることによって「物の法」による処理を要請する．しかし，イメージにせよ名前にせよ，それは物そのものではない．この両義的な存在の姿は，これを対象とする契約を通じて明らかになる．本書の大きな特徴は，このような契約の機能に着目した点にあるといえるかもしれない．まさに本書は，現代フランス契約法学の第一人者の指導の下で書かれた学位論文なのである．今日，ゲスタン自身の契約理論は，日本でもよく知られている．しかし，そこから出発した若い世代の様々な試みにも，参照に値するものは少なくないようである．

第二　人格の外延

一　知的財産権

(1) かつては人格と不可分であるとされてきたイメージや名前とは異なり，

---

70) Loiseau, *op.cit*., pp. 362–366, pp. 368–374, pp. 376–377.
71) Loiseau, *op.cit*., pp. 471–480.

人の知的創作物に関しては，これを創作者自身からは切り離して権利の対象とすることが，古くから行われてきた．知的財産権 (propriété intellectuelle) がそれである．今日，現代社会における知的財産権の重要性の増大を反映して，どこの国でもその研究はきわめて盛んになってきている．日本を含む多くの国々と同様に，フランスでも，知的財産法は独立した法領域を形成するに至っている．

しかし，その中でも，「文学・芸術所有権 (propriété littéraire et artistique)」と呼ばれることもある「著作権 (droit d'auteur)」は，「工業所有権 (propriétété industrielle)」と呼ばれる「特許権 (droit de brevet)」などとは区別され，民法（一般私法）との関連で論じられることも多い[72]．おそらくは，今日でもなお，人格権との関係が強く意識されているためだろう．このことは「著者の権利 (droit d'auteur)」という用語にもうかがわれる．もちろん，二種の権利が性質を異にすることは，日本の知的財産法学においても当然の前提とされている[73]．しかし，日本ではより民法（一般私法）に近いとされる著作権につき，民法学の側から本格的な検討がなされたという例は，少なくとも最近では少ない[74]．では，フランスでは，具体的に，どのような観点からの研究がなされているのだろうか．ここでは，ユゴンの『オーディオ・ヴィジュアル作品の法制度』(1993)[75]とカロンの『権利濫用と著作権』(1998)[76]の二つを取りあげて，その概要をごく簡単に示してみよう．

(2) ユゴンの著書は，表題の通り，オーディオ・ヴィジュアル (AV) 作品に着目する．古典的な著作物とは異なり，AV 作品は，複数の制作者（たとえば，芸術家たちと番組制作者たち）の協力によって製作され，かつ，複数の用途（たとえば映画として放映した後でヴィデオ化するなど）を持つ．そこでまず，著

---

72) たとえば，Gautier (Y.), *Droit littéraire et artistique*, PUF, 3ᵉ éd., 1999 は，民法のシリーズに位置づけられている（著者自身は，この点につき，文学・芸術所有権を私法の広範な領域の中に位置づけるとしている．*op.cit.*, p. 13）．
73) 機能主義を打ち出した田村善之・知的財産法（有斐閣，第 2 版，2000）も「文化」か「産業」かという区別は当然の前提としている（同書 7 頁，368 頁以下など）．
74) 最近の貴重な試みとして，上野達弘「著作物の改変と著作者人格権をめぐる一考察 (1〜2)」民商 120 巻 4 = 5 号，6 号 (1999)．
75) Hugon (C.), *Le régime juridique de l'œuvre audiovisuelle*, Litec, 1993.
76) Caron (C.), *Abus de droit et droit d'auteur*, Litec, 1998.

者は，AV作品をめぐって現れる複数の権利について検討を行い（第1部），その上で，諸権利の競合を調整し管理するための方策へと進む（第2部）．別の言い方をすれば，第1部では，巨額の資金を投じて行われる産業的な活動であるAV作品の創作を，知的財産法はどのようにとらえられるのか，そして，第2部では，そのようなAV作品の財産的価値をいかに配分するかが論じられている．レイナール教授の序文は，前者を知的財産法への挑戦，後者を財産法への挑戦と評している．

　カロンの著書はどうだろう．序文を寄せたフランソン教授は，著者の問題意識を，次のように一言で要約している．「著作権のような特殊な権利が，いかにして権利濫用の一般理論に服するのか」と．この課題に答えるために，著者は，第1部では「著作権(法)における権利濫用の受容」と題して，著作権に権利濫用理論を適用する可能性を検討する．とりわけ，著者の関心は，人格権に対して権利濫用理論を適用することの可否にあるが，著者は，アプリオリに結論を導くのではなく問題ごとに実定法を検討し，人格権であるというだけで権利濫用の対象とならないわけではないとする．続く第2部は「著作権(法)における権利濫用の機能」と題され，そこでは，権利濫用理論の「和平機能」（紛争解決機能）と「規律機能」（規範定立機能）が抽出される．ここでのポイントは，著者は，著作権の相対化・柔軟化を主張するが，著作権そのものに敵対するわけではないということである．著者がめざすのは，権利濫用理論を媒介として，著作権に適切な保護を与えるための規範を探究することなのである．

　(3)　2冊の著書の根底には，人格権を中核に据えた著作権の概念は，今日の社会状況に十分に対応しうるか，という問いが潜んでいるように思われる．ユゴンは，AV作品という現象から出発して，カロンは，権利濫用理論という法理から出発して，この問いに取り組んでいると言えるだろう．その際に特徴的なのは，従来の著作権概念を否定しようというのではなく，その根幹部分を維持した上で，人格権・契約・権利濫用など民法の基本概念を参照しつつ，より実効的な規律のあり方が求められている点である．こうした作業によって，著作権の概念のみならず，民法上の諸概念もまた再検討に付されている．著作権が著者の人格の延長線上にあることをあまり意識しない(しなくなった)日本の民法学においても，同様の作業は試みられてよいのではないか．

二　団体訴権

（1）　たとえば，不当な契約条項を含む約款の使用差止めを求める訴権を，消費者団体に認めるべきではないか．こうした問題は，このところ日本でも話題になっている．その際には，ドイツ法とともにフランス法が参照されているが，確かに，フランスでは 30 年ほど前から消費者団体に団体訴権が付与されている[77]．しかし，フランス法においては，消費者団体のみが団体訴権を有するわけではない．たとえば，刑事訴訟法典 211 条〜216 条は，各種の非営利団体（association）がそれぞれの活動領域につき，（附帯私訴のための）団体訴権を行使しうることを定めている．さらに，特定の法律が特定の非営利団体に訴権を認めている例もある．

19 世紀には非営利団体を禁圧していたフランス法は，世紀末の最後の 30 年における様々な試みを経て，ついに 1901 年 7 月 1 日法律によって非営利団体法を法認した[78]．同法は，非営利団体の設立を自由化するとともに（法 2 条），県庁への届出・官報への掲載のみを要件に，非営利団体に法人格を与えた（法 5 条・6 条）．この法人格は無制限のものではないが，訴訟を提起することが可能であることは条文上も明らかである．しかし，ここで団体訴権というのは，団体そのものの利益を実現するための訴権のことではなく，より広がりのある利益を擁護するための訴権のことである．先に掲げた約款の差止めのための訴権はまさにそのようなものである．

ボレの『行政および司法裁判所におけるアソシアシオンによる集合的利益の擁護』(1997)[79][80] は，このような意味での団体訴権の拡大をテーマとするものである．表題が示すように，団体の訴権に対する取り扱いは，行政裁判所と司法裁判所の双方で問題となる．司法裁判所においては法律が認める場合にのみ

---

[77]　大村・消費者法（有斐閣，第 3 版，2007）383 頁．
[78]　フランスのアソシアシオンをめぐる歴史と現状を概観するものとして，さしあたり，大村・フランスの社交と法（有斐閣，2002）第 3 章「結社と法」を参照［その後，高村学人・アソシアシオンへの自由——〈共和国〉の論理（勁草書房，2007）が現れた］．
[79]　Boré (L.), *La défense des intérêts collectifs par les associations devant les juridictions administratives et judiciaires*, LGDJ, 1997.
[80]　本稿執筆時には未刊（したがって筆者は未見）であるが，荻村慎一郎「フランスにおける団体訴訟と訴訟要件」法協掲載予定［後に，法協 121 巻 6 号（2004）に掲載］は，本書を含む諸研究に立脚するものとなろう．

訴権が認められるのが原則であるのに対して，行政裁判所においてはこのような制約はない．そうだとすると，司法裁判所における制約は絶対的なものだとは言えないのではないか．

(2) 以上のような問題意識を抱く著者は，原理的な考察・機能的な考察を組み合わせることによって，現状を克服する途を探る．すなわち，第1部「アソシアシオンの訴権の組織的正統性」では，アソシアシオンの訴権の正統性を（国家に由来する）「先験的正統性」と（構成員に由来する）「内在的正統性」とに分け（第1章），後者に着目して，考えられるその難点について検討を加える（第2章）．他方，第2部「アソシアシオンの訴権の機能的合理性」では，「違法を排除する機能」（第1章），「犯罪や重過失を制裁する機能」（第2章），「個人的損害の回復を支援する機能」（第3章）が摘示される．

このうち本稿にとって興味深いのは，第1部における考察である．アソシアシオンの過去（第2章第1節「過去の影」）や現状（同第2節「現在の曖昧さ」）に関する叙述もさることながら，「集合的利益（intérêt collectif）」に関する検討を行っている部分がとりわけ関心を引く．著者はこの部分で，集合的利益を「利己的利益（intérêts égoïste）の集積」と「利他的利益（intérêt altuiste）の集積」とに分けて分析している．著者によれば，集合的利益のための訴権には二種類のものがあるという[81]．一つは，各構成員に属する利己的な利益を実現するための訴権を結集させたものであり，この場合には，アソシアシオンは法人の利益ではなく構成員の利益のために訴訟を起こす．もう一つは，各構成員の利己的な利益のためではなく，団体の目的である主義や主張（cause）の実現のための訴権であり，この場合には，アソシアシオンは，その構成員を超えてより多くの人々にもかかわる訴訟を行うことになる．

ただ注意すべきは，後者もまた，抽象的な一般利益としてではなく，各構成員の利益（構成員の内心に存在する利他的利益）であるとされている点である．では，なぜアソシアシオンは，法による個別の授権なしに，構成員の利他的な利益のために訴権を行使しうるのか．この問いに対して，著者は次のように答えている．「利他的な目的を誠実に追求するという人間の能力に対して，もう少

---

81) Boré, *op.cit*., p. 118, p. 195.

し信頼するとしても，われわれの法の健全性は損なわれることはないと考える．とりわけ，この訴権が社会的に有益だと判断される働きに奉仕するものならば」と．

　(**3**)　本書において語られようとしているのは，個人がアソシアシオンを作ることの意味である．自己の利己的利益のためにではなく，利他的利益のために活動すること．アソシアシオンの存在を承認するとは，こうした活動に正統性を付与するということである（本書裏表紙の宣伝文は「1901年法律は，利他的利益を擁護するために，個人が結集することを認めた」と述べている）．ならば，訴訟を起こすということも，活動の一環として認められてしかるべきである．本書はこのように主張する．

　ここで注目すべきは，個人を超越する存在としてアソシアシオンをとらえる見方はとられていない点である．個人が集まり（利己的利益だけでなく）利他的利益を追求する．アソシアシオンはそのための法制度にほかならない．著者とともにこのように考えるならば，人格権の延長線上に「結社の自由」を置く見方が導けそうである．

第2章 「事物」の存在

第一節　物の性質

第一　価値の化体

I　生命の尊重

一　人体

（**1**）　生命科学は 20 世紀を通じて著しい発展を見たが，1980 年代に入ってからは，生殖医学への応用が目立つようになった．1978 年のいわゆる試験管ベビー誕生は，このような趨勢を象徴する現象である．以後，ヨーロッパ各国において，生殖補助医療の規制や施術によって生まれた子の親子関係などにつき，様々な立法が試みられてきた．フランスでは，とりわけこの問題に対する関心が高く，80 年代から 90 年代にかけて立法への動きが続き，1994 年にはいわゆる生命倫理法（三つの法律からなる）が成立するに至った[1]．

---

1) 立法に至るまでの過程の前半については，大村「フランスにおける人工生殖論議」法協 109 巻 4 号（1992）［同・法源・解釈・民法学（有斐閣，1995）所収］で紹介・検討した．日仏の関連文献もそこに掲げてある．なお，その後の文献として，櫛島次郎「フランスにおける生命倫理の法制化──医療分野での生命科学技術の規制のあり方」Studies 生命・人間・社会 1 号（1993），同「フランスの生殖技術規制政策」Studies 生命・人間・社会 2 号（1994），同「人体実験と先端医療──フランス生命倫理政策の全貌」Studies　3 号（1995），本山敦「フランスの人工生殖親子関係法について」学習院大学法学論集 6 号（1998）などを参照．なお，櫛島・先端医療のルール──人体利用はどこまで許されるのか（講談社現代新書，2001）も参照［その後，松川正毅・医学の発展と親子法（有斐閣，2008）が現れた］．

周知の通り，日本でも同様の立法が現在進行中である[2)2bis)]．

1994年の生命倫理法は，民法学にも大きな影響を与えた．すなわち，教科書の関連箇所の叙述が大きく改められたほか，1990年代の後半には，① 親子法に関する学位論文が現れるとともに[3)]，② 人の法・物の法に関する学位論文，具体的には，生殖子 (第三者提供と関連) や母体 (代理母と関連) の処分可能性，さらには人体の法的位置づけに関する学位論文が続出することになった．ここで取りあげたいのは，②のグループに属するいくつかの学位論文である．

主として紹介の対象とするのは，モワヌの『取引対象外の物——法人格(法的な意味での人)への一つのアプローチ』(1997)[4)]とプリウールの『個人によるその身体の処分』(1999)[5)]である．この二冊の著者はいずれも，ブルゴーニュ大学(ディジョン)の出身であり，同じ指導教授(ロカン教授)の下で学位論文を書いている．これは，同大学がフランス医事法研究の拠点の一つになっていることによるものであろう[6)]．

(2) まず，モワヌの学位論文を見てみよう．「人体の部分・生成物の，より広くは，人格と結びつくものすべて (たとえば私生活の尊重など) の商業化 (取引対象化) の進展が，われわれの心配の種となりつつあるのはもっともなことである」．このように説き起こされた裏表紙紹介文は，これに続けて，著者の関心を次のような問いの形にして示している．「すべてが売却可能なのか？ すべてが贈与可能なのか？」と．「無償提供 (don)」も，人格・自由・生命への侵害を免れているわけではなく，この領域に契約法の論理を展開するのは適当では

---

2) 関連文献は数多いが，さしあたり，「特集・生殖補助医療の課題」ジュリ1243号 (2003) を参照 (同特集中には，大村「生殖補助医療と親子法」も収録されている)．

2bis) その後，諸般の事情により，立法作業は停止中である．

3) 立法以前の早い時期に，Nicolau, *L'influence des progès génétique sur le droit de la filiation*, thèse Bordeaux, 1988 (publié en 1989) があるほか，未公刊だが，母子関係に関連してSaint-Pau, *L'anonimat et le droit*, thèse Bordeaux, 1998，父子関係につき Bernard, *La paternité en droit français*, thèse Paris II, 2000 などが知られている．

4) Moine (I.), *Les choses hors commerce. Une approche de la personne humaine juridique*, LGDJ, 1997.

5) Prieur (S.), *La disposition par l'individu de son corps*, Les Etudes Hospitalières, 1999.

6) 同大学には，「生命法研究グループ (Groupe du droit du vivant)」が組織されており，本文引用の学位論文の著者たちは，いずれもこの研究グループに属している．また，モワヌの論文は関連の大財団の助成を受けて，プリウールの論文は医事法の研究叢書の一冊として，それぞれ出版されている．

ない．こう考えた著者は，フランス民法1128条へと向かう．従来はあまり利用されてこなかった同条——「取引の対象たる物のみが合意の目的となりうる」と定める——は，「人と密接な関係にある物」（人の身体を破壊せずには切り離させない）の保護に役立つのではないか，著者は，こうして「取引対象外の物」の一般理論の構築を試みる．

モワヌの学位論文は，論文の作法に従って二部構成をとっているが，「概念へのアプローチ」と題されている第1部がとりわけ興味を引く．というのは，同論文の特色は，この部分に置かれた歴史的考察（第1部第1準部第1章）や哲学的考察（第1部第2準部）が充実している点に求められるからである．続く第2部の「定義」（第2部第1準部）や「法制度」（第2部第2準部）にも，著者の特色は現れているものの，相対的には実定法的色彩が強まる．この第2部をも含めて，論文全体を貫く視点は，序文を寄せたロカン教授によれば，「ヒューマニスティックな見方」と評される．すなわち，法的思考の中心に「全体としての人間（l'être humain dans sa globalité）」を置き，その商業化（商品への還元）の試みに抵抗しようとしているというのである．再び紹介文によるならば，バイオテクノロジーやメディアの権力に抗して，譲渡としてではなく自己表現として「自己の処分（disposition de soi）」を構成しようとしていると言い換えてもよい．

(3) 抽象論を離れて，モワヌ論文の特色のいくつかを指摘しておこう．

第一に，「取引対象外の物」につき，モワヌは狭い概念規定をしており，類似の性質を持ちフランス民法典制定の時代には「取引対象外の物」に含まれていた「公共用物」はそこから除外されていること．彼女によると，「取引対象外性（extra-commercialité）」とは，契約によって流通させることができないということであり[7]，この性質は歴史的には物の「聖性」に求められるという[8]．そして，現代においては，この「聖性」は人格の思想に継承されているという．

第二に，モワヌは，「人と物の境界に位置する取引対象外の物」（第1部第2準部の表題）という位置づけからスタートするが，人と物の二分法は維持し，「取引対象外の物」は「物」でありつつも特別の性質を帯びるとする考え方を

---

7) Moine, *op.cit.*, p. 17.
8) Moine, *op.cit.*, pp. 31–44.

とっている[9]．すなわち第三に，取引対象外の物を支配・規律できないというのは，人間の概念を脅かすことに繋がるのであり，「人間（人格）」を守ることこそが，「取引対象外性」の目的であるとしている[10]．

それゆえ第四に，彼女によれば，「取引対象外の物」は，それが「法人格（法的な意味での人間）」の統一性を損なわない限度でのみ，法律行為の目的たりうることになる[11]．

(4) 続くプリウール論文は，モワヌ論文と近接するテーマにつき近接する時期に，同じ指導教授の下で書かれたものであり，双子の論文とも言うべきものである．前者が，「取引対象外の物」が存在するのはなぜかと問うのに対して，後者は，人身を処分するというのは，いかなることかを問う．著者の状況認識および問題設定は，次のように要約されている（裏表紙紹介文）．人身の全部または一部の社会的利用が頻繁になっているが，このことは法的には，人身の「処分不可能性（indisponibilé）」の原則が徐々に消滅しつつあることを意味する．長い間この原則は，人身の法的地位に関する基本原則の一つとされてきたが，もはや実定法の現実に対応してはいない．個人は，人間の尊厳に打撃を与えないという留保の下で，その身体を処分できるのではないか．

このような問いに取り組むプリウールの論文プランは，モワヌのそれに近いが，より実定法的な色彩が濃い．すなわち，第1部では「身体の処分」の概念（notion）が問われ，第2部ではその法制度（régime）が求められている．その中で特徴的なのは，物の処分から出発して身体の処分へと至る第1部の最後の部分である．プリウールは，「身体の処分」を譲渡ではなく，許可としてとらえようとするのである[12]．身体の処分を物の処分とは区別することによって，「人の物化（réification）」を避け，身体の法的処分とは，その完全性を侵害する権限を他人に付与する単独行為であるとするわけである．しかし，この処分権限には制約がある．著者が「身体的公序（ordre public corporel）」と呼ぶこの制約は，人格・人間の尊厳の保護のために課されるのである[13]．同時に，処分を

---

9) Moine, *op.cit.*, p. 109.
10) Moine, *op.cit.*, p. 223, p. 241.
11) Moine, *op.cit.*, p. 271.
12) Prieur, *op.cit.*, p. 197.
13) Prieur, *op.cit.*, p. 269.

正当化する事由として,「連帯 (solidarité)」「健康 (santé)」が上げられている点に注意すべきであるが[14],この点に関しては項を改めてもう一度述べよう.

(5) プリウール論文は,全体として見ると,論理の点でも価値の点でも,整合性が求められている点にその特色がある.ロカン教授の序文における指摘は,この点をよく示していると言えるだろう.同教授によれば,まず,この論文には,「説明としてのメリット (vertu explicative)」があるという.1994 年の生命倫理法によって,一方では,民法典に,人格の優越性・その尊厳を原理として宣言する規定 (民法 16 条),人身に財産的な価値を付与する約定の効力を否定する規定 (民法 1615 条) が新設されたが,他方,公衆衛生法典においては,人体の臓器・皮膚・生成物の提供が許可されている.一見すると矛盾するこの法状況に,著者は一つの説明を与えたというのである.また,プリウールの考察は「ヒューマニズムの潮流」に棹さすものであることも指摘されている.人間の尊厳を掲げて人身の財産化・商品化を峻拒する著者は,人体が取引対象外の物であることは維持しつつ,身体の処分可能性を肯定する.というのは,(とりわけ連帯のために)身体の処分可能性が認められるのは,人間の尊厳を実現することに通ずるからである.こう解することによって,プリウールの見方は,価値的にも一貫する.

(6) 以上見てきた二つの論文には,いくつかの点で無視しがたい違いはあるものの,大局的に見れば共通点が多いと言えるだろう.具体的には,次の 3 点が指摘できる.第一は,人身の処分につき,その対象たる人身の性質から出発して論じられている点である.日本法ではおそらくは,処分行為である法律行為が公序良俗違反となるかというアプローチがなされそうな問題につき,「物」の側からのアプローチがなされているのである.そこには,第二に,「人」とは区別される「物」の意義に対する立ち入った考察が展開されている.そこでは,すべての「物」が処分可能であるという単純な前提はとられていないのである.そして,第三に,「物」の処分を制約する論理は,「人間の尊厳」に求められて

---

14) Prieur, *op.cit.*, pp. 359–389. なお,人工妊娠中絶を特例として位置づける分析が,この後に続いているが,フランスにおける人工妊娠中絶法の現況につき,大村「Loi n° 2001–588 du 4 juillet 2001 relatives à l'interruption volontaire de grossesse et à la contraception (JO 7 juillet 2001, p. 10823)」日仏法学次号掲載予定 [後に,日仏法学 23 号 (2005) に掲載.本書第 4 編 E–2] を参照.

いる．そこでは，まさに「ヒューマニスティックな」（他から区別して人間を中心に考える）発想が優越しているのである．

　付言すると，このような特色は，ロカン教授指導の二論文にとどまらず，類似のテーマを扱う他の論文にも認められるものである．二論文に先行するアンドルノの『人工生殖によって試される人と物の区別』（1996）[15]もまた，同様の発想に立つものであると言える．同論文は，外国人の手になる比較法的研究であり，理論構成の点でやや弱いところもあるので，詳しくは説明しない．しかし，同論文は，「人の役に立つ道具としての物」（第1部第1章），「法の中央に位置する人」（第1部第2章）という位置づけをし，人と物の二分法の目的を「人間の尊厳」を守ることに求めた上で，「子ども」（第2部第1章）と「親」（第2部第2章）の「物化 (réification)」という観点から，人工生殖を論じている．これだけを見ても，上記二論文と同一のライン上にあることがわかるだろう．

二　動物

（1）　人・物の二分法の下では位置づけが難しいのは，人体ばかりではない．この分類によるならば，動物は，人でない以上は物であると言うほかない[16]．動物が物であるとしても，動物は自ら動くものであるので，この特性を考慮に入れた特則が必要になるが（日本民法典では，195条，718条），これらは「物」という性質決定にかかわるものではない．その意味では，動物はやはり物である．

　しかし，動物は物であるとするのは，少なくとも一般の人々にとっては違和感のあることだろう．この違和感は，日本に固有のものではなく，中世における動物の取扱いは別として[17]，近年のヨーロッパでも，動物に関する再検討が始まっている[18]．立法を行った国もいくつかあり，フランスでも1999年1月6日の動物保護法によって，民法528条に「動物……は，その性質上動産であ

---

15)　Andorno (R.), *La distinction juridique entre les personnes et les choses à l'épreuve des procréations artificielles*, LGDJ, 1996.
16)　日本における動物法研究の先駆的業績として，青木人志・動物の比較法文化（有斐閣，2002）がある．
17)　この点につき，池上俊一・動物裁判——西欧中世・正義のコスモス（講談社現代新書，1990）を参照．
18)　動物の出入国管理が，ペット（コンパニオン・アニマル）を伴う人の自由移動の障害になるということから，ヨーロッパ法のレベルでの対応もはかられつつあるようである．

る」と書き込まれるに至っている．一見すると，この規定は，動物が物であることを再確認したようにも見えるが，必ずしもそうではない．この点には改めて触れることとして，ここではまず，立法以前にフランスの動物私法を総覧し，議論の論点を整理し問題提起をした学位論文を紹介することにしよう．マルゲノーの『私法における動物』(1992)[19]がそれである[20]．

(**2**)　マルゲノーは動物の定義から出発する．動物とは，可動性 (mobilité) と感性 (sensibilité) を備えた存在である．この二つの特性を人間と共有するがゆえに，動物の存在は曖昧さをもたらす．「私法における情報」とか「私法における自動車」について論じようとすれば，「情報」や「自動車」は客体でしかないが，動物の場合にはそうはいかないというのである[21]．「人間の生命＝生活は動物に密接な形で依存しており，動物は人間社会において中心的な位置を占める．それゆえ，人間はすべての思想領域において動物に関心を持つ．動物なしに人間は生きることができず，動物は人間と同様に，生き，苦しみ，そして死ぬ存在である．それゆえ，動物がもたらす劇的・情熱的な問いかけは，重要なものとなる」[22]．

このように問いを立てたとしても，動物法の研究には様々な困難が伴う．そもそも様々な動物に一様なルールが適用されるわけではない．そこで，マルゲノーは，「動物と私法上の諸概念の間に生ずる最も意味のある接触に関する理論的な検討」を試みることを課題とする．そして，具体的には，「動く物 (chose animé)」としての動物 (第1部) と「愛される存在 (être aimé)」としての動物 (第2部) とに分けて，検討を行っている．このうち前者は，動物の「物」としての側面に注目するものであり，「損害」(第1部第1章)，「利益」(第1部第2章) のそれぞれの源泉としての動物につき論じられている．すなわち，動物に関する責任，動物に関する契約，動物に対する所有権が，順次とりあげられている．後者は，マルゲノー論文において特徴的な部分である．「動く物」としての分析が動物の「可動性」の帰結であることはわかりやすいが，「愛される存在」としての分析は，動物は感性を持つがゆえに，人の感性との間で交流が可能であ

---

19)　Marguénaud (J.P.), *L'animal en droit privé*, PUF, 1992, préf. Lombois.
20)　そのほかに，より時事的・啓蒙的な最近のものとして Pautot, *Le chien et la loi*, Editions Juris-sevice, 5ᵉ éd., 2001 がある．
21)　Marguénaud, *op.cit.*, p. 5.
22)　Marguénaud, *op.cit.*, p. 8.

る[23]）．それゆえ，人の愛情の対象として動物をとらえる必要があるという理屈で導かれる．そして，この「愛情」は，動物一般に対する愛情（第 2 部第 1 章）と特定の動物に対する愛情（第 2 部第 2 章）とに分けて，検討に付される．すなわち，動物保護一般に関しては，「物化（réification）の終わり」と「人化（personnification）の始まり」が論じられ，特定の動物に関しては「愛情圏（sphère d'affection）」という考え方が提示されている．

　「人化」に関して，マルゲノーは慎重な態度をとる．動物を全面的に擬人化する流れに与するのではなく，動物の法人格についてより技術的にとらえようとする試みがなされる．そのために提示されるのが，「動物法人（personnalité animale）」という概念である[24]．これによって，団体に必要な限度で各種の権能を与えることができるのと同様の取扱いが，動物にも可能になるというのである（最も保護の厚い犬猫は，今日，「動物大法人格」を有しているとされる[25]）．「愛情圏」に関しては，マルゲノーは次のように説く．「伝統的な家族の枠外に動物に対する愛情圏が成立しつつある．そして，その内部では特別な紛争が生じることになる」[26]と．この枠組みによって，彼は，動物とともに生きる権利やこれに伴う様々な保護について論じるのである．

　(3)　マルゲノーの議論の特色は，一言で言えば，単なる「動物好き」ではない点に求められる．むしろ彼の議論は，ロンボワ教授が序文で指摘するように，「人間中心的」であるとも言える．たとえば，動物に対する愛情の正統性を学説の多くが認めないのは，動物の擬人的な保護と動物を愛する人の保護が混同されているからであるという指摘[27]は，このことをよく示しているだろう．フランス人らしいレトリックであるが，彼は，論文の結びの言葉をある動物に委ねている．星の王子さまの友だちであるきつねは，apprivoiser（内藤濯訳で

---

23)　著者自身も指摘するように（Marguénaud, *op.cit*., p. 15），動物の「感性」の強調は，近年の動物愛護運動の一つのポイントのようである．学術論文の作法からはやや逸脱するが，小さなエピソードを一つ添えておく．2002 年 8 月，パリ近郊のソー公園にイノシシが現れて騒動となったことがある．公園は数日にわたって閉鎖されてイノシシ狩りが行われたが，最終的に射殺されたことを告げる新聞記事（*Le Figaro*, 26 août 2002）は，「イノシシは苦しまずに死んだ」と報じていた．
24)　Marguénaud, *op.cit*., pp. 406–430.
25)　Marguénaud, *op.cit*., p. 431.
26)　Marguénaud, *op.cit*., p. 434.
27)　Marguénaud, *op.cit*., p. 521.

は「飼いならす」とされている）とは「仲良くなる（原文は créer des liens きずな＝関係を生みだす）」ことだと説明した上で，次のように言う．「めんどうをみたあいては，いつまでも責任があるんだ」と．マルゲノーにとっては，問われているのは「人間」の態度なのである．

さらに二つのことを付け加えておこう．一つは，フランス民法 528 条についてである．動物は動産であることを確認するこの規定は，はたして動物保護に役立ちうるのだろうか．新法を知らないマルゲノー論文には答えを見出すことはできない．しかし，従前の考え方を繰り返しただけに見えるこの規定は，いまは特別な効果を伴わないものの，「動物」に関する特別な規定をことさらに置いたことによって，「動物」を特殊なカテゴリーとして扱う第一歩となるのかもしれない[28]．もう一つは，文化財や環境との関連である．すでに引用したロンボワの序文の結び近くには，次のように記されている．「風景や歴史的遺産，われわれはそれを知っており，環境法によってますます知るようになっている．しかし，環境がわれわれに対して権利を持つわけではない」[29]と．文化財や環境は，いかなる法的性質を持つのか．Ⅱでは，この問題をとりあげよう．

Ⅱ 文明の存続

一 文化財

(1) バーミアンの大仏破壊 (2001)，そして，イラク戦争後の文化財略奪 (2003) と，このところ文化財をめぐって世界的な問題が続発している．こうした現象は今にはじまるわけではなく，各国は程度の差はあれ対応策を講じてきた．「文化国家」を標榜するフランスは，とりわけ文化財保護に熱心な国であり，以前から様々な法制度が創られている[30]．とはいえ，実定法から離れて法

---

[28] 1999〜2000 年度にパリ第二大学第 3 課程（大学院相当）で「立法の法社会学」を講じたモルフェシス教授が，同講義中で 99 年の法改正につき述べたところに負う．
[29] Lombois, *préface* à la thèse de Marguénaud, p. Ⅲ.
[30] フランス法の状況につき，ごく簡単には，大村・フランスの社交と法（有斐閣，2002）51 頁以下，67 頁以下を参照．また，日本法につき，さしあたり，同「文化財」法学教室 267 号 (2002)［同・もうひとつの基本民法Ⅰ（有斐閣，2005）所収］，同・生活民法入門（東京大学出版会，2003）303 頁以下を参照．

学のレベルで見てみると,必ずしも十分には理論化が図られていなかったことも事実である.しかし,1990年代には,いくつかの概説書が現れたほかに[31],充実した学位論文も書かれるようになっている.ここでは二編の論文を紹介したい.ポリの『動産文化財の保護』(1996) とコルニュの『財の文化法(文化的権利)』(1996) がそれである[32].

(2) 二編の学位論文のうちの前者は,都市法・環境法叢書の一冊として公刊されたものであり,その内容からしても,また,序文執筆者の専門からしても,公法に重点を置いたものであると言える[33].それゆえ,ここではその内容には立ち入らず,基本認識として示されている以下の諸点に触れておくにとどめる.第一は,文化法はなお発展途上の法領域であること.序文(ポンティ教授)の表現を借りるならば,法制度 (régimes) から概念 (notion) へと進む段階にある.第二に,文化財に関する法が複合的なものであること.ポリ論文は,国内法のみならずヨーロッパ法・国際法にも目を向けているが,問題の国際的な広がりはことがらの性質からしても容易に理解できるところである.他方,先買権・留置権など保護に用いられる法技術には私法的なものも少なくない.やはり序文の表現によるならば,この領域では,公法と私法の境界は幻想に過ぎない.

以上は,文化法の法領域としての特性に関する認識であるが,より実質的には次の認識が興味深い.すなわち,第三に,「文化財を守るとは人間を守るということである」こと(裏表紙紹介文),「文化を語るとは人間自身を語るということである」こと(序文).そして,「文化に対する国家の責務」が肯定され,「人

---

31) 文化法の一環として扱うものとして,Pontier = Ricci = Bourdon, *Droit de la culture*, Dalloz, 2ᵉ éd., 1996, 1ʳᵉ édition, 1990, Mesnard, *Droit et politique de la culture*, PUF, 1990 など.また,文化財のみに絞ったものとして,Frier, *Droit du patrimoine culturel*, PUF, 1997 もある.ほかに,Droit et esthétique, APD, tome 40, 1996 も参照.

32) Poli, *La protection des biens culturels meubles*, LGDJ, 1996, avant-propos Morand-Deviller, préface Pontier, Cornu, *Le droit culturel des biens. L'intérêt culturel juridiquement protégé*, Bruylant, 1996, préface Tallon.

33) 二部構成の第1部は「文化財の保護に関する複数の法制度」と題され,patrimoine national と patrimoine public に関する二つの章が置かれており,「文化財の保護への新たな理解の必要性」と題された第2部は,「文化財の特殊性と国家の義務」「国家の保護行動に対する国際法による制約」の二章に分けられている.また,はしがきを寄せているモラン=ドゥヴィエ教授は行政法の専門家として知られている(序文を書いているポンティエ教授は,憲法・地方自治法などの研究者).

間(市民である同時に，それは「位置づけられた人」でもある)こそが国家が唯一参照すべき対象である．権力は個人に奉仕するために存在する．しかし，目的における個人の優越性は，特定の領域，たとえば文化財に関しては，共通の利益の名のもとに個人の権利が制約されることを妨げない」こと(序文)．そして第四に，文化は，自然とともに，守るべき財産(patrimoine)として理解され，「環境」の現代的概念に包摂されていること．第三点は，ある意味では平凡な考察であるが，「人間」や「国家」に関するこうした見方が，ストレートに提示されうることの意義は小さくない．第四点は，文化財から自然環境へと考察を進めるべきことを示唆するが，これは次の項の課題である．

　(3)　残るもう一編のコルニュ論文は，より私法的な色彩の濃いものである．というよりも，「物」や「権利」といった基本概念にかかわるものであると言った方がよい．本書の観点からの検討対象としては，こちらがより興味深い．ドゥニ・タロン教授(民法・比較法)の序文によれば，著者のコルニュ夫人は，文化行政に携わるスペシャリストであり，学位論文はその経験をもとにして執筆されている．先に紹介したポリ論文の場合と同様に，コルニュ論文においても複雑で異質な素材を貫く統一的な観念(序文の表現)が求められているが，専門家にありがちな「文化の自律性」に引きこもることなく，一般理論のレベルでの議論が展開されている．もっとも，文化法全般に関心を寄せる著者ではあるが，学位論文の対象としては，国内法に限り，かつ，文化活動は除き文化財のみが採りあげられていることに留意する必要がある．そのような限定の下にではあるが，コルニュ論文が展開するのは，「文化財の法(droit des biens culturels)」ではなく「財の文化法(droit culturel des biens)」である．表題自体が示すこの考え方の含意は，副題に示されている．すなわち，「文化財(biens culturels)」という特別なカテゴリーの物が存在するのではなく，「財＝物(biens)」に「法的に保護するに値する文化的な利益(intérêt culturel juridiqument protégé)」が結びついているとするのである[34]．

　こうした見方を正当化するために，コルニュ論文は，その第1部「『文化財』，とらえどころのない法の対象」において，「財＝物の一般理論における文化財の

---

34)　Cornu, *op.cit*., pp. 16-17.

概念」(第 1 章) の検討から始めて「財＝物の文化的性格づけ：対象から文化的利益へ」(第 2 章) へと進む．そして，文化や文化財を実体としてとらえるのではなく，人と物の関係としてとらえることを提案するに至るのである．「文化的価値の法的承認にあっては，人間と文化財の間に存在する絆に対する考慮が重要な位置を占めるように思われる．古典的な意味での財産にその存在が見いだせるところの人間の痕跡こそが，法によって保護される文化的利益の画定において，統合的な要素，そうでないとしても一定の重要な要素となりうる」[35] というわけである．

　このような観点に立って，コルニュ夫人は，第 2 部の「『文化財』，競合する諸権利の台座」において，文化財と人間の関係，すなわち文化財の所有権の検討へと進む．その際の基本的なスタンスは，次のようなビクトル・ユーゴーの引用によって示されている．「建築物には二つのものが含まれている．その用途と美しさである．その使用は所有者に帰属するが，その美しさは万人に属する．それゆえ，それを破壊することは所有者の権利の範囲を超えている」[36]．したがって，文化財は，個人的な財産＝所有物であるとともに，集合的で公開された財産＝所有物でもあるとして，この二つの側面が検討に付される．このような性質ゆえに，個人所有に属するものであっても，文化財は様々な制約を受けるというわけである．なお，より法技術的な説明としては，行政法における行政財産 (domaine public) の概念と著作権法におけるパブリック・ドメイン (domaine public) の概念の統合や，文化財へのアクセス権の役権 (servitude) としての位置づけが試みられているが，タロン教授が大胆な試みと評するように，これらの成否に関してはなお議論がありうるところだろう．

　(4)　ポリ論文の第三の特色として掲げた点は，コルニュ論文にも見てとれる．この点はすでに，「人間と物との絆」という見方に現れているが，キー概念の「文化的利益」を「物が示す共同体全体にとっての象徴的価値」として，「財

---

35) Cornu, *op.cit*., pp. 319–320.
36) Cornu, *op.cit*., p. 323. Chastel, La notion de patrimoine, in *Les lieux de mémoire*, tome 2, La nation, Gallimard, 1984 からの引用だとされているが，ピエール・ノラ編 (谷川監訳)・記憶の場 (全 3 巻，岩波書店，2002–03) には，残念ながら収録されていない (このシリーズはフランス国内では極めて大きな影響力を持った．余談ながら，原著では同論文と同じ巻に発表された Carbonnier, Le Code civil も訳書には収録されていない．カルボニエ論文については，大村「民法と民法典を考える」同・法典・教育・民法学〔有斐閣，1999〕第 1 編を参照)．

産（propriété/patrimoine）」を「人類の記憶」「将来世代に引き渡すべきもの」として説明している点に端的に現れている[37]．他方で，著者はこのような価値観をそのまま打ち出すわけではなく，実定法の詳細な分析と構成とによってこれを支えている．ある特定の「財＝物」がある特定の個人の「所有」に属するという近代法の原則（と見えるもの）を出発点としつつ，「財＝物」や「財産＝所有権」の概念が，それ以外の理解を許容することを示す試みがなされているのである．

二 環境

（1） 今日，環境法は大きな広がりを有する法領域となっている．公害先進国と言われた日本は，環境法に対してとりわけ大きな関心が払われてきており，法理論も高いレベルにあるように思われる[38]．フランスにおける環境問題・環境運動についてここで述べることはできないが，隣国ドイツに比べると環境後進国であるとの評もある[39]．もっとも最近では，1999年のエリカ号原油流出事件が，世紀末フランスの大きな関心事となった．しかし，ここで紹介する学位論文が扱うのは，海洋汚染ではなく土壌汚染の問題である．ステシャンの『汚染地と法』(1996) がそれである[40]．土壌汚染自体は，日本でも特別法 (2002年の土壌汚染対策法) が成立しているほか，研究もなされており，目新しい話題であるわけではない[41]．しかし，この学位論文には，日本ではあまり見られない興味深い視点が含まれているように思われる．

（2） フランスでも土壌汚染はしばしば生じているようであるが，ステシャンの論文は，この問題に関するフランス初の文献であるという（裏表紙紹介文お

---

37) Cornu, *op.cit.*, p. 569, p. 320.
38) 環境法の現状につき，大塚直・環境法（有斐閣，2002），民法学の観点から見たその歴史につき，吉村良一・公害・環境私法の展開と今日的課題（法律文化社，2002）などを参照．
39) 筆者は，フランスの環境問題・環境運動に関する十分な知見を持ち合わせないが，1990年代後半にフランスに滞在した新聞記者は，「少なくとも1990年代の半ばまで，国民の間に『環境意識』はまるで存在しなかった」と評している（安達功・知っていそうで知らないフランス〔平凡社新書，2001〕63頁）．なお，最近の「環境意識」の一端を示すものとして，コリン・コバヤシ・ゲランドの塩物語——未来の生態系のために（岩波新書，2001）を参照．
40) Steichen, *Les sites contaminés et le droit*, LGDJ, 1996, préf. Martin.
41) たとえば，加藤＝森島＝大塚＝柳監修・土壌汚染と企業の責任（有斐閣，1996）など．もっとも，同書の過半は欧米の法制の紹介に充てられている（フランス法は含まれていない）．

よび序文).そもそも法的な対応自体が初期的な段階にあるとされているが,同論文では従来のアプローチとは異なるアプローチが試みられている点が特に注目されている.ここで従来のアプローチと言っているのは,警察行政的な規制のことを指している.ステシャン論文は「規制アプローチの限界」(第1部)を指摘して,「法的関係の組織化」(第2部),すなわち,関係当事者の私法的な権利義務の観点からの考察を試みる.具体的には,汚染責任者と被害者の不法行為法上の関係(第1章),汚染地に関する関係の契約による規律(第2章),そして,汚染地の所有関係(第3章)が論じられている.

　この論文に関しては,大きく分けて二つの点を指摘しておきたい.第一は,コルニュ論文と同様,表題にかかわる点である.ステシャン論文は「汚染地の法」ではなく「汚染地と法」と題されている.マルタン教授の序文も指摘するように,このことは,「汚染地」を実体化してこれに固有の法を検討対象とするのではなく,広汎な法領域を対象に様々な関係者の交錯の様子をとらえるというスタンスに立つことを意味している.この点でもコルニュ論文と共通している.第二は,汚染地の所有関係についてであるが,ステシャン夫人は,論文の最後の節(第2編第3章第2節)を「所有権の再定義へ」と題しているのが特徴的である.「汚染土地の所有権行使は,土地所有権さらには物権一般の行使態様に関する考察へと導く」のであり,「これらの権利の性質や射程……その行使方法の再画定」(序文の表現)に関する議論が展開されているのである.

　最後の点は必ずしも十分な議論とはいえないが,興味深いものである.そこで試みられようとしているのは,「自治体,所有者,各種の利用権者の権利義務の全体的な再定義」であるが,そこには,「土地は生命の場でありエコロジックなプロセスにかかわるもの」であり,土地の「『集合的 (collective)』な働きは,今日では否定しがたい現実である」,「土地は,その構成員の多くがそこで死に,いくらかがそこに生き,そしてさらに多くがそこに生まれてくる大いなる一つの家族に属する」という認識がある[42).ただし,ここでも法的構成の模索は怠られてはおらず,役権や用益権,さらには信託など所有権の分属 (démembrement) の諸技術が参照されている[43).そして,最後には,自然資源の使用者は,

---

42) Steichen, *op.cit.*, p. 292, p. 313.
43) Steichen, *op.cit.*, p. 294 et s.

第2章 「事物」の存在　　155

もはや所有権者（propriétaire）ではありえず，用益権者（usufruitier）でしかありえないのではないかとしている．このような主張もそれ自体は目新しいものではない．ナショナル・トラストも環境共有の法理も，日本ではすでに知られている．しかし，こうした法理を伝統的な「用益権」の概念と結びつけて論ずるところに，フランス法学らしさがあると言えるだろう．

　(3)　この項で扱った環境だけでなく，文化財や人体・動物などを，一律に「物」というカテゴリーに閉じこめて，「人」の支配の対象として位置づけて済ませるという伝統的な（というよりも図式的・通俗的な）考え方に，様々な角度から再検討を加えるというのが，最近の大きな流れであると言えるだろう．そこに共通して見られるのは，それぞれが直面した問題を一般理論の中で位置づけるという姿勢，そして，「物」というカテゴリーを否定するのではなく，そこに「人間」に由来する価値を投影するための仕組みを組み込んでいこうとする姿勢である．物に化体している価値は，経済的なものに限られず，より広く「人間的な」ものだということが示されようとしているのである．

第二　物質の領分

I　物からの解放

一　経済的所有権

　(1)　「人」と「物」の二分法はフランス民法を貫く基本分類であるが，「物」に関しては，所有権の「排他性（exculisivité）」が第一の原則とされている．カルボニエは次のように言う[44]．フランス民法544条は，所有権の絶対性を宣言するが，排他性については語らない，しかし，この点を論難するのは適切ではない，というのは，排他性は，「所有権（propriété）」＝「（他人を排除して）ある者に帰属する（propre）」という語義のうちに内在するからである，と．あるいは，所有権絶対の概念を広くとって，排他性をも含めて議論がなされることも少なくない．もっとも，排他的所有権は自明のものであったわけではない．民法典は，革命前の階層化された所有構造を単純化し（下級所有権＝利用所有権

---

44)　Carbonnier, *Droit civil*, tome 3, *Les biens*, PUF, 17ᵉ édition, 1997, p. 140.

を「所有権」とする），これを保護したものであるとされる[45]．この意味では，排他的所有権は革命によって創出されたものであると言える[46]．しかし，ひとたび確立された排他性の原則は，その後は長年にわたり強い規定力を持ち続けてきたこともまた事実である．

ところが，しばらく前から状況は変化しつつある．信託・所有権留保・リース・ダイイ債権譲渡など[47]，所有権が担保目的のために利用されるという現象が目立つようになっており[48]，このことは所有権の分属・分有（démembrement）を生じさせるのではないかが問われるようになっている．ここで紹介・検討する二つの学位論文は，いずれもこのような状況を念頭に置いたものである．二つの論文とは，クロックの『所有権と担保』（1995）とブランリュエの『フランス私法における経済的所有権に関する試論——租税法と民法の合流点における研究』（1999）である[49]．

(2) クロック論文は，多くの賞を受賞し，著者が早い時期にパリ第二大学教授に就任したこととも相俟って，すでに大きな影響力を持つようである[50]．

---

45) Carbonnier, *op.cit*., p. 142, note 4.
46) 簡単には，大村「所有権」法学教室 268 号（2003）81 頁以下を参照［同・もうひとつの基本民法 I（有斐閣，2005）所収］．フランス民法典における「所有権の絶対性」の意味を独自に解明しようとするものとして，吉田克己「フランス民法典第 544 条と『絶対的所有権』」乾昭三編・土地法の理論的展開（法律文化社，1990）も参照．
47) 個別の問題については，日本でもすでに紹介・検討がなされている．たとえば，信託につき，角紀代恵「フランスにおける信託の展開——信託法案の動向を中心として」信託法研究 18 号（1994），所有権留保につき，道垣内弘人・買主の倒産における動産売主の保護（有斐閣，1997），ダイイ債権譲渡につき，山田誠一「金融機関を当事者とする債権の譲渡および買入れ——フランスにおける最近の動向」金融法研究 6 号（1990）など．
48) 「担保としての所有権（propriété-garantie）」は，「所有権」を統一テーマに掲げて 2003 年 11 月に開催されたアンリ・カピタン協会ハノイ大会のサブ・テーマの一つともされた（日本法については，山野目章夫教授のレポートが提出された）．同様の観点から，後掲のクロック論文を意識しつつ日本法を紹介する仏語文献として，Nozawa, Le transfert de la propriété à titre de garantie en droit français et en droit japonais 立教法学 49 号（1998）も参照．
49) Crocq, *Propriété et garantie*, LGDJ, 1995, préf. Gobert, Blanluet, *Essai sur la notion de propriété économique en droit privé français. Recherches au confluent du droit fiscal et du droit civil*, LGDJ, 1999, préf. Catala et Cozian.
50) 個人的な見聞に属するが，1997 年秋にパリで開催された第 5 回日仏法学共同研究集会（テーマは「所有権」．集会の内容については「座談会 不動産所有権の現代的諸問題——第 5 回日仏法学共同研究集会」ジュリスト 1134 号〔1998〕を参照）において，パリ第二大学の別の有力教授が，公刊されて日の浅いクロック論文を念頭に置いて（これに対して批判的な）発言をしたことが印象に残っている．

その主張が明快であることも，おそらくはその影響力を支えているのだろう．クロックは，次の二つの問いを立てる．所有権は担保機能によって変容を受けるか，逆に，所有権は信用法に何らかの影響を与えるか，という問いである．第1部・第2部で，順次，これらの問いは検討されるが，著者の解答は論文の章立てに反映されている．すなわち，第1部「担保機能の所有権への影響の全面的不在」では，「現実の影響」（第1章）と「潜在的な影響」（第2章）のいずれもが否定される．これに対して，第2部「所有権の信用法への影響」では，「理論的な変動」（第1章）が肯定され，「限られた実際上の影響」（第2章）が示される．言い換えれば，クロック論文においては，その表題の通り，所有権と担保の概念がそれぞれ検討に付されるが，著者は，前者についてはその変容を否定し，後者につき新しい理論を提示することによって「担保としての所有権」を説明しようとしている．

このうち担保法の観点からすると興味深いのは，後者であろう．ゴベール教授の序文でも，論文本体の順序を変えて，この点に関する言及がまずなされている．一般には同視されることも多い「担保」を示す二つの用語（garantie/sûreté）の関係に関する考察[51]や物的担保・人的担保の二分法に代わるものとしての四分法（担保目的物が限定されているか・優先権が付与されているかの二つの基準をクロスさせる）の提唱[52]など，確かに注目すべき観点が示されている．

しかし，本稿の観点からはむしろ前者の方が重要である．そこでは，所有権の分属を観念することなく，担保として所有権が機能しうることが示されるとともに，仮に「価値所有権」「利用所有権」の分属・分有が望ましいとしても，フランスにおいては物権法定主義の存在ゆえに，それは実定法上不可能であるとされている[53]．一見保守的に見えるこの結論は，いくつかの点で興味深い．物権法定主義についてはひとまず置くとして，所有権を担保のために用いることが可能であることの論証は，このことを疑わない——担保的構成ととるかどうかは別として——現代日本の民法学にとっては新鮮に感じられる[54]．クロッ

---

51) Crocq, *op.cit.*, pp. 217–250.
52) Crocq, *op.cit.*, pp. 261–271.
53) Crocq, *op.cit.*, p. 144, p. 206.
54) もっとも，道垣内・前出注47）などはすでに，このような理論風土を紹介・検討したが，なお必ずしも十分には浸透していない．

ク論文では，担保のために所有権を利用することは，所有権の完全性を損なわないかどうかが，絶対性と永続性の両面から検討されているが[55]，このことは，冒頭に述べた所有権概念の強固さを改めて想起させる．と同時にそこには，所有権という基本概念と向き合い，その再検討・再設定を試みることを通じて，問題を解決していこうという姿勢の確かさが示されているように思われる[56]．所有者が自ら所有権を制限することは可能であるという命題[57]は，一見すると平凡なものではあるが，「所有権」とは何であったのかを再考した結果えられたものである点で貴重である．所有権の属性自体は所有者には自由にならないという認識がそこには含まれており，この前提の下で所有権の可能性が問われているからである．

（3）　もっとも，同じ問題に取り組む論者が，クロック論文と同じ解答に必ず至るというわけではない．同論文との異同に注目しつつ，もう一つのブランリュエ論文を見てみることにしよう．

ブランリュエ論文の状況認識はクロック論文と一致する．しかし，著者は，クロックが否定した「経済的所有権」（＝「利用所有権」）の正当化をめざす．そこで援用されているのが，租税法上の所有権の取扱いである．租税法では法的な所有者ではない者を所有者とすることがあるというのである．クロック論文は，実定法上は認められていないことを理由に経済的所有権を退けたが，ブランリュエ論文は同じ事実を出発点とする．序文冒頭でコジアン名誉教授が指摘するように，この論文は「経済的所有権はいまだ分別のつく年齢（âge de raison）に達していない．……その歴史は未来に属する」[58]と結ばれている．著者は経済的所有権の非実定性を承認しつつ，この概念の意義を説いているのである．

とはいえ，ブランリュエ論文も空想的な立論を試みているわけではない．著者は，経済的所有権の効果を，準物権的（quasi-réel）なものとしてとらえている[59]．この構想自体は，クロック論文の議論とも両立不可能なわけではない．

---

55) Crocq, *op.cit*., pp. 62–87, pp. 88–96.
56) 成否は別として，大村「『後継ぎ遺贈論』の可能性」道垣内弘人＝大村敦志＝滝沢昌彦編・信託取引と民法法理（有斐閣，2003）も同様の発想に立つ一つの試みである．
57) Crocq, *op.cit*., p. 87.
58) Blanluet, *op.cit*., p. 442.
59) Blanluet, *op.cit*., p. 435.

むしろ，アプリオリに新しい物権を想定しない点では，共通の前提に立っていると評することもできる．

(4) 一つの物がある以上，そこには一つの所有権が存在する．本項で紹介した二つの学位論文は，この命題を再検討するものであった．それは，物自体からある種の効用（利用あるいは経済的価値）を切り出し，これを法的に構成しようという試みであったと言ってもよい．同様の試みは，「物」とは区別される「人体」についても可能であるが，これについては次の項で扱うことにしよう．

II　労働力

(1)　日本では，労働法学が専門分野として確立して以来[60]，労働関係や雇用契約に関する民法学の関心は薄れており[61]，最近の教科書では，立ち入った叙述は避けられるようになっている[62]．しかし，フランスでは，民法・労働法の双方を専門にする研究者も少なくなく[63]，日本と比べるならば，二つの領域の障壁は低いように見える．次に紹介するような学位論文が書かれること自体がその証左であると言えるだろう．ルヴェの『労働力（法的検討）』（1992）がそれである[64]．

著者のルヴェ氏は，現在はパリ第一大学教授であり，ゼナチの『物権法』の改訂者として，あるいは，『民法季刊雑誌』の物権の欄の担当者として知られて

---

60) その状況につき，菅野和夫・労働法（弘文堂，第6版，2003）を参照．
61) もっとも，日本の労働法学は，戦前に民法学者によって開かれたことは記憶にとどめておく必要がある（末弘厳太郎・労働法研究〔改造社，1926〕など）．なお，労働法学の側からは，菅野和夫・争議行為と損害賠償（東京大学出版会，1978）をはじめとして，一般法である民法を視野に入れた研究も少なからず現れている．最近の状況の一端を知るには，大内伸哉「労働法と消費者契約」ジュリスト1200号（2001）およびそこに引用されている文献を参照．
62) 広中俊雄・債権各論講義（有斐閣，第6版，1994）や星野英一・民法概論IV契約（良書普及会，合本新訂版，1986）などでは歴史的な経緯も含めて一定の叙述がなされていたが，内田貴・民法II債権各論（東京大学出版会，1997）ではわずかな叙述がなされているだけで，労働法へと委ねられている．大村・基本民法II債権各論（有斐閣，2003）のスタンスも基本的には同様である．もっとも，内田教授も筆者も，労働関係に対しては少なからぬ学問的な関心を有していることは付記しておいた方がよい（内田・契約の時代〔岩波書店，2000〕第1章・第2章，大村・フランスの社交と法〔有斐閣，2002〕第1章などを参照）．
63) たとえば，代表的な契約法学者であるゲスタン教授は，労働法の教科書の著者でもある．
64) Revet, *La force du travail (étude juridique)*, Litec, 1992, préf. Zenati.

いるが，この学位論文は，序文はゼナチ教授の手になるものの，テシエ教授（契約法・労働法）の指導の下で書かれている．ゼナチは，所有権論の論者として，テシエは複合契約論の論者として名高いが，この論文は，第1部が「契約の目的としての労働力」，第2部が「価値の源泉としての労働力」と題されており，まさに所有と契約の両面から労働力を考察するものであると言える．

（2） ルヴェ論文で問われていることも，ある意味では解決ずみのことがらである．労働力が契約の目的となりうることは，今日では自明のことである．しかし，「いかにして人格の一部が取引の対象となりうるのかについては，なお説明が必要である」（裏表紙紹介文）．さらに，「人間の労働力が『脱人格化 (dépérossonnalisé)』されて，物・財の世界 (monde des choses et des biens) に加わる」仕組みがより立ち入った形で検討されなければならない．このうち，本稿にとってとりわけ興味深いのは，第2部で扱われている後者の問題である．

ルヴェ論文の第2部は，「価値の源泉としての労働力の承認」（第1章）と「価値に対する労働力の影響」（第2章）からなるが，最初の章では，「人格のある意味での財産化 (certain patrimoinisation)」と「財産のある意味での人格化 (certain personnalisation)」が論じられる．そこでは，労働力は，その処分不能性ゆえに所有権の対象ではないとされつつも，使用・収益が可能なことに鑑みて「準所有権 (quasi-propriété)」であると位置づけられる[65]．同時に，それは人格に由来するがゆえの特別な処遇を受ける．労働力は，差押不能であるし，夫婦財産制における共有財産にも含まれない．また，給料債権も一定の保護を受ける．続くもう一つの章の考察も興味深い．この章では「物に対する労働」の場合と「労働のみ」の場合とにわけて，そこから生まれた価値に対する労働力の影響が考察される．すなわち，前者については，附合原則との関係が論じられ，後者については，労働の成果である無形物に対する物権的な保護が論じられている[66]．

（3） 以上のような考察は，いくつかの点で興味あるものであると言える．

第一は，アプローチの方法についてである．ルヴェ論文は領域横断的に，「労働力」に関する法をとりあげる．その対象は，労働法から物権法に及ぶだけで

---

[65] Revet, *op.cit*., pp. 388–395.
[66] 問題の立て方につき，Revet, *op.cit*., pp. 423–427.

なく，夫婦財産法や契約法・民事責任法へと広がる．また，同論文の「労働力」観が，マルクス主義をはじめとする法外在的な思想によるのではなく，「仕事の貸与」という民法典の雇傭観を下敷きとしているのも興味深い．このことは，ゼナチの序文も指摘する通りである．

　第二に，繰り返しになるが，ルヴェ論文では，「人」の中に「労働力」を見出し，これを取り出すための諸方法が，既存の法観念・法技術との関係で論じられている．労働の商品化は最近になって始まったことではないが，こうした原理的な検討が改めてなされていることは注目に値する．

Ⅲ　物の代替

一　情報

　（1）　取引の目的物に関する情報は，かつては目的物そのものに集約されており，しかも可視性が高かった．したがって，代金を支払う側が，自ら目的物を検分しその責任において品質を確認することが可能であった．しかし，取引対象の高度化・複雑化によって，目的物そのものを見ただけではその品質を判別しがたいという事態が生じるようになってきた．さらにこの事態は，サービス取引の普及・発展によって深刻になっている．このような状況に対処すべく，「物」そのものの持っている情報提示機能を補完するための方策が講じられるに至っている．その一つは，取引対象たる商品（製品・サービス）の提供者に，一定の情報の提供を義務づけるというものであり，今日では，この義務は情報提供義務と呼ばれている．

　フランス法においては，20世紀の半ば頃から情報提供義務が論じられ始めたが，理論的な進展が見られたのは1970年代から80年代にかけてであった[67]．その後，1990年代に入ると，この情報提供義務を総括する学位論文が現れる．ファーブル＝マニャンの『契約における情報提供義務について』（1992）がその代表格である[68]．この著名な論文については，日本でもすでに紹介・検討がな

---

67)　日本における紹介として，後藤巻則「フランス契約法における詐欺・錯誤と情報提供義務（1〜3）」民商法雑誌102巻2号，3号，4号（1990）［同・消費者契約の法理論（弘文堂，2002）所収］．
68)　Fabre-Magnan, *De l'obligation d'information dans les contrats*, LGDJ, 1992, préf. Ghestin.

されているので[69]，ここでは改めて触れない．ここで取りあげたいのは，一般論としての情報提供義務の承認を前提として展開されているより立ち入った議論である．具体的には，アタールの『金銭消費貸借契約は片務契約か双務契約か』(1999)という学位論文を紹介しよう[70]．

(2) 消費貸借が双務契約か片務契約かは，契約成立の時期の定め方に依存する．もし，消費貸借が諾成契約であるならば，貸主は貸す義務を負うことになるが，要物契約であるとすると，契約成立時には売主には義務が残らないことになるからである．フランス法は，日本法と同様，後者の考え方に立っているので，消費貸借契約は片務契約であると考えられてきた．ところが，フランスでも最近では，消費者金融につき消費貸借契約の要物性を否定する判例も現れており，上記の考え方は再考を迫られている．以上が，アタール論文の出発点である．こうした問題展開は日本ではなじみのあるものであり[71]，少なくともわれわれにとっては，アタール論文の立てる問題は，一見するとあまり目新しいものには映らない．

しかし，一歩立ち入って見ると，アタール論文の分析にはなかなか興味深いものが含まれていることに気づく．というのは，同論文は，貸主の貸す義務の有無を超えて，より広く消費貸借義務における義務の構造を視野に入れているからである．具体的には，同論文の第1部では「不干渉義務 (devoir de non-ingérence) の片務契約性への影響」が，第2部では「誠実義務 (devoir de bonne foi) の双務契約性への影響」が論じられているが，とりわけ前者の分析が目を引く．著者は，「不干渉義務」を観念することによって，消費貸借における貸主が，契約締結に際して，借主の私生活や営業の自由につき基本的には関与しない(すべきでない)ことを指摘する[72]．確かに，序文を寄せているデルベック教授も指摘するように，これらはわれわれの社会の基本価値であり，不干渉

---

69) 横山美夏「契約締結過程における情報提供義務」ジュリ1094号 (1996)，山下純司「情報の収集と錯誤の利用 (1)」法協119巻5号 (2002) など．
70) Attard, *Le contrat de prêt d'argent, contrat unilatéral ou contrat synallagmatique ?* PUAM, 1999, préf. Delebecque.
71) 広中俊雄「消費貸借を要物契約とした民法の規定について」同・契約法の研究 (有斐閣，増訂版，1964)［同・契約法の理論と解釈 (創文社，1992) にも所収］．
72) Attard, *op.cit*., p. 106.

義務を確認することには意義がある．もっとも，不干渉義務の背後には別のもう一つの考慮もある．それは，契約締結の迅速性の要請であるが，今日でもなおこの点を重視する必要があるかどうかは検討に値する．貸主には，一定の場合には慎重に契約を締結する義務があるとも言えるからである．著者は第2部を通じてこの点を検討する．職業的な貸主には情報提供義務があることを確認している．とはいえ，著者によれば，このことは必ずしも消費貸借契約の性格に変化を生じさせるものではない．さらにデルベック教授によれば，これらの義務は職業上の義務（devoirs professionnels）にとどまるということになる[73]．

（3） アタール論文のスタンスは，自由主義に与するものでも消費者保護に与するものでもなく，「非常に適切にバランスのとられたもの（très justement mesuré）」（序文）であるとされている．一方で，不干渉義務の存在を指摘し，その存在意義を示すことによって，消費貸借という契約類型の特質を再確認するとともに，他方で，その影響の及ぶ範囲につき著者と序文執筆者の間に若干の齟齬があるようにも見えるが，いずれにしても情報提供義務の存在が肯定されている．確かに，このバランスの取り方には絶妙なものがある．しかし，このようにして契約類型の変質を回避するとしても，もはや情報提供義務を否定することはできないこともまた確かなのである．

二　助言

（1） 十分な情報を自ら収集することが困難な契約当事者が存在する場合，他方当事者に情報提供義務を課す以外の方策もないわけではない．情報劣位の当事者の抱く信頼を保護する義務を他方当事者に課すという方策がそれである[74]．このような信頼に応える義務があるとされるのは，たとえば，医師や弁護士などである．もっとも，今日では，情報提供か信頼かという二分法は必ずしも妥当とは言えない．「○○です．あとはご自由に」（相手方の判断力不足は捨象する）というのでも，「まかせておきなさい」（裁量判断を行い相手方の意向を聞かない）というのでもない方策も求められている．こうして生の情報ではなく，

---

73) Delebecque, *préface* à la thèse d'Attard, p. 6.
74) この点につき，大村「現代における委任契約」中田裕康＝道垣内弘人編・金融取引と民法法理（有斐閣，2000）99頁およびそこに引用の文献を参照．

情報と判断を組み合わせてありうる選択肢を提示する「助言 (conseil)」がクローズアップされる．次に紹介するルブールの『助言契約』(1999) は，まさにこの問題にかかわるものである[75]．

(2) 言うまでもなく，フランス民法典に「助言契約」という契約類型が存在するわけではない．しかし，今日，そう呼びうる契約は増加しており，その内容は多種多様になってきていることは確かである．デルベック教授の序文が述べるように，現代の生活は複雑にすぎ，助言の必要性が増大している．そして，これは発展した(しすぎた)社会の宿命であるとも言える．こうした認識に立って，ルブール論文はまず現象の多様性から出発して，「助言契約」の概念構成へと向かう(第1部「助言契約の適用領域の多様性」)．その上で，「助言契約」に共通の要件効果を論ずる(第2部「助言契約の法制度の単一性」)．

600頁を超える大部の論文の過半は，各種の助言契約──公証人・弁護士・知的財産や租税に関するアドヴァイザー・建設関係の専門家・マネージメントや広告関係のプランナー・人材派遣業者など──の個別的分析に充てられているが(第1部第2章)，本稿の観点から見て興味深いのは，より総論的な色彩の濃い残余の部分，すなわち，助言契約の概念(第1部第1章)，契約当事者の独立性(第2部第1章)，契約の一般理論に由来する当事者の義務内容(第2部第2章)に関する部分である．著者のルブールは，報酬を得て独立に労務を提供するが，代理権の付与されない助言契約は，請負の一種(「知的な請負契約 (contrat d'entreprise intellectuelle)」)であるとする[76]．そして，助言者の専門的独立性を確保しつつ，同時に，最終的な決定権限は顧客に留保される．また，助言者には誠実義務が，顧客には協力義務が存在することが確認されている[77]．

助言とは何か，助言契約とは何か．デルベック教授の表現を借りつつまとめるならば，助言者の義務は三つに分けられることになる．「自ら知ること」「知らせること」そして「決定させること」ことである．助言者は決定を導くが，それを拘束しはしない．最後の決断は顧客に委ねられており，そこに至らしめ

---

75) Reboul, *Les contrats de conseil*, PUAM, 1999, préf. Delebecque.
76) Reboul, *op.cit.*, pp. 91–93. なお，このような性質決定によって，売買・賃貸借・雇傭・委任など他の典型契約規定の適用が排除される点にメリットがあるとされており (Reboul, *op.cit.*, pp. 93–97)，典型契約論の観点から見ても興味深い．
77) Reboul, *op.cit.*, pp. 557–559.

るのが助言であるというわけである[78].

(3) ここまで，Ⅰ・Ⅱでは，物（あるいは人）そのものではなく，そこから経済的価値を抽出してこれに保護を与える試みを，Ⅲでは，物そのものからではなく，それ以外の手段によって契約目的（物）に関する判断を可能にするための試みを，それぞれ検討する学位論文を紹介してきた．これらは，大きく括れば，「物ばなれ」の傾向に棹さすものであると言える．しかし，「物ばなれ」はそれほど容易なことではない．これらとは別に，「物の力」が依然として作用し続けている局面もあるのである．次のⅣでは，その一端を示す学位論文を紹介することにしよう．

Ⅳ 物の力——失効の法理[79]

(1) 日用語としては「今では通用しない」という意味を持つ caduc という形容詞は，法律用語としては「失効した」と訳され，「〔法律行為につき〕完全な効力発生のための補完的要素（要件充足，配慮，確認など）を期待しつつ，一旦は有効に成立した法律行為が，その期待に反した事実の到来によって無価値となる場合」を指すとされ，例として，「遺贈者に先立つ受贈者の死亡による遺贈の失効（民 1039 条），婚姻不成立による婚姻のための贈与の失効（民 1088 条）」などがあげられている[80].

確かに，参照条文としてあげられた民法典の二つの条文には「失効する」という表現が用いられている．それゆえ，「失効（caducité）」の概念はこれらの規定を含む形で構成されている．しかし，この概念は，今日ではより広い意味で用いられており，上記の定義もこの広い概念規定に対応している．たとえば，スライド条項における指標（indice）の消滅，条件付行為における条件の不成就なども「失効」に含まれる[81].

---

78) Delebecque, *préface* à la thèse de Reboul, p. 8.
79) Ⅲでは，これとあわせて，以前から出版の予告されている錯誤・瑕疵担保責任・引渡義務の相互関係に関する学位論文（Serinet, *Les régimes comparés des sanctions de l'erreur, des vices cachés et l'obligation de délivarence de la vente*, LGDJ, à paraître）を検討する予定であったが，出版が遅れているようであるので検討の対象から外さざるを得なかった．
80) 山口俊夫編・フランス法辞典（東京大学出版会，2002）の caduc の項．
81) Malaurie et Aynès, *Droit civil*, tome 6, *Les obligations*, Editions Cujas, 1993, p. 296.

以上のように,「失効」の概念は,民法典自体に由来するというよりも,学説の構成によるものであり[82],これまでは「やや理論的なもの」にとどまっており,教科書類では独立の言及がなされないこともあったものである.ところが,最近になって,これに関する学位論文が相次いで出版された.一冊はガロンの『契約の失効(私法の研究)』(1999)であり,もう一冊は,ベルギー法に関するものであるが,フォリエの『契約成立の要素の消滅による契約関係の失効――事物の性質から衡平へ,不能から信義に従った履行へ』(1998)である[83].

　(2)　二つの学位論文に共通の出発点は,次の3点にまとめられる.第一に,民法典の規定にもかかわらず(債務の消滅原因を列挙する1234条は「失効」に言及していない),「失効」を債務の一般的な消滅原因として位置づける点,第二に,その理由として,最近の判例の発展をあげている点,第三に,これと関連するが,これまで中心的に考えられてきたケースとは異なるケースを念頭に置いて(あるいは,これら二つのタイプのケースを再編成して),「失効」を論じようとしている点である.

　最後の点は,とりわけ「契約成立の要素の消滅」による「失効」に対象を限定したフォリエの論文に顕著であるが,程度の差はあれガロン論文でも重視されている点である.すなわち,合意・能力・目的・コーズ(フランス民法1108条が契約の成立要件として掲げる諸要素)は,契約の成立にかかわるのみならず,その存続にも影響を及ぼすのではないかというのである(フォリエ論文裏表紙紹介文を参照).実際のところ,フォリエ論文は,これらの四つの要素を個別に検討する形で議論を進めているし(第1部第1章「目的」,第2章「コーズ」,第2部第1章「合意」,第2章「能力」),ガロン論文でも,「失効の状況」と題された第1部第2章では,「合意の消滅」(第1節),「目的の消滅」(第2節),「コーズの消滅」(第3節)が検討され,「能力の消滅」もまた「契約当事者に関する要素の消滅」(第4節)という項目の中で論じられており,フォリエ論文と共通の関心

---

82)　Malaurie et Aynès, *op.cit*., p. 296 note 4 は,Bullelan-Lanone, *Essai sur la notion de caducité en droit civil*, LGDJ, 1963, préf. Hébraud を引用している.

83)　Garron, *La caducité du contrat* (*Etude de droit privé*), PUAM, 1999, préf. Mestre, Forrier, *La caducité des obligations contractuelles par disparition d'un élément essentiel à leur formation. De la nature des chose à l'équité, de l'impossible au principe de l'exécution de bonne foi*, Bruyant, 1998, préf. Simon.

が窺われる．ガロン論文は「失効」の概念を探究し（第1部第1章），「失効」を「契約の成立要素の消滅」に求めているのである[84]．

もっとも，二つの論文の進む方向は完全には同じではない．ガロン論文が，その第2部（「失効の司法的確認」「失効の法的帰結」の章に分かれる）において失効後の契約の処遇につき，判事の役割とからめた議論を展開しているのに対して，フォリエ論文は，その副題が示すように，「事物の性質」「不能」の概念から脱却して，「衡平」「信義則」へと赴こうとする[85]．とはいえ，次のように考えるならば，両者は再び接近する．すなわち，程度の差はあれ――ガロン論文は失効の確認のレベルでは判事の役割は消極的なものにとどまるとする――，二つの論文は，「失効」にかかわる法律関係を画一的・機械的に処理することを避ける方向を指向している点では共通しているとも考えられるのである．

(3) 以上，両論文の内容をごく簡単に紹介したにとどまるが，本稿にとって興味深いのは，二つの論文が立てた問題そのものである．「失効」とは何であるのか，他の法理とどこが異なるのか．一般的な理解にもう一度立ち返るならば，次のような説明が興味を引く．すなわち，マロリーとエネスは，「行為の瑕疵が当初から存在する無効の場合とは異なり，失効は，不履行を理由とする解除と同様に，契約成立後の事情に由来する．しかし，失効は，不履行解除とは異なり，行為の当事者の意思とは独立の要素にかかわる」としている[86]．このように，「失効」は一般には，「無効」とも「不履行」とも異なる法理として位置づけられているのである．ガロン，フォリエは，この失効の法理を「契約の成立要素の消滅」によって説明し，その後の調整を多少とも柔軟化する方向を模索したわけである．しかし，それにしても，目的やコーズについての叙述に端的に見られるように[87]，彼らもまた「物（chose）」の消滅を前提とせざるを得ない[88]．フランスではまだ問題は発見されたばかりであると言っても過言で

---

84) Garron, *op.cit*., p. 55, p. 61.
85) Forrier, *op.cit*., pp. 137–143, pp. 195–197.
86) Malaurie et Aynès, *op.cit*., p. 296.
87) 目的とコーズの相互関係につき，大村「『合意』の構造化へ――『契約の成立』に関する立法論的一考察」別冊 NBL 51号・債権法改正の課題と方向 (1998) を参照．
88) 「合意」に関する考察の対象は，両氏の間で異なっており，ガロン氏が「条件」にかかわる諸問題を主として扱うのに対して，フォリエ氏は継続的契約の解約を取りあげている．この差が，両氏の「物ばなれ」の程度の差を規定しているようにも思われる．

はない状況であり[89]，今後の展開を見守る必要があるが，この問題につき「物ばなれ」が実現するには，なお時間がかかりそうに見える．

なお，「失効」にかかわる問題の一環を形成する「条件」に関しては[90]，最近のフランス法には別の方向での議論が存在する．これについては，節を改めて別の観点から行う考察の中で扱うこととしよう[90bis]．

---

89) ドイツ法では，行為基礎論や目的不到達法理に関して議論されていることが，参考になりそうであるが，詳しくは関連の諸研究に譲る．なお，日本では，近年，各種の国際ルールの展開を視野に収めて進められつつある債務不履行法（履行障害法）の再構成の流れの中で，「物ばなれ」が進行中であるが，これに関しても関連の諸研究に譲ることとし，ここでは，最新の展望として，潮見佳男「債権・前注」奥田昌道編・新版注釈民法（10）Ⅰ（有斐閣，2003）のみを掲げておく．
90) 条件（と無効）に関する最近の邦語文献として，亀田浩一郎「停止条件付法律行為無効」，同「不法条件無効・不能条件無効」（いずれも椿寿夫編・法律行為無効の研究〔日本評論社，2001〕）がある．
90bis) 続く第二節で検討予定であったが，はたせなかった．

補章　基本原理に関する研究動向

　補章においては,「基本原理」に関する最近の研究動向を簡単に紹介したい. はじめに, 補章の検討対象および本論各章との関係につき一言しておく.

　この補章で取りあげるのは, 主として 2000 年以降(一部は 1990 年代末)に公表されたフランスの学位論文のうち,「基本原理」にかかわるもののうち主要なものである. 本論で紹介してきた諸論文においては, 射程の広い基本概念が取りあげられていたが, ここでいう「基本原理」はさらに抽象度の高い概念(極端に言えば「考え方」)を指している. このような意味での「基本原理」を論ずる学位論文が増えているのが, 最近のフランス民法学の顕著な傾向の一つである. これが何を意味するかについて慎重な検討を要するが, さしあたりごく簡単な紹介をするにとどめて, さらなる検討は今後の課題としたい[1].

　本論においては, 1990 年代の学位論文の紹介を課題としていたが, 作業が遅延するうちにこの新たなタイプの論文群が姿を現し始めた. 本来ならば, 当初予定していた契約に関する諸論文の紹介を終えた上で[2],「基本原理」に関する

---

1) 本論における紹介自体が簡単なものに過ぎなかったが, 補論ではより簡潔に, 各論文の対象と問題意識につき一言するにとどめる.
2) 本論は第 2 章第一節までで中断しているが, 当初の予定では, 第二節「自律の限界」において,「Ⅰ 決定の射程」,「Ⅱ 行為の調整」,「Ⅲ 原理の援用」の三項目に分けて契約に関する諸論文を紹介する予定であった. このうちⅢは本補章に吸収される. ⅠⅡは執筆を断念せざるを得ないが, 当初予定していた諸論文のほか (撤回に関する MIRABAIL (S.), *La rétractation en droit privé français*, LGDJ, 1997, 事後決定に関する VALORY (S.), *La postestativité dans les relations contractuelles*, PUAM, 1999, 私的規律に関する NEAU-LEDUC (P.), *La réglementation de droit privé*, Litec, 1998, モンタージュに関する PORACCHIA (D.), *La réception juridique des montages...*, PUAM, 1998, 単独行為に関する IZORCHE (M. L.), *L'avènement de l'engagement unilatéral en droit privé...*, PUAM, 1995, 不可分性に関する SEUBE (J. B.), *L'indivisibilité et les actes juridiques*, Litec, 1999, 担保に関する JACOB (F.), *Le constitut ou l'engagement autonome de payer la dette...*, LGDJ, 1998, LUCAS (F. X.), *Les transferts temporaires de valeurs mobilières*, LGDJ, 1997, 三面関係に関する JEULAND (E.), *Essai sur la substitution de personne dans un*

最近の論文にとりかかるべきところであるが，その重要度に鑑み，契約に関する（具体的テーマを扱った）論文の紹介を棚上げにして，この補章を付加することとした．以下においては，まず，契約に関する（基本原理を扱った）ものを紹介し（Ⅰ），続いて，より一般的なものを紹介する（Ⅱ）．

Ⅰ 契約に関するもの

契約に関するものは，大きく次の三つのグループに分けられる．一つ目は「契約内容 contenu du contrat」に関するもの（一），二つ目は「整合性 cohérence」や「道義性 moralité」などに関するもの（二），そして三つ目は「一般利益 intérêt général」や「権力 pouvoir」に関するもの（三）である．

一 契約内容

有効に成立した契約は，その内容に従った債務を生み出す．契約の成立と効力を繋ぐ契約内容は，契約・契約法の要であるとも言える．しばらく前から日本でも，債務不履行を債務からではなく契約内容から出発してとらえる考え方が有力になっている．フランスでこの問題につき取り組む最近の学位論文としてまず挙げるべきものは，ルゥヴィエールの『契約の内容──不履行概念に関する一考察』（2005）であろう[3]．実際のところ，同書の裏表紙紹介は，「契約の内容と不履行とは密接に結びついている」という文章で始まる．具体的には，「契約の内容──分析道具の定義」と題された同書の第1部では，契約内容が

---

rapport..., LGDJ, 1999, NICOLAS (V.), *Essai d'une nouvelle analyse du contrat d'assurance*, LGDJ, 1996, 分析基準としてのコーズに関する ROCHFELD (J.), *Cause et type de contrat*, LGDJ, 1999, 価値媒体としてのコーズに関する BAHANS (J. M.), *Théorie générale de l'acte juridique et droit économique*, PUS, 1999 など），最近も引き続き興味深い論文（契約の解釈・性質決定に関する GELOT (B.), *Finalités et méthodes objectives d'interprétation des actes juridiques*, 2003, PERES-DOURDOU (C.), *La règle supplétive*, LGDJ, 2004, 価格等に関する THIOYE (M.), *Recherches sur la conception du prix dans le contrat*, 2 tomes, PUAM, 2004, CHANTEPIE (G.), *La lésion*, LGDJ, 2006, 契約と時間に関する LAVEFVE-LABORDERIE (A. S.), *La pérennité contractuelle*, LGDJ, 2005, GRIMONPREZ (B.), *De l'exigibilité en droit des contrats*, LGDJ, 2006, 裁判官の権限に関する LAFAY (F.), *La modulation du droit par le juge*, 2 tomes, PUAM, 2006 など）が現れていることを付記する．

3) F. ROUVIERE, *Le contenu du contrat : essai sur la notion d'inexécution*, PUAM, 2005 (préf. C. ATIAS).

「不履行という性質決定の基礎」となることが示されるとともに (第1章), 契約内容は「契約という企図の表現」であると説かれ, 本質的な内容と付随的な内容とが区別される (第2章). その上で, 「契約内容——不履行の基準」と題された第2部では, 契約内容が「債権者の期待の基準」となるとともに (第1章), 「債務者の帰責の基準」(第2章) ともなるとされる. 際だった独創性があるというわけではないが, 「契約内容と不履行」「契約内容と拘束力」「契約内容と解釈」「契約内容と契約責任」「契約内容と合意の性質」といった序論の項目には, 「契約内容」の概念によって契約責任を統一的に説明しようという強い指向が現れていると言えよう[4].

その後に現れたムーリー=ギルモーの『1135条への回帰——契約内容の新たな源泉』(2006) もまた「契約内容」に関心を寄せる[5]. この論文の核心は次のように表現されている (裏表紙).「民法典1135条の文言は, 契約当事者の望まない債務の付加という司法現象の異論なき論拠とされてきた. 契約は当初の合意の反映ではないというわけである. 契約当事者の意思と法秩序の安定性に反して構築されたこのような判例は, 1135条の誤った読み方に由来するものであり, 衡平に基づく契約の解釈という基準によるものである. 条文の本来の姿に戻る必要がある. 新しい読み方によれば, 長年にわたり知られてこなかったこの基本的な規定は, 契約内容を表示された意思によってのみならず債務の『性質 nature』の『帰結 suite』によって定めるものである」[6].

契約内容をこのようにとらえることから, 次のような帰結が導かれる (裏表紙).「それにより, すべての債務において『ある性質 une nature』が存在することが正当化される. その結果, 契約成立時において要素 essence を要請されることになる. というのは, 債務は性質に反する形で contre-nature 約定しえな

---

4) ROUVIERE, *op.cit.*, pp. 14–22.
5) C. MOULY-GUILLEMAUD, *Retour sur l'article 1135. Une nouvelle source de contenu contractuel*, LGDJ, 2006 (préf. D.FERRIER).
6) 本論文よりも少し早く公刊された P. JACQUES, *Regards sur l'article 1135 du Code civil*, Dalloz 2005 (préf. F. CHABAS) も, 本論文と同様に 1135条の再読を目指すものであるが, 「合意されたもの concvenu」から「締結されたもの conclu」への飛躍を媒介するのが 1135条であり, 「意思の合致の内容の評価 appréciation du contenu des accords de volontés」に本条の役割を認める点で, 本論文とはややニュアンスを異にする. もっとも, その差は相対的なものであるとも言える.

いからである．契約履行時においても同様である．というのは，約定された債務は変質させられる dénaturer べきではないからである」．

こうしたアプローチはある意味では意思主義的な見方だと評されている[7]．というのも，そこでは次のような見方が前提にされているからである[8]．「一方で，合意を通じて契約の存否を決定するところの現実の意思，他方で，契約の内容を決定する二つの意思，すなわち，表示ないし表明された意思，そして債務の性質から当然に由来する黙示の意思を区別しなければならない．かくして，現実の意思の帰結であるところの容れ物 contenant としての契約に適用される 1134 条と表明された意思と合理的な意思の帰結であるところの契約の内容 contenu に適用される 1135 条との間にバランスが回復されることになる」．このような立論は，補充的契約解釈論や典型契約論，さらには「契約の本性」をめぐる最近の議論と切り結ぶ視点を含む．

以上の2論文で言及されていた本質的な内容あるいは契約の性質は，先行する別の学位論文では別の観点から論じられている．アンセルの『契約の特徴的給付』(2002) がそれである[9]．「特徴的給付 prestation caractéristique」は第1次的には準拠法の決定に関する国際私法上の概念だという．国内法的には「本質的債務，コーズ，基本的債務 obligation essentielle, cause, obligation fondamentale」などとの異同が問題になる．本論文は，この概念は国内法上も有益であることを示そうとする．「この概念は契約の機能的一体性を示す．それこそが当事者の合意の中心的な対象となる．契約の構造においてこの概念を考慮に入れると，四つの契約カテゴリーが導かれる．無償契約，中立契約，継続的供給契約，共通利益契約である．特徴的給付の役割は，契約の本質を語りその重心を指し示すだけでなく，適用されるべき法制度を決定する点にある．それは裁判官の権限や当事者の交代を限界づける」[10]．

以上のように，「契約内容」をめぐる議論は，一方で不履行責任へ，他方で契約の成立や解釈へ，さらには契約の性質決定や変性へと広がっている．どのよ

---

7) FERRIER, préface, *op.cit*., p. VI.
8) FERRIER, *op.cit*., pp. V–VI.
9) M. E. ANCEL, *La prestation caractéristique du contrat*, Economica 2002 (préf. L. AYNES).
10) AYNES, préface, *op.cit*., p. V.

うな方向に向かい，どのような結論に至るにせよ，ここに現代契約法の課題の一つが横たわっていると見ることができるだろう．

二　整合性・道義性

一方で契約の整合性(構造的・内的整合性)，他方で契約の道義性(価値的・外的整合性)，これらもまた最近の学位論文の大きな関心事である[11]．

初めに，「均衡 équilibre」に着目した論文を紹介しよう．まず，ラボルドの『不均衡な契約』(全2巻，1999)である[12]．この論文は二つの観点から不均衡な契約を取り出す(第1部)．一つは「価値において不均衡な契約」であり(第1章)，もう一つは「権力において不均衡な契約」(第2章)である．その上で，予防(第2部第1章)・是正(第2章)について論ずる．このうち，「権力における不均衡」は，権利濫用に関する学位論文でも意識されていたテーマであるが[13]，後に述べるように，この点を正面から取りあげる論文も現れている．

同様に「均衡」という用語を用いてはいるが，ファン・ランジェの『契約的均衡』(全2巻，2002)の視点は少し異なる[14]．同論文の特徴は次の3点に求められる．一つは方法論的な道具立て[15]．著者は，「均衡」の「観念(concept)」と「概念(notion)」とを，記述的原理(principe descriptif)と規範的原理(principe normatif)とを区別する．また，「生成した法(droit fait)」と「生成しつつある法(droit se faisant)」とを，「静態的な面(visage statique)」と「動態的な面(visage dynamique)」とを区別する．もう一つは複合的な理解．上記の道具立てにより，著者は次のような考え方を示す[16]．「『契約的均衡の原則は存在するか』という問題を解くために，彼女は視点を多元化する．この原則が記述や

---

11) 以下に紹介する論文のいくつかは，金山直樹「フランス契約法の最前線——連帯主義の動向をめぐって」判タ1183号 (2005) 101-106頁，石川博康「『契約の本性』の法理論 (10完)」法協124巻11号 (2007) 132-145頁などですでに紹介・検討されている．
12) V. LASBORDES, *Les contrats déséquilibrés*, 2 tomes, PUAM, 1999 (préf. C. SAINT-ALARY-HOUIN).
13) 権利濫用に関してはMORACCHINI-ZEIDENBERG (S.), *L'abus dans les relations de droit privé*, PUAM, 2004, CATHIARD (A.), *L'abus dans les contrats conclus entre professionnels*, PUAM, 2006 などがある．
14) L. FIN-LANGER, *L'équilibre contractuel*, LGDJ, 2002 (préf. C. THIBIERGE).
15) THIBIERGE, préface, *op.cit.*, pp. V-VI.
16) THIBIERGE, *op.cit.*, p. VI.

理解の道具として用いられる一般理論の次元においては，確かにこの原則は存在する．実定法の次元に関して言えば，それは実現しつつある」．あるいは，著者は「相互性 réciprocité・交換性 commutativité・均衡 équivalence・均整 proportionnalité」など複合的な基準によって「均衡」を定義しようとする．第三に，整合性への接近．静態的な面での「均衡」は「契約内容の調和的構成 composition harmonieuse du contenu du contrat」に求められ，「説明的に見れば，均衡は法に整合性をもたらし，規範的に見れば，均衡は欠缺補充のための有用な道具を提供する」(裏表紙)とされる．

こうして「均衡」から出発してクローズアップされるに至る「均整性 proportionnalité」や「整合性 cohérence」に関しては，ル・ガク・ペシュの『民事契約法における均整性』(2000)，ウシエフの『契約における整合性原理』(全2巻，2001)が重要である[17]．同じ指導教授の下で同じ時期に書かれた二つの論文は，いわば双子の論文であるといえよう[18]．ル・ガク・ペシュ論文は「均衡はそれ自体としては存在しない」「均整のみが評価可能である」という前提から出発する[19]．このような観点に立って，コーズや信義則のような一般理論によるのでもなく条項ごとの規律によるのでもない「単一で整合的な規制のツール」として「均整性」が求められるのである．それは，当事者の属性(影響力)に配慮した「均衡」ではなく，債務関係そのものに着目したより構造的な「均衡」をもたらす．そこでは，より構築的，理性的，現実的な規律が実現されるという．ウシエフ論文の「整合性」は「均衡」からさらに離れる．ここではまさに「『契約の一般的組成 économie générale du contrat に矛盾する』契約条項はもはや存続しえない」という原理が提示される[20]．ここでも様々な各則的な規律によるのではなく，一般法の原理によるべきことが強調されている．また，「契約当事者の行為態様の不定性ではなく契約の内的な確実性が重視されている．

なお，ウシエフ論文の序において，ミュイール＝ワット教授は，「大西洋を越

---

17) D. HOUTCIEFF, *Le principe de cohérence en matière contractuelle*, 2 tomes, PUAM, 2001 (préf. H. MUIR-WATT), S. LE GAC-PECH, *La proportionnalité en droit civil des contrats*, LGDJ, 2000 (préf. MUIR-WATT).

18) やや遅れて現れた S. PIMONT, *Economie du contrat*, PUAM 2004 (préf. J. BEAUCHARD) は，いわば契約の整合性を原理として成り立つものと位置づける．

19) MUIR-WATT, préface à la thèse du GAC-PECH, *op.cit.*, p. V.

20) MUIR-WATT, préface à la thèse de HOUCHIEFF, *op.cit.*, p. 7.

えて無情にも吹き付ける『法と経済学』の油断のならない風」に触れつつ、「いまや指導原理という形で、実定的な諸解決の基礎を明確にし、契約法が経済的な効率性のみに追従するのを避けるべき時である」と述べているのが注目されるが[21]、最後に紹介するダルメゾンの『道徳的契約』(2000) は[22]、より直截に契約法の道徳性を強調する。確かに、「信義則、衡平、権利濫用などの概念の復活、均整性や契約的友愛の概念の登場は、契約哲学の革新を物語っている」(裏表紙)。しかし、契約法は道徳をうまく取り込むには至っていない。そこで、「著者は、債権法における道徳的現象を理解するために道徳的契約の概念を援用する。すべての契約には『構造的』債務と『道徳的』債務が共存するという公準から出発して、著者は債務法の新たな読解を提案する。著者によれば、すべての契約関係に道徳的債務が存在する。その意義は必ずしもわかりやすくはないが、たとえば、契約責任の拡張は道徳的契約によってサポートされるという (第2部第1章第1節)。あるいは、企業取引において求められる誠実性 (loyauté) もこれによって基礎づけられる (同第2章第1節)。もちろん、諸法理を道徳性に依拠せずに説明することは可能である。しかし、あえて「道徳」に言及しているのは興味深いことではある。

三 一般利益・権力

道徳との関連づけは、契約・契約法の内部での整合性の探究から離れて、その外部に存在する秩序へと向かう視線を含む。こうした指向は、「一般利益 (intérêt général)」をとりあげるメキ『一般利益と契約——私法における利益のヒエラルキーに関する一考察』(2004)[23]に、より明確な形で現れる。メキ論文は、「私法における一般利益概念の役割と位置」を提案するものであるが、そこでは「公私の諸利益のヒエラルヒーの帰結として」一般利益は捉えられている[24]。その際には、ドグマティックな観点とプラグマティックな観点が加味されており、伝統的な公序 (第1部第1章) から最近の均整性 (第2部第1章) まで様々な問題が

---

21) MUIR-WATT, préface à la thèse de HOUCHIEFF, *op.cit.*, p. 9.
22) S. DARMAISON, *Le contrat moral*, LGDJ, 2000 (préf. B. TEYSSIÉ).
23) M. MEKKI, *L'intérêt général et le contrat. Contribution à une étude de l'hiérarchie des intérêts en droit privé*, LGDJ 2004 (préf. GHESTIN).
24) GHESTIN, préface, *op.cit.*, p. V.

巧みに取り込まれている。しかし、この限度では、視野は極めて広く総合の対象は多岐に亘るとしても、それは「実定法の読解枠組 (grille de lecture)」[25] にとどまる。メキ論文で興味深いのは、契約を政治的・私的な「調整手段 instrument de régulation」としている点である (第 2 部第 2 章)。私的契約によって一般利益が担われるという観点は、最近のアソシアシオン論にも通ずるものであるが、その際に契約法に現れている現代的諸技術の投影が試みられており、手放しの私的秩序論にはなっていない点が興味深い。

社会のあり方に対する関心は、ロキエの『契約と権力——契約関係私法の変容に関する一考察』(2004)[26] にも窺われる。前述のように、「権力」の問題はラボルド論文においても論じられていたが、ロキエ論文はこの問題に正面から取り組む。ただし、著者は、契約が意思によって基礎づけられるのに対して、権力は「公共善 (bien commun)」によって基礎づけられるとしており、その「権力」の位置づけには独自のものがある。ロキエ論文もまた、「黙示の契約債務の発見から、信義則の躍進や均整性の概念の登場を経て、権利濫用の発展まで」(裏表紙) 現代的な諸現象を考察の対象とする。まさに、著者にとって「権力」は分析のための「プリズム」となっている[27]。しかし、ここでも著者の議論には実定法の先に及ぶ可能性が潜在している。契約に内在する「権力」を摘出する試み (第 1 部) 以上に興味深いのは、これに続いて展開される「意思決定 (décision)」に着目した「権力」論であり (第 2 部第 1 章)、契約法とは異なる「権力」の独自のメカニズム (第 2 部第 2 章) である。具体的な素材は労働法や会社法に求められているが、そこにはメキ論文とも共鳴しあう私的秩序の編成への関心が含まれているように思われるのである。

II　より一般的なもの

より一般的な研究は、大きく次の四つのグループに分けられる。一つ目は「連

---

25) grille de lecture はテクストの読解につきしばしば用いられる表現であり、日本語では「解読格子」などと訳されることもあるが、最近の学位論文の「序文」などにも散見されるようになった。
26) P. LOKIEC, *Contrat et pouvoir. Essai sur les transformations du droit privé de rapport contractuel*, LGDJ 2004 (préf. A. LYON-CAEN).
27) LYON-CAEN, préface, *op.cit*., p. VI.

帯 solidarité」「平等 égalité」や「衡平 équité」に関するもの（一），二つ目は「一般原則 principe général」に関するもの（二），三つ目は「人権 droit de l'homme」や「欧州 europe」に関するもの（三），そして最後は「立法 législation」に関するもの（四）である．Ⅰで取りあげたものがそうであったように，Ⅱで取りあげるものも相互に関連を有するものである．

一　連帯・平等・衡平

　ロキエ論文の中でも項を設けて言及されていた「契約連帯主義 solidarisme contractuelle」は1990年代に現れた現代フランス契約法の大きな思想潮流の一つであるが[28]，この問題をテーマとする学位論文も出現するに至っている．クルディエ＝キュイジニエの『契約連帯主義』(2006)[29]がそれである．この論文は700頁を超える浩瀚な論文であるが，特に前半の第1部では，「契約連帯主義の構成要素」(第1章)，「独立の原理としての契約連帯主義」(同第2章)につき詳しい整理がなされている．その眼目は，「契約連帯主義は，信義則，衡平，誠実性，平等，友愛などの諸価値に基礎づけられた契約の道徳ないし倫理である」という主観主義的な従来の考え方に対して，「連帯は契約法の外部にあるのではなく，実定法に基づくものである」こと，「契約の構造的分析に由来するものである」ことを示す点にある[30]．具体的には，当事者の「利益 intérêt」に着目し，整合性や均整性を重視する見方が示されている．このような整理が従来の考え方に対立するとも思われないが，現時点での議論の整理としては有益な論文であるとは言えよう．何よりも連帯主義をテーマとする学位論文が出現したという事実自体が，連帯主義が学界に根づいたことを示す表象として特筆に値する．

　「連帯」と並んで「自由」を掣肘する役割を果たす（もちろん「自由」の基礎でもある）「平等」もまた，学位論文のテーマとして注目を集めている．日本と同様にフランスでも，まず「平等」が問題になるのは男女の間においてである．

---

28) その現況については，金山・前出注11) 108頁以下．その淵源については，本書第1編第2章を参照．
29) A. S. COURDIER-CUISINIER, *Le solidarisme contractuel*, Litec, 2006 (préf. E. LOGUIN).
30) LOGUIN, préface, *op.cit.*, p. XIII.

実際，最近の平等論のうちいち早く出版されたのは，ミクーによる『私法における両性の平等』(1997)[31]という学位論文である．同論文の第1部「両性の不平等の減少——立法者の介入」は，労働法 (第1章)・家族法 (第2章) の双方の領域につき立法の諸相を示し，続く第2部「両性の平等の実現——差別解消の法技術の洗練」は，「同一化」(第1章)・「差異化」(第2章) の双方の観点からより立ち入った考察を行う．独創性の有無は別にして堅実な論文であると言えよう．続いて出版されたのは，ベルチオーの『契約法における平等原則』(1999)[32]である．著者の考察は，公法を参照し歴史を遡る点で特徴的であり，給付の均衡と当事者の平等の両面への着目は堅実である[33]．著者は進んで，契約における平等原則の基礎づけに向かうが，その際に二つの途が示される．最終的に著者が選んだのは，これまでの著者と同様，「契約の組成における不均衡」という途である．もっとも，時期的には，ベルチオーの論文は早い時期のものであることは注記しておく必要がある．興味深いことに，指導教授は著者が斥けたもう一つの途，「衡平」に至る途に大きな関心を示している[34]．この点については後でもう一度触れたい．

以上に続き，今世紀に入って出版されたのが，マジエールの『私法における平等原則』(2003)[35]である．この論文では，「両性の」や「契約法における」という限定のない「平等」一般が論じられることとなった．著者は，「平等は私法における原則か」という問いから出発し (第1部)，衡平や権利濫用と関連づけつつその有用性を確認し，人のカテゴリーに留意しつつその必要性を指摘する．その上で「私法における技術としての平等」に転じ (第2部)，「武器の平等」「機会の平等」につき論じる．こうした考察のはてに，著者がたどりつくのが「能力 (mérite) による平等」という考え方である．すなわち，著者は，人には「能力に応じて行動する義務 (devoir de mériter)」があるというのである．

「平等」を論ずる著者たちが必ず言及してきた「衡平」に関しても，まとまっ

---

31) E. MICOU, *Egalité de sexes en droit privé*, PUP, 1997 (préf. Y. SAINT-JOURS).
32) D. BERTHIAU, *Le principe d'égalité et le droit civil des contrats*, LGDJ, 1999 (préf. J. L. SOURIOUX).
33) SOURIOUX, préface, *op.cit.*, p. VII.
34) SOURIOUX, préface, *op.cit.*, p. VIII.
35) P. MAZIÈRE, *Le principe d'égalité en droit privé*, PUAM, 2003 (préf. B. TEYSSIÉ).

た論文が現れている．一つは，アルビージュ『私法における衡平について』(2000)[36] である．著者は，客観的な(規範としての)衡平と主観的な(解決としての)衡平の二元論から出発しつつ(第1部第1章)，衡平の例外性・正当性の点での単一性を示す(同第2章)．その上で，矯正的な衡平と補充的な衡平(第2部第1章)，法律における衡平と契約における衡平(同第2章)とを区別する．もう一つの研究であるキュミン『厳格法または衡平法による契約の有効性——契約の無効の歴史的・比較法的研究』(2003)[37] が焦点を合わせるのは，このうちの客観的な衡平(衡平法)についてである．「ローマ法においてもフランス古法においても伝統的イギリス法においても，絶対無効と相対無効は厳格法裁判所と衡平法裁判所の対置に端を発する」(裏表紙)というのが，同論文の基本認識である．そこから，著者は次のように説く．「契約不存在と絶対無効は契約の厳格法への不適合に対する制裁であり，その役割は契約を同定する基準や社会的有用性への適合を確保する規範を定義することにある．相対無効は，事案の個別事情により当該契約に効力を付与するのが適切でない場合に，契約の有効性に対して例外を設けることを可能にする衡平法上の救済手段である」(裏表紙)．ここまで来ると話は法源論に及ぶことになる．

二　一般原則

その法源性に争いがあるとしても，衡平の存在は古くから認められてきた．これに対して，法の「一般原則」あるいは「原則」なるものが語られることがある．従来，「一般原則」は公法の領域で語られることが多かったが[38]，最近では私法の領域でもこのテーマに挑むものが現れている．相次いで現れたドゥ・ベション『私法における一般原則の概念』(1998)とモルヴァンの『私法上の原則』(1999)がそれであるが[39]，両者は若干ニュアンスを異にする．

---

36) C. ALBIGES, *De l'équité en droit privé*, LGDJ, 2000 (préf. R. CABRILLAC).
37) M. CUMYN, *La validité du contrat suivant le droit strict ou l'équité : étude histrique et comparée des nullités contractuelles*, LGDJ 2003 (préf. GHESTIN).
38) 日本でも，伊藤洋一「フランス行政判例における『法の一般原理』について」法協103巻8号(1986)がある．
39) M. de BÉCHILLON, *la notion de pricipe général en droit privé*, PUAM, 1998 (préf. B. SAINTOURENT), P.MORVAN, *Le principe de droit privé*, Ed. Panthéon-Assas, 1999 (préf. J. L. SOURIOUX).

ドゥ・ベション論文は,「一般原則は形式的法源の一種ではない」し（第1部），「一般原則は法規範の一種でもない」（第2部）とする．それらは制定法や判例から導かれているし，規範としての一般性・抽象性を欠くというのである．もっとも，著者は一般原則の存在意義を否定するわけではない．「一般原則の表面上の一般性は，法律の下での市民の平等という観点からは有益でないわけではないし，また，その適用に際しての操作の余地は，社会の発展が生み出す新たな状況を扱う際に柔軟性をもたらすことになる」からである[40]．

これに対して，モルヴァン論文は，ジェニーに倣い「私法上の原則の生成」の「所与 (donné)」を思想・歴史・現実・理性の四つに分けて取り出し（第1部第1章），原理の「構築 (construit)」のための基準と技術につき論ずる（同第2章）．さらに，同論文は「法と原則の相互作用」（第2部）へと進む．著者が「原則」として主として想定するのは破毀院判例における「原則の提示という現象 (phénomène des visas de principe)」であるが，著者は「判事と立法者にそれぞれの場に位置づける」「三平面の理論 (théorie de trois plans)」を提示する．すなわち，抽象的な規範の平面として「法の水平面」（上面）と諸事実の総体の平面としての「事実の水平面」（下面）との間に，法の実現と具体化を担い判例を生み出す「裁判活動の垂直面」を観念するのである．著者は，この最後の平面を重視し，「反制定法的な判例も規則制定的な判決の禁止に抵触しない」とする．こうした著者の「原則」観は，その指導教授――「平等」に関するベルチオー論文と同じくスリウーである――の「衡平」観に連なるようにも見える[41]．

三　人権・欧州

「人権 (droit de l'homme)」そして「欧州 (europe)」は，1990年代以降のフランス社会に大きな影響を及ぼしているが，民法・民法学もその例外ではありえない．一連の問題にまず取り組んだのは，モルフェシスの『憲法院と私法』(1997) であり，これに続いたのがザッタラの『憲法の次元と私法』(2001)[42] で

---

40) SAINTOURENT, préface, *op.cit.*, p. 10.
41) スリウー自身の学位論文につき，大村・典型契約と性質決定（有斐閣，1997）287頁以下を参照．
42) N. MOLFESSIS, *Le conseil constitutionnel et le droit privé*, LGDJ, 1997 (préf. MGOBERT), A-F. ZATTARA, *La dimension constitutionnel et le droit privé*, LGDJ, 2001 (préf. R. CABRILLAC).

ある[43]．さらに，憲法ではなく人権条約に着目したものとして，ドゥベの『ヨーロッパ人権条約の民法への影響』(2002)[44]が現れた[45]．なお，「人権」と並んだ欧州のもう一つの要である「取引」にかかわるものとして，ポワロの『ヨーロッパ消費者法と契約法の統一』(2006)[46]の存在にも触れておこう．

フランスでは1971年の憲法院判決以来，法律に対して憲法院の違憲審査が行われるようになった．その結果，「法の『憲法化(constitutionnalisation)』の現象が出現し，憲法院の判決は法の各分野，とりわけ民法，労働法，商法，民事訴訟法，刑法など私法の諸分野に影響を及ぼすようになった」．このことには異論の余地がない．「今日なすべきは，憲法院の判例はどのようにどの範囲で私法に影響を及ぼすのかを確定することである」．より具体的には，「私法に関する基本権の憲法的保護は私法上承認された解決を再検討に付すようなものか．それは法律の制定のみにかかわるのか適用結果にも及ぶのか．より一般的に言って，憲法院と私法の交流は調和のとれたものなのか法秩序の整合性を損なうものか」が問題になる（以上，裏表紙）．

モルフェシス論文が総論的な考察を行ったのに対して，ザッタラ論文は検討対象を所有権をめぐる問題に限定する．その問題意識は次のようにまとめられる．「1980年代以降，所有権（財産）法には憲法・ヨーロッパ法の次元が現れている．その変化には目をみはるものがある．それまでの財産法の現代史は，法律や判例による制限の歴史であった．ところが，憲法院は，この権利の憲法的価値・基本的性格を承認し，この権利に再び生命を与えようとしている」．では，「憲法とヨーロッパ法の保護の対象は同じか．二つの保護の制度は競合的なのか補完的なのか」（以上，裏表紙）．

以上の二人の著者が「憲法化」に対して好意的なスタンスをとるかに見えるのに対して，同じく「人権」にかかわるものの，家族・家族法を中心にヨーロッ

---

43) モルフェシスやザッタラの論文については，樋口陽一「憲法規範の私人間適用と私法規範の『憲法化』」憲法理論研究会編著・立憲主義とデモクラシー（郁文堂，2001）などで触れられている．

44) A. DEBET, *L'influence de la Convention européenne des droits de l'homme sur le droit civil*, Dalloz, 2002 (préf. L. LEVENEUR).

45) ドゥベの論文については，幡野弘樹「学界展望」国家107巻5＝6号（2007）がある．

46) E. POILOT, *Droit européen de la consommation et unification du droit des contrats*, LGDJ, 2006 (préf. de VAREILLES-SOMMIÈRES).

パ人権条約の影響を論ずるドゥベ論文のスタンスは，ニュアンスをやや異にする．憲法の場合と同様，ヨーロッパ人権条約が民法に影響を及ぼすことは当初は想定外のことであった．しかしながら，「ヨーロッパ人権裁判所の存在とその進化的解釈（interprétation évolutive）を考慮に入れてなかった」．「ベルギー，スイス，フランスは，自然親子関係の成立，自然子の相続権，氏，性同一性障害などの民法上の諸問題につき，条約違反を宣告された」．そこで著者は，条約の民法に対する影響を，「法源（source）」の次元（第1部）と「実質（fond）」の次元（第2部）とに分けて考察する．結論を一言で言えば，その影響は「実体に関してよりも法源に関してより大きい」．著者によれば，「民法に関する事件を扱う国内の判事が条約の垂直的適用にするので，条約は国内の法源にもなる」ものの，「大きな法的不安定性」を避けるためには，「条約の適用に慎重でなければならない」[47]．他方，実質に関して言えば，条約との関係で民法を修正すべき点はそれほど多くはないという．

今日，フランスにおいてヨーロッパ人権条約以上に大きな問題となっているのが，ヨーロッパ契約法の是非である．しかし，「ヨーロッパ契約法は将来の可能性に過ぎないというわけではない．ヨーロッパの諸機関によって採択され国内法に導入された諸規範は，ヨーロッパ契約法の横糸とまでは言えないとしても，出発点にはなるからである．より立ち入って見るならば，こうした規範の多くは消費者保護に関する指令に属することがわかる．ヨーロッパ消費者法は結果として，契約法領域におけるアキ・コミュノテール（aquis communautaire）の重要部分をなしているのである．ところが，ヨーロッパ消費者法と契約法の関係はごく最近まで学説の関心の対象外にあった」（裏表紙）．ポワロ論文は，以上のような認識に立ち，「ヨーロッパ消費者法とフランス・ドイツ・イギリス・イタリアの各国法，各国法相互の関係を検討する」．著者によれば，「相互の影響はそれぞれを接近させており，契約法の統一化のプロセスが出現している」（裏表紙）という．もちろん，フランス国内には，ヨーロッパ契約法に反対する

---

[47] L. LEVENEUR, préface, *op.cit.*, pp. XIII–XIV. なお，彼のヨーロッパ法に対する立場については，ルヴヌール（大村訳）「フランス民法典とヨーロッパ人権条約・ヨーロッパ統合」ジュリ1204号（2001）．

有力な議論も存在するが[48]，このような賛成論も少なからず説かれている．とりわけ消費者法への着目は興味深い[49]．

四　立法

人権や消費者への着目は立法にも影響を及ぼしている．最後に，こうした観点から立法に着目する二つの研究を掲げておく．ノブレ『保護の法的基準としての契約当事者の属性——立法方法論に関する考察』(2002) とピシャール『〜への権利——フランスの立法に関する研究』(2006) の二つである[50]．

ノブレ論文の問題意識は次のようにまとめられる．「ある法律がある契約の一方当事者を保護しようとする場合，契約当事者の属性を考慮に入れることが方法論的な特徴となる．では，この基準は立法にあたって常に合理的に用いられているだろうか」(裏表紙)．著者は，実現がはかられるのが配分的正義であるか交換的正義であるかによって区別すべきだと考える．すなわち，「一方当事者の属性の考慮による契約当事者の保護」(第 1 部) については，配分的正義の観点からこれを妥当とする．「自然人であることによる保護」(同第 1 章) や公法における法人や賃貸借法における賃借人など「属性に着目した保護」(同第 2 章) があげられる．他方，「双方当事者の属性の考慮による契約当事者の保護」(第 2 部) については，交換的正義の観点から否定的な見方が示される．たとえば，消費者保護 (同第 1 章) の例があげられ，このような場合には属性への着目によるべきではないとする．もっとも，何の対応もいらないというわけではなく，その趣旨は「契約的均衡」に着目すべきだということのようである．

ピシャール論文は，「〜への権利 (droit à)」として「私生活の尊重への権利」から「労働者の団体交渉への権利，交通への権利，住居への権利，安全への権利」さらには「健康を害しない空気を吸う権利」まで様々な権利を掲げる．「『〜

---

48) 日本語訳のあるものとして，イヴ・ルケット (馬場圭太訳)「ヨーロッパ民法典へと向かうべきか」龍谷大学社会科学研究年報 35 号 (2004)．

49) これに対して，消費者法を民法から切り離そうとするものとして，ルヴヌール (平野裕之訳)「ヨーロッパにおける販売された消費財についての新たな担保責任——統一，多様性または共通の土台？」ジュリ 1303 号 (2005)．

50) C. NOBLET, *La qualité du contractant comme critère légal du protection. Essai de méthodologie législative*, LGDJ, 2002 (préf. F. LABARTHE), M. PICHARD, *Le droit à. Etude de législation française*, Economica, 2006 (préf. M. GOBERT).

への権利』の承認を単なる流行あるいは法律を変えるためにする援用として捉えるのではなく，『～への権利』を真剣に考えるべき時である」(裏表紙)．これが同論文の問題意識である．こう考えた著者は，まずは「～への権利」を「法現象」として捉え（第1部），その政治的な意義（同第1章），その修辞としての機能（同第2章）を明らかにする．続いてこの権利を「法システムの要素」として捉える（第2部）．具体的には，この権利の不明確性を指摘するとともに（同第1章），その潜在的可能性を測定しようとする（同第2章）．この論文に「序」を寄せた指導教授は，「その重要性は，それが民主主義の状態について明らかにしたことがらに存する」と述べている．ここで論じられているのは「『～への権利』をめぐる真の法政策」であるという[51]．

むすびに代えて――新たな世紀に

1990年代のフランスで書かれた学位論文には，人・物・契約といった民法の基本概念を再定義しようとするものが数多く含まれていた．それらは伝統的な概念の内容を更新することによって，民法に新たな息吹を吹き込もうとするものであったが，2000年代に入ると，さらに進んで，より抽象度の高い基本原理を取り組むものが増えてきた．

そこには，フランスの社会と法の現状が影響を及ぼしているように思われる．グローバル化の大きな流れはフランスにも無縁ではないことは言うまでもない．人の商品化・取引の効率化の傾向は著しい．しかし，そのことは，「人間の尊厳」や「契約の公正」への渇望をかえって強めているようでもある．本稿で取り上げた諸論文は，フランス社会の変動を反映した実定法（立法や判例）の動向に，明確な表現を与えようとするものであると言える．

もちろん，学説のこうした営みは今に始まったことではない．19世紀末から20世紀初頭にかけて登場した科学学派が行おうとしたのは，まさにこれと同様の営みであったとも言える[52]．当時と違う点は何かと言えば，少なくともフラ

---

51) GOBERT, préface, *op.cit.*, p. IX.
52) 本書第1編を参照．

ンス国内においては，法学は，当時ほどの危機にはさらされていないように見える反面，国外に目を向けるならば，そもそも国内法の優越性自体が危殆に瀕していることが指摘されよう[53]．

このような状況をふまえて，フランス民法学そのものを更新していこうという方法的な試みは，これまでのところ必ずしも十分になされているとは言えない．しかし，個別研究が蓄積しつつある今日，次に続くのは方法論的な集大成であってもおかしくはない．とりわけ（広い意味での）連帯主義への関心は，民法典200周年とも重なり合って，人々の関心を100年前の方法論的革新の再検討へと誘う契機を含む[54]．あるいは，遠くない将来に，新たな世紀にふさわしい新しい学派が登場することになるかもしれない．

---

53) 本書第3編を参照．
54) 本書第4編Eを参照．

第 3 編　フランス民法典の 200 年

A　民法典を持つということ

A—1　民法典 200 周年を祝う

はじめに，いかなる「祝辞」か

　2004 年から 2005 年にかけて，フランス民法典 200 周年はフランスの内外で様々な形で祝われてきた．日本でもいくつかの企画が実施されているが，法制史学会は，昨年の「外からのまなざし」に続いて，今年は「内なるまなざし」という切り口でこの問題をとりあげる．そして，私には，「フランスにおける現行法としての『コード・シヴィル』」について語ることが求められている．

　依頼を受けた私は困惑を隠せない．いったい何を語ればよいのか．「200 周年（bicentenaire）」が 200 回目の「記念日（anniversaire）」である以上，時に批判に及ぶことがあるとしても少なくとも第一次的には，「フランス民法典（Code civil）」の制定とそれが今日まで永らえてきたことを言祝ぐことが期待されていることは理解できる．そして，その際のキーワードが「内なるまなざし」であることも了解している．しかし，フランスの民法学者ではない私は，現行のフランス民法典に「内なるまなざし」を向けるための資格も能力も欠いている[1]．もっとも，200 周年を念頭に置きつつ「フランスにおける現行法としての『コー

---

1) 「外来の観察者」としての見方の一端は，大村「民法と民法典を考える」同・法典・教育・民法学（有斐閣，1999，初出は 1996）で示した．なお，本学会［法制史学会］では，2004 年に星野英一教授による報告がなされており，日本におけるこれまでの「影響」のあり方が検討に付され，今後の展望が示された．

ド・シヴィル』」について語ること自体は不可能ではない．ところが，こうした作業の一部は，2004 年 6 月に開催された比較法学会において，優れた同僚たちによってすでに示されている[2]．さらに，近刊予定の論文集『フランス民法典の 200 年』[3] には拙稿も含めて同趣旨の論文が多数収録されている．いまここで私が付け加えるべきことは特にない．

では，どうすればよいのか．途方に暮れた私は，「2005 年の日本」で祝辞を述べるという点に着目して――これを正当化の根拠として――，次のような方策をとることにした．すなわち，考察の対象としては，前年の「2004 年のフランス」で出版された各種の 200 周年関連文献[4] のうちの主要なものに現れたフランスの学者たちの「言説」――実定法そのものではない――を取りあげる．この作業を通じて，「内なるまなざし」の一端を紹介することにしたい．なお，考察の方法に関しても予め二つのことを述べておく．一つは，200 周年関連の文献との対比のために，100 周年関連の文献をも参照するということ．「200 周年」は様々な意味で「100 周年」を下敷きにしており，200 年前への視線はしばしば 100 年前への視線と重ね合わせられていることを考えるならば，このよ

---

2) 家族につき水野紀子，財産につき横山美夏，契約につき森田宏樹の各教授が報告した．なお，200 周年を機会に作業がなされている民法典改正問題の現況についても，同シンポジウムの総論を担当した北村一郎教授が質疑応答の中で言及している（同「フランス民法典 200 年記念とヨーロッパの影」ジュリスト 1281 号〔2004〕も参照）．

3) 北村一郎編，有斐閣，2006 年刊．

4) 本稿においてとりあげるもの（注 7 参照）のほか，手元にある関連文献は以下の通り．① 200 周年を機に現れた単行書・雑誌特集として，Martin, *Mythologie de Code Napoléon. Aux soubassements de la France moderne*, DMM, 2003, Clère et Harpérin (dir.), *Ordre et désordre dans le système napoléonien*, MD, 2003, Fauré et Kouvi (dir.), *Le titre préliminaire du Code civil*, Economica, 2003, Le Code civil, *Pouvoir- Revue française d'études constitutionnelles et politiques*, n. 107, Seuil, 2003, Jus et Le Code civil, *Droit et culture- Revue semestrielle d'anthropologie et d'histoire*, n. 48, L'Harmattan, 2004，② この機会に復刊・出版された旧著として，Teisseir-Ensminger, *La fortune esthétique de Code civil des Français*, MD, 2004, Niort, *HOMO CIVILIS. Contribution à l'histoire du Code Civil français*, 2 tomes, PUAM, 2004，③ 一般向けの書物として，Badinter, « *Le plus grand bien...* »，Fayard, 2004, Micar, *Le droit n'est pas si vil*, Litec, 2004, Chartier, *Portalis, le père du Code civil*, Fayard, 2004，④ 関連の資料・パンフレット類として，*Les Français et leur Code civil, Bicentenaire du Code civil 1804–2004*, Les éditions des Jouraux officiels, 2004, Bouneau et Roux, *200 ans de Code civil*, ADPF, 2004, *200 ans de Code civil. Des lois qui nous rassemblent*, Dalloz, 2004, *Le Bicentenaire de Code civil*, Ministère de la Justice, 2004. その他の文献情報も含めて，詳細は記念行事組織委員会が設ける公式サイト（http://www.bicentenaireducodecivil.fr/）で知ることができる．

A 民法典を持つということ

うな対比が有用であることは容易に理解されるだろう．もう一つは，これらを参照するにあたって，日本の視点を加味するということ．奇しくも「2005年の日本」では，装いを新たにした——更新の対象は文字通り装いにとどまっており内容には及んでいないが——民法典が施行されたばかりである[5]．そこで，「フランス民法典」のみならず「民法典」という存在そのもの，そして「日本の」民法典についても考えてみることにした[6]．この国の民法学者の一人として，私が民法典に向ける「内なるまなざし」を，フランスにおける「内なるまなざし」と重ねあわせてみようというわけである．

具体的には，本報告の素材は7冊の文献から選ばれている．すなわち，200周年に関しては，Livre du Bicentenaire（「200年論集」と略称），そしてパリ第2大学・リテック社がそれぞれ編集した（赤・青の表紙の）論文集（「パリ2本」「リテック本」と略称）および（白の表紙の）第100回フランス公証人会議の記録（「ノテール本」と略称）の4冊，100周年に関しては，2巻本のLivre du CentenaireとLe Centenaire du Code civilと題された式典記録の3冊（「100年論集」「式典本」と略称）である[7]．これらをもとにしつつ，まずはフランスの側の「内なるまなざし」のあり方を紹介し（Ⅰ），続いて，私自身の「内なるまなざし」を提示してみたい（Ⅱ）．

---

5) 現代語化された民法典（および関連の諸改正）については，池田真朗編・新しい民法——現代語化の経緯と解説（有斐閣，2005），近江幸治編・新しい民法全条文——現代語化と保証制度改正（三省堂，2005）のほか，ジュリスト・法学教室の特集号（ジュリスト1283号，法学教室294号，ともに2005年刊．特に，前者に公表された中田裕康「民法の現代語化」は，民法典の将来に関する考察をも含んでおり，興味深い）などを参照．

6) 大村・前出注1）のほか，2005年1月31日に日仏会館・日仏法学会共催で開催された「フランス民法典200周年記念行事」の「討議」の部で行った私の報告「民法典の存在意義——日本の場合」において，日本民法典の歴史に沿った形でその法源としての有効性に着目しつつ，その一端に触れた［本編A-2として収録］．

7) 7冊の正式な書名は以下の通り．*Le Code civil, 1804-2004, Livre du Bicentenaire*, Dalloz/Litec, 2004, 718 pages（*Livre-bi*と略称），Université Panthéon-Assas (Paris II), *1804-2004, LE CODE CIVIL. Un passé, un présent, un avenir*, Dalloz, 2004, 1059 pages（*Paris II*と略称），*LE DISCOURS ET LE CODE. Poratalis, deux siècles après le Code Napoléon*, Litec, 2004, 398 pages（*Litec*と略称），100ᵉ Congrès des notaires de France, *Code civil. Les défis d'un nouveau siècle*, ACNF, 2004, 950 pages（*Notaires*と略称），La société d'études législatives, *Le Code civil, 1804-1904. Livre du centenaire*, 2 tomes, Arthur Rousseau, 1904, 1128 pages（*Livre I/II*と略称），*Le Centenaire du Code civil, 1804-1904*, Imprimerie Nationale, 1904, 83 pages（*Centenaire*と略称）．なお，*Livre-bi*に対応する公式行事（シンポジウム）の様子につき，石井三記「フランス民法典200年に寄せて」創文464号（2004）がある．

I 関係者の言葉から

1 外を見わたす

(1) République と民法典　共和国大統領ジャック・シラクは，200年論集の最初に掲げられたメッセージの冒頭で，民法典を véritable constitution civile de la France と呼んでいる．France はともかくとして，civil や constitution という語に関しては検討すべきことがらも多いが，ここでは仮に「フランスの真の民事憲法」と訳しておくことにして，この表現の由来から話を始めよう．200周年の機会に繰り返し言及され，いまやクリッシェとなった観もあるこの表現は，カルボニエに由来する（この定式化につき検討するものとして，パリ2本のゴドゥメ論文がある[8])．200年論集は，この著名な表現を含むカルボニエの論文をプロローグという項目を立てて（祝辞を除く）巻頭に据えている[9]．そこにも明示されているように，もともとこの論文は，ピエール・ノラ編集の『記憶の場』[10] に収録されたものである．

カルボニエ論文が収録された『記憶の場』の第2巻は「国民（Nation）」と題されていたが，大胆に単純化するならば，この企画は全体として「共和国（République）」——これがまさに第1巻のテーマであった——に関心を寄せるものであったと言えるだろう．事実，カルボニエ論文にも同様の発想が窺われる．「皇帝の諸法典は，共和主義的な諸法典であった．とりわけそのうち最大のもの，すなわち，市民の，市民相互間の平等な関係を規律する法典はそうであった．民法典である」．カルボニエはこう述べて，民法典を三色旗やマルセイユーズと並べて見せているのである[11]．実際のところ，カルボニエ自身も指摘するように，第三共和政は，民法典を共和国のシンボルの一つとしたという．もちろん，皇帝の民法典は完全にそのままの形で共和国の民法典となりえたわけで

---

8) Gaudemet, Le Code civil, « constitution civile de la France », *Paris II*, p. 297 et s.
9) Carbonnier, Le Code civil, *Livre-bi*, p. 17 et s.
10) Nora (dir.), *Les Lieux de mémoire*, 3 tomes, 1984–92, Gallimard. 3巻本の抄訳が谷川稔監訳で岩波書店から公刊されているが（2002–03年），残念ながら，カルボニエ論文は訳出されていない．なお，この論文については，大村・前出注1) で言及している．
11) Carbonnier, *supra* note 9, pp. 24–25.

A 民法典を持つということ

はない．1880年から1914年までの間に250ヶ条あまりの条文が改正され，離婚・婚姻・相続・親子関係などの自由化・平等化が図られた（その経緯については，200年論集の他の論文も言及している）[12]．また，その前後の時期に及ぶ判例法の展開は，権利濫用や無生物責任の法理を民法典に装填した．こうして名実ともに，民法典はRépubliqueにふさわしい存在としてその姿を現した[13]．

共和国あるいは国民国家そのものは，後にも見るように，今日では自明の存在ではない．とはいえ，共和国のシンボルとしての民法典の役割が終わったわけではない．この点に関しては，200年論集やパリ2本に収められた外国の立法関連のいくつかの論文が興味を引く．もちろん，100年論集においてもフランス民法典の影響は特筆されており，ベルギー・カナダ・エジプト・イタリア・ルクセンブルク・モナコ・オランダ・ルーマニア・ジュネーヴ州，そして，日本．多くの国々の例が語られていた[14]．しかし，そのほとんどはヨーロッパ諸国であったのだが，100年後には，南米諸国のほか，アフリカ諸国，中東・アラブ諸国，中欧・東欧諸国，ベトナムがあげられているのが興味を引く[15]．もっとも，これらの諸国につき，必ずしも民法典は共和制のシンボルとして語られているというわけではない．むしろ，民法典を市場経済の導入のためのツールとしてとらえる論者もある[16]．しかし，こうした見方とともに，民法典の概

---

12) Harpérin, Le regard de l'historien, *Livre-bi*, p. 56, Rémy, Regard sur le Code, *Livre-bi*, pp. 106–107 など．

13) こうした民法典の「共和主義的聖別 (consécration républicaine)」ともいうべき動向については，1904年の100周年記念が大きな意味をはたしたものと思われる．この点に関しては，当時の時代背景も含めて，Niort, *supra* note 7 の第2部「1904年：ナポレオン民法典の100周年．19世紀から20世紀への転換期における政治・民法・法典化」が極めて豊かな素材・考察を含む．これまでカルボニエの引用などによってのみ知られていたこの浩瀚な学位論文の出版は，学界に裨益するところが大きい．筆者も，後日，別の文脈においてこれを利用したいと考えている．

14) *Livre II*, IIIᵉ partie, Code civil à l'étranger, p. 583 et s. に収録．個別の引用は省略するが，日本に関する論文は，Goraï, Influence du Code civil français sur le Japon, p. 789 et s. である．

15) *Livre-bi*, IIIᵉ partie, Le destin du Code civil : L'influence du Code civil sur les codifications étrangères récentes, p. 477 et s., *Paris II*, IIᵉ partie, Le Code civil de 1804 à nos jours : Le Code civil dans le monde, p. 789 et s. これも個別の引用は省略するが，日本に関する論文は，Hoshino, L'influence du Code civil au Japon, p. 871 et s. である．

16) Vogel, Le monde des code civils, *Paris 2*, p. 801, Bézard, Le Viêtnam, *Livre-bi*, p. 654, p. 658. 筆者は，2003年，2004年にハノイで開催された二つのシンポジウムに出席したが，民法典や諸立法につき，外国からの投資を得るための環境作りという観点からの発言が多かったという印象を得た．

念装置は単に道具であるにはとどまらない．法技術は必然的に「文化的価値・文明を媒介する」のであり，民法典はアラブ=イスラム諸国における「国家の世俗化と公的生活の民主化」を約束するとの見方も示されていることは注目されてよいだろう[17]．

(2) Europeと民法典　統合のシンボルとしての民法典の役割が語られるのは，ヨーロッパの外についてのみではない．まさに，ヨーロッパという観念そのものとの関係で，民法典の将来が語られるというのが，200周年の大きな特徴である．その意味で，200周年のその年が拡大EUスタートの年と重なったのは，象徴的なことであった．

この問題を考えるにあたっては，二つの観点が必要だろう．一つは，ドイツとの関係である．100周年が，そして，それを祝った第三共和政そのものが，ドイツを強く意識したものであったことは言うまでもない．このことは，たとえば，100年論集におけるドイツの存在感（3本の論文が収録されている）の大きさにも窺われる[18]．では，100年後はどうだろうか．すでに紹介されているように[19]，ヨーロッパ民法典（あるいは契約法典）の立法案作成作業において[20]，フランスは出遅れているといわざるを得ない．とりわけ，ドイツの一法学教授の表舞台への登場はフランスを不安にさせているようである．もう一つ忘れてはならないのが，ヨーロッパ人権裁判所との関係である[21]．フランスにおいては，憲法院は原則として，民法典の既存の条文に対して違憲審査権を行使する余地がない[22]．民法典の独立性・自律性は，このことによっても支えられてきた．しかし，人権裁判所に関しては話は別であり，その審査権は構成国の国内

---

17) Gannagé, L'influence du code civil sur les codifications des états du proche-orient, *Livre-bi*, p. 612, Jahel, Code civil et codification dans les pays du monde arabe, *Paris 2*, p. 844.
18) Crome, Les similitudes du Code civil allemand et du Code civil français, Kohler, Le Code civil français dans la théorie et la pratique allemandes, Müller, Le Code civil en Allemande.
19) 北村・前出注2)を参照．
20) この問題については，Tallon, L'avenir du Code en présence des projets d'unification européenne du droit civil, *Paris 2*及びその注に掲げられた文献を参照．
21) 少し前までの状況につき，ローラン・ルヴヌール（大村訳）「フランス民法典とヨーロッパ人権条約・ヨーロッパ統合」，伊藤洋一「コメント・フランス民法とヨーロッパ人権条約」（いずれもジュリスト1204号〔2001〕所収）を参照．
22) この点につき，大村・法源・解釈・民法学（有斐閣，1995）第3部Aを参照．

法に及ぶ．現に，フランスは何度か人権条約違反の烙印を押されており，これに対する苛立ちも見られる．

ドイツとの対抗と人権裁判所への反発を背景に，一群の人々は，フランスのイニシアティブの回復の企てへと向かっているが，同時に，ヨーロッパ化への拒絶を示す人々も少なくない．そして，どちらの陣営もフランス民法典の更新が必要ではないかと考える．200年論集において「再法典化」という項目が立てられ[23]，100年前以上に[24]改正論議に熱が入れられるのはそのためであると言っても過言でなかろう．

2　内を見つめる

(1)　Classes ouvrières と民法典　　外から内へと目を転じて見てみよう．100周年の際の最大の国内問題は，なんと言っても労働問題であった．このことは，200周年を祝う論者の多くも指摘するところである．アルベール・ティシエは，100年論集の冒頭近くに置かれた論文「民法典と労働者階級」の中で，「民法典は中産階級にとって好都合な考え方に依拠している．法の世界においては，大革命からもっぱら利益を得たのは，この階級であった．民法典は労働者大衆を保護し，彼らの精神的・物質的な発展を助けるものではなかった．それゆえ，それは民主的な立法であったと言えない」と書き[25]，グラッソンは，式典本の中で，「われわれの時代には，新しい人々，すなわち労働者が登場した．……しかし，労働者の権利はどこに見出されるのか．民法典の中を探してみても無駄である．新しい立法が必要である．……第二の法典が必要なのである」と述べている[26][27]．

---

23)　4本の論文が収められている（Aubert, La recodification et l'eclatement du droit civil hors le Code civil, Arrighi de Casanova, Le Conseil d'Etat et les travaux de (re)codification, Vogel, Recodification civile et renouvellement des sources internes, Lequette, Recodification civile et prolifération de sources internationales）．

24)　100年論集では，プラニオルの改正不要論がよく知られている（Planiol, Inutilité d'une révision générale du Code civil）．

25)　Tissier, Le Code civil et les classes ouvrières, *Livre I*, p. 74.

26)　Discours de M. Glasson, *Centenaire*, p. 47.

27)　Sorel, Introduction, *Livre I*, p. XLIX も「労働の章」と「結社の章」を付加すべきことを説いている．

100年後にはどうだろうか．2005年3月に日仏法学会で行われた講演において，フランス労働法の専門家は，200周年を機に「民法典と社会法」という問題が論じられることは少ないとしていた[28]．おそらくそうであろう．パリ2本には，労働法学者たちが3本の論文を寄せてはいるものの，労働法の存在が確立している今日，かつてほどの緊迫感はもはや見られない[29]．代わって，注目を集めているのが消費者問題である．200年論集やパリ2本を見る限りでは，この問題をテーマに掲げる論文は見当たらないが，ノテール本は4つの大テーマの一つ「新しい契約の世界」において，この問題に取り組んでいる[30]．現代における消費者問題の重要性については改めて繰り返すまでもないが，消費者に関する諸規範——その重要な部分はEU指令に由来する——は民法典の諸規範と密接な関係を有するため，民法と消費者法（さらには民法典とEU法）の関係が関心を集めざるを得ない．このことは，オランダ民法典やドイツの改正民法典が消費者契約に関する規定を大幅に取り込んだことからも理解されるだろう．

(2) Islamと民法典　今日において重要な国内問題の一つは，おそらくイスラムの問題であろう[31]．2005年は1905年の政教分離法の100周年に当たるが，この問題（ライシテ）をめぐる現在の争点がイスラム問題にあることは改めて確認するまでもない[32]．単一不可分の共和国は，国内に多くのイスラム教徒を抱え込んでいるが，そこから生まれる社会問題は民法上の問題とも無縁ではない．もっとも，フランスと異教徒・異民族との関係は，最近に始まったわけ

---

28) 岩村正彦「民法典と社会法」日仏法学24号（2007）．
29) もっとも，社会保障法に関しては，やや事情は異なるかもしれない（Prétot, Le Code civil et le droit de la sécité sociale. Un parrainage tout en nuances…, *Livre-bi*, p. 637 は，「みかけに反して，民法典は社会保障法に影響を及ぼしている」としている）．
30) *Notaires*, IIe Commision, Le nouveau monde contractuel, p. 167 et s. に収録．
31) イスラム移民の問題についての文献は多数あるが，ここでは日本語のもののみいくつかを掲げる．林瑞枝・フランスの異邦人（中公新書，1984），タハール・ベン・ジェルーン（高橋治男＝相磯佳正訳）・歓迎されない人々——フランスのアラブ人（晶文社，1994），本間圭一・パリの移民・外国人（高文研，2001），ミュリエル・ジョリヴェ（鳥取絹子訳）・移民と現代フランス（集英社新書，2003），ルーブナ・メリアンヌ（堀田一陽訳）・自由に生きる——フランスを揺るがすムスリムの女たち（社会評論社，2005）など．
32) この点に関しても文献は多いが，公式報告書のいくつかを掲げるにとどめる．*L'islam dans la République. Rapport au Premier ministre*, DF, 2001, *La laïcité à l'école : un principe républicain à réaffirmer*, AN, N. 1275, tome 1 rapport, 2003, *Laïcité et République. Rapport au Président de la République*, DF, 2004 など．

ではない．第3共和政は植民地帝国でもあったにもかかわらず，奇妙なことに100年論集には植民地問題は姿を現さない．同様に，200周年に際しても表立った形ではイスラム問題は現れていない．しかし，注意して見ると，興味深い，そして無視しがたい重要な指摘がなされていることに気づく．たとえば，次のような二つの指摘である．

一つは，フランス民法典の形態にかかわるフィリップ・レミーの指摘である[33]．永らく人・物・財産取得の諸方法の3編から構成されてきたフランス民法典は，2003年3月から第4編を持つに至ったのだが，レミーによれば，「(海外特別自治体である——筆者注) マイヨットに適用される諸規定」と題された第4編が付加されたことによって，フランス民法典は「共通の (共和主義的な——筆者注) 法典」から「共同体主義的な (多文化主義的な——筆者注) 法典」へと変化したというのである．もちろん，これまでにも不動産や夫婦財産制などを中心にアルザス・モーゼルには特別な地方法が存在したが，レミーの言うように，その象徴的な意味は格段に大きい．

もう一つは，2004年の社会問題に関するカルボニエの指摘である[34]．カルボニエによれば，1904年の「階級闘争 (lutte des classes)」に代わるのは「排除 (exclusion)」であり，「イデオロギーの対立 (conflit idéologique)」ではなく「文化の衝突 (conflit de cultures)」である．そして，「民法典の世俗法とイスラムの宗教法の間に現れた衝突」は，外国人としてのイスラム教徒にではなくフランス人であるイスラム教徒にかかわる問題を惹起しており，ことは国際私法の問題ではなく国内法の問題であるというのである．賢者が残した文字通りの最後の言葉として，傾聴すべきものを含む指摘であろう．

以上をもとに，次に，「フランス民法典＝フランス人の民法典 (Code civil des Français)」の意味につき，「code」「civil」「Français」に分けて，そのそれぞれについて見ていく (1)．続いて，日本の問題に引きつけていくつかのことを述べたい (2)．

---

33) Rémy, Regard sur le Code, *Livre-bi*, p. 103.
34) Carbonnier, Le Code civil français dans la mémoire collective, *Paris 2*, pp. 1052–1053.

Ⅱ　招待客としての言葉を

1　あるじを讃える

(1)　code の発明　　ナポレオンは，大革命以前に存在した諸法源を一まとめにして「法典」とすることに成功した．むろん，法典というアイディアは，ナポレオン以前から存在するが，現実に，諸国に先駆けて近代的な民法典を創り出したことの意味は大きい．この点に関しては，アルペラン教授をはじめ歴史の専門家の方々がすでに語ったはずである．ここでは，現時点において code が持つ意味につき，次の2点を指摘しておく．

　第一は，非法典法との対比における法典法の意義についてである．200周年に際しては，ドイツや EU との関係にとどまらず，グローバリゼーションの文脈の中で，コモン・ロー諸国とりわけアメリカ法との対抗関係が意識されることが少なくなかった[35]．この点につき，比較法・経済法の専門家は法典のメリットとして，「法へのアクセスを容易にすること，規範を体系化すること，法体系を改革すること」の3点をあげている．別の国際取引法の専門家もまた次のように述べている[36]．「法典化の主要な理由の一つは，諸規定の明確性と規範に服する人々にとってのアクセス可能性とにある．これらの目的がなお妥当することは否定しがたい」と．人々が法を知り，法をよりよいものとするのに参加すること．このことの意義は極めて大きい．確かに，法改正が実質を欠き，象徴的なものに留まることはしばしばある．しかし，象徴の持つ力を軽視してはならないだろう．先の論者の一人が確認するように[37]，「法典は象徴的な価値を持つので，おそらくそれこそが法典の最大のメリットなのである」．

　第二は，こうした象徴的な価値を持つ規範の更新に関してである．冒頭にも述べたように，民法典は「フランスの民事憲法」（「フランス市民社会の構成原理」と言うべきだろう）を示すと言われる．もちろん，社会構成原理は社会の変動に伴い変化する．フランス民法典もまた200年の間に多くの改正を受けて

---

35)　Vogel, *supra* note 16, p. 790
36)　Kessedjean, La mondialisation du droit : défi pour la codification, *Paris 2*, p. 923.
37)　Vogel, *supra* note 16, p. 790.

きた.むしろ改正を受けることによって法典自体が生きながらえてきたと言うこともできる.では,形容詞なしの「憲法」はどうだろうか.時代の要請に対して,憲法がもれなく応ずることは不可能であろう.また,鋭敏に反応することは,必ずしも望ましいことではない[38].パリ2本において「憲法と民法」の関係を論じたある著者は,「民法典は憲法ではない」としつつ,民法典の存在意義につき次のように述べている[39].「ある法規範を憲法化するとは立法者からそれを取りあげて憲法制定権者の手に留保することにほかならない.ここで困難が生ずる.社会は変動し,国民感情は変化し,新しい必要が現れるからである」.ここには,社会の変化に応ずるためには,民法典の憲法化を避けた方がよいという態度が窺われる.実際のところ,近年にもまた,フランス社会は,私生活の尊重,人間存在の尊重,人体の不可侵,人格の尊厳といった諸原理を民法典によって宣言してきたが,これは適切なことであったと言うべきだろう.

(2) civil の再編 ところで,20世紀の初頭においてはともかくとして,100年後の今日も,民法典がフランス社会の統合のシンボルであるのか,またあるべきなのかに関しては,異論もありうる.たとえば,ジャック・コマイユは次のように述べている[40].「(ボトムアップの――筆者注)『バザール・モデル』と(トップ・ダウンの――筆者注)『カテドラル・モデル』の双方を適宜借りつつ,民法典を偽の政治的構成原理としてではなく……民主主義の理想を実現しようという試みの特権的な道具[41]として再制度化しうると考えることは可能だろうか?」

そこでは,一元的・統一的な方法による市民社会の実現は退けられているように見える.また,民法典は道具として位置づけられており,もはやそれ自体が目的とされてはいない.しかし,それでも民法典の意義は否定されてはいない.そこに見られるのは,極端な功利主義・経済主義(民法典を利益実現のた

---

38) こうした憲法像につき,大村「大きな公共性から小さな公共性へ」法律時報76巻2号(2004)を参照.
39) Zoller, Le Code civil et la constitution, *Paris 2*, p. 986.
40) Commaille, Code civil et nouveaux codes sociaux, *Livre-bi*, p. 76. なお,同論文(別バージョン?)の訳として,ジャック・コマイユ(高村学人訳)「民法典を再考する――フランス民法典制定二百周年を契機として」東京都立大学法学会雑誌45巻2号(2005)がある.
41) 民法典の道具としての側面につき,大村・生活のための制度を創る(有斐閣,2005)を参照.

めの道具としてとらえる）でも，単純な復古主義・政治主義（民法典によるべき政治理念を見出そうとする）でもなく，現実的に社会規範を作り出していこうとする姿勢である．

たとえば，コマイユ自身もその論文で言及するパクス立法を見るとよいだろう．これには賛否両論があったし，今もあるだろう[42]．しかし，様々な人々が様々な形で関与したこの立法は，民法典に新しい規範を書き込むという形で結末を迎えた．生命倫理立法についても同様である．民法典に規定を設けることによって，科学者たちの行動は市民社会に繋ぎとめられたと言える．こうした基本的な立法が，民法典と関連づけられていることは，civil は解体してしまったわけではなく，脱神話化・脱中心化のうちに再編成が進められていると見るべきことを示唆するのではなかろうか．

(3) Français の行方　さて，今日問題になるのは，その市民社会（共和国と言い換えてもよい）の「単位」は何かである．すでに触れたように，現在，ヨーロッパ民法典の構想が進められているが，少なくともこれまでのところは，これに対する反対は根強い．とりわけ，ポスト・カルボニエを代表するマロリー，コルニュの二大家がいずれも，ヨーロッパ化に反対の姿勢を見せている．マロリーは，パリ 2 本の巻頭論文において，法典はリアリズムの産物だとしつつも理想が必要なことを承認する．しかし，「ヨーロッパ民法典は歴史的・文化的背景を欠いており，少なくとも現在のところは政治的意思も見られない」とし，そこにあるのは「市場の思想」だけだと批判する[43]．コルニュもまた，200 年論集の総括論文で，「このまま存在し続けるのか解体されるか，すなわち，存在をやめるか，それが問題である．フランスにおいてわれわれは一つの民法典を持ち続けるのだろうか？」と問う．300 周年を待つという表題を掲げた彼の答えは明確である．「いったい誰がフランスの民事的な一体性の象徴を打ち砕くことを望むのだろうか？　民事的一体性 (unité civile) こそが，王権 (Royauté)・革命 (Révolution)・共和国 (République) の共通の分母ではなかった

---

42)　この立法についてはさしあたり，大村「パクスの教訓」岩村正彦＝大村敦志編・個を支えるもの（東京大学出版会，2005）を参照．

43)　Malaurie, L'utopie et le bicentenaire de Code civil, *Paris 2*, p. 8.

のか?」というのである[44]．こうした見方は，より若い世代の有力な学者からも示されている[45]．

確かに，ヨーロッパの理念は「多様性の中の統一 (unie dans sa diversité)」にあり，EU立法には「補充性の原則 (principe de subsidiarité)」が課されている[46]．各国の固有性は十分に尊重される必要があるだろう．しかし，そのことと「ヨーロッパ市民社会の構築 (construction de la société civile européenne)」[47] が求められているという認識は両立可能だろう．逆に，国内の諸民族・諸文化の独自性を承認しつつ，「フランス」という単位での統合を維持することも全く不可能なことではなかろう．

2　みずからを省みる

ここまで述べた来たことをふまえて，日本民法典のこれからについても触れておこう．標語的な言い方をするならば，「再法典化 (recodification)」，「再市民社会化 (recivilisation)」，そして「和解 (réconciliation)」をいかに図るかということになる．順に一言する．

まずは，再法典化について．2005年4月1日から，現代語化された日本民法典が施行されている．これによって，文体上の障害は大きく減少し，民法典のアクセス可能性はかなり改善されたはずである．しかし，実質的に見ると問題はなお多い．特別法による民法典の浸食は以前からの動向であるが，最近でも，動産・債権譲渡特例法や中間法人法のような重要な立法が民法典の外でなされている．また，生殖補助医療関連の親子立法についても同様の途をたどることになるかもしれない．こうした立法を取り込んで，民法典の一覧性を高めることが期待される．すでに指摘されているように，これは容易なことではない[48]．しかし，司法制度改革の中で国民の司法参加や法教育の必要が説かれ，

---

44) Cornu, Réflexions en attendant le tricentenaire, *Livre-bi*, p. 714.
45) たとえば，Leveneur, Le Code civil et le droit communautaire, *Paris 2*, p. 951 は，「フランスの才能 (génie français)」と「フランス法文化の尊重 (respect de la culture juridique française)」を強調する．
46) Leveneur, *supra* note 45, pp. 949–950.
47) Sonnenberger, Code civil et Bürgerliches Gesetzbuch : leur fonction de pilier dans la construction de la société civile européenne, *Paris 2*, p. 1018.
48) 中田・前出注5)．

民法典の現代語化が実現した今の時期を逃せば，再法典化はさらに困難になることだろう．

　次に，再市民社会化について．1970年代の日本に見られた市民社会への指向は，1980年代後半以降には急速に退潮した．日本民法学においても「弱者保護」の声は聞かれなくなり，「市場」の優勢が著しくなっている．しかし，「市場」だけでなく「市民社会」が必要とされていることは，フランスの場合と同様である．民法典を通じて，いかなる市民社会を実現するのか．新しい市民社会の構想が必要とされているが，フランスの経験が示すように，もはや一国レベルでの社会構想には限界が出てきている．supra-étatique なものと infra-étatique なものの組み合わせが不可欠である．そして，その際にはアジア諸国との共同が必要になる．現に，「東アジア経済共同体」が語られて始めている．しかし，そのためには，「和解」が必要なはずである．「ヨーロッパ」に直面するフランス以上に，「東アジア」に直面する日本の課題は重い．それでも，フランスの経験は日本の参考になるだろう．逆もまた同じである．

おわりに，「弔辞」を兼ねて[49]

　フランス民法典の200周年は，祝祭の前年に長逝したカルボニエの名と不可分のものとなった．冒頭に掲げたように，共和国大統領をはじめ多くの人々が，繰り返し彼の名を口にした．もちろん，それは彼が20世紀を代表する立法者だったからである．しかし，それだけではない．そのことは，Quadrige 叢書に加えられた合冊2巻本の『民法』[50] を見れば明らかであろう．1955年に公刊された初版から2002年の最終版まで，実に50年近くにわたって営々と繰り返された改訂は，20世紀後半の「書かれた理性」を示すものであったと言っても過言ではない．フランスでも日本でも，民法典の改正は今後もなされるだろう．しかし，民法典はそれのみで存在するものではない．光を放つ民法学に支えら

　49）　カルボニエに対する弔辞はいくつかあるが，フランス語では，Cornu, Jean Carbonnier（1908–2003）, *RT*, 2003, n. 4, pp. I–II を，日本語では，北村一郎「追悼・ジャン・カルボニエ学長（1908–2003）」日仏法学23号（2005）のみをあげておく．

　50）　Carbonnier, *Droit civil*, 2 tomes, Quadrige/PUF, 2004.

れてはじめて，民法典はその輝きを増す．民法典の将来は，国民の政治的意図にかかっているとともに，民法学のあり方にも依存する．そして，ここでの「民法学」の担い手は，狭義の民法学者には限られない．200年論集でエヴァルトが述べたように，それは国際的・学際的なものであることが期待される[51]．新しい民法学の構築への参加を広く呼びかけて，外国からのゲストを迎えた法制史の学会における報告を終えたい．

A—2 民法典の存在意義

2004年はフランス民法典200周年の年であった．同時に，この年はフランス民法典を重要なモデルとして制定された日本民法典にとっても，一つの区切りとなる年であった．100周年かと言えばそうではない．1898年に施行された民法典はすでに前世紀末に100周年を迎えている．2004年12月1日法によって，民法典の文体の現代化がなされたのである．ポルタリスの書いたフランス語が今日でも理解可能であるフランスの場合と異なり，日本民法典の古風な文体は，一般の人々がこの法典に接近する妨げとなってきた．確かに今回の改正は実体には及んでいないが，民法が日常生活の法であることを考えるならば，形式が改善されたことの意味は小さくない．

さて，民法典の編纂から100年以上を経た今日，民法典という法典が存在し，これによって私たちの日常生活が規律されていることは，日本人にとって当然のこととなっている．「民法とは何か」と問えば，少なからぬ人々から「家族や財産のことを定める法律」といった答えが帰ってくるだろう．それ以上に，「そういう名前の法律がある」と答える人は多いはずである．その文章が読みにくくなっていたことは別にして，民法典の存在は民法という法規範の存在を人々に知らせてきたと言えるだろう．

さらに，少なくとも法律家の間では，「民法典を持つ」という考え方はフランスから学ばれたこと，最初の民法典の起草者がフランス人法学者ボワソナードであったこともよく知られている．しかし，今日では，民法典の存在自体はい

---

51) Ewald, Rapport philosophique : une politique du droit, *Livre-bi*, p. 98.

わば自明の理となっていることもあって，民法のルールを法典化するという選択をしたことが何を意味しているのかという問題は，一般の人々はもちろん法律家の間でも，必ずしも十分には意識されていない．以下においては，この問題につきごく簡単にではあるが，歴史的な観点から検討を試みるとともに（Ⅰ），今日において民法典を持つことの意義を改めて考えてみたい（Ⅱ）．

Ⅰ　回顧

19世紀末に成立した日本民法典は，20世紀の中葉に大きな改正を受けている．民法典の制定に関しては日本の近代化（modernisation）との関係で (1)，またその大改正に関しては民主化（démocratisation）との関係で (2)，それぞれその意義を考える必要がある．

1　近代化と法典編纂

(1)　法典導入期の法典論　ボワソナードが来日したのは1873年であるが，それ以前にすでに，日本ではフランス民法典の存在・内容が知られていた．司法卿 ministre de la Justice となる江藤新平の下で箕作麟祥がその翻訳作業を遂行していたのである．

江藤は，すでに1870年の上申書において「政府と政府との交際は公法を以て相整へ，政府とその国民との交際は国法を以て相整へ，民と民との交際は民法を以て相整へ候次第各国の通義に相成居り，総ての国家富強盛衰の根元も専ら国法民法施行の厳否に関係致候」と述べて，民法典制定の必要性を説いていたという．当時，法典導入の大きな動機の一つは条約改正交渉の前提を整える点にあったが，近代国家としての日本の存立条件として，武力と並んで法制を整える必要があるとの認識もあった．江藤は「和蘭，白耳義，瑞西の如き小弱国のよく並立の体を全くする者は法律の精しく行はるればなり」とも述べている．

政変により失脚・刑死した江藤の後に司法卿となった大木喬任は，五法典編纂の方針を立てるが，その際，法典編纂のメリットにつきボワソナードに意見を求めたらしい．ボワソナードの意見書は「日本に於て民法コードを創立する

や其用の高大なる元より疑ひを入れざる所なり」としつつも，民法典の効用としてあげられていた国家安寧の基礎・人民の風俗の是正・自律の気風の発達・民富国富の増大などには疑問を呈し，所有権の確保と取引の基礎の確立のみを是としている．ボワソナードは，いわば法典熱に水をかけたわけであるが，このことは当時の為政者たちが民法典に対して寄せていた期待の大きさを示しており，興味深い．

　(2)　法典成立期の法典論　1870年頃の法典論は，民法を始めとするヨーロッパ式の近代法の導入が必要であることを説くものであり，それが「法典」という形式をとるべき理由を積極的に説明するものではなかったと言える．しかし，ボワソナード草案を基礎に最初の民法典（いわゆる旧民法典）が制定された 1890 年前後には，この民法典の施行延期をめぐる論争の中で，「法典化 codification」の是非が争われるようになる．この法典論争には多くの論者が参加したが，ここでは，穂積陳重——旧民法の施行延期を受けて 1896/98 年に成立した現行民法典の三人の起草者の一人となる——が，1890 年に公刊した『法典論』において説いた法典の特質を紹介しておこう．

　穂積は，一方で，法典編纂 codification の性質・目的について説明している．法典編纂は「法の形体（形式 forme）」にかかわる問題であるが，「法律の外形は民権——人民の権利——の消長に重大な関係を持つ」とする．なぜなら「法律が明確でないと自己の権利を守り義務を尽くすことができない」からである．また，法典編纂の目的を列挙し，明治日本の場合には，国家の統一 unité・社会の更新 innovation（統一策・更新策）の観点から法典編纂が試みられてきたとしている．他方で，穂積は法典反対論の論拠を紹介し，「法典は社会の進歩に伴わず，弾力性を失う」「法典は法の全体を包含することができず，特別法や判例を必要とする」「法典は訴訟を減少させない」などの理由をあげている．

　こうした議論を経て成立した現行民法典では，条文は大幅に削減され，各規定は簡素にされている．中核部分だけを法典に定めて，解釈・運用は学説 doctrine や裁判官に委ねるという考え方がとられたのである．そこでは，法典化は法の固定化を招くという批判に答えて，いわば開かれた法典・進化する法典が目指されたと言うことができる．そして，この法典を一つの基礎として，20 世紀前半の日本は，近代化へと向けて離陸したのである．

2 民主化と「新民法」

（1） 新民法の制定　1898年に施行された明治民法には，第二次世界大戦後に大改正が加えられ，改正法はちょうど50年後の1948年1月から施行された．この改正法は，正確には民法典の後二編 deux derniers livres——家族と相続とを対象とする——を全面改正するものであり，財産法と呼ばれる前三編はほぼそのまま維持されたが，当時は，「新憲法」と並べて「新民法」と呼ばれた．

この「新民法」，実質的には「新しい家族法 nouveau droit de la famille」においては，「新憲法」に従い，「個人の尊厳と男女の平等」が基本原理として掲げられ，この原理に基づいて，拡大家族を前提とした「家」制度は廃止され，それまで家長 chef de famille が有していた夫権 pouvoir marital・父権 pouvoir paternel が廃止された．以後は，核家族が家族の典型とされ，法的には，夫婦平等・父母平等がほぼ完全に実現された．具体的には，別産制 séparation des biens が法定財産制 régime legal とされ，離婚の自由が承認された．また，父母の婚姻中は親権 autorité parentale は共同行使される être exercé en commun こととされた．さらには，子どもの相続権も年齢・性別にかかわらず平等とされた．

（2） 新民法の役割　「新民法」，すなわち「新しい家族法」は，第二次世界大戦後の日本の習俗に大きな影響を与えた．当初，日本社会の実情は国民の法意識とはかけ離れていたが，以後，今日に至るまで，新民法にリードされる形で，国民の法意識は大きく変化してきたと言える．

新憲法は，20世紀後半の日本の公共圏 espace public において民主主義を創出する基礎となったが，新民法は家庭という私的な空間において個人の尊重・男女の平等という民主主義の基本原理を普及させるのに，大いに貢献したのである．

Ⅱ　展望

現代日本における民法典の存在意義を語るには，その前提として，この半世紀の民法の動向に触れておく必要がある．それは，一言で言えば，「判例の時代

から立法の時代へ」と表現することができる (1). この動向を踏まえた上で, 民法典の置かれた今日の状況を見る際のキーワードとして「グローバリゼーション (mondialisation)」, 「市民社会 (société civile)」, そして「東アジア (Asie d'est)」を提示してみたい (2).

1 判例の時代から立法の時代へ

20世紀後半, 少なくとも 1990 年頃までの日本民法の歴史は, 判例法 règles jurisprudentielles の展開によって特徴づけられていた. すなわち, 日本民法は, 1950 年代には, 戦災による住宅難が不動産賃貸借に関する判例法を, 60 年代・70 年代には, 交通事故・産業公害が不法行為に関する判例法を, そして, 80 年代には, 消費者運動が契約に関する判例法を, それぞれ発展させた.

しかし, 1990 年代に入ると, 「第 3 の法制改革期」とも呼ばれる立法の時代が始まる. その背後には, それまでの経済成長を支えてきた社会=経済システムが大きな変革を必要とする事態に立ち至ったという事情がある. 同時に, 自民党の長期政権が崩壊したことによって, 立法が流動化・活性化したということも指摘しなければならない.

時代の大きな波は民法典にも及んだ. 制定後最近に至るまで, 後二編は別にすると, 民法典には大きな修正が加えられたことはなかった. ところが, 1999 年には成年後見 (被保護成年 majeurs protégés) に関する諸規定が改正され, 2003 年には抵当権を中心とする担保物権 sûretés réelles に関する改正, さらに翌 2004 年には保証 cautionnement に関する改正がこれに続いた. また, 重要な特別法として, 1998 年に特定非営利活動促進法 loi sur l'association, 2000 年に消費者契約法 loi sur les contrats de consommation が制定されたほか, 2003 年に区分所有法 loi sur la copropriété immobilière が, 2004 年には不動産登記法 loi sur la publicité foncière・債権譲渡特例法 loi sur la cession de créances がそれぞれ改正されている.

2 現代における民法典

(1) グローバリゼーションと民法典　　以上のように, 最近の民事立法の主流をなすのは, 日本経済の復調を支えるための法制度であるが, その多くは,

今のところ，国内における資金調達を活性化・適正化するためのものである．しかし，今後の民法改正においては，より積極的に，国際取引におけるルールとの調和，さらには，そのルールの形成へと関心が向けられることだろう．現在，フランスでもヨーロッパ契約法をめぐり，どのようなスタンスをとるかが問題となっているというが，日本民法典もまたグローバルな取引ルールと無縁ではいられない．

　(2) 市民社会と民法典　　同時に，最近の民事立法では，人口の高齢化・都市化への対応やボランタリー・セクションの強化など，人々の社会関係を再編成するような試みも多くなされている．民法は，資本主義の法的基盤であるだけでなく，市民社会の基本法でもある．国家と家族・市場との間に存在する公共圏を豊かなものとすることも，民法典に与えられた使命であろう．

　(3) 東アジアと民法典　　さらに，今日では，東アジア諸国の法典編纂の動向を視野に入れる必要がある．1 世紀余の日本民法典の歴史は，フランスをはじめとする諸外国の民法典を学び，自らのものとするための歴史であった．何をいかに学び，何をいかに実現してきたのか．こうした経験の蓄積は，東アジア諸国の法典編纂に役立つに違いない．さらに，将来に向けて東アジア共同体が語られる今日，法典編纂を通じて相互の法システムについて理解を深めることの意義は大きい．

むすびに代えて——民法典を持つということ

　100 年前にヨーロッパから日本に導入された「民法典」という存在は，当初は，富国強兵の道具としてとらえられていたかもしれない．今日でも，民法典をはじめとする諸法律には，グローバリゼーションに対応するための道具としての側面があることも確かである．しかし，それだけではない．それだけのことにすぎないとすれば，世界で最初の近代的民法典の 200 周年がこれほどまでに世界で祝われることもないだろう．

　100 年前の日本では，民法典は一般市民にとっては縁遠いものであったかもしれない．しかし，50 年前に「新民法」が成立して以来，それは私たちの家族生活の導きの糸となった．そして，今日，私たちは，消費者としても，あるい

は，市民＝住民としても，民法典やその付属法律との関係を深めつつある．民法典は確実に，私たちにとって親しいものとなりつつある．この国の一人の民法学者として，私はこの傾向をより推し進める必要があると考える．

　これまでずっと「集団主義」が優越すると思われてきた日本社会は，ここに来て，社会的な絆 lien social の弱体化という現象に直面している．家族において地域社会において企業において，さらに，それを包摂する社会一般において，その構成メンバーの自律性を尊重しつつ社会的な絆を確保するためには，どうすればよいのか．そのための方策はいろいろ考えられるだろうが，これらに関するルールを再検討することは不可欠の課題であろう．その多くは幸いにも民法典およびその付属法律に含まれている．「民法典」には社会の基本ルールが含まれているのである．

　「民法典」は，私たちにとって，社会のあり方を議論するための共通のフォーラムとなろう．先年亡くなったカルボニエ学長が説いたように，19 世紀において，「民法典はフランス社会の真の構成原理 constitution であった」とすれば，21 世紀の日本においても，そして，東アジアの国々においても，民法典は（市場のあり方も含めて）社会の構成原理たりうるはずである．私たちは「民法典を持つこと」を通じて，よりよい社会のあり方を求めることができるはずである．

　　後記　本稿は，フランス語に同時通訳されることを想定して書かれた口頭報告の原稿である．本文中にフランス語の訳語が付加されているのは，通訳の便宜を考えてのことであった．

B　人の法の変化と再編

はじめに

　よく知られているように，フランス民法典は三つの編に大別されている．本稿が扱うのは，そのうちの第1編「人について (Des personnes)」である（以下，章節の表題を掲げる際には「について」の部分は省略する）．このようにまとまった形で「人の法」が存在するのは，フランス民法典の大きな特色の一つであると言える．

　この「人の法」は，民法典成立時には11の章から構成されていたが，1990年代に第1章の2と第12章が付加されたことによって，現在では13の章を有するものとなっている．この13の章を列挙すると次のようになる．第1章私権，第1章の2フランス国籍，第2章身分証書，第3章住所，第4章不在者，第5章婚姻，第6章離婚，第7章親子関係，第8章養親子関係，第9章親権，第10章未成年・後見・親権解放，第11章成年・被保護成年者，第12章民事連帯協約・同棲．以上の章立てを見れば明らかなように，「人の法」には「家族の法」が含まれているが，この部分は水野論文で扱われるので，本稿では「家族の法」を除く狭義の「人の法」を対象とする．

　もっとも，「家族の法」の範囲をどのように画するかは一義的に明らかであるわけではない．第5章から第9章までが「家族の法」に属することに異論はないが，第10章以下については考え方が分かれうる．フランスの教科書類を見ても，第9章から第11章までは，「人」の巻で扱われると同時に「家族」の巻でも扱われていることが多い[1]．また，第12章については「家族」の巻で扱わ

---

1)　手元の主要な家族教科書のいくつかを見ても，これらを全く含まないもの（カルボニエ），第9

れることが多いが，論者の中にはこの問題は家族の問題ではないとするものもある．以上の状況に鑑みて，本稿ではさしあたり，第 1 章から第 4 章までを中心としつつ，第 10 章から第 12 章までについても付随的に触れることとする．

検討対象の画定に関しては，さらに次の二つの問題がないわけではない．

一つは，民法典の三つの章に先立って置かれた序章 (titre préliminaire) をどう扱うかという問題である．形式的にはもちろん，内容的に見ても，法律の公布・効果・適用に関するこの部分は「人の法」の外にある．しかし，次の事情も考慮に入れなければならない．第一に，この部分を独立に扱うのでない限り，三つの編のどれかと関連づけて扱うことにする (あるいは全く扱わないことにする) 必要があるということ．この点は，本稿を含む企画の編集方針にかかわることであり，筆者の容喙すべきことがらではない．しかし，第二に，第 1 編「人」の第 1 章「私権 (droits civils)」が「権利」一般に関する規定を含むことを考えるならば，その検討に際して，あわせて「法律」に関する規定を検討対象とすることに一定の合理性がないわけではない．以上のような問題点に留意しつつも，紙幅の制限もある本稿では序章は対象外とする．

もう一つは，「法人 (personnes morales)」をどう扱うかという問題である．フランス法においても，19 世紀末から法人理論が展開されてきており，今日では「人の法」の一環として法人についても語られるのが普通である．しかし，周知の通り，フランス民法典には法人に関する一般的な規定が置かれていない．そこで，民法典 200 年を振り返るという本書の趣旨に鑑みて，法人は直接的な検討対象からは除外することにしたい[2]．

ここまで述べてきたところからすると，本稿の検討対象は次の三種に分けることができるだろう．第一に，「私権」に関する規定 (民法典第 1 編の第 1 章)，第二に，人の「同定」(identification) に関する規定 (同第 1 章の 2～第 4 章)，そして第三に，広い意味で人の「保護」(protection) に関する規定 (第 10 章～第 12

　章のみを含むもの (コルニュ，マロリー)，第 9 章～第 11 章を含みつつ，第 10 章・第 11 章については他の巻に委ねるもの (マゾー) などがある．
[2] フランス法人論の一端に触れる最近のものとして，さしあたり，大村・フランスの社交と法 (有斐閣，2002)，同「『結社の自由』の民法学的再検討・序説」NBL 767 号 (2003)，同「ベルエポックの法人論争」樋口古稀 (創文社，2004) [本書第 1 編間章] をあげておく．

章)である.以下,順にこれらを見ていくことにしよう(Ⅰ～Ⅲ).企画の趣旨からして,時代ごとに主要な改正を取りあげていくという方法もありうるが,本稿においては,あえてこの方法は採用しない.第一にこれは,本稿の対象部分における重要改正は1960年代末から後,とりわけ1990年代に集中しているので,時代ごとの考察はあまり適切ではないことによる[3].また第二に,「人の法」がどのように構成されているかを前面に示すことが,フランス民法典の理解に資すると考えられることによるものである.なお,本稿の末尾では,本稿の検討対象から除外した「家族」「法人」と「人の法」との関係に触れ,あわせて「人の法」の存在意義についても考えてみたい(おわりに).

Ⅰ 私権

まずはじめに,「私権」に関する諸規定を見てみよう.これらは,「私権」と「公権=参政権(droits politiques)」を対比する規定(1)と私権の享有主体に関する規定(2)とに分けられる.このうち,後者に関しては,1970年,1993年,1994年に重要な改正がなされている.

1 権利の分類——私権と公権

「私権」と題されたフランス民法典の第1編第1章は,当初は,次のような2ヶ条から始まっていた.「私権の行使は市民としての資格とは独立であり,この資格は憲法に従ってのみ取得され保持される」(7条).「フランス人はすべて私権を享有する」(8条).このうち7条は,1889年(同年6月26日法)に実態にあわせた若干の修正を経て——「市民の資格(qualité de Citoyen)」という表現が改められた——,今日に受け継がれている[4].今日,民法の概説書において7条に言及されることは少ないが,この規定は,私権と公権とを区別し,民法の

---

[3] 主要な改正は,Ⅰ～Ⅲの冒頭にそれぞれ掲げる.なお,実現しなかった改正案としては,1953年の民法典改正草案が重要であるが,これには触れない.同草案に関しては,L・ウーアン(山本桂一訳)「フランス民法典改正委員会の事業」ジュリ81号(1955),民法典翻訳委員会「フランス民法典改正草案(1–3)」比較法雑誌4巻1=2号,3=4号,5巻2=3=4号(1958–60)を参照.

[4] Planiol, *Traité élémentaire de droit civil, tome 1*, 5ᵉ éd., 1909, p. 159.

対象を明示したものとして基本的な意味を持つと言える[5]．続く8条は，私権の享有における私人の平等（égalité civile）を示す規定であるとされるが，一見して分かるように，そこで私権の享有主体とされているのは「フランス人」だったのであり，今日でも，文言上はそうなっている．実際のところ，1889年改正の際には，8条2項に「フランス人」たりうる者が列挙されていた（この規定は1927年8月10日に国籍法が制定されたのに伴い削除された．国籍に関する規定については，Ⅱ1(1)で述べる）[6]．

2 主体の領分——人格と人身

上記の1927年改正では，8条2項のほかに，9条・10条・11～13条が削除されており，「私権」に関する原始規定のうち今日でも残っているのは，11条・14条・15条の3ヶ条に過ぎない（これらは外国人や外国での行為に関する規定）．しかし今日では，新たに9条・9条の1，16条～16-3条などが付け加えられており，これらの規定が「私権」の章の中心をなすに至っている．これらの規定は，本節の冒頭に掲げた改正によって導入されたものである．以下，順に改正の内容を見ていこう．

9条は，1970年改正（同年7月17日法）によって新設された規定であり，「各人は私生活の尊重に対する権利を有する」（同条1項）と宣言し，判事がとりうる措置について定めるものである．「私生活の尊重（respect de la vie privée）」は，フランス民法の「人の法」の特色をなす法理であるが[7]，9条は，従前の判

---

5) ポルタリスは，「憲法乃至政体に関する法律」と「民事の法律」とを区別し，「民法典は，国家的基本法律の後見の下にあり，それに適合していなければならない」（ポルタリス〔野田良之訳〕・民法典序論〔日本評論社，1947〕25頁）としていた．もっとも，このことは，「社会構成原理としての民法」の意義を損なうものではない．この点については，大村・法典・教育・民法学（有斐閣，1999）第1編などを参照．

6) なお，19世紀の前半には，フランスでも奴隷制や民事死亡が認められていたことも付言しておく（前者は，植民地においては1848年4月27日のデクレによる廃止まで存続し続けたという．後者は，1854年5月31日法によって民法22～33条を削除）．Carbonnier, *Droit civil, tome 1*, 20ᵉ éd., 1996, p. 16.

7) 日本でもいくつかの研究があるが，とりわけ，北村一郎「私生活の尊重をもとめる権利——フランスにおける《人の法＝権利》の復権」同ほか・現代ヨーロッパ法の展望（東京大学出版会，1998）を参照．なお，最近の学説につき，大村「20世紀が民法に与えた影響(1)」法協120巻1号 (2003) 212頁以下［本書第2編124頁以下］も参照．

例を集大成するとともに，その定式化によって新たな展開の端緒となった規定であると言える[8]．続く 9–1 条は，1993 年 (同年 1 月 4 日法) に新設され 2000 年 (同年 6 月 15 日法) に改正された規定であるが，「各人は無罪の推定を受ける権利を有する」(同 1 項) と定めている．この規定は，その規定の位置・構造からして，9 条のコロラリーとして位置づけられていると言える．

16 条〜16–3 条は，1994 年のいわゆる生命倫理法 (同年 7 月 29 日法) によって民法典に挿入された規定である (第 1 章に第 2 節・第 3 節を付加)[9][10]．ここでも，「人身の尊重 (respect du corps humain)」と題された節の冒頭に，「法律は人格の優位を確保し，その尊厳に対する攻撃を禁止し，生命の始まりの時から人間の尊重を保障する」(16 条)，「各人はその身体を尊重される権利を有する」(16–1 条 1 項) という原則規定が置かれ，その上で，人の身体やその構成要素・産出物を財産権の対象外とし取引を無効とする規定 (16–1 条 3 項，16–5 条) や代理母を禁止する規定 (16–7 条) などが強行規定 (16–9 条参照) として定められている．あわせて，独立の節が起こされ，「遺伝子型による人の特徴・同定に関する研究」についても強い規制が加えられている (16–10 条〜16–13 条)．

以上の一連の改正によって，「人格と人身」の尊重は民法典の「人の法」の基本原理となったと言える．「いまや民法は，たしかに人権と共鳴しあっており，そこでは人間の価値が優越している．このことは 16 条によく現れており，それは人間中心主義の宣言となっている」のである[11]．

---

8) Carbonnier, *op.cit.*, p. 139.
9) 生命倫理法に至る立法過程につき，大村・法源・解釈・民法学 (有斐閣，1995) 第 2 部第 2 章を参照．なお，最近の学説の動向については，大村「20 世紀が民法に与えた影響 (2)」法協 120 巻 12 号 (2003) [本書第 2 編所収] を参照．
10) 生命倫理法によって，民法典のみならず公衆衛生法典 (Code de la santé publique) にも多数の関連規定が挿入された．同法典には，生殖子の取扱いや臓器移植に関する規定も含まれており (同法典には，人工妊娠中絶に関する 1975 年 1 月 17 日のいわゆるヴェイユ法も含まれる．この部分の最近の改正につき，大村「中絶と不妊化 (立法紹介)」日仏法学 23 号〔2004〕を参照．[本書第 4 編 E–3 として収録])，民法上，「人」とは何か，「出生」「死亡」とは何かを考える上で，無視することができない．なお，民法典自体には，「人」の「出生」「死亡」(人格の開始・終了) に関する規定は置かれておらず，この点はローマ法以来の伝統と学理に委ねられている．
11) Carbonnier, *Droit civil, tome 2*, 21ᵉ éd., 2002, p. 2.

II 同定

続いて，人の「同定」に関する諸規定に進もう．これらは，属性によるもの (1) と場所によるもの (2) とに分けられる．(国籍を含む)民事身分に関する規定が前者にあたるが，なかでも国籍に関する 1993 年改正が重要である．後者には，住所及び不在に関する規定が含まれるが，不在については 1977 年に改正がなされている．

1 属性による同定

(1) フランス国籍 国籍に関する規定が民法典から消えてから半世紀あまりの紆余曲折の後に[12]，1945 年には『国籍法典 (Code de la nationalité)』が成立した．しかし，さらに半世紀後の 1993 年 (同年 7 月 22 日法) に至り，この法典は民法典に統合されることとなる．すなわち，民法典第 1 編に新たに第 1 章の 2 が設けられ，「フランス国籍 (nationalité française)」と題されたこの章に，国籍法典が繰り込まれることになったのである．

新設された条文の数は 100 ヶ条を超えており，この部分は過度に肥大したと評されている．ここで，8 節に分けて配されたこれらの規定の詳細に立ち入る余裕は全くない[13]．改正後の民法教科書類を見ても，国籍に関する規定につき具体的な説明を展開するものは見当たらない．これまで，国籍の問題は私法上

---

12) 民法典制定当時における国籍論議につき，Ewald, *Naissance du Code civil*, Flammarion, 1989, p. 135 et s.
13) 1889 年改正による旧 8 条 2 項では，フランスまたは外国でフランス人から生まれた者 (1 号) のほか，フランスで生まれ親の知れない者または親の国籍の知れない者 (2 号)，フランスでフランス生まれの外国人から生まれた者 (3 号)，フランスで外国人から生まれ，成年時にフランスに居住しているなどの要件をみたす者 (4 号)，帰化した者 (5 号) に，フランス国籍が認められていた．現行法では，① 血縁による場合 (親の一方がフランス人である子．18 条)，② 出生による場合 (フランスで生まれ，(i) 両親が知れない子，(ii) 両親が無国籍か親の国籍が付与されない子，(iii) 親の一方がフランス生まれである子．19 条・19-1 条・19-3 条) のほかに，③ 出生＋居住による場合 (フランスで外国人の親から生まれ，成年時にフランスに居住しており，11 歳以降の居住年数が通算 5 年を超える子．21-7 条) がある．なお，1993 年改正以後も，様々な改正が繰り返されて今日に至っているが，その経緯につきごく簡単には，ミュリエル・ジョリヴェ (鳥取絹子訳)・移民と現代フランス (集英社新書，2003) 24–26 頁を参照．

の問題であるとしても，民法ではなく国際私法において扱われてきた．法典上の位置づけが変わっても，講学上の位置づけは変わっていないのである．

もっとも，次の点には留意する必要がある．「私権」と「公権」が区別されるのと同様に，「民事身分 (état civil)」と「政治身分 (état politique)」とは区別されてきた．しかし，政治身分の主要要素である国籍は，民事身分に隣接するものとして扱われてきており，実際上は民事身分の一要素であると言っても過言ではなかった．このことは，国籍に関する規定が民法典に統合されたことによって，一層明瞭になったと言える[14]．

(2) 民事身分　　国籍を除く狭義の民事身分に関する規定は，民法典第1編の第2章に置かれている．「民事身分証書 (actes de l'état civil)」と題されたこの章は，7節74ヶ条 (34条〜102条．途中に削除された規定や枝番で追加された規定がある) によって構成されている．すなわち，冒頭の総則 (第1節) に続いて，出生証書・婚姻証書・死亡証書 (第2節〜第4節) に関する節が置かれ，さらに，特殊な問題を扱う諸節——軍人・船員に関する特則 (第5節)，外国生まれでフランス国籍を取得した者の民事身分 (第6節)，身分訂正 (第7節) ——が配されている．

民事身分証書に関する規定には技術的なものが多く，細かな改正が繰り返されてきている．また，民法典の規定を補完する特別法やデクレの数も多い．紙幅の制限もあるので，以下においては，制度のアウトラインを簡単に示し，民事身分の意義と構成要素に触れるとともに，比較的最近のいくつかの重要問題に言及するにとどめざるを得ない[15]．

まず最初に確認しておくべきことは，身分登録簿 (registre) は自治体 (commune) ごとに作成され (旧40条，現在では1962年8月3日デクレ)，身分吏 (officiers de l'état civil) がこれを所管するということである (35条などを参照)．古くは人の身分管理は教会の所管に属したが，フランス革命はこれを世俗化することをめざし，民法典に民事身分証書に関する規定が置かれることとなった．すでに触れたように，証書は，出生・婚姻・死亡のそれぞれについて独立に作成される．日本の戸籍のように，家族単位でその構成員の身分変動を一括して

---

14) Carbonnier, *op.cit.* (*tome 1*), p. 50, p. 118.
15) 歴史も含めて民事身分に関する概要を示す一般向きの文献として，Dugas de la boissonny, *L'état civil*, Collection que sais-je ?, 1987.

記載するというシステムはとられていない．もっとも，この欠点を補うために，「家族手帳 (livret de famille)」が考案されており，そこに夫婦の婚姻証書，子の出生証書，夫婦または子の死亡証書の抄本など (extrait) が綴り込まれている (1974年5月15日デクレ)．なお，後見・保佐などについては身分証書ではなく，「民事目録 (répertoire civil)」への記載がなされる．この制度は，1968年の後見制度改正 (後述) に伴い創設されたものである (1968年10月2日デクレ)．

次に，これらの証書によって証明される民事身分とは何かについて触れておく必要がある．民事身分とは，政治身分と対比して用いられる概念であり，広くは，出生から死亡までの私法上の人の状態・地位を指すが，より限定的には，親子関係と婚姻によって定まる家族関係を指すこともある[16]．具体的には，国籍，婚姻・親子関係・親族関係・姻族関係，氏名・住所・能力・性別などがその要素とされる[17]．これらの要素は，人を社会において個別化し同定する働きをする[18]．

民事身分を構成する諸要素のうち，とりわけ重要なのは「氏名 (nom et prénom)」である．民法典は，出生証書には，子の生年月日・出生地のほかに，性別と氏名を記載すべきことを定めているほか (57条1項)[19]，名の選択に関する規定 (57条2〜4項) や氏名の変更に関する規定 (60条〜61-4条) を置いている．なお，氏に関しては，1985年の改正により (同年12月23日法)，慣用として，自分がその氏を称していない親の氏を付加することが認められている (同法43条．この規定は民法典には組み込まれていない)．さらに，2002年の改正 (同年3月4日法) では，父の氏・母の氏・連結氏 (nom accolé) のどれに変更することも可能とされている (311条の21)．これらの改正は，伝統的には父系優位の氏の承継につき，平等化を進めるものとして注目される．

「性別 (sexe)」もまた氏名と並んで重要な要素である．性別に関しては，いったん定まった性は一生覆ることはないという前提がとられてきたが，最近では，

---

16) Carbonnier, *op.cit.* (*tome 1*), p. 98.
17) 山口俊夫・フランス法辞典の état civil の項．
18) Cornu, *Droit civil, Introduction-Les personnes-Les biens*, 8ᵉ éd., 1997, p. 201.
19) 出生証書のサンプルは，大村・消費者・家族と法 (東京大学出版会, 1999) 235頁に掲げてある．本文記載の諸事項のほかに，親に関する諸事項が求められている．

性同一性障害 (transsexualisme) の存在が知られるようになり，性別は身体的・精神的・社会的な要素の複合によるものであり，必ずしも出生時に確定しないとの考え方も有力になりつつある．この問題については法改正は行われていないが，ヨーロッパ人権裁判所の判断を受けて，破毀院は，1992年12月11日判決によって判例変更を行い，性別の変更を認めるに至っている[20]．もっとも，治療を超えて「性別を処分する権利 (droit à disposer son sexe)」を認めるか否かについては，否定的な見解もあり，「年齢」の変更の可否も可能かという必然的に出てくる問いが立てられている[21]．

2　場所による同定

(1)　住所　「住所 (domicile)」は，氏名・性別・年齢とともに，個人を同定する重要な要素である．氏名がいわば家系という時間の中での同定要素であるとすると，住所は空間の中での同定要素であることになる．まさに住所・居所とは「人の法的場所決定 (localisation juridique)」であり，人の同定方法の一つにほかならない[22]．

民法典は，このような意義を有する住所に一つの章 (第3章) を割いていくつかの条文を置いている (102条～112条)．「すべてのフランス人の住所は，その私権の行使に関しては，生活の本拠 (principal établissement) を有する地である」(102条1項) との定義は，民法典制定から今日に至るまで全く不変である．しかし，頻繁に人が移動し，各地において様々な法律関係を結ぶ時代に，このように住所を画一的に定めることは困難である．そこで，難点を克服すべく「居所 (résidence)」の概念が補充的に用いられるに至っている．

ここで注目すべきは，こうした補助概念を用いつつ，なお住所の概念が維持されているということである．フランス民法学においては，一人の人 (personne) は一つの財産 (patrimoine) を持つという考え方がとられているが，この両者を繋ぐのが一つの住所であるとすると，住所の概念を維持することが必要になる

---

20) この問題に関する邦語文献として，ルヴヌール (大村訳)「フランス民法典とヨーロッパ人権条約・ヨーロッパ統合」ジュリスト1204号 (2001) がある．なお，大村「性転換・同性愛と民法」同・前出注19) 所収も参照．
21) Carbonnier, *op.cit.* (*tome 1*), p. 127.
22) Carbonnier, *op.cit.* (*tome 1*), p. 83.

のである[23]．「民法は，名前によって指し示し，住所によって場所を特定することにより，われわれの同定を容易にし，われわれが自分自身の行為の結果から免れることがないようにしている」のである．換言すれば，「すべての法主体は権利を有し義務を負うことができるが，このことは積極財産の全体が消極財産の引き当てになることを意味している．このような財産の定義は，オーブリとローによって体系化されたものだが，この定義のメリットは，人そのものを拘束することなく債務の支払いを確保するという点にある」ということになる[24]．

(2) 不在 こうしたシステムの下では，人がその住所からいなくなる「不在 (absence)」は重大事となる．そこで民法典は，住所の章に続けて不在の章を置いた．フランス民法における不在の制度は，「不在の推定 (présomption d'absence)」と「不在の宣告 (déclaration d'absence)」という 2 段階構成をとっている点にある．1977 年に不在に関する規定は改正を受けており (同年 12 月 28 日法)，手続や効果には変化が見られるが，このような構成自体は維持されて今日に至っている．

日常用語では，不在とはある人がいるべきところにいないことを意味するが，法律用語においては，住所・居所を去ってから一定の時間が経過し生死不明の状態にあることを意味する (112 条参照)．このように，住所・居所との関係で定義されるがゆえに，民法典では，不在に関する章 (第 4 章) は住所に関する章に続けて配置されている．

民法典制定当時の不在制度は，慎重かつ形式重視のものであり，不在者の生存を前提とする考え方に立つものであった．しかし，この制度は現実にそぐわないことが多かったため，その後，より迅速で柔軟な「失踪 (disparition)」の制度が設けられた (1958 年 8 月 23 日デクレにより民法 88 条以下を改正)．さらに，上記の 1977 年改正では不在の制度そのものの簡略化がはかられるに至った．たとえば，不在の推定を宣告するのは，かつては大審裁判所であったが，現在では後見判事となっている (112 条)．また，かつては不在の宣告によっても死亡の効果は発生しなかったが，現在では死亡と同様の効果が発生する (128 条)．

---

[23] 大村「判批」同・前出注 19) 340 頁以下で確認したところである．
[24] Atias, *Le droit civil*, collection que sais-je ?, 1984, p. 56, p. 54.

III 保護

最後に，人の「保護」である．民法典は，一方で，あるカテゴリーに属する個人を保護する．具体的には，すべての未成年者と一部の成年者がその対象となる (1)．このうち，前者については1964年改正が，後者については1968年改正が重要である[25]．他方，最近では，個人ではなく「共同生活 (vie commune)」の保護もなされるようになっている (2)．1999年改正によるパクスの導入がそれである．

1 個人の保護——未成年者と被保護成年者

氏名・住所・性別のほかに，人の属性として重要なものとして「年齢 (âge)」がある．民法典は，満21歳を基準として——1974年 (同年7月5日法) に18歳に引き下げられた——，この年齢に達しない者を「未成年者 (mineur)」とし，達した者を「成年者 (majeur)」としている (388条・488条)．

この二つのカテゴリーに，異なる法的効果が与えられている．すなわち，成年者は，原則として民事生活上の行為 (actes de la vie civile) をすべて行いうるものとされているのに対して (488条1項)，未成年者である子は，原則として親の親権に服するものとされている (371-2条．当初は372条)．このように，成年者＝完全な自由，未成年者＝親権の行使という図式の下では，法は，親権行使を規律するルールを設ければ足りるとも言える．民法典も，そのために一つの章を割いている (第9章)．

しかし，このシステムには例外がある．未成年者については，親権を行使する者がない場合や親権行使の対象から除外すべき場合がある．また，未成年の子に固有の財産がある場合には，親権を行う者があるとしてもその管理の仕方が問題となりうる．他方で，成年者については，完全な自由を認める(自由のうちに放任する)のが適当でない場合がある．民法典は，それぞれの場合につき，

---

25) 二つの改正は，フワイエ＝カルボニエによる家族法改正の一環として行われたものである．その内容につき，稲本洋之助・フランスの家族法 (東京大学出版会，1985) 第1部 (二つの改正については第6章・第7章) を参照．

独立の章を設けて対応している (第10章・第11章). これらを順に見ていこう.

(1) 未成年者 民法典第1編の第10章は, 現在では,「未成年 (minorité)」「後見 (tutelle)」「解放 (emancipation)」の三つの節に分けられている. このうち中心をなすのは後見制度であるので, まず, これを概観しよう. 未成年後見制度は, 民法典制定以来, 何度かの改正を受けてきたが, ここでは原始規定と64年改正後の規定とを簡単に対比するにとどめる. その前提として, フランス民法典においては, 財産管理権と親権とは独立に観念されてきたことを確認しておこう. この点は今日に至るまで変わらない. ただ, 子の固有財産の法定管理人 (administrateur légal) となるのは, 今日では親権者であり, かつてのように父に限られない点が異なるだけである (新旧389条参照).

原始規定と64年改正規定の相違としては, 次の2点のみをあげておこう. 一つは, 原始規定では, 父母の一方の死亡によって後見が開始するとされていたが (旧390条), 64年改正規定では, 父母の双方が死亡した (あるいは親権行使権を喪失した) 場合 (390条1項), 自然子が父にも母にも認知されていない場合 (390条2項) に限って, 後見が開始することとされた. すなわち, 法定管理の妥当する領域が広げられたわけである. もう一つは,「後見裁判官 (juge des tutelle)」が創設されたことである (393条). このことは「親族会 (conseil de famille)」(407条以下) の権限が縮小されたことを意味する. 後見は, もともと家族的な制度としての色彩を帯びていたが[26], 現在ではその領分が縮小させられるとともに, 国家的な制度としての色彩を強めていると言ってよいだろう. なお, その後, 85年改正 (同年12月23日法. 氏につき引用したのと同じ法律) によって, 法定管理における父母の平等化がはかられていることを付言しておく.

次に, 解放についてである. 今日では, (親権・後見からの)解放によって, 未成年者は, 成年者と同様に, 民事生活上のすべての行為をなすことができるとされている (480条1項. ただし, 身分上の行為につき例外規定がある. 同2項参照). 1964年改正以前には, 準禁治産者と同様に能力制限がなされていた (旧481条以下) のを改めたものである. なお, 婚姻 (476条) のほかに, 一定の年齢に達したことも解放原因となるが, 64年改正では18歳とされていたこの年齢は,

---

26) ポルタリス・前出注5) 68–69頁.

成年年齢の引下げにあわせて，75年以降は16歳とされている．

最後に，未成年一般に関する規定にも触れておこう．1993年改正(同年1月8日法)によって，388条の後に二つの規定が挿入されている．いずれも裁判手続における未成年者の保護に関するものであり，未成年者本人からの意見聴取の機会を保障し(388-1条)，代理人のない場合には特別代理人(administrateur ad hoc)を選任すべきこと(388-2条)を定めている．この改正は「子どもの権利条約」の影響下にあるものであり，同様の改正は以後も様々な形で行われているが[27]，ここでは特に，2000年(同年3月6日法)になって「子どもの保護者(Défenseur des enfants)」という制度が設けられたことを注記しておこう[28]．

(2) 成年者 民法典第1編の第11章は，1968年(同年1月3日法)に表題も含めて大きな改正を受けている．この改正は日本でもよく知られており，成年後見立法の際に参照されたものであるので[29]，簡単な説明にとどめたい．

民法典は，当初は，「禁治産(interdiction)」の制度を設けていた(旧489条以下)．禁治産の宣告がなされると(公開でなされ公示される．旧498条・501条)，禁治産者の行為はすべて無効とされ(旧502条)，未成年者と同様に，後見制度が適用されると定められていた(旧509条)．なお，裁判所は，禁治産の宣告に代えて，保佐人(conseil)の選任をすることができた(旧499条)．浪費者(prodigue)についても同様である(旧513条)．これらが日本法の準禁治産にあたることは言うまでもない．

このような制度は，1968年改正に至るまで維持されてきたが，二つの点に付言する必要がある．一つは，1933年(同年2月2日法)に，それまで488条に付加されていた「婚姻の章に定める制限を除くほか」という文言が削除されたことである．これを受けて1938年(同年2月18日法)に，「妻はその民事能力の完全な行使権を有する」(旧215条)という規定が置かれた．なお，この規定は，1965年(同年7月13日法)以降は「夫婦は完全な権利を有する」(現216条1項)

---

27) たとえば，1996年の養子法改正，2002年の親権法改正など．前者につき，久保野恵美子「養子縁組(立法紹介)」日仏法学22号(1999)，後者につき，中川忠晃「親権(立法紹介)」日仏法学23号(2004)を参照．

28) この制度につき，高山奈美枝「子どもの権利(立法紹介)」日仏法学23号(2004)を参照．

29) 1968年改正につき，稲本・前掲注25)のほかに，須永醇・被保護成年者制度の研究(勁草書房，1996)のフランス法部分を参照．

と書き改められている．もう一つは，1938年（同年6月30日法）に，「精神病者に関する法律」が制定されて，施設に監置された精神病者を無能力者と同様に扱うこととされたことである．いずれも，民法典の禁治産の規定に直接に手を触れるものではなかった．

68年改正は，禁治産制度を根本的に改めた．改正の要点は三つにまとめられる．第一は，理念の転換である．この点は，用語に端的に現れている．従来の「禁治産（interdiction）」に代えて，「保護制度（régimes de protection）」（490条）という用語が用いられるようになった．（家族の利益のために）本人の財産管理を禁じるのではなく，本人の利益を保護するという考え方が示されたのである．第二に，段階的な制度が構築された．従来の禁治産・準禁治産に対応する「後見（tutelle）」（第11章第2節．491条〜491–6条），「保佐（curatelle）」（第11章第3節．492条〜507条）に加えて，新たに「裁判所保護（sauvegarde de justice）」（第11章第4節．508条〜514条）という制度が設けられ，能力の減退の程度に応じた対応が可能になった．第三は，未成年の場合と同様だが，裁判所の関与の増大である．このことは「裁判所保護」という用語に端的に現れているが，後見・保佐にも裁判所は関与する．

2 共同生活の保護——パクスと同棲

民法典第1編の第12章は，1999年（同年11月15日法）になって，新たに設けられたものである[30]．「パクスと同棲」という表題の下に置かれたわずか8ヶ条（515–1条〜515–8条）をめぐり，前世紀末のフランスでは世論を二分しての大論争が展開され，「第二のドレフュス事件」とも呼ばれたほどであった．その詳細についてはここでは立ち入ることができない[31]．

「パクス（PACS）」は，「民事連帯協約（pacte civil de solidarité）」の略称であ

---

30) パクスについても，その背景にある同性愛者の法的地位についても，数多くの文献があるが，ここでは，Mécary et Leroy-Forgeot, *Le PACS*, collection que sais-je ?, 2000, Mécary et de la Pradelle, *Les droits des homosexuel/les*, collection que sais-je ?, 1997をあげておく．なお，マゾー＝ルヴヌール（大村訳）「個人主義と家族法」ジュリスト1205号（2001），本山敦「立法改正」日仏法学23号（2004）のほか，ミュリエル・ジョリヴェ（鳥取絹子訳）・フランス新・男と女（平凡社新書，2001）39–55頁も参照．

31) この点につき，大村「パクスの教訓」岩村正彦＝大村敦志編・個を支えるもの（東京大学出版会，2004）を参照［本書第4編所収］．なお，大村・前出注20）論文も参照．

るが，民法典は，これを「成年に達した異性または同性の二人の自然人によって，その共同生活を組織するために締結される契約」と定義している (515–1 条)．このように，パクスは「契約」であるとされている．この契約の締結に関しては，当事者が共同で，その居住地を管轄する大審裁判所書記局に届け出ることとされており (515–3 条 1 項)，届出が登録簿 (registre) に記載されることによって (同条 3 項)，第三者に対抗可能となる (同条 6 項)．しかし，この登録は身分証書の登録とは独立のものである．その意味では，パクスが「人の法」に属するかどうかには疑問がないわけではない[32]．

もっとも，パクスは「第二の婚姻 (mariage bis)」であると言えないわけではない．もともとパクスは，婚姻を望む同性愛カップルに対する法的保護として構想されたものである．規定上は，性関係の存在は明示されておらず，立法過程においては，性関係を前提としない共同生活のためにも利用しうるという考え方も示されていた．しかし，パクスには，近親婚や重婚に類する障害事由 (515–2 条) が定められていることを考えるならば，そこに婚姻類似の関係を見出すのが自然であるとも言える．さらに，パクスとともに規定が置かれた「同棲 (concubinage)」をも視野に入れるならば，婚姻との対比は一層説得力を増すことになる．実際のところ，パクスに対する態度のいかんを問わず，民法教科書の多くはパクスを家族法の部分で論じている[33]．

パクスに関する規定が「人の法」の一部に組み込まれていることの是非を問うことは，本稿の目的ではない．ここでは，次の諸点を指摘するにとどめよう．

第一は，パクスの呼称にかかわる[34]．そこで用いられている「連帯 (solidarité)」とは何を意味するかということである．この語は，二重の意味を持つことが指摘されている．すなわち，当事者間での連帯と社会的な連帯である．すなわち，パクスを締結する人々を社会的に支援する（具体的には租税・社会保障・住居などにつき一定の援助措置をとる）という含意がそこにはあるというのである．

---

32) 人々の意識の中では，婚姻と対比されて観念されており，結婚する (se marier) に対して，パクスを締結する・パクスでくらす (se pacser) という動詞も用いられるようになっている．
33) Carbonnier, *op.cit.* (tome 2), p. 733 et s., Cornu, *Droit civil, La famille*, 8e éd., 2003, p. 102 et s. など．
34) Cornu, *op.cit.* (*La famille*), p. 103, note 65.

第二は，パクスの登録にかかわる[35]．すでに述べたように，パクスが狭義の民事身分そのものに影響を与えないことは確かである．しかし，それは広い意味では，民事身分の一部を構成するのではないか．もっとも，その場合，民事身分の公開性との関連をどう考えるかが問題になる．パクスの当事者は，一方で，社会的な承認を願いつつも，他方では，秘密の保持を望んでいる．

　第三は，パクスの効果にかかわる．パクスの効果が希薄なものであり，また，様々な難点を含むものであることは広く指摘されているところである．この点は，パクスは契約に過ぎないと言われる理由の一つでもある．しかし，弱い効力によって人々を結ぶ仕組みを創り出す試みとして，99年改正をとらえることはできないだろうか．このこととの関連で思い出されるのが，「兄弟姉妹の絆 (lien entre frères et soeurs)」にかかわる1996年（同年12月30日法）の改正である．この改正は，こども議会の提案を採択して，民法典に1ヶ条を追加した．「子どもは兄弟姉妹と引き離されてはならない」(371-5条) という規定がそれである[36]．もっとも，これにはいくつかの留保が付されており，兄弟姉妹の絆は緩やかなものとして保護されているに過ぎない．それでも，こうした緩やかな絆の存在を法的に承認することの意味は小さくないように思われる[37]．ただし，これは筆者の個人的な見通しに過ぎず，むしろ，項を改めて述べるべきことがらに属する．

おわりに

　最後に，筆者の主観的評価を交えつつ，残されたいくつかの問題と将来の展望について述べておこう．

　残された問題の一つは，「人の法」と「家族」の関係についてである．冒頭で

---

35) Carbonnier, *op.cit.* (*tome 2*), p. 746.
36) この改正に関しては，大村「立法紹介」日仏法案22号 (2000) を参照［本書第4編 E-3 として収録］．
37) ただし，学説の中には，パクス法に対して「アマチュアによる寄せ集め」という批判をし，この立法に対しても「法律を作るのと遊ぶのは違う」という批判をするものもある (Cornu, *op.cit.* (*La famille*), p. 114, p. 159). 立法のメディア化・劇場化に対する危惧はよく理解できるが，二つの立法から積極的な意味を汲み取ることも試みられてよいのではないか．

も述べたように，フランス民法典の編別では，「家族の法」は「人の法」に含まれている．「これは論理的な帰結である．家族は人の集合体であるが，人には家族のない者もいる」からである[38]．とはいえ，本稿が対象としてきた「人の法」が「家族」と無縁でないこともまた明らかである．民事身分にせよ住所にせよ後見にせよ，制度自体は個人を単位に作られてはいるものの，いずれも家族と密接な関連を有することは言うまでもない．

　こうした事実上の相互関係よりも重要なのは，両者のより原理的な関係である．「人の法」の基本原理とされているのは，人権であり個人の価値である．これに対して，1960年代以降，数次にわたって個人主義的な改革がなされてきたとはいえ，「家族の法」から共同性の側面を捨象することはできない．「人間の尊厳 (dignité de l'être humain)」と「家族の利益 (intérêt de la famille)」の関係をどう解するかは，今後ますます重要な問題となっていくことだろう．民法典第1編が人の《identité》にかかわることがらと《formation》にかかわることがらから複合的に構成されているという説得力のある見方に従うとしても[39]，依然として上記の問題は残らざるを得ない．

　残された問題のもう一つは，「人の法」と「法人」の関係についてである．今日では，民法教科書は「人の法」の一部として「法人」を採りあげるのが常である[40]．しかし，民法典自体には法人に関する一般的な規定は置かれていない．以上は，本稿の冒頭にも述べた通りであるが，ここでは次の2点を補足しておきたい．第一に，今日，非営利法人に関する一般法とされるのは1901年7月1日のアソシアシオン法であるが，この法律は，もともとは「結社の自由」を「契約の自由」から導いていたということである．パクスが契約によって構成されたのと対比すると興味深い．第二に，今日では，法人企業，すなわち営利法人は経済社会に不可欠な存在となっていることは言うまでもない．これに伴い，20世紀中葉から，職業人の責任 (responsabilité des professionnels) に関する議論が見られるようになってきている．20世紀後半の消費者保護 (protection des

---

38) Carbonnier, *op.cit.* (*tome 2*), p. 2.
39) 稲本・前出注25) 2–3頁．
40) 20世紀初頭の民法教科書を見ると，必ずしもこのようには扱われていないことがわかる．たとえば，法人否認論をとっていたプラニオルは，法人を「人」ではなく「物」との関係で――「集団的所有権 (propriété collective)」という項目で――説明していた (Planiol, *op.cit.*, p. 984 et s.)．

consommateurs) に関する議論はその裏面をなすとも言える[41]．この現象は，債務法における様々な法理の展開を促しているだけでなく，民法の体系や基本概念にも影響を与えつつある．本稿との関連で言えば，民事上の平等 (égalité civile) が再検討に付されることになる[42]．

ここまでフランス民法典における「人の法」の変遷の跡をたどってきたわけだが，結局のところ，200年の歩みはいかなるものだったと言えるのだろうか．そして，これから「人の法」はどこに向かうのだろうか．

一言で言うならば，最初の150年はまどろみの中にあった「人の法」は，残りの50年，特に最後の10数年で飛躍的な展開を見せたということになろうか．確かに少し前までは，「民法は，人よりも物に関心を寄せているように思われるかもしれない」「人に関する民法は，家族や契約に関する民法に比べると遅れていると思われる」と言わざるを得なかった[43]．そもそも，ポルタリスの「民法典序論」を見ても，「家族」を除いた「人の法」に関する説明はごくわずかであり，しかもとりあげられているのは，成年・後見・住所・不在者などであり，人の人格や人身に関するまとまった叙述は見当たらない．9条・9–1条・16条・16–1条などが存在しなかったことを考えれば，これは当然のことではあるが，そこでの「人」は権利義務の帰属点に過ぎなかったことがよくわかる．

それでは，20世紀末に至って人格・人身にウエイトを移した「人の法」は，21世紀にはどうなっていくのだろうか．「人の法」の将来を予測するのは無謀な試みであるが，ここでは次の叙述から出発してみよう．「私たちは，すべての人間は当然ながら同じ権利を有すると感じている．しかし同時に，各人は唯一の存在であり，私たちはみな異なっているとも感じている」．「人の法は，それが反映している二つの社会観を参照する．各人に共通のものと各人に固有のものとがある」[44]．人は共通性と多様性を有する．それゆえ，人は，「平等だ

---

41) 大村「契約と消費者保護」同・契約法から消費者法へ（東京大学出版会，1999）40頁以下を参照．
42) 民事上の平等との関連では，いうまでもなく男女平等の問題を考えなければならないが，主として，「家族の法」との関連で論じられることがらであるので，本稿では問題を指摘するにとどめる（ただし，伝統ある *Revue trimestrielle de droit civil* の新世紀第1号〔2001–1号〕の巻頭論文が，Belleau, Les théories féministes : droit et différence sexuelle であったことは注記に値するだろう）．
43) Atias, *op.cit.*, p. 54, p. 55.
44) Cornu, *op.cit.* (*Introduction...*), pp. 159–160.

が異なる存在 (égaux et différents)」として,「自由を前提としつつ一緒に (libre ensemble)」生きていくことを望む[45]. 今後しばらくは, こうした認識はますます浸透していき, そのための法的手段が様々な形で求められることが予想される[46]. 1999 年のパクス法は, これから始まる試みのはじめの一歩として位置づけられるべきではなかろうか.

---

45) 前者は A・トゥレーヌの, 後者はドゥ・サングリの表現. なお, フランス社会に伏在するこうした指向につき, 大村・フランスの社交と法 (有斐閣, 2002) を参照.
46) 日本でも同様の動きが生ずるだろうが, それを法的に受けとめる「座」として,「人の法」を構想することは, 必要な作業であると言えるだろう. この点につき, 大村「民法における『人』」同・前出注 19) 247 頁以下を参照. また, 広中俊雄「成年後見制度の改革と民法の体系——旧民法人事編=『人の法』の解体から 1 世紀余を経て (下)」ジュリ 1185 号 (2000) 111 頁以下も参照.

C 「契約の自由」と「結社の自由」

はじめに——2003年の日本から見たフランス法

「立法は国家の独占物か?」というテーマで行われるネル教授の講演を念頭に置きつつ,フランス民法1134条について報告をすること.これが本日の主催者から,私に与えられた課題である.

大革命後の1804年に制定されたフランス民法典は,近代的な民法典の原型をなすものとされ,その後,フランスのみならず各国において,様々な形でモデルとして参照され続けてきた.とりわけ,所有権の絶対,契約の自由,過失責任主義を宣言したとされる544条,1134条,1382条は,代表的な規定として知られている.このように,一般には1134条は「契約の自由」と結びつけて語られる.しかし,規定自体を見てみると,同条1項は次のように定めている.「適法に形成された約定は,それをなした者に対して法律に代わる」[1].すなわち,この規定は,契約当事者は自分たちを拘束する「法律に代わるルール」を,自分たちで作り出すことができるという仕方で,「契約の自由」を宣言しているのである.ここに少なくとも文言上は現れている,「契約」=「当事者間の自律的なルール」という見方に着目しつつ,フランス民法1134条について述べよというのが,主催者の考えているところであろう.

このように,出題の意図は明確なのであるが,解答は容易ではない.私自身は,フランス法史を専門にする者ではなく,日本の民法を論ずるにあたってフ

---

1) 訳文は,山口俊夫・フランス債権法(東京大学出版会,1986)62頁による.法務大臣官房司法法制調査部編(稲本洋之助訳)・フランス民法典〔物権・債権関係〕(法曹会,1982)では「適法に形成された合意は,それを行った者に対しては,法律に代わる」とされている.

ランス法を参照しているに過ぎない．それゆえ，1134条の由来や意義を歴史的に解明する能力を有しない．私に可能なのは，代表的な概説書や最近の論文の叙述に見られる特色を指摘するぐらいのことである．

そこで，専門的な歴史的検討は，水林彪教授の報告に委ねることとして，私の報告では，一つの補助線を引くことによって，1134条に間接的に光を当てることを試みてみたい．その補助線が「結社の自由」である．フランスでは，来年2004年に民法典200周年が盛大に祝われることが予定されているが，それに先立ち2001年には，やはり盛大に「結社の自由」を認めたとされる1901年7月1日のアソシアシオン法（結社法）100周年が祝われており，この法律に対する関心が改めて高まっている．「立法は国家の独占物か？」という問いに，フランス法を通じて応えようとするならば，200年前の民法典だけでなく，100年前のアソシアシオン法をあわせて視野に入れてみるとよいのではないか．この法律の歴史につき祖述することには一定の意義があるのではないか．これが私の作業仮説である．

そこで，以下では，まず，民法1134条における「契約の自由」そのものにつき，伝統的な見方と最近の見方を紹介した（I）上で，1901年法における「結社の自由」と「契約の自由」との関係につき，若干の検討を加える（II）こととしたい．

I 民法1134条における「契約の自由」

1 通説的な見方

今日，フランス民法に関する教科書では，1134条1項は「契約の哲学」「契約の一般理論」を体現する（体現してきた）規定として位置づけられている[2]．「人が契約によって拘束されるのは，自らがそのように望んだからである」という考え方は「意思自治（autonomie de la volonté）」の原則と呼ばれるが，ここから，契約締結の自由，契約内容決定の自由が導かれるとともに，いったん適

---

2) 以下は，Carbonnier, *Droit civil, tome 4, les obligations*, 20ᵉ éd., 1996, pp. 50–51, Malaurie et Aynès, *Droit civil, tome 6, les obligations*, 4ᵉ éd., 1993, pp. 329–330 による．

C 「契約の自由」と「結社の自由」

法に締結された契約は当事者を拘束するという帰結が導かれる．このような考え方は，フランス民法典の体現する個人主義と適合的であり，これを法文として表現したのが1134条1項であったというわけである．

もっとも，民法典制定当時，すでにこれに対する制限は存在したし，今日ではますます増えてきていることが指摘される．また，「意思自治」の考え方は，フランスでは19世紀末になって現れたものであり，それまでは自覚的に主張されていたわけではないことも知られている[3]．こうした事態をとらえて，「私的自治」の原理性を否定する論者も現れているが，一般的には，「その後退に注目しつつも，原則は維持することができる」，あるいは，「今日でもなお原則としての価値は失われない」などと評されることが多い．

本稿にとって重要なのは，20世紀後半の代表的民法学者カルボニエの次のような指摘である[4]．1134条1項に見られる「契約」と「法律」の対比は比喩的なものであるとしても[5]，それは非常に意味深いものである．契約から生まれた債権債務関係は，契約当事者の形成する団体を規律する個別法律となる．それは，一般法律に従う必要がある．しかし，この条件さえ満たせば，契約は当事者間では法律となる．実は，1134条に関する立法過程における説明はごくわずかなのであるが，護民院議員ファヴァルは「人々に，契約の中に法律を見いださせるのは，立法者の義務である」と発言しており，起草者たちはこのような定式を決して軽視していなかった．カルボニエは以上のように説いて，1134条の定式を積極的に擁護しようとするのである．

---

3) Malaurie et Aynès, *op.cit.*, p. 329 では，「この教説は，19世紀の法的個人主義の代表作であった」とするが，「代表作」の部分には「しかし，回顧的な」という説明が付加されている．「意思自治」の概念登場の経緯については，Ranouil, *L'autonomie de la volonté*, PUF, 1980 が詳しい．なお，北村一郎「私法上の契約と『意思自律の原理』」基本法学4契約（岩波書店，1983）も参照．

4) Carbonnier, *op.cit.*, p. 209, p. 212.

5) 19世紀の前半以来，このように考えられていたようである．Duranton, *Cours de droit français suivant le Code civil*, tome 1, 2ᵉ éd., 1838, p. 22 は，一般性を持つ法律と個別的な契約は異なるとし，Acollas, *Manuel de droit civil à l'usage des étudiants*, tome 2, 1869, p. 781 は，この対比は比喩であるとし，契約の存否は事実問題にすぎないとする．なお，Planiol, *Traité élémentaire de droit civil*, tome 2, 5ᵉ éd., 1909, pp. 391–392 も，契約は固有の意味での法律であるわけではないとしている．

2 最近の見方

　以上ごく簡単に述べたところが，1134条をめぐる最近までの状況であったが，しばらく前から議論の状況は少しずつ変わりつつある．おそらくそこには，200周年を目前に民法典の中心規定の一つを歴史的に再検討しようという気持ちが多少とも働いているのだろう．ここでは三つの潮流につき，ごく簡単に紹介しておく．

　第一は，1134条に限らず，広くフランス民法典の思想一般にかかわる議論である．法史家のX・マルタン教授は，立法過程の議論をたどることを通じて，従来の通説的な見方であった民法典の人間観・社会観に対して，一貫して異を唱え続けている．すなわち，起草者が立脚するのは，博愛主義・精神主義ではなく，むしろ利己主義・物質主義であったというのである．1134条についても，それは原則ではなく例外にすぎず，契約は，法律の授権のもとに初めて，限られた範囲で効力を持つだけであった．そもそも，純粋な意思の動きによって人がなすことなどほとんどないと考えられていたというのである[6]．同教授は最近の論文でも繰り返す．1134条は陳腐なことを言っているにすぎない．契約は拘束すると，これは，革命のヒューマニズムと結びついた意思自治の原則の宣言などではない．現に，破毀院は，この規定は，フランス古法やローマ法と適合し，それらの中に見いだせるものであるとしているという[7][8]．

　第二は，1134条1項の「意思自治」の原則に対する制約は，立法当時からすでに規定自体の中に含まれていたとする流れである．制約を正当化するのに，1134条3項を援用する議論は以前からあったが，1134条1項自体に内包されていたとする点に，最近の議論の特色がある．まず，ジャマン教授は，古法の伝統との断絶をはかった点に1134条1項の意義があるとする．革命は，市民相互の間にあった信頼を破壊してしまったので，契約を尊重させるという規範

---

6) Martin, L'insensiblité des rédacteurs du Code civil à l'altuisme, *R.H.D.*, 1982, p. 611, Voir aussi, Id., Nature humaine et Code napoléon, *Droits*, 2, 1984, p. 117 et s.

7) Martin, Fondements politiques du Code Napoléon, *R.T.D.C.*, 2003, p. 263.

8) ややニュアンスは異なるが，フランス民法典の契約観は，自由経済的なものではなかったとするものとして，Bürge, Le code civil et son évolution vers un droit imprégné d'individualisme libéral, *R.T.D.C.*, 2000, p. 1 et s.

を導入することによって社会秩序を回復する必要があったというのである．このような意味で1134条1項は厳格なものであった．しかし，そこでは売買のような契約が念頭に置かれており，時間の経過の中で契約が履行されるということは十分には考えられていなかった．そうだとすると，今日重要性の高まっている売買以外の継続的な契約には，1134条1項の射程は及ばない．ジャマン教授はそう説くのである[9]．これとは異なるアプローチによって，同様の結論に達するのは，シャザル教授である[10]．同教授は，「法律と合意のアナロジーは困惑を招く．合意の淵源は国家的なものではなく，その内容は一般的でも抽象的でもないのに，合意は法律であるということを承認するにはどうすればよいのか」と問い，法律の観念を再検討に付すことによって，解答を得ようとする．すなわち，古代以来の伝統に帰るならば，法律とは，判事がよい解決を探すのを導くルールであり，衡平を体現したものであるというのである．

　最後は，1134条の拘束力の意味を問うものである．契約の拘束力とその契約が生み出す債務を区別することを提案するアンセル教授の議論がそれである[11]．同教授の議論のポイントは，契約は債務を生み出すだけのものではないことを指摘する点にある．契約の拘束力とは，契約によって新しい法規範が当事者間に生ずることを指しているのであり，たとえば，そこから権利の移転や当事者の地位・状況の変化といった効果が発生するというのである．このような考え方の背景には，契約の構造に関する関心が伏在しているが，本報告との関連で言えば，アンセル教授が「契約が拘束力を持つというのは，当事者の合意が新たな法規範を生みだすということだ」としている点が興味を引く．同教授は，1134条には「契約は『法律に代わる』」と書かれていることを強調している．

　以上のように，最近の議論は，一方で，意思自治の原理性を否定しようとし（マルタン），他方，1134条1項の「法律に代わる」の部分を解釈的に操作しよう（シャザル，アンセル）というものであると言える．最後に掲げたアンセル教授のように，1134条の「法律に代わる」の意義を強調する見解も，そのこと自体

---

9) Jamin, Révision et intangibilité du contrat ou la double philosophie de l'article 1134 du Code civil, *Droit et patrimoine*, N. 58, 1998, pp. 51–52.
10) Chazal, De la signification du mot loi dans l'article 1134 alinéa 1er du code civil, *R.T.D.C.*, 2001, p. 265 et s.
11) Ancel, Force obligatoire et contenu obligationnel du contrat, *R.T.D.C.*, 1999, p. 771 et s.

よりも，その解釈論的帰結に関心を寄せているように見えるのである．

こうして見ると，「契約」と「法律」の対比を思想的に評価するかに見えるカルボニエの見解は，正面から否定はされていないものの，確かなサポートを受けているわけではないと評することができる．では，「契約」によって，当事者が自主的に規範を設定するという考え方（「意思自治」）は，幻想であったのだろうか．そう判断するのはいささか早計である．ここで，200年前に向けられていた視線を 100年前に移してみることにしよう．

II　1901年法における「結社の自由」

1　前提となる事実

日本国憲法やドイツ連邦共和国基本法は，結社の自由・団体形成の自由を基本権として承認しているが，フランスの人権宣言（第5共和国憲法前文において憲法的価値を持つことが承認されている）には，これに該当する条項が存在しない．それどころか，フランス革命時に制定されたいわゆるル゠シャプリエ法は結社を禁止し，ナポレオンの制定した刑法典においても同様の態度がとられていた．

フランスにおいて正面から結社の自由が承認されたのは，20世紀に入ってからのことであった．すなわち，冒頭で触れた1901年7月1日法において，「アソシアシオン（結社・社団）は，許可なしにかつ事前の届出なしに，自由に設立することができる」（同法2条）と宣言されたことによるのである．もっとも，設立されたアソシアシオンが，法的能力を持つためには公示が必要であるとされた（具体的には，県庁（または郡庁）に届出をし，名称・目的・本部所在地などが官報に掲載されることによって，公示がなされたことになる．同法5条）[12]．

この1901年法（正確には同法2条）は，その後，1971年には，憲法院の判決によって憲法的価値を持つものとされた[13]．この判決は，（人権宣言を含む）憲

---

12) この法律に関しては，さまざまな研究があるが，さしあたり，大村・フランスの社交と法（有斐閣，2002）186頁以下を参照．
13) この点につき簡単には，大村「フランスにおける『憲法と民法』」同・法源・解釈・民法学（有斐閣，1995）を参照．

法の明文の規定だけでなく,「共和国の諸法律によって承認された諸原理」や「現代に特に必要な……政治的,経済的および社会的諸原理」もまた憲法的価値を有するという理解をしめし,「結社の自由」を認める 1901 年法の規定はこのような価値を持つとしたのである（具体的には,団体の設立に事前届出を要求することとした立法を憲法違反であるとした）.

このように,フランスでも今日では,「結社の自由」が憲法的価値を持つことに異論を見ない．しかし,「結社の自由」は,自明のことがらとして憲法典に書き込まれたのではなく,長い歴史の中でようやく憲法的価値を認められるに至ったことは注目されてよい．憲法学者の樋口陽一教授は,この点を重視して,「中間団体としての結社を否定して国家と諸個人だけから成る社会像」を基礎としたフランス型（反結社型）の国家像を,「結社の役割が積極的にとらえられてきた」アメリカ型（結社嗜好型）の国家像と対置した（最近では,前者をルソー＝ジャコバン型,後者をトクヴィル＝アメリカ型と呼んでいる）[14].

そして,この樋口シェーマによれば,フランスにおける「結社の自由」は,「あくまで諸個人の自由のコロラリーとしてのこと」であり,「結社をとりむすぶ諸個人の自由」として理解されなければならないということになる[15]. では,1901 年法の立法過程において,実際のところ,「結社の自由」はどのようにして基礎づけられたのだろうか．次に,この点について簡単に見てみることにしたい.

2　若干の歴史的な検討

1901 年 7 月 1 日法は,今日では,アソシアシオン（結社）法と呼ばれるが,その正式名称は,「アソシアシオン契約に関する 1901 年 7 月 1 日法律 (loi du 1er juillet 1901 relative au contrat d'association)」であり,この法律の冒頭では,「アソシアシオンは,恒常的な形態で 2 人以上の者が,利益の配分以外の目的のために,その有する知識と活動を共同のものとする合意である」と定義され（同法 1 条前段),さらに,「アソシアシオンは,その有効性に関しては,契約と債務に適用される一般原則によって規律される」(同後段)とされている.すなわち,この法律において,「アソシアシオン」は「契約」の一種として位置

---

14) 樋口陽一・憲法（創文社,1992）36 頁以下.
15) 樋口・前出注 14) 153 頁,221 頁.

づけられているのである．

　このような法律構成につき，100周年を機に活発になりつつある1901年7月1日法研究の担い手の一人は，次のように述べている[16]．「20年の年月，33の法案や報告・反対提案，そして両院の間での法案の往復のはてに，1901年7月1日に可決された法律は，真の意味での革命を導いた．この法律は，アソシアシオンを単なる契約として位置づけたのである」「アソシアシオンは，公法的あるいは準公法的な組織としてではなく，私法に由来するものとして定義された．1901年法のアソシアシオンは国家のコルポラシオンではない．それは，階層的で連帯的な共同体ではなく，構成員が自らの自由の一部を譲り渡してできた団体でもない．1901年法のアソシアシオンは契約である．市民の間で自由に締結された契約なのである」．

　別の研究者は次のように言う[17]．「立法者は，アソシアシオンの制度的な側面を明示的に認めることをせずに，単純に特殊な契約類型の一つとした．個人にとっての結社の自由は，こうして堅固な基礎を獲得した．アソシアシオンに加入するかしないかは，契約を締結するかしないかと同じである」「1901年法に関する最も驚くべきパラドクスはおそらく，合意としての定義および契約法の一般原則の遵守の要請によって，ほとんど絶対的な制度的自由へと導かれた点にある．すなわち，契約であると性質づけられることによって，アソシアシオンの内部組織は，自らが望む通りに自由に定められるということになった．契約当事者たちの約定は，公序を尊重し，（利益追求を目的とする組合と対置されたため）利益を探求しないという制約以外の制約を受けることはなかったのである」．

　こうした契約的構成が採用されるに至った経緯に関しては，立法過程に即した精密な検討が必要である[18]．しかし，ここではこのような内在的な作業を行

---

16) Bardout, *L'histoire étonnanate de la loi 1901. Le droit des associations avant et après Pierre Waldeck-Rousseau*, 2ᵉ éd., 2001, pp. 164–165.
17) Merlet, *Une grande loi de la Troisième République : la loi du 1er juillet 1901*, 2001, p. 11, p. 35.
18) 今日では，1901年法の成立に至るまでの立法資料は，Merlet, *L'avènement de la loi de 1901 sur le droit d'association. Genèse et évolution de la loi au fil des Journaux officiels,* 2000 にまとめられており，容易に参照可能ではある．しかし，最終的に法律になるに至った1899年11月14日のワルデック・ルソーによる法案提出以後に限っても，A4判3列組みで700頁以上の資料が存在するため，その解読は容易ではない．

う余裕はない．その代わりに，法案およびその審議をとりまく外的な要因につき一言しておきたい．もっとも，ここでいう外的要因は，第三共和政の政治過程などを指すものではない．いわゆる「契約主義」の隆盛がそれである．

ここでいう「契約主義」は，直接には星野英一教授の用語法によるものである．星野教授は，フランスを中心に契約思想・契約法の歴史をたどった論文の中で，「民法上の他の多くの制度を契約によって説明しようとする考え方」，「さらに，社会さらには国家を人民の契約によって基礎づける，かの社会契約説」を包摂するものとして，「契約主義」という用語を用いている[19]．「契約主義」という表現を用いるかどうかは別にして，19世紀の後半においてこうした思潮を担った哲学者・社会学者として，しばしば言及されるアルフレッド・フイエの見解を見ていくことにしよう[20]．

フイエにとって，契約とは正義そのものである．「契約によるということは正しいということである (qui dit contractuel dit juste)」，「すべての正義は契約によるものでなければならない (toute justice ... doit etre ... contractuelle)」という彼の著名な定式は，このことを示している[21]．彼によれば，「理論的に言って，人間の社会は契約によるものでなければならないというのは正しい．なぜかといえば，すべては可能な限り自由な合意によるべきだからである．歴史的に見れば，契約制度は，現代社会において徐々に支配的になっていることは疑いようもない．法は契約の観念にますます重要性を与えている．契約はわれわれの法典の9割方を占めるに至っており，いつの日か，最初の条文から最後の条文までがそうなるだろう」[22]．

そして，フイエは，アソシアシオンについても次のように述べている[23]．「2人，3人あるいは4人の人間が結びつく (s'associer) としたら，彼らの間に新たに存在するのは何か．意思による行為である．反対に，ある人が暴力によっ

---

19) 星野英一「契約思想・契約法の歴史と比較法」基本法学4 契約（岩波書店，1983）22-23頁．
20) Ranouil, *op.cit.*, p. 90, 北村・前出注3) 184頁．すでに，Gounot, *Le principe de l'autonomie de la volonté en droit privé*, th. 1912, p. 61 et s. なお，Carbonnier, *op.cit.*, p. 57 には « contractualiste »（契約主義者）という括弧付きの表現が用いられている．
21) Fouillée, *La science sociale contemporaine*, 2ᵉ éd., 1885, 1ʳᵉ éd., 1880, p. 410, p. 47.
22) Fouillée, *op.cit.*, p. 394.
23) Fouillée, *op.cit.*, pp. 24-25.

て他人の意思に服させられるとしたら，もはやそこには真の結合＝アソシアシオン（association）は存在しない．欠けているのは何か．意思による行為である．このようにして，契約理論に賛成する人々は，すべての法的結合＝アソシアシオン（association）の関係は，その本質において意思による新たな関係であることを示すのである」．

さて，1901年7月1日法律の立法当時に見られた以上のような「契約主義」は，今日，どのような意味を持つのだろうか．この点は，フイエのいう「契約」とはいかなるものかともかかわる．最後に，この問題につき考えることを通じて，「立法は国家の独占物か？」という冒頭の問いに答えるための若干の手がかりを引き出すことを試みて，結論に代えることにしよう．

おわりに——契約により社会を創る

先に触れた，樋口教授の説くルソー＝ジャコバン型のフランスは，一つの「モデル」であり，現代フランスの実情そのものではない．実際のフランス社会を見ると，そこでは，1901年法によって設立されたアソシアシオンが様々な形で活動していることが見いだされる．とりわけ，1970年代以降のフランスでは，アソシアシオンの隆盛は著しい．最近では，毎年5万以上のアソシアシオンが設立されており，その総数は80万に達すると言われている．また，多くのフランス人が実際にアソシアシオンに加入しており，その活動に対して肯定的な評価を下している．たとえば，ある世論調査によると，アソシアシオンは「有用」であるとした人は95％に達しているという[24]．

このようなアソシアシオンの隆盛につき，一方では，それが「契約」として構成されていることと結びつける見方もある．たとえば，1901年法100周年行事において，内務大臣のヴァイヨンは，アソシアシオン発展の理由として，1901年法によって作られた枠組みが柔軟なものであり，法令によるコントロールが最低限にとどまっていることをあげている[25]．また，公法学の長老であり

---

24) Analyse de Roland Cayrol, directeur de l'institut CSA, in *L'image de la vie associative en France. Sondage exclusif CSA*, 2001, p. 18.

25) Daniel Vaillant, L'avenir de la loi de 1901, in *L'image...* (cité *supra* note 24), p. 99.

C 「契約の自由」と「結社の自由」

　憲法院の判事でもあったリヴェロも，20年前にすでに「12ヶ条の条文はアソシアシオンが成立し・存続していくための枠組を定めるのに十分である．その枠組とは民事契約の枠組である」としていたという[26]．

　他方，契約でも共同体でもない社会編成のあり方としてアソシアシオンを位置づける社会学者の見解もある[27]．この見解においては，「契約」は社会的なきずなを生み出すものではなく，自由も平等も生み出すものではないとされる[28]．

　しかし，こうした見方は，フイエの契約観とは大きく異なる契約観に立つものであると言える．というのは，フイエにおいては，契約はアドホックな利益追求の道具としてではなく，友愛を体現する組織体を構成するための手段であるとされていたからである．前に掲げた「契約によるとは正しいということである」という定式には，「組織であるとは友愛に基づくということである (qui dit organisme dit fraternité)」という定式が組み合わせられていたことを付け加えておこう．

　このようなフイエの契約観をどのように評価するかは一つの問題である．しかし，19世紀の「契約主義」が，弱肉強食の図式的契約観とは異なる契約観に立っていたことは注目されてよい．この点をふまえた上で，契約によりアソシアシオンを創り，アソシアシオンにより社会を構成するという考え方を，どうとらえるのか．樋口教授は，フランスのジャコバン主義的伝統においては，「法形成は国家 (一般意思の表明としての法律) によって独占され，地方分権にも私的結社にも冷淡」[29] であったとするが，今日見られるアソシアシオニズムは，契約当事者や契約によって設立されたアソシアシオンに，法形成を委ねるものであると評価することができるのではないか．アソシアシオン法100周年と民法典200周年の間で，フランス法を学ぶ者が検討すべき根本問題の一つはこの点に存すると言えるだろう．

---

26) Rivero, *AJDA*, 20 mars 1980 (cité par Sueur, *Renouer le lien social. Liberté, égalité, association*, 2001, p. 89).

27) スエル教授 (Sueur, *op.cit.*) がその代表であり，マックワールドでもジハドでもない「第三の道」をアソシアシオンに見いだそうとしている．

28) Sueur, *op.cit.*, p. 47 et s.「契約の幻想」「契約が増えれば，社会 (的なきずな) は減る」などといった表現が見られる．

29) 樋口・前出注14) 21頁．

第4編　日本から見たフランス民法

A　保育から見た団体論

I　はじめに

　少子高齢化はいまや日本社会の根本問題の一つである．高齢者の数は増える一方であり，いわゆる「団塊の世代」も退職期にさしかかっている．その反面で，出生率は低落傾向にあり，数年前に戦後最低の 1.58（丙午の 1966 年）を下回った後も歯止めがかからず，2003 年には 1.29 にまで下がっている．これに対処すべく，2003 年には，次世代育成支援対策推進法・少子化社会対策基本法も制定された[1]．しかし，これらの法律の定める対策がどの程度の効果を持つのかは，まだ判然としない．これでは不十分であるとして，さらに強力な対策を求める声も聞かれる．

　ところで，少子化対策に関しては，北欧諸国などと並んでフランスの例が参照されることが多い[2]．というのは，フランスでは，やはり低落傾向にあった出生率が，1990 年代後半には上昇に転じているからである（2002 年には 1.88）．その要因としては，育児手当などの社会保障給付が充実していることが指摘されるが，それだけには留まらない各種の育児支援策が講じられていることも見落とせない．そのうち，本稿が関心を向けるのは，保育の仕組みづくりである．働く女性が増大する中で，保育システムの充実は，金銭的な給付と並んで（あるいはそれ以上に）焦眉の課題であると考えられるからである．

---

1)　最近の家族政策立法の動向につき，さしあたり，大村「家族法の広がり──労働・社会保障・租税と家族」もうひとつの基本民法 I（有斐閣，2005）213 頁以下を参照．
2)　一例として，「少子化対策・欧州に見る上：仏，社会全体で子育て」日本経済新聞 2003 年 12 月 24 日付夕刊［その後，たとえば，中島さおり・パリの女は産んでいる（ポプラ社，2005），牧陽子・産める国フランスの子育て事情（明石書店，2008）が近況を伝える］．

フランスの場合にも日本と同様[3]，保育の主たる担い手が保育所（crèche）であることに変わりはない．しかし，日本の場合には，自治体以外の者が保育所を設置する際には認可が必要とされ[4]，少なくとも最近に至るまで無認可保育所に対しては否定的な評価がなされてきたのに対して，フランスではより多様な形態の保育所が存在する．また，保育所という形態以外の形態での保育も発達している[5]．そして，これらの多様な保育（ないし保育支援）の担い手は，非営利団体（1901年7月1日法によるアソシアシオン）であることが多い[6]．団体論・法人論に関する共同研究の一環をなす本稿が，この問題に関心を寄せるのはそのためである[7][8]．

以下においては，フランスにおける保育がどのような仕組みによってなされているのかを簡単に見た上で（Ⅲ），保育支援を担う諸団体の活動について若干の紹介・検討を行いたい（Ⅳ）．なお，それに先立ち，保育以外の育児支援についても一言するとともに（Ⅱ），最後に，まとめに代えて，団体論・法人論の観点から若干の付加的な考察を行うこととする（Ⅴ）．

Ⅱ 概観——さまざまな支援

フランスにおいては，育児について，どのような支援がなされているのか．

---

[3] 日本の場合，保育所は，児童福祉施設として位置づけられ（児福7条・39条），「保護者の委託を受けて，保育に欠けるその乳児又は幼児を保育する」施設とされている．
[4] 児童福祉法35条3項・5項参照．
[5] 日本でも，同様の動きが最近になって目立つようになってきている．その一端につき，大村・生活のための制度を創る（有斐閣，2005）第1章「子育てを考える」を参照．
[6] 1901年法およびそれに基づき設立されたアソシアシオンの活動につき，さしあたり，大村・フランスの社交と法（有斐閣，2002）第3章「結社と法」を参照．
[7] 本稿と同様の観点に立つ先行研究として，ジャン・ルイ・ラビル「フランス：社会的企業による『近隣サービス』」ボルザガ＝ドゥフルニ編・社会的企業（ソーシャル エンタープライズ）——雇用・福祉のEUサードセクター（日本経済評論社，2004）133頁以下がある．なお，ラビルには，同書所収の「社会的企業と社会経済理論」（ニッセンズとの共著）があるほか，Laville et Sainsaulieu, *Sociologie de l'association*, Desclée de Brouwer, 1998, Laville (dir.), *L'Economie solidaire*, Desclée de Brouwer, 2000, Laville et al., *Association, démocratie et société civile*, La Découverte, 2001, Laville et Nyssens (dir.), *Les services sociaux entre associations, Etat et marché. L'aide aux personnes âgés*, La Découverte, 2001 などの編著書がある（*L'Economie solidaire* は未見）．
[8] 本稿執筆にあたっては，2004年12月18日～26日にパリおよびその近郊で行った現地訪問調査の結果を利用している．引用のフランス語文献・資料の多くはその際に収集したものである．

A 保育から見た団体論　　　　245

本稿では，この点につき，包括的な紹介を行うことはできないが，ごく簡単な概観のみを行っておきたい．手元にあるいくつかのガイドブックのうち，一般書店で入手可能な最近のものを参照すると[9]，次のような項目建てがなされている．「1. 保育の諸形態」「2. 私の赤ちゃんは不思議なくらい健康」「3. 子どもと一緒に外出する」「4. 乳母車や産着・子供服……」．表題からも分かるように，「1」で様々な保育手段を説明するのに加えて，「2」では医療や健康，「3」ではスポーツや文化活動（レストラン情報を含む），「4」では子ども関連の買い物について，様々な情報が提供されている．その性質上，「4」は商業ベースのものがほとんどであるが，「2」「3」に関しては，公的な支援を行う機関・団体が多数紹介されている．

「1」については，次のⅢで，他の文献も参照しつつ見ていくことにするが[10]，ここでは，簡単なガイドブックにどのようなことが書かれているのかを知ると

---

9) Relin et Maché, *SOS Jeune mère parisien*, Editions Parigramme, 2002. これは，Paris est à vous（パリをあなたの手に／パリはあなたのもの）というガイドブック・シリーズの1冊として刊行されたものであるが，関係機関・団体の連絡先（ウェブ・サイトを含む）が多数記載されており，有益である．なお，他に，各自治体が発行しているガイドブックや政府刊行物として出版されているガイドブック類もある．前者は，Guide de la famille (Bourg-la-Reine 市)，Guide de la famille et de l'écolier (Sceaux 市) などと名づけられており，保育所・幼稚園・小学校に関する情報のほか，娯楽・スポーツ・文化活動，保健衛生，社会保障給付などに関する情報が集められている．後者は，毎年刊行されている *Guide de la famille et de la vie quotidienne*, Documentation française がその例である．500 頁を超える大部のもので，国籍・各種証明書から始まって，カップル，子ども，学校，困難な状況にある人々（児童虐待や各種事故の被害者など），保健衛生，高齢者支援，死亡・相続と続く包括的なものである．このうち，子どもに関する部分には100頁余の紙幅が割かれており，出産・養子縁組・氏・親権などのほか，出産・育児休暇や保育・児童関連諸手当に関する手引きがなされている．なお，日本でも，民間のガイドブックとして，「子どもと一緒に○○子育てガイド」（メイツ出版）といったシリーズが刊行されている（○○には，都道府県名・地域名が入る．神奈川・愛知・大阪・兵庫・静岡・広島・京都＝滋賀・多摩・千葉・東京・茨城・岐阜・埼玉・栃木・新潟・福岡・札幌・兵庫など）．ただし，政府レベルでは，内閣府・少子化社会白書平成16年版（ぎょうせい）のように分析を示すものはあるものの，ガイドブック類は見あたらないようである（少なくとも内閣府や厚生労働省が国立印刷局から刊行しているもので現在入手可能なものはない．なお，子育て支援データ集2005〔生活情報センター，2004〕は興味深い多数のデータを収録しているが，ガイドブックではない）．

10) *SOS Jeune mère parisien* (*supra* note 9) に加え，*Guide de la famille et de la vie quotidienne* (*supra* note 9) の 2004–2005 年版のほか，UNIOPSS, *L'accueil des jeunes enfants. Monter un projet. Trouver des partenaires. Fiches pratiques pour l'action*, ESF éditeur, 2002 による（順に，*SOS/ Guide/ L'accueil* と略して引用する）．なお，UNIOPSS (Union national interfédérale des œuvres et organismes privés sanitaires et sociaux) は，その commission interassociative « Petite Enfance » に，関連の諸団体を集めている．

いう意味で，項目だけをあげておきたい．

　　フルタイムの保育
　　①集団保育所（crèches collectives）
　　②共同保育所（crèches parentales）
　　③ -1/2 個人保育（assistante maternelle / auxiliaire parentale à la maison）
　　④出会いの場（liex de rencontre / SOS parents）

　　補助的な手段
　　⑤一時託児所（halte-garderie）
　　⑥住み込み女子学生（jeune fille au pair）
　　⑦ベビーシッター（baby-sitter）
　　⑧祖父母

　上記のガイドブックには正面からの記載がないが，あわせて，ここで手厚いとされる育児・家族関連の社会保障給付についても触れておく[11]．関連の手当としては次のようなものがある（2004年1月1日より前に出生した子を対象とするものを掲げる[12]）．

　　児童手当など
　　　a　児童手当（APJE = allocation pour jeune enfant）
　　　b　育児休業手当（APE = allocation parentale d'éducation）
　　　c　自宅保育手当（AGED = allocation de garde d'enfant à domicile）
　　　d　託児扶助（AFAEMA = aide à la famille pour l'emploi d'une assistance maternelle agréée）
　　　e　再就職女性扶助（ARAF = aide à la reprise d'activité des femmes）

---

11)　Guide, p. 255 et s. なお，出産・育児休暇については省略するが，同じく Guide, p. 189 et s. に説明がある．
12)　2004年1月1日以降に生まれた子については，若干の制度変更があったが，この点については，必要な限度で後に言及する．

家族手当など
- f 家族手当 (allocation familiale)
- g 多人数家族手当 (allocation forfaitaire pour familles nombreuses)
- h 家族付加金 (complément familial)
- i 単親手当 (allocation de parent isolé)
- j 家族支援手当 (allocation de soutien familial) = 旧孤児手当 (ex-allocation d'orphelin)
- k 障害児特殊教育手当 (allocation d'éducation spéciale)
- l 障害児・傷病児休業手当 (allocation de présence parentale)
- m 新学期手当 (allocation de rentrée scolaire)

住宅手当
- n 家族住宅手当 (ALF = allocation logement à caractère familial)
- o 住居改装貸付金 (prêt à l'amélioration de l'habitat)
- p 引っ越し一時金 (prime de déménagement)

以上のうち主要なものであるa, f, nの3種は簡単に言えば次のようなものである (cとdについてはⅢで言及する. なお, これらの手当については, 上記ガイドブックにおいても保育との関連で触れられている). まずaの児童手当であるが, 受給者の所得制限があるものの (たとえば, 片稼ぎ世帯で子ども一人だと年収17,613ユーロ＝約250万円), 子どもが3歳になるまで月額161.66ユーロ＝約23,000円の支給が受けられる. 次にfの家族手当であるが, 2人以上の子どもがいるときには下の子が20歳に達するまで月額112.59ユーロ＝約16,000円 (子どもの数や年齢に応じて増額される) の給付がなされる. 受給者の所得に制限はない. 最後にnの家族住宅手当であるが, 婚姻後5年以内で子どもがなく婚姻時に夫婦の一方が40歳以下のカップルや65歳以上の尊属と同居する者や少なくとも子ども一人を扶養する者などが住居を賃借している場合に, 一定額 (諸条件により異なる) の賃料補助がなされるというものである[13].

---

13) 1980年代の後半にフランスで出産・育児をした筆者らは, 以上の3つの手当のうちf・nの手当を受給した経験がある. fは約800フラン (約16,000円), nは約1,500フラン (約30,000円) 程度であったと記憶する. また, 送付されてきた書類に必要事項を記入の上で返送しただけで支給がなされていた.

以上をふまえて，本論（Ⅲ・Ⅳ）に進みたい．

Ⅲ　保育の仕組み

フランスにおける保育の仕組みは多彩であるが，以下においては，保育所（1）を中心に検討し，あわせて，保育所以外の諸形態（2）にも触れることにする．

1　保育所の諸形態

保育所（crèches）には，伝統的な保育所（「集団保育所」crèches collectives と呼ばれる．Ⅱ①）のほかに，少し前から注目を集めている親たちが自主的に運営する保育所（父母保育所 crèches parentales・親の管理による保育所 crèches à gestion parentale と呼ばれるが，本稿では「共同保育所」と呼んでおく．Ⅱ②）とがある．これらについて順次見てみよう．

（1）集団保育所　集団保育所に関しては，特に多くを述べる必要はないだろう．次のいくつかのデータのみを掲げておく[14]．

第一に，集団保育所の受け入れ対象は2ヶ月の乳児から3歳未満の幼児まで．親が働いていることが必要だが，育児疲れの親たちや障害児を持つ親たちから子どもを預かることもある．受け入れ時間であるが，年間を通じて平日は開いており，7時から19時までというところが多いという（5時半から22時まで，24時間というところもあるという[15]）．

第二に，受け入れ数であるが，1施設につき60人が上限とされており，40人程度のところが多いという．なお，20人以下のものは「小保育所 mini-crèches」と呼ばれており，数としては集団保育所の16％を占めている．トータルに見ると，1999年には，全国で約2,500の施設があり，約112,000人の子どもたちを受け入れていた．パリに限って見ると，約280の施設に約17,000人の子どもたちが通っているが，これは両親が働く3歳未満の子どもたちの総数約42,000人の4割にあたる．

---

14)　*L'accueil*, p. 90 et s., *SOS*, p. 9.
15)　*SOS*, p. 10 には，このように長時間の保育を行っているいくつかの保育園のリストが掲げられている．

第三に，事業主体であるが，自治体によって運営されているものが65％，アソシアシオンによるものが25％であるという（残りは企業が設けているもののようである）．

第四に，親が負担する費用についてであるが，これは様々な条件（たとえば収入や子どもの数など）に依存して一律ではない．この負担に関する租税上の減額措置はあるが，特別な社会保障給付はない．

なお，集団保育所の開設には開設認可（autorisation d'ouverture）が必要だが（公設と私設とでは手続が異なるようである），法的な規律に関しては，Ⅳ2でまとめて触れることにして，ここでは立ち入らない．

(2) 共同保育所　共同保育所は1960年代末に始まった無認可保育所にその沿源を持つという．その考え方は次のように説明されている[16]．「無認可託児所は，子供たちにとって生活体験を織り込んだ保育をつくろうとした．この考えによれば，父母と専門家を切り離すべきではない．また親たちは，子供の共同保育を引き受け，子供が発達し，子供がその取り囲む外界を認知できるような，子供のための活動をとくに重視した」．

このような無認可保育所は1981年からは認可を受けるようになっており，その運営資金については，半分は親たちが負担するが，残りの半分は自治体や家族手当金庫（CAF = caisses d'allocations familiales）が負担するに至ったという．同時に一時預かりも行う多目的保育所（multi-accueil）を含めると，現在では全国で740の施設が約8,500人の子どもたちを受け入れている（パリでは26の施設が約400人を受け入れている）[17]．これらはすべてアソシアシオンによって運営されている．

受け入れ対象・受け入れ時間や費用負担に関しては，前述の集団保育所の場合と大差ないとされているが，重要な違いは父母に参加が求められる点である．前掲のガイドブックは，「とても時間がとられるし，『うまくやる』にはしばしば交渉・駆け引きを必要とする」としているが，それに続けて「自治体の保育所の数が少ないため，この手段を用いる親たちは次第に増えてきている」としている．同様に，ある論者も「一部の職種の労働者は，託児所の活動への参加

---

16)　ラビル・前出注7)（2004）142頁．
17)　以下の叙述も含めて *L'accueil*, p. 109 et s., *SOS*, p. 8, pp. 13–14．

に必要な自由時間を確保するのが非常に難しい．平均して，父母は毎週6〜8時間の時間を割くことが期待されている．……それにもかかわらず，総会に参加して理事を選出する親たちによって程度の差はあれ運営管理されている父母託児所は急速に広まっている」と指摘している[18]．

この形態の保育を支えるのが，ACEPP（Associaton de Collectifs Enfants-Parents-Professionnels）という全国ネットワークであるが，これに関しては，Ⅳ1で改めて紹介することにしよう．

2 保育所以外の諸形態

保育所による保育は，運営の仕方にかかわらず，預かる側も預ける側も集団的なものである．また，実際の不便はあるにせよ，そこでは原則としてフルタイムの恒常的な保育が行われている．このような保育の形態とは別に，個人が個別に子どもを預かって保育を行うための仕組みも存在する．また，一時的な（あるいは保育園の保育時間を超える追加的な）需要に応えるための仕組みも存在する．次にこれらを見ていくことにする．

（1） 個人保育 先ほどの論者は，「近年保育分野での仕事の創出や仕事の正規化が最優先されている．保育士の立場を優先した新しい方策や在宅支援の方策がこの分野で取り組まれており，家庭における雇用が推進されている」と指摘している[19]．

具体的には，個人が自宅などで子どもを預かる仕組み（Ⅱ③-1）や，反対に，個人が子どもの家に出向いてそこで保育を行う仕組み（Ⅱ③-2）が発展している．前者は「保育補助士（assistante maternelle）」と呼ばれるものであるが，直前の引用における「保育士」はこれを指すものと思われる．日本においては「保育ママ」と呼ばれる者がこれに相当するだろう[20]．後者は「在宅保育補助者（auxiliaire parentale à la maison）」と呼ばれるが，（前者も含めて）伝統的な「乳母（nourrice）」を職業化したものだとも言える．

---

18) ラビル・前出注7)（2004）143頁．
19) ラビル・前出注7)（2004）150頁．
20) 前回の新聞記事（前出注2)）では，フランスの制度は「認定育児ママ」と訳されている．なお，日本の「保育ママ」については，大村・前出注5) 第1章の該当箇所を参照．

この形態はフランスでは非常に発展しているようであり，現在，全国には約333,500人の「保育補助士」がおり，565,600人の子どもたちの親がこれを利用している（パリでは約2,500人の保育補助士が6,200人の子どもを預かっている）[21)][22)]．また，在宅保育補助者によって保育されている子も全国で87,400人に達する（パリのデータは不明）．このように，パリは別にして全国レベルで見ると，保育補助士や在宅保育補助者などによる個人保育は集団保育（保育所）よりもずっと高い割合で利用されていることがわかるだろう[23)]．

　このような個人保育に関しては，次の3点を指摘しておこう．

　第一に，仕組みの特色について．保育補助士は，母子保護局（PMI = services de protection maternelle et infantile）によって資格を付与される．最初の3年間は60時間の研修がある．母子保護局は5年ごとに受け入れ環境に関する検査を行っている．保育補助士は有償で子ども（1人から3人まで）を預かってくれる．受け入れ時間は保育所より柔軟に決めることができる点が，この仕組みが好まれる一つの大きな要因である．なお，在宅保育補助者については資格の定めがない．

　第二に，費用の補助について．保育補助士や在宅保育補助者の受け入れ対象に年齢制限はないが（ただし，補助士と子どもの年齢は10歳以上離れていることが必要），先にも触れた「託児扶助（AFAEMA）」「自宅保育手当（AGED）」の対象となるのは6歳までである[24)]．これらの社会保障給付があることによって，個人保育の仕組みは大きく発展したと言える．先の論者は，「国家は仕事を創出しようとして，共同保育にとって不適切な方法を生み出している．共同保育を壊し，個別保育に有利な不公平な公的扶助によって，ねじ曲げられた競争

---

21) 以下の叙述も含めて，*L'accueil*, p. 150 et s., p. 154 et s., *SOS*, pp. 15-21, *Guide*, pp. 247-248, pp. 251-252.
22) なお，保育補助士を集めて開設されている「家族保育所（crèches familiales）」という形態の保育所もある．
23) 前掲の新聞記事（前出注2））も，「同国では3歳未満の保育で保育園が占める割合は約1割にすぎない」としている．
24) 「自宅保育手当（AGED）」「託児扶助（AFAEMA）」は，「児童手当（APJE）」などと統合され，2004年からは単一の「児童受け入れ給付（PAJE）」が設けられるに至っている．この新制度の下では，出産・養子縁組一時金，基本手当，（父母の休業などに関する）「活動保証手当（complément de libre choix d'activité）」のほか，「保育保証手当（complément de libre choix du mode de garde）」が支給されるが，これが従前の二つの手当に相当する．

状態をつくりだしている」と指摘しているが[25]，実際のところ，託児扶助が保育形態の選択に大きな影響を与えてきたであろうことは容易に想像される．保育補助士に支払われる報酬は，パリでは一日 22.87 ユーロから 30.49 ユーロであるが，これに対する託児扶助の額は，2001 年には所得に応じて月額で 128.82 ユーロから 196.55 ユーロ（3 歳未満），あるいは，64.29 ユーロから 98.33 ユーロ（3 歳から 6 歳）であった[26]．在宅保育補助者へ支払われる報酬は時給で 6.67 ユーロであり，保育補助士の場合よりも高くつくが，この場合の手当の額は，2001 年には所得に応じて，社会保険費の 75％（上限は 3 ヶ月で 1524.03 ユーロ）か 50％（上限は 3 ヶ月で 1016.23 ユーロ）であった（3 歳未満．3 歳から 6 歳の場合には一律に 50％．上限は 3 ヶ月で 507.81 ユーロ）．

　第三に，その他の補助について[27]．「保育補助士」にせよ「在宅保育補助者」にせよ，親たちはこれらの者と個別に契約を締結することが必要になるが，契約締結に至る（相手方を選択し，契約内容を定める）過程は必ずしも容易なものではない．また，この契約は，雇主に社会保障法上の義務を課す労働契約であるので，雇主としてなすべき手続を行うことも必要となる．具体的には，社会保障費用徴収連合（URSSAF = Union pour le recouvrement des cotisations de la sécurité sociale）への届出をしなければならない．社会保障関係の手続に関しては，URSSAF 自身が情報提供を行っているが[28]，契約相手方の選択・契約の締結に関しては，各種のアソシアシオンがこれを支援しているのが注目される．たとえば，受入家族・保育補助士連合（Union fédérative des familles d'accueil et des assistantes maternelles）は「保育補助士」との契約について標準契約書（contrat-type）を提供しているし，「在宅保育補助者」の派遣や関連情報の提供を行っているアソシアシオンも少なくないという[29]．

　(2)　一時保育　一時保育にも，集団保育（Ⅱ⑤）と個人保育（Ⅱ⑥⑦）と

---

25)　ラビル・前出注 7)（2004）150 頁．
26)　*SOS*, pp. 16–17, p. 19, *L'accueil*, p. 153, p. 158.
27)　以下の叙述も含めて，*SOS*, p. 17, pp. 21–23.
28)　www.urssaf.fr が有用だという．
29)　前者の例として，ABC Puériculture（www.abcpuericulture.asso.fr），後者の例として，FEPEM = Fédération des particuliers employeurs de personnel de maison（www.fepem.fr）だけを挙げておく．

が存在する．前者としては「一時託児所 (halte-garderie)」，後者としては「住み込み女子学生 (jeune fille au pair)」「ベビーシッター (baby-sitter)」[30] を挙げることができる．これらに関しても興味深い点が少なくないが，ここでは立ち入ることができない．次の 2 点を指摘するにとどまる．

　一つは，一時託児所の数についてである[31]．その数は全国で 3,180 ヶ所（多目的託児所を除く），定員は 55,200 人である．これらの半分はアソシアシオンが運営している（パリでは自治体が運営するものはごく少数であり，ほとんどがアソシアシオンによる）．なお，多目的託児所は一時預かりを重視しているようであり，その定員は 68,100 人に達する．もう一つは，「住み込み女子学生」「ベビーシッター」の選択についてであるが[32]，これらについても，各種アソシアシオンが斡旋活動を行っている[33]．

　以上で「保育の仕組み」については，おおよそのことを述べた．Ⅱでとりあげたもののうち，残されているのは「出会いの場」（④）と「祖父母」（⑧）だけである．このうち，「祖父母」は保育の担い手には違いないが，「仕組み」ではないので，本稿では検討の対象外とする[34]．最後に残る「出会いの場」は，保育そのものを行うというよりも，保育支援の場であると言う方がよいだろう．そこで，これに関しては，項を改めてⅣ 1 で触れることにしたい．

Ⅳ　保育を支援する諸団体

　以下においては，まず，保育支援を行う団体の活動例について簡単な紹介を行う (1)．続いて，保育の担い手となる団体の活動を支える仕組みづくりの方

---

30) 前者は，語学留学に来る外国人女子学生などに，住居・食事（＋若干の小遣い）を提供する代わりに，週 30 時間の労働と 2 晩のベビーシッティングをしてもらうというもの (*SOS*, p. 28)．後者は，アメリカなどと同様であるが，フランスらしい慣行も形成されているようである (*SOS*, p. 32)．
31) *L'accueil*, p. 102.
32) 社会保障に関する手続の必要も生ずるようだが，省略する．
33) その例として，AFJE = Accueil familial des jeunes étrangers (www.afje-paris.org) を挙げておく．
34) ただし，フランスにおける祖父母と孫の関係，拡大家族の機能については，別途，検討を要する（さしあたり，大村・家族法〔有斐閣，第 2 版補訂版，2004〕268–269 頁，271 頁，362 頁を参照）．筆者の経験の範囲でも，祖父母（さらに，その世代の他の親族）が保育を援助する例は少なくない．

法について若干の検討を行う (2).

1　団体の活動の具体例

　ここで紹介するのは二つの団体の活動である．一つは「出会いの場」の活動を行う「緑の家」であり，もう一つは共同保育などを推進する ACEPP である[35]．

　(1)　「緑の家」　「緑の家 (Maison verte)」は，子育てを行う親たちの「出会いの場 (lieux de rencontre)」として，最も著名なものである[36]．というのも，1979 年にこの小さな場——「生活の，受け入れの，出会いの，社会化の，そして，話を聞き交流する場」[37]——を創設したのは，フランスにおける児童心理・精神分析の第一人者フランソワーズ・ドルト (Françoise DOLTO) だからである．ドルトの著作は日本でも知られているが，フランスでの名声は際だっており，子育てに対する関心の高まりは「ドルト効果 (effet Dolto)」とも呼ばれている．

　「緑の家」の特徴は，ホームページに記載されている次の文章によく表れている．「子どもたちとその親たちが望む時にはいつでも，予約なしに，申込書への記入もなしに，訪れることができる場所．そこは (市民の形づくる) 社会に開かれた場所 (lieu ouvert sur la cité)，そして，活気のある居心地のよい (convivial et accueillant) 場所であり，そこでは，子どもたち・親たちの精神衛生にもっとも重要なのは，社会的なつながり (lien social) であると考えられています」．実際，「緑の家」では，午後 2 時から 7 時まで (月曜から金曜．土曜は 3 時から 6 時半まで)，3 人の異なる専門を持つ人々が，子育ての中で孤立しがちな，子ども連れの親たちを受け入れている．室内を見学させてもらったが，ゆったりとしたやわらかなスペースが設けられていた．

---

35)　La Maison Verte, 13, rue Meilhac, 75015 Paris (www.lamaisonverte.asso.fr), ACEPP, 15, rue du Charolais, 75012 Paris (www.acepp.asso.fr). 前者には 2004 年 12 月 20 日に，後者には 2004 年 12 月 23 日に，それぞれ足を運び，担当の方にお話を伺った．突然の訪問にもかかわらず，快く受け入れて下さった各位にお礼を申し上げる．

36)　日本では，武蔵野市の「0123 吉祥寺」が著名である．これについては，大村・前出注 5) 第 1 章の該当箇所を参照．

37)　パンフレットの表現から引用．

同様の施設は，その後に各地に広がった．1996 年には全国で 60 ヶ所ほどであったのが，1998 年には 300 ヶ所以上に増えた[38]．70％は，「緑の家」と同様に，アソシアシオンによって運営されており，24％が自治体によって運営されているという．これには法規制は及んでおらず，開設は自由に行うことができるが，多くの「出会いの場」は，母子保護局（PMI）に開設の届出をしているようである．なお，ここでいう「法規制」の内容については，次の項で簡単に紹介する．

(2) ACEPP　　ACEPP は共同保育所（crèches parentales），より広く「父母参加による協同の受け入れの場（lieux d'accueil associatif à participation parentale）」を推進する全国ネットワークとして 1981 年に創設された[39]．

その活動の指針については，次のように説明されている．「これらの空間（ACEPP の活動によって組織される子育ての場——筆者注）は，子どもたちの自律性を尊重し，自発性，集団的参加（participation collective）を尊重する．そこは新しい体験・交流と連帯（solidarité）に充ちており，（街区や村などの）地域の活動（initiatives locales）との連携を生み出す．ともに育つ生き生きとした場（lieux conviviaux）」．ニュアンスの差はあるものの，「緑の家」の活動指針と共通の要素——コンヴィヴィアリテ（convivialité）・社会的つながり（lien social/solidarité）・市民社会＝地域（cité/localité）——を持つ点が興味深い[40]．

ACEPP は，現在，各地に 30 の支部を持ち，全国で 800 の受け入れの場（およびそれを組織するアソシアシオン）がその会員となり，30,000 の家族と 35,000 人の子供たち，7,000 人の被用者がその活動にかかわっている．本部はさまざまな形での情報提供を主要な任務の一つとしているが，その一端については，項を改めて触れることにしたい．

2　団体の活動の型づくり

ここで検討するのは，二つのタイプの仕組みづくりの方法である．一つは法

---

38) *L'accueil*, p. 165.
39) 以下の叙述も含めて，ホームページの説明による．
40) これらは，程度の差はあるとしてもより一般的に，フランスのアソシアシオンが共通にめざす価値であるとも思われる．大村・前出注 6) 第 3 章を参照．

令によるトップダウンの仕組みづくり，もう一つは標準モデルの提示によるボトムアップの仕組みづくりである．

（1） 法令による規律　これまでに見てきたように，フランスでは各種の形態で保育が行われている．今日では，これらのうち保育所に関しては，その種別をとわず同一の法令によって規律されている．具体的には，2000年8月1日の6歳未満の子の受け入れ機関・サービスに関するデクレ（「受け入れ形態デクレ décret "mode d'accueil"」）によって[41]，公衆衛生法典の第1編第1章第5節に第2款「6歳未満の子の受け入れ機関」が挿入され，R.180条からR.180-26条までの27ヶ条が追加され，これによって包括的な規律が行われている．

このデクレは，「15年来待たれていたものであり，従前の各種のテクストを廃止し，重要な前進をもたらした．同デクレは，受け入れ場所の任務を再定義し拡張し，各組織の間の障壁を除去し，共同保育所を承認し，多目的保育所のような新しい手法を容易にし，父母の参加を促進した」という[42]．その内容についてはここでは立ち入らないが[43]，このような包括的な立法がなされ，各種の保育組織に共通の枠組みが与えられたことの意義は大きい．その意味で，保育態様の多様化に対する支援政策において，2000年は画期的な年であると評されている[44]．もっとも，すでに触れたように，デクレの規律は，「出会いの場」はもちろん個人保育にも及んでいない．この点は一つの問題であろう．

（2） モデルによる支援　以上のように，各種の保育所に関しては，伝統的な集団保育所に限らず，共同保育所・多目的保育所などについても，法律によって大枠が与えられるに至っている．しかし，実際に，父母たちのアソシアシオンが，共同保育所や多目的保育所を設立するのには様々な困難がある．イニシアティブを発揮する人々はもちろん，趣旨に賛同して参加しようとする人々

---

41)　映画監督のB・タヴェルニエは，1999年の「今日から始まる（Ça commence aujourd'hui)」によって，フランスの保育状況を批判し問題提起をした．2001年秋に日本で上映された折に，この作品は立法にも影響を与えたと報じられたが（2001年9月3日朝日新聞夕刊），このデクレの制定のことを指しているのかもしれない（報道がなされた際に担当記者に問い合わせたが，記事は記者会見での説明によるものであり，法律は特定されていなかったという）．

42)　*L'accueil*, pp. 21–22.

43)　条文は，*L'accueil*, p. 190 et s. に付録として収録されているほか，ACEPPのHPでも参照可能．

44)　*L'accueil*, p. 21. なお，ACEPPの担当者も，このデクレの意義を強調していた．

にも，様々な不安・躊躇が伴う．

　このような困難を軽減するために，ACEPPは様々な形で「モデル」の提供を行っている[45]．たとえば，最も手軽でACEPPの各支部でも入手可能なものとして[46]，『共同保育所——父母参加による協同の受け入れの場で親であること』と題された10数頁の小冊子が作られている[47]．この小冊子は，それぞれの共同保育所が父母にあてて配布するためのものであり，小冊子自体には，冒頭の「子どもの受け入れ憲章 (Charte de l'accueil de l'enfant)」に続き，「子どもを預けるということ」「なぜ共同保育所なのか？」「保育所，それはかかわること」「生活にめざめる」「保育所，どのように運営されているのか？」「協同すること，それは子どものためにかかわること！」「様々な参加の仕方」「委員会をつくり委員になる」「受け入れ場所における専門家」という諸項目が掲げられている．小冊子の末尾にはポケットが設けられており，そこに，各保育所の書類が織り込まれるようになっている（申込書・構成員一覧表・内規・教育計画・規約・県レベルでのアソシアシオン・雑誌申込書など）．

　より立ち入ったものとしては，たとえば，関係する専門家のためのガイドブック『開設／開放 (Ouvertures)』や中心的な関与者のためのガイドブック『地平／展望 (Horizons)』などがある[48]．前者においては，たとえば，受け入れの仕方，連絡の仕方，場所の整え方などが実例をまじえて説明されている．後者では，計画の立て方，資金手当の仕方，人員確保の仕方などについて説明されている．どちらかと言えば，前者がソフト中心であるのに対して，後者はハードに重点

---

45) 本文では「モデル」という語を用いたが，ACEPPの担当者は，共同保育所や多目的保育所に「モデル」があるわけではなく，あくまでも組織を整え活動を行うのは当事者である親たちであり，ACEPPはそれを支援するだけだと強調していた．一つの固定的な「モデル」を強制するわけではないという趣旨であろうが，本文で述べるように，参照の対象となる「モデル」があることは確かであろう．

46) 筆者自身は，ACEPP本部ではなく，パリ市内の東の外れにあるイル・ド・フランス支部 (ACEPP Ile -de-France, 120, rue des Grands-Champs, 75020 Paris) を訪問の際に入手した．

47) ACEPP, *Crèches parentales. Etre parent dans un lieu d'accueil parental et associatif.* 詳細は不明だが，表紙には，ACEPPのロゴとともに労働社会問題省のロゴが付されているので，同省の関与（助成）があるものと思われる．

48) ACEPP, *Ouvertures. Guide méthodologique de la pratique professionnelle en structures Petite Enfance ouvertes à la diversité sociale, économique et culturel*, 1998, 94 pages, ACEPP, *Horizons. Guide de réflexion pour les accompagnateurs de projets Petite Enfance ouvertes à la diversité et impliquant les parents*, 1999, 81 pages.

を置いているとも言えるだろう．このほかに，地方支部で作成したガイドブックやビデオなどもある[49]．

V　まとめに代えて——団体論・法人論の観点から

ここまで見てきたように，フランスでは多様の保育の形態が探られており，そのために必要な規律やモデルづくりは，トップダウン・ボトムアップ双方の仕方でなされている．このような動きに支えられて，保育の領域においては（も），自治体以外の担い手，具体的には，アソシアシオンの存在感が増しつつある．トータルに見ても，保育組織全体にアソシアシオンが占める割合は，過去20年間で10％から40％に増えているというが，とりわけ，多目的保育所——93年から99年にかけてアソシアシオンによるものが倍以上に増えている——を中心に，小保育所や出会いの場なども含め，小規模で柔軟な近隣サービスの発展に，アソシアシオンは大いに寄与していると言える[50]．

フランスの保育の状況は，団体論・法人論の観点からは，非営利団体の可能性とそれを支える諸条件を示す一つの興味深い例であると言える．しかし，アソシアシオンの活動を十分に評価しつつ，同時に，アソシアシオンという団体・法人形態に限界や問題点はないか，それ以外の団体・法人形態を構想することはできないかという問題を立てることも可能である．このうち，アソシアシオン一般の限界・問題点については，いまは立ち入らない[51]．ここでは，別の団体・法人形態の可能性に言及して，結びに代えることにしたい．具体的には，「集合利益協同組合（SCIC = société coopérative d'intérêt collectif）」という団体・法人形態の創設について触れておきたい．

この団体・法人形態については，日本でもすでに一部で知られている．たと

---

49) CEPPRA (Collectif Enfants Parents Professionnels Rhône Associatif), Animons ensemble un lieu d'accueil petite enfance associatif, 2000, COLLINE ACEPP Nord-Pas de Calais, « *La prote était restée ouverte* ». *Petite Enfance et Développement Local: des acteurs témoignent...*, VHS SECAM, 2002, 20 min.

50) *L'accueil*, pp. 14–15. 同書が用いる「アソシアシオン・ブーム (boum associatif)」という表現は，保育領域を超えて一般にも用いられるものであるが，とりわけ保育領域ではこの表現が示すような諸現象が目立つようである．

51) 大村・前出注6) 第3章で若干触れた．

えば，ある論者は，次のように述べている[52]．長くなるが，興味深い指摘なので引用する．まず，前提についての認識にかかわる部分である．

社会的企業の法人形態が国によって相違することに注意を向けてみると，その主要な相違は，生産的な活動を実行する際の自律性と力量のレベルにある，と指摘できる．その自律性と力量のレベルの相違は，異なる法制度に依拠した二つの法人形態——社会的企業がよく利用する，協同組合とアソシエーションという二つの形態——の違いによるものである．フランスやベルギーのように，アソシエーションが準企業に匹敵する国，あるいは，アソシエーションがみずからの社会的目的を達成する手段として，市場における財やサービスの生産・販売を少なくとも許容している国では，社会的企業は主としてアソシエーションとして設立される．反対に，スウェーデン，フィンランド，イタリア，スペインのように，アソシエーションの特徴が主に営利を目的とせず，しかも協同組合の設立が容易な国では，社会的企業は主として協同組合という法人形態を選択してきた．その際，協同組合の特徴の一部が変容したかもしれない．このように，二つのグループ国間には協同組合とアソシエーションをめぐって異なる事情があり，そのもとで社会的企業が登場してきたとしても，アソシエーションがより企業家的な性格を持つことで協同組合の形態に近づいてくるかぎり，逆に，協同組合がその社会的側面を発展させながら非組合員にも利益を及ぼすことでアソシエーションの形態に近づいてくるかぎり，協同組合とアソシエーションは組織形態上，収斂する可能性がある．

以上は，社会的な事業（日本でいう「コミュニティビジネス」）を行うには，非営利団体（アソシアシオン）は必ずしも最適ではないことを指摘するものであると言える．では，どうするべきか．上記の論者は次のように続ける．

こうした収斂傾向は，ある国では導入され，他の国では検討中の法律的な変更によって，実際に起こっている．その法律上の変更が新しい組織の企業家的

---

[52] ボルザガ゠ドゥフルニ「ヨーロッパの社会的企業——企業組織の多様性とその展望」同編・前出注7) 480–481頁．

な行動を強調する傾向にあるため，アソシエーションの形態よりも協同組合の形態を促進するものとなっている．これは，社会的企業に関するイタリアやポルトガルの法律に妥当し，また，フランスで「公益のための協同組合」創設の提案［その後 2002 年 2 月に「社会的共通利益のための協同組合」法が成立した］にも妥当する．

以上のように位置づけられている「集合利益協同組合（SCIC）」であるが，上記引用中の訳者注が示すように，すでに 2002 年に立法措置が講じられている[53]．正確に言えば，2002 年に制定されたのは法律ではなくデクレであるが，前年の 2001 年にはこのデクレの前提となる法改正が行われている．この立法には前史があるが[54]，ここでは立ち入らず，法律およびデクレの概要についてのみ一言するにとどめる．

法律は 2001 年 7 月 17 日法であり，1947 年 9 月 10 日の協同組合法に 10 ヶ条（19 条の 5 から 19 条の 15 までの 11 ヶ条と 28 条の 2）を挿入するものであった．この法律は，「集合利益協同組合」は，同法の規定の適用を除いては，「商法典の定める株式会社または有限会社」にあたるとし，その目的は「集合利益に適った物またはサービスの生産または供給」であるとしている（同法 19 条の 5）．また，非組合員もその産物・サービスを享受することができるとしており（同法 19 条の 6），さらに，組合員は「組合の被用者」「組合の活動成果を無償・有償で享受する者」「組合の活動にボランタリーに参加することを望む自然人」「自治体およびその団体」「その他のすべての手段により組合の活動に貢献する自然人・法人」からなるとしている（同法 19 条の 7）．

デクレは，2002 年 2 月 21 日のデクレである．14 ヶ条からなる「集合利益協同組合」に関するデクレと題されているが，その内容は，上記法律を受けて，

---

53) 同種の立法が 1995 年にベルギーでなされており，「社会的目的会社」が設けられたことについては，大村・前出注 6) 第 1 章で言及したことがある．
54) www.scic.coop の historique の欄を参照．このサイトには，本文で紹介している法律・デクレの全文や SCIC のモデル定款も掲げられており，便利である．なお，上記 historique のほか，Jeantet, *L'économie sociale face au XXIe siècle*, Documentation française, 2001, pp. 21-22 でも特筆されているが，法律の成立に向けて，リピエッツ報告書（オブリィ雇用・連帯相に提出された）は大きな影響力を持ったようである（A・リピエッツは，レギュラシオン学派の代表的な論者の一人として，日本でもよく知られている）．

「集合利益協同組合」の「認証」と「補助金」について定めるものである．

　この新たな団体・法人形態がどれほど機能するのかを判断するのは，時期尚早であろう．しかし，アソシアシオンの利用可能性が高いとされるフランスにおいても，このような立法がなされたことは意義深いことである（なお，アソシアシオンから集合利益協同組合への転換も可能．2001年法によって追加された28条の2はこのことを明示している）．保育の分野に限らず，非営利団体の事業活動のさらなる展開が要請され，かつ，予想される日本においても，NPO法人の使い勝手をよくすることとならんで，新たな法人類型を設ける（あるいは一般的な非営利法人に広く事業活動を認める立法を行う）ことも検討されてよいことだろう．

B 信託の理論

はじめに

　フランスでは，1990年代のはじめに「信託法案」が議会に上程されたが[1]，その後，立法が実現したという話を聞かない[1bis]．実定法において「信託」が正面から認められるのには，もう少し時間がかかるのかもしれない．フランスにおける「信託」というと，この法案およびその準備段階での議論に，主たる関心が寄せられてきたわけだが，立法の現状からして，フランス実定信託法につき，立ち入った議論を展開するのに，いまはふさわしい時期とはいえない．しかし，立法を離れて，法理論の領域に目を転ずれば，フランス信託学史には，検討の対象となるべき素材がないわけではない．本稿がとりあげようとしている，1930年代に展開された一学説はその一例たりえよう．ピエール・ルポール (Pierre Lepaulle) の学説がそれである．

　日本の信託法学界では，ルポールの名は，四宮和夫の信託理論との関連で記憶されている．四宮の『信託法』においては，ルポールの著書に影響を受けたことが明記されており[2]，実際のところ，「信託財産独立説」と呼ばれる四宮の特異な信託理論[3]は，ルポールに負うものとされているからである．このようないきさつから，フランス信託法に言及する諸研究は，ルポールの名に言及す

---

[1] この草案については，かつて，大村・典型契約と性質決定（有斐閣，1997）114頁以下で，新種の契約類型の導入をはかるものとして，簡単な検討を加えたことがある．主な関連文献などについては，同書の該当箇所に譲る．

[1bis] その後，限られた場合にのみ信託を認める立法がようやく実現した．

[2] ルポールの名は，同書の「はしがき」に，スコットとともに掲げられている．

[3] その内容については，四宮・信託法（有斐閣，新版，1989）65–81頁，とりわけ，79–81頁を参照．

ることが少なくない．しかし，これまでのところ，ルポールの学説そのものを検討の対象とした研究は，見当たらない．本稿は，この研究上の欠落を埋めようという試みである．

ルポール理論の紹介・検討には，四宮理論の理解を深めるという効用が期待される．信託法研究の側からは，この点こそが重要であろう．しかし，同時に，民法研究ないしフランス法研究の側からは，別の意義を見いだすことも可能である．1930年代のフランスで，ルポールのような観点から信託が論じられたのはなぜか，また，それは，今日の日本民法学にとって，どのような意味を持つのか．本稿は，このような問題意識を持ちつつ，当時のフランス民法学の問題状況の中に，ルポール理論を位置づけようとするささやかな試みである．

さて，この目的のためには，一方で，ルポールの研究に先行する時期に，フランス民法学が直面していた問題の一つに言及する必要がある．「法人」をめぐる議論がそれである．他方，ルポールの研究とほぼ同じ時期に，試みられた重要な一研究にもふれなければならない．カルボニエの夫婦財産論がそれである．このように，いわばタテヨコの比較対照を行うことによって，ルポール理論の位置づけは，ある程度まで明らかになるはずである．具体的な叙述の順序としては，まず，前提となる法人論から出発し（Ｉ），ルポールの信託論（Ⅱ）とカルボニエの夫婦財産論（Ⅲ）をとりあげ，この二つの理論のその後の運命について簡単にふれた上で（Ⅳ），最後に，以上の検討をまとめて，ルポール理論の位置づけが，われわれにもたらしうるものは何かにつき，一言する（おわりに）．

Ｉ 法人理論の課題

今日，フランス民法に関する概説書類は，「人」の章において，自然人と並んで法人について論ずるのが，普通である．われわれには，このことは驚くに足らないことに思える．しかし，フランス民法典を繙くと，必ずしもそうではないことに気づく．日本民法典とは異なり，そこには法人に関する明文の規定が存在しないからである．

そのため，フランスでは，法人の承認は，19世紀後半から20世紀初頭にかけて，特別法や判例によって，一歩一歩行われてきた．たとえば，労働組合は，

1884年の法律によって，その存在を認められるとともに，法人格が与えられた．他方，公的機関に対して贈与・遺贈された財産などにつき，「財団」の理論が展開されて，ここでも法人格が観念されるようになった．また，組合財産に関しても，その独立性が認められるようになり，法人格が承認されることとなった[4]．さらに，1901年7月1日法は，革命期のル・シャプリエ法以来の原則を改め，非営利社団（association）一般につき，その設立を認めるとともに（同法2条），法人格を取得する道を開いた（同法5条）[5]．

このような実定法の動きを背景に，そして，ドイツ民法学の強い影響が作用して[6]，学説においても[7]，法人をめぐる議論が活発に展開されるようになった．サレイユやミシューの著書がその代表例である[8]．これらの内容の検討は興味深い課題であるが，別の場所で論ずることにし，いまは立ち入らない．ただ，ここでは，「法人」の承認が，「財産」（patrimoine）の包括性（universalité）の原則[9]——一人の人は，一つの法人格を有し，一つの人格には一つの財産が帰属する——と抵触しないかどうか，が大きな論点の一つであったということだけを指摘しておこう．

II ルポールの信託論

（1） Iで見たような一般的な学説状況を背景に，ルポールの信託論は登場する．それは，1920年代の後半に書かれたいくつかの論文をもとにまとめら

---

4) 最後の点につき，山本桂一・フランス企業法序説（東京大学出版会，1969），星野英一「いわゆる『権利能力なき社団』について」民法論集第1巻（有斐閣，1970，初出は1967）を参照．
5) この経緯については，山本・前出注4) を参照．
6) この経緯については，海老原明夫「法人の本質論」ジュリ950号，952号，954号（1990）を参照．
7) この時期のフランス法人理論に間接的に言及するものとして，森泉章「カルボニエの法人論について」同・公益法人の研究（1977）所収がある．
8) Saleilles, *De la personnalité juridique, histoire et théories*, 2ᵉ éd., 1922, Michou, *La théorie de la personnalité morale et son application au droit français*, 3ᵉ éd., 1932.
9) この原則については，Sève, Détermination philosophique d'une théorie: la théorie du patrimoine d'Aubry et Rau, APD, t. 24, 1979, p. 22 et s. を参照．また，最近の Sériaux, La notion juridique de patrimoine, RTDCiv., 1994, p. 801 et s. も参照．なお，「住所」の単一性の要請も，この原則と密接に関している（大村「住所の意義」民法判例百選I〔第4版，1996〕21頁参照）．

れ，1932年に公刊された主著『信託：理論的・実務的概論：国内法，租税法および国際私法における』(Pierre Lepaulle, *Traité théorique et pratique des trusts en droit interne, en droit fiscal et en droit international*, 1932)[10)] に集約されている（以下では『信託』と略称する）．

Ⅱでは，この『信託』に見られるルポールの信託論を紹介・検討するが，それに先だって，『信託』から窺われる限りで，ルポール自身についても一言しておく．1923年公刊の『アメリカ合衆国における外国会社の要件について』で（パリ大学で？）博士号を取得したものと思われる彼は，（その後？），アメリカにわたりハーヴァード大学でも博士号を取得している．彼は，パリ控訴院付きの弁護士であったが，『信託』刊行までに，フランス語・英語で10数件の論文を公表しており，学理的関心の高い（渉外？）弁護士であったことが窺われる．なお，論文のテーマは信託と民事手続に関するものが中心であるが，比較法や法学教育に関するものも含まれている．

『信託』は，すでに示したその表題からもわかるように，「概論」(traité)のスタイルをとるものである．450頁弱の本論部分に索引・目次が付されているが，残念なことに参考文献表を欠いている．本論部分は，序論に続く11の章によって構成されており[11)]，そのうち，序論，第1章〜第3章，第10章がいわば総論，残りの7つの章がいわば各論に当てられている．ルポールの信託論の特色を摘出することを目的とする本稿では，このうちの総論部分とくに序論と第1章・第2章を中心に，紹介・検討を行うこととしたい．

(2) ルポールは，『信託』序論で，同書の背景・特色・目的などについて述べている．

まず，第1次世界大戦後，フランスにおいても信託研究の必要性が著しく高まっていることが指摘されている（その理由として，英米との間で，人や資金の往来が盛んになっていることや，信託という法技術が様々な局面で用いられ

---

10) 原著では，表題は，大小大きさの異なる3種の活字で記されているため，本文のように翻訳するのが適当だと思われる．なお，Ⅲでとりあげるカルボニエの博士論文についても，同様の事情がある．

11) 各章では次のようなテーマが扱われている．第1章：外観・起源・性質・構造，第2章：機能，第3章：分類，第4章：構成要素，第5章：機関，第6章：創設と終結，第7章：通常の作動，第8章：監視と制裁，第9章：租税，第10章：障害，第11章：国際私法．

るようになっていることがあげられている)．なお，あわせて，『信託』の当初の目的は，信託に関する準拠法決定の原則を示すことであったが，その前提として信託全般に関する研究が必要となったということも述べられている[12]．

次に，「信託とは，受託者にコモンロー上の所有権が，受益者にエクイティ上の権限が帰属する，特殊な所有形態である」という定義に対する疑義が呈される．信託を大陸法系の国々に定着させるのに障害となるコモンローとエクイティの区別は，信託にとって必要不可欠なものではない，というのが，ルポールの基本的な発想である．このような観点に立ち，彼は，新しい信託概念を構成し，それによって英米の信託法理を再構成しようと試みるのである．その試みは，彼自身が述べるように，歴史よりも総合を，事実よりも法を，手続よりも実体を重視するものであり，それ自体，すぐれて大陸法的なものであるといえる．他方，彼は，フランスの法律家に対する便宜のためとしつつ，フランス法上の諸制度との比較が試みられるべきこと，そして，その際には，諸制度の再構成がなされることがありうることを述べている．

つまり，序論の末尾で彼自身が述べるように，ルポールは，英米法とフランス法の双方を再構成することによって，両者の外観上の相違を超えて，「共通法 (un droit commun)」を定立することを企てたのである．

(3)　それでは，ルポールの依拠する新しい信託概念とはどのようなものか．「独立した財産」(patrimoine distinct) と（その財産がむけられる）「目的」(affectation) の存在こそが信託の本質であるとする考え方がそれであり，四宮理論が参照したものであった．そして，その骨子は，『信託』第 1 章に簡潔に提示されている．まず，ルポールは，既存の理論として，いわゆる「債権説」と「物権説」を紹介し，それぞれを批判する．すなわち，一方，受益者は確かに債権を持つが，常に債務者たる受託者が存在するわけではないと指摘し，他方，権利の対象が債権である場合に，それに対する権利が物権であるとはいかなることかと問い，さらに，受益者が決定されていない場合にも，信託は成立しうることを指摘するのである．

そして，彼は問う．信託の成立・存続に必要不可欠な要素 (éléments essen-

---

[12]　『信託』において，国際私法に関する叙述が，租税法に関する叙述と並置されるのではなく，いわば結論として位置づけられているのは，このためでもあろう．

B 信託の理論

tiels) は何か,と.この問いに対する解答として与えられるのが,上記の考え方,すなわち「目的財産説」である.信託においては,信託財産は設定者にも受託者にも帰属しない (この点で,信託は,委任者に財産が留まる委任とも,受遺者に財産が移転する負担付遺贈とも異なる),また,信託には,設定の意思が常に必要なわけではなく,裁判所や法律によって決定される目的があれば足りる (この目的が確定されており,可能かつ適法なことが必要であるが,破産財団や不在者財産などとは異なり,特定のものに限られない) とするのである.こうしては,次のように信託を定義する.「信託とは,すべての法主体から独立し,法令と公序の制限内において自由な目的によって構成された,財産である」.

さらに,ルポールは,密接不可分の関係にある人格と財産とを分離することは可能かという,ありうる批判——Ⅰで述べた財産の包括性の原則にもとづく批判——に次のように答えている.彼は,この原則の非現実性につき批判がなされていることを指摘した上で,無能力者・法人・負担付贈与および遺贈などの例をあげて,権利を特徴づけるのは,「意思」ではなく「利益」である,その主体ではなく目的こそが,権利の座であるとする.そして,このような権利観にもとづき,財産にも,個人のための財産のほか,集団や特定の目的のための財産がありうるとしている.

(4) 以上のように信託を定義したルポールは,『信託』第2章において,信託の機能の分析にとりかかる.ここで試みられているのは,フランス法の中に,信託同様の,「目的」のための「財産」(あるいはより限定された「特定物」) という考え方を含む制度・法理を抽出し,それらを信託によって代替するということである.具体的には,目的財産の例として,(公益のための) 財団,負担付遺贈および贈与,相続人なき相続財産,限定承認のなされた相続財産および財産分離,不在者の財産,破産,(当時の夫婦財産制における) 嫁資,会社,非営利社団などがあげられている.また,特定の物がある目的に服している例としては,抵当権,先取特権,質権,用益権などがあげられている.ルポールによれば,これらはいずれも,信託によってよりよく代替されるというのである.進んで,法的助言 (conseil judiciaire) や定期金 (rente) なども,信託によって代替可能であるとされている.

(5) ルポールは,『信託』第3章では,このように広い適用範囲を有する

「信託」の分類を行い，同第４章から第９章における各論的検討を終えた後の第 10 章では，信託を承認するのに障害となりそうな様々な議論・法理をあげて，検討を加えている．「目的財産」は，法律の承認がなくとも広く認めうるというのが，ここでの彼の主張である．そして，『信託』の終章をなす第 11 章では，ルポールは彼の「目的財産説」によって，信託に関する国際私法上の問題を解く．そこでは，信託をフランス法上のある制度（委任・負担付贈与など）として性質決定しようとする態度が批判され，信託を信託そのものとしてとらえるべきことが述べられている．

(6) 以上の紹介をふまえて，ルポールの信託論の特色をいくつか指摘しておこう．第一に，その背後には，信託の重要性の増大，国際私法上の諸問題の解決という実務家らしい実践的な関心も見られるが，その中核をなすのは，信託の法的性質を解明する，という理論的関心であるように思われること．第二に，「目的財産説」は，そこから解釈論的な帰結を導くと同時に（あるいはそれ以上に），フランス法の中に信託を位置づける（統合する）という目的のために主張されているということ．第三に，「目的財産説」の提唱にあたっては，「権利」や「財産」の概念の革新がはかられているということ．

このようなルポール信託論は，特殊な理論的構成物なのだろうか．予め結論を先取りすれば，少なくとも，20 世紀フランス民法学（私法学）の文脈を前提とする限り，決してそうではない．このことを示すために，Ⅲでは，カルボニエの夫婦財産論の紹介・検討を行うこととする．

Ⅲ　カルボニエの夫婦財産論

(1)　カルボニエは，ルポールの『信託』と同じ 1932 年に，『夫婦財産制：その法的性質：組合および非営利社団の概念との関連で』(Jean Carbonnier, *Le régime matrimonial. Sa nature juridique sous le rapport des notions de société et d'association*, thèse Bordeaux, 1932) を公刊している（以下『夫婦財産制』と略称）．これは「博士論文」(thèse) として，すなわち，カルボニエの第一論文として書かれたものであるが，そこには，彼の実定法学者としての資質だけではなく，当時の（さらに言えば，今日に続く）フランス民法学界の時代思潮が集

B　信託の理論

約して表現されている．それゆえ，ルポール信託論の特色をよりよく理解するためには，カルボニエの夫婦財産論の紹介・検討が有益であると思われる．

カルボニエは，20世紀フランスにおける偉大な法律家の一人である[13]．彼の手になる5巻の概説書『民法』は，民法の全域には及ばないものの，人・物・家族・債権債務という中核部分をカバーするものとして，後進に様々なインスピレーションを与え続けている．また，『柔軟な法』をはじめとする著書に集められた諸論文は，彼のリードするフランス法社会学の研究水準を示すものである．さらに彼は，1965年の夫婦財産法改正から75年の離婚法改正に至る一連の家族法改正において，単独起草者としての役割を担った．なお，すぐ後でふれるように，彼の博士論文を指導したのは，19世紀フランス民法学史に関する研究とボドリ゠ラカンティヌリの民法注釈書の補訂によって名高いボヌカーズであった．

カルボニエの『夫婦財産制』は，本文だけで800頁に及ぶ膨大なものであるが，その全体を紹介・検討することはここでの目的ではない[14]．本稿にとって重要なのは，カルボニエが選んだ検討の対象と方法を明らかにすることである．もっとも，そのためには，彼自身が対象・方法についてまとまった形で述べる『夫婦財産制』序論のみならず，同書の各所に散在する叙述を参照する必要があるが，それは必ずしも容易な作業ではない．

しかし幸いなことに，『夫婦財産制』に関しては，前述のボヌカーズによる長大な「序文」が別に存在する．『民法における学問と伝統：ジャン・カルボニエ氏の博士論文について』(Julien Bonnecase, *Science et tradition en droit civil. A propos de la thèse de de doctrat de M. Jean Carbonnier*, 1932) と題された80頁の小冊子――単独の書評としても読みうるように，多数の引用を含んでいる――がそれである（以下「序文」と略称する）．表題自体が示唆するように，これは，「序文」（ないし「書評」）の形を借りて書かれたボヌカーズの民法学方法論にほかならない．しかし，そこでは，カルボニエ自身よりも雄弁に，そして，

---

13) カルボニエの法学の特色に関しては，さしあたり，大村・法源・解釈・民法学 (1995) 213頁以下，同・法典・教育・民法学 (1999) 295頁以下を参照．
14) 全体の概観および夫婦別産制に関する部分の紹介・検討は，高橋朋子「カルボニエの家団論――とくに夫婦別産制の家団的構成について」東京都立大学法学会雑誌28巻2号 (1987) において，すでに行われている．なお，同論文においても，彼の「研究と叙述の方法論」についての注記がなされているが (149頁注19)，この点の検討は後に留保されている．

少なくとも当時においては，カルボニエ自身よりも有力に，カルボニエが選択した研究対象と研究方法とが論じられている．以下，本稿では，この「序文」にも依拠しつつ，カルボニエの夫婦財産論の紹介・検討を行う．

　(2)　まず，研究対象となった，当時の夫婦財産制の状況について概観することから始めよう．日本のそれと比較すると，フランスの夫婦財産制の特色は，次のようにまとめられる[15]．第一に，法定財産制＋約定財産制（夫婦財産契約）という二元的システムが採用されている．この点は日本と共通である．しかし，以下の点においては，日本と大きく異なっている．すなわち，第二に，法定財産制としては，（対象財産の範囲や管理方法に相違はあるものの，当時も今も）共通財産制が採用されている．第三に，約定財産制として，別産制のほかに共通制のバリエーションなどかなり多くの種類のものが想定されており，それぞれについて規定が置かれている．第四に，今日では廃止されたが，当時は，法定財産制に準ずるものとして，嫁資制（婚姻に際して妻が親から与えられた財産を独立財産とする制度）と呼ばれる一種の別産制が存置されていた．第五に，以上の結果として，フランスの夫婦財産制は極めて複雑な様相を呈しており，これを規律する条文・判例は膨大なものになっている．

　その結果，『夫婦財産制』の公刊当時，法定・約定の双方の財産制のそれぞれについて，様々な議論が集積され，その法的性質に関してもさまざまな見解が提示されていた．この状況を打破し，夫婦財産制に統一的な法的性質を与えようというのが，カルボニエの『夫婦財産制』の企図するところであった．そのために，彼は，『夫婦財産制』の第1部「分析」において，別産制・嫁資制・共通制のそれぞれについて，既存の法素材をとりあげて詳細な検討を加えている．その上で，同書第2部「総合」において，彼は統一的な枠組みの提示を試みる．それは次のようなものである．婚姻によって，夫婦間には法人格を有する夫婦組合（société conjugale）が成立する．すなわち，夫婦財産制は独立の法制度ではなく，より基本的な法制度である組合に還元される．もちろん，この単純明快なシェーマには，いくつかの重要な留保が付されている．一つは，別産制と共有制とでは，法人化の程度が異なる（夫婦それぞれから独立する共通

---

15)　フランス夫婦財産制については，さしあたり，大村・前出注1) 119頁以下を参照．

財産の範囲が異なる）というものであり，もう一つは，嫁資は，共通財産から特別な目的のために分離された財団（fondation）であるというものである．しかし，このような留保は，カルボニエの夫婦財産論の欠点になっているというよりも，むしろ，組合（契約）＋法人格（独立財産）というシェーマの説明力を高めていると見ることもできないではない．

　いずれにしても，カルボニエの夫婦財産論が，壮大な理論的構築物であったことは確かである．では，このような試みは，方法的にはいかにして正当化されるのか．『夫婦財産制』の序論，そして，ボヌカーズの「序文」の前半部分が論ずるのは，この点である．実際のところ，カルボニエは『夫婦財産制』を次のような文章で書き起こしている．「夫婦財産制のようなある制度の法的性質の探求には，むなしいビザンチズムが見てとられるかもしれない……．今日，夫婦財産制の法的性質を確定しようというのは，この20世紀において，法的の頽廃の時代の混乱した思弁を再び惹起することになるのではないか？」この問いに対して，彼が与えるのは，次のような答えである．「われわれが提案する夫婦財産制の法的性質は，ビザンチンの法律家たちの好んだ『本性』（natura）とは何の関係もない．それは，いかなる形而上学をも前提としない……．法制度の分類秩序の中に夫婦財産制を位置づける，そのために，この制度の特色を浮かび上がらせようというだけのことである」．カルボニエは，断片的な事実の確認に留まりがちな経験主義と抽象的な思弁に陥りがちな先験主義のいずれをも退ける．彼は言う，「確かに，事実から出発する必要があるが，それは法的構成にいたるためにである」と．そして，この法的構成は，「自然法や立法論などではなく，フランス実定法にもとづく構成である」と．

　ボヌカーズの見解はより明瞭である．彼は，現行法の立法論的な批判が必要であるとしても，それは法概念の精密な批判的検討によって支えられていなければならないとする．彼によれば，民法研究は「基本概念の批判的検討」に向かうべきだというのである．彼は，このような研究の代表例として，同僚デュギーの『ナポレオン民法典以来の私法の変容』（Léon Duguit, *Les transformations du Droit privé depuis le Code Napoléon*, 1911）をあげているが，カルボニエ『夫婦財産制』も，このような方向に棹さすものとして位置づけている．

　(3)　以上の紹介からすでに明らかなように，カルボニエの夫婦財産論は，基

本概念の批判的な検討によって，実定法的な理論の構成をめざす，当時のフランス民法学の新しい傾向にそったものであった．Ⅱで見たルポールの信託論も，このような傾向に属するものであったといえよう．また，カルボニエの夫婦財産論は，「法人」の概念を利用することによって，夫婦財産の独立性を説明しようとするものであった．これに対して，ルポールの信託論は，信託そのものを独立財産として把握しようというものであった．両者はいずれも「独立財産性」に着目したものであり，Ⅰで述べた法人理論をめぐる理論状況と深くかかわるものだったといえるだろう．

なお，次のことも付け加えておいた方がよい．一つは，一見すると理論的な色彩の濃いカルボニエの研究の背後には，20世紀初頭からの妻の法的地位の向上という事実があるということである（婚姻の契約的側面に着目し，その契約によって成立する婚姻組合の財産の独立性を指摘するというのは，この傾向と適合的だといえる）．実際，ボヌカーズの指摘するように，1932年には妻の能力と夫婦財産制に関する改正法案も議会に提出されている．もう一つは，これもボヌカーズが指摘するところだが，ここでも国際私法の問題が重要な意味を持っていたということである（カルボニエによれば，夫婦財産制に適用されるべきは法人格のある組合に関する準拠法であるということになる）．以上の2点でも，ルポールとカルボニエの研究には，緩やかな共通性が認められるといえないだろうか．さらに言えば，ルポールの信託論とカルボニエの夫婦財産論は，その後の運命においても共通点を持たないわけではない．しかし，このことについては，項を改めて述べることにしよう．

Ⅳ　その後の展開

（1）　ルポールの著書の登場後しばらくの間は，信託をめぐる議論がなかなか活発に展開されたようである．たとえば，1937年の「国際法律週間」のテーマとされ，この準備のために複数の論文が公表されている．しかし，その後，少なくとも1950年代から70年代にかけては，めだった理論的進展は見られなくなる．その原因は何であるかは，興味深い問題であるが，本稿の手に余る．ここでは，次の一つの事実を指摘しておきたい．それは，1948年に公表された

一つの論文の存在である．モチュルスキーの「フランス法の下でのアングロ・サクソン的『信託』成立の法的不可能性について」(Henri Motulsky, De l'impossibilité juridique de constituer un "Trust" anglo-saxon sous l'empire de la loi française, *Rev. critique de dr.intern. privé*, 1948.451) という論文がそれである[16]．

表題の示す通り，モチュルスキーがこの論文で試みたのは，フランス国内法においては信託は認められないという主張である．その際に，彼が標的としたのが，まさにルポールの『概論』であった．詳細は省略せざるを得ないが，モチュルスキーは，英米で成立した信託を承認することとフランスで信託が成立するかどうかは別問題であること，ドイツにおける「目的財産」の概念は実定法上の制度を説明するためのものであって，拡張的な法理として用いられていないこと，フランスでは物権法定主義ゆえに英米的信託は認め得ないことなどを指摘し，ルポールの見解を退けている．

この論文の登場と（ルポールを旗手とする）信託論の退潮との間に，どの程度の因果関係があるのかは明らかではない．しかし，次のような事実を指摘することはできる．1980年代，特に，90年代に入ると，冒頭に述べた信託法案の影響もあり，フランスでは再び信託論が活発に展開されるようになるが，信託に直接に関わる，ある学位論文は，モチュルスキーの見解を大きくとりあげ，これとの対質を通じて自己の見解を作り上げている[17]．そこでは，もはやルポールの見解に対して直接の言及はなされていないが（参考文献にもあげられていない），著者が採用している「信託」概念（trust ではなく fiducie）は，ルポールのそれに近い．その意味では，ルポール理論は密かによみがえりつつあると

---

16) 当時，モチュルスキーは博士号を取得したばかりでまだ教授職にもつかない新進の学徒であったが，後に，彼は，新民事訴訟法典の中心起草者として，天才法律家の名をほしいままにすることになる．彼の学識は，民事訴訟法のほか，法理学・外国法・国際私法などに及ぶ．また，その立論は，厳密な推論の積み重ねによる緻密なものである．本文で掲げた論文は，方法的に，彼の博士論文で提示された法適用論と密接な関連を持っているが，紙幅の関係で，この点に関して詳論することはできない．彼の法適用論については，さしあたり，大村・前出注1) 223頁以下を参照．

17) Lucas (F.X.), *Les tranferts temporaires de valeurs mobilières. Pour une fiducie de valeurs mobilières*, thèse Nantes, LGDJ, 1997, p. 300 et s. なお，その他に，関連する博士論文として，Crocq (P.), Propriété et garantie, thèse Paris II, LGDJ, 1995, Blanluet (G.), *Essai sur la propriété économique*…, thèse XXX, LGDJ, 1999 などがある．これらについては，所有権論という観点から，別途，若干の検討を予定している．

いえないわけではない．

(2) 夫婦財産論に関しても，一時は，法人化に進むかのごとき議論が盛んになされた．しかし，その後，法人化への指向は急速に退潮した．そして，カルボニエ自身も，まず，その見解の妥当範囲を共通財産制のみに限定した．さらに，1965年の夫婦財産法大改正に際して草案起草者に指名された彼は，その共通財産制についても，博士論文における自説を採用しなかった[18]．この間の経緯の説明は，信託の場合以上に難しい．夫婦財産制大改正においては，法人格の認否以上に重要な事項があったというのも確かだろう．あるいは，そもそも法人に対する理論的関心が，戦後は退潮したことによるのかもしれない．

ただ，ここでも，近年の事情に言及しておくのが公平であろう．一方で，組合あるいは法人という法技術の持つ可能性に再び関心が集まりつつあるように思われることを指摘しておく必要がある[19]．他方，夫婦財産制に関連しては，ごく最近の立法によって，同性あるいは異性のカップルによる共同生活契約 (pacte civil de solidalité = PACS) が法認されたことに注目しなければなるまい[20]．今後，この共同生活体の法的性質はいかなるものかが問われることになることが予想されるが，その際には，カルボニエ理論が再検討に付されることもありうるからである．

おわりに

以上で，不十分ながら，ルポール理論の位置づけを終えたことになる．最後に，これまでの紹介・検討から，われわれは何を導きうるかにつき，一言することにしよう．

第一に，ルポール理論は，「信託」(trust) をフランス法に導入するための試みであったということ．そして，その際には，その成否については議論がある

---

18) 以上につき，高橋・前出注14) 146–147頁参照．なお，1965年法の制定の経緯については，稲本洋之助・フランスの家族法 (1985, 初出は1976) 第2部に詳しい．
19) 1980年代の終わり頃までの事情につき，山田誠一「フランスにおける法人格のない組合」日仏法学17号 (1991) を参照．
20) これについては別稿を予定しているが [本書第4編Cとして収録]，さしあたり，P・ジェスタツ (野村豊弘＝本山敦訳)「内縁を立法化するべきか――フランスのPACS法について」ジュリ1172号 (2000) を参照．

B 信託の理論

ものの,フランス法の体系に整合的な受容が図られたということである.第二に,ルポール理論は,あくまでも「独立財産性」によって信託を説明しようというものであり,受益権の物権性を含意しないということである.以上の2点は,フランスの最近の学説にも見られる考え方であり,ルポール理論はその先駆的形態として再評価されるべきだろう.

なお,これと対比して,日本の最近の学説――道垣内弘人『信託法理と私法体系』(有斐閣,1996)に代表される――を検討するというのは,興味深い課題たりうるだろう.同じく大陸法に属する日仏双方で,「信託」の体系的受容という同一の課題が提示されているのに,一方では「独立財産性」,他方では「物権的救済」と,異なる方向が模索されているからである.

以上の2点をより一般的に述べると次のようになる.

一方で,ルポール理論のみならずカルボニエ理論もまた,実定法中に存在する諸法理を説明するための理論構成(construction)を実定法学の任務として観念していた.そして,その際には,基本概念(notion fondamentale)の批判的な検討(更新)が企てられていた[21].このような実定法学のあり方は,現在の日本民法学にとって一定の示唆をもたらさないだろうか.

他方,これもルポール理論とカルボニエ理論に共通の点だが,より具体的には,「権利」「人格」「財産」とは何か,という問題がそこでは論じられていた.これらの問題群に対する関心は,一時は希薄になったものの,フランスでは再びリアリティを取り戻しつつあるように思われる.日本でも,これらの問題を論ずる必要はないか.この点も検討されてよいだろう[22].

一言で言えば,われわれが特異な学説だと思いがちなルポールの信託論は,すぐれて20世紀フランス民法学的な議論なのである.このような議論の方法論的な意義とその具体的な内容の当否を再検討する必要があるのではないかということが,わずかなりとも示せたのであれば,本稿の目的は達せられたことになる.

---

[21] 20世紀初頭のフランス民法学の意義については,別稿での検討を予定している[本書第1編参照].

[22] 「人格」「財産」の概念についても,「行為」の概念とともに,別途,検討する予定である[本書第2編参照].

C　パクスの教訓

I　はじめに

　パクス法，そして，別稿[第4編D]で紹介するペリュシュ判決．この二つは，世紀末のフランスを大きく揺さぶった二つの法現象であった．

　1999年11月のパクス法は，同性・異性カップルの共同生活を保護する規定を，民法典をはじめとする諸法に設ける法律であった．すぐ後で述べるように，この法律は，家族のあり方をめぐる大論争を惹起した．また，これを契機に，家族の契約化(あるいは家族と契約の関係)に関する議論も活発になっている．他方，破毀院は，障害児として生まれた子から出生前診断において誤診した医師に対してなされた損害賠償請求を否定した原審を破毀した．2000年12月に現れたこの判決がペリュシュ判決である．この判決をめぐっては，別稿で述べるように，やはり大論争が発生した．そこでは，民事責任法のレベルで障害とは何かが論じられるとともに，より一般的に，子の「生まれない権利」と母親の中絶の自由の関係など，「人」のあり方の根幹にかかわる問題が問われた．

　二つの事件は，人・家族，そして，契約・責任を基本概念とする民法理論にとって，非常に興味深いものである．同時に，本稿を含む企画の観点からは，同性愛指向者(パクス)，障害者(ペリュシュ)を，われわれの社会はどのように処遇すべきか，そして，この点をめぐる議論はどのように組織されるべきか，という問題を投げかけていると言える．

　本稿および別稿では，こうした観点から「パクスの教訓」を引き出すことを試み，また，「障害児の出生をめぐる法的言説」のあり方を問うてみたい．まずは，パクスの方から見ていくことにしよう．

Ⅱ　パクス立法の紹介

1　パクス法の成立

(1)　立法の経緯　すでに述べたように，パクス法は，同性・異性のカップルの共同生活を規律する法律である．この法律は，1999年11月に成立したが，立法までには10年余(あるいはそれ以上)の前史があった．そこでまず，この法律の成立に至る立法の経緯を簡単に振り返ることから始めよう．「パクス法」という法律の名称についても，その中で触れることにしよう．

略年表を見ると(本稿末尾掲載)，一番上に1989年7月11日の破毀院判決が掲げられている．この日，破毀院社会部(破毀院は民事1〜3部，刑事部，社会部の5部からなる)は2件の判決を下した．いずれも社会保障制度の適用にかかわるものであるが(一つ目の事件はエールフランス社の職員家族に対する同社航空機利用の便宜にかかわるものであり，規則の定める便宜を享受できる「自由結合関係にある配偶者」に同性愛のパートナーが含まれるかが争われたもの，二つ目の事件は疾病・出産保険の適用に関する1978年1月2日法にいう「夫婦同様の生活」に同性愛者の共同生活が含まれるかが争われたもの)，破毀院はいずれのケースについても，適用対象は異性のカップルに限られ，同性のカップルには及ばないという立場を示した．

そこで，90年代に入ると，同性カップルにも異性カップルと同様の法的保護を与えるべきだという主張がなされることになる．このような意味で，1989年判決を問題の出発点とすることができる(ただし，それ以前の1982年8月に，当時の刑法331条2項――18歳未満の同性間性行為を禁止するもの，異性間では15歳以上ならば適法だった――の撤廃がなされたのを，より遠い起点とみなすこともできる．さらに，同性愛者の権利擁護運動を68年5月と結びつける見解もある)．

具体的には，90年6月には「民事パートナー契約」の創設が元老院に，92年には「民事結合契約(contrat d'union civil = CUC)」の創設が国民議会に，それぞれ提案された．これら二つの議員提出法案は採択には至らなかったが，これを受けて1993年には社会保障法典の一部改正が実現し，破毀院判決は立法によって(少なくともその一部は)否定されるに至った(以上，大村論文参照・文献

表 36). その後, 96 年には, シラク内閣の閣議において立法の必要性が確認され, 当時のトゥーボン司法大臣は, ジャン・オゼ教授(ボルドー第 4 大学)に報告書の作成を依頼した. さらに, 社会党のオブリー, ギグー, トロットマンらは, 「社会結合契約 (contrat de l'union sociale = CUS)」支持を表明, 翌 97 年夏の総選挙での社会党の勝利を機に, 立法への機運が高まった. そして, 98 年 9 月 23 日, 国民議会の司法委員会 (タスカ委員長) においてパクス法は可決される. この頃からパクス法の立法は, 本当の意味で大きな社会問題となる (略年表のテリーのコメント参照).

ここで「パクス法」の名称について一言しておく. 97 年の段階で提案されていた諸案には, 前述の通り, CUC/CUS といった名称 (ほかに CUCS もあった) が付されており, 98 年春にオゼ委員会が提案したのは「共同利益契約 (pacte d'intérêt commun = PIC)」であった. これに対して, この立法を推進する運動団体が「パクス」という名称を提案した. 「パクス」とは「民事連帯契約 (pacte civil de solidarité = PACS)」の略称であるが, そこには, CUC/CUS が持っていたネガティヴな語感を払拭し, 肯定的なイメージを創り出そうという戦略があった (PACS は pax に通ずる. また, solidarité のプラス・イメージを利用する. なお, CUC/CUS は怪しい「ひやかし・からかい」の対象とされたという. その趣旨は不明だが cul/cuisse などに音が近いからか).

さて, このパクス法案は, 社会党の有力閣僚たち (オブリは雇用連帯大臣, ギグーは司法大臣で, 社会党政府の 2 枚看板だった) に加えて, ジョスパン首相も支持していたが (文献表 23 の Agasanciki はジョスパン夫人), 容易には成立しなかった. 10 月 9 日の国民議会本会議で, 政府は法案を可決することができなかったのである. その理由は, 社会党議員の欠席にある (本会議場の様子は, 文献表 31 の Abélès に詳しく描かれている). たとえパリの知識人たちがパクスに好意的であったとしても, 地方にはまた別の世界がある. 実際のところ, 1998 年 3 月, 「共和主義に基づく婚姻を支持するフランス市長連合」は 1,850 名の参加者を集めてパクス反対を表明したが, この団体は超党派の団体であった. 社会党に属する市長たちの中にもパクス反対派が多く, 国会議員たちも地元の意向を無視するわけにはいかなかった.

パクス法案は危機に瀕したわけであるが, 秋から冬に向けて, 賛否両派のキャ

C パクスの教訓

ンペーンが繰り広げられ，世論は大きく割れる（再びテリーの表現によれば，「燃え上がる秋，騒然たる冬」が到来する）．これについては後述することにして，今は法案の行方をたどる．98年12月9日，修正された法案が国民議会に上程されて可決．しかし，元老院では99年3月，5月の2度にわたって否決．最終的には，夏休み明けの99年10月13日に，国民議会が改めてこれを採択し，議会では決着がつけられた（両院協議会で合意が得られず，単独議決となった）．だが，これに対しては，同日および翌日に，反対派の議員（国民議会では213名，元老院では115名）によって，憲法院に違憲審査の申し立てがなされた．結局，11月9日に合憲判断が下され，11月15日，シラク大統領の審署がなされた．こうして，激しい攻防に幕が引かれた．

(2) 法律の内容　できあがった法律の内容をごく簡単にみておこう．パクス法は全15ヶ条の法律であり，民法典の改正に当てられたのは，そのうちの第1条〜第3条だけである．第4条以下の規定は何のためのものかと言えば，第4条〜第6条は一般租税法典を，第7条および第9条〜第11条は社会保障法典を，第8条は労働法典を，第12条・第13条は国内滞在資格や公務員在職資格に関する法令を，そして，第14条・第15条は賃貸借法を，それぞれ改正するものであった．

まず，民法改正の部分である．新法では，パクスに関する規定として，第515–1条から第515–7条までの7ヶ条が，そして，内縁に関する規定として，第515–8条が，民法典に挿入された（第1編の末尾に第12章が新設された．他に，506–1条もあるが，省略）．これらの規定によって，パクスが定義され（共同生活のために，二人の異性または同性が締結する契約．515–1条），障害事由（近親婚・重婚に対応するもの．515–2条）と届出の方式（小審裁判所書記局へ共同または単独での届出．515–3条）が定められている．また，効果に関する規定（対内的には相互扶助と持分均等の推定，対外的には連帯債務．515–4条，515–5条）と解消に関する規定（共同で届出，財産の分割方法．515–7条，515–6条）も置かれている．なお，内縁に関する規定は，単に内縁を定義するだけのものである（異性または同性．安定性・継続性．515–8条）．

次に，その他の法典・法律を改正する部分である．分量としてこの部分が多いわけだが，技術的な規定も多く，その全体を紹介することはできない．パク

スには一定のメリットがある．すなわち，一定年数以上パクスを継続している
カップルについては，所得税・譲渡税につき便宜が与えられる．また，カップ
ルの一方が死亡した場合に，他方が借家を承継することができる．さらに，社
会保障の面でもパートナーに権利が与えられる．

　最後に，この立法によって与えられてはいない権利について確認しておく．
パクスは，氏・親子関係・相続などには全く関係なく，カップルの間の関係を
規律するものである．しかも，貞操義務・同居義務を伴うものではない．

2　パクス法の反響

　(1) 社会の反応　すでに触れたように，1997年から99年にかけてパク
スはフランス社会の大問題となった．人々はこの問題に大きな関心を寄せ，賛
否両陣営は大規模なデモンストレーションを展開し，激しく対立した．フラン
スでは今日でも，政治的な意思表明の手段として重要な意味を持っており，し
ばしば大規模なデモが組織される（「民主主義は路上にある」とも言われる）．そ
れでも，パクスをめぐるデモは眼につくものであった．一方で，1998年6月
20日の「ゲイ・パレード」にはパリに15万人の人々が集まった（J・ラングや
C・タスカも参加）．他方，1999年1月31日には，「ジェネラシオン・アンチ・
パクス」を掲げる反対派（「マダム・アンチ・パクス」と呼ばれたカトリーヌ・
ブタンなど）が，10万人を動員してデモを組織した．ある作家は，国論を二分
するこの状況を評するのに，「現代のドレフュス事件」という表現を用いた．

　これもすでに述べたように，この問題に対するスタンスは保革の軸では単純
に割り切れない．社会党も地方レベルでは反対派を抱えている一方で，反対派
の中心人物ブタン（彼女は議会で5時間半に及ぶマラソン演説で反対の論陣を
張った）は中道右派のUDF所属，他方，保守派RPRにもロズリヌ・バシュロ
のような熱烈推進派がいるという混乱状況だった．しかし，97年に発足した
ジョスパン政権のスタンスははっきりしていた．政府は「パクス」を「35時
間」「パリテ（男女同数）」と並ぶ重要なテーマとしていたのである．たとえば，
社会党政権に環境大臣として入閣したドミニク・ヴォワネ（エコロジスト）は，
「政府の優先課題は排除と失業に対して闘いを挑むことである．CUSは闘いの
一つの要素であり，何十万のもの人々の排除に抗するものである」と述べた．

また，J・ラングは「フランス法に新しい法を導入するために我々は旅立った．それはフランスの民主主義の更新に繋がるだろう」と述べ，ジョスパン首相自身もフランス社会の現代化のためにパクスは必要であるとしていた．

では，こうして導入されたパクスは，実際にどのぐらい用いられているだろうか．この点にも簡単に触れておく．略年表には，2000年1月1日現在での契約数を掲げておいたが（1ヶ月半で約6,000組），2000年末までで集計すると，3万件弱のパクスが締結されたという．2000年度の婚姻数は約30万件であったので，その1割にあたるが，思ったよりも少ないとも言われている．なお，このうち同性カップルによるものがどの程度あるのかは，明らかではない（カップルの性別情報の公開は禁止されているため．ただし，パリでは多く，地方ではごく少ない，と言われている）．もっとも，パクスは社会に浸透していることは確かであり，パクセ（pacser/pacsé）という表現（動詞・分詞・名詞）も日常的に使われるようになりつつある．また，同性カップルの例が含まれているのは確かであり，新聞（『ル・モンド』など）で「公告」を見かけることも稀ではない．

(2) 学説の応答　世論からは少し離れて，法学の世界でパクスがどのように受けとめられたかについても，簡単に触れておく．もちろん，パクスについては，多くの文献があり関心が持たれている．しかし，いわゆるメイン・ストリームの法学の世界では，パクスに対して懐疑的な意見，あるいは冷ややかな意見が強いように思われる．

確かに，文献の数は多い．しかし，資料の「参考文献」欄に掲げた文献のうち，法学系のもので比較的まとまったもの（17/18/19など）は，この問題に関心を寄せる一部の著者たち（教授資格を持たない研究者や弁護士たち）によって書かれたものである．法学教授たちについて見れば，左右を問わず，最終的に成立したパクス法に賛成するものはほとんど見られないという．フェミニストの色合いを帯びた家族法学者デュケヴェ＝デフォセも，あるいは，社会党のイデオローグの一人と言われる前述の法社会学者I・テリーも，同様である（より年長の世代はより否定的である．民法学の大家で保守派のマロリーは，同性愛者の「同棲」に対して否定的であり，「帽子（＝同性の共同生活）をテーブル（＝同棲さらには婚姻）と呼ぶことはできるが，帽子は帽子であり，テーブルはテー

ブルである．言葉のごまかしは知的・道徳的な漂流を意味する」と酷評しているし，左派のリュブラン＝ドゥヴィシも，パクスを「法的怪物」と呼んでいる）．

　この点は，日本語になっている講演を見ても同様であり，右派のサビーヌ・マゾー＝ルヴヌールがパクスに対して好意的でないのは当然であるとしても，穏健左派と見られるジェスタツもまた，少なくともできあがった法律（講演は法案成立前のものだが）については批判的である．以上の傾向は，引用を省略した多数の法律雑誌論文（立法前の主なものは3に集められている）にもほぼ共通に見られる傾向だと思われる．やはり穏健左派の傾向を見せる民法・法社会学のN・モルフェシスは，個人的な会話のなかではあるが，「賛成する民法学者はいない．パクス法を支持する学説があるというならば，具体的な名前を挙げてみせてくれ」と言っていた．

　反対の理由は一言で言えば，パクスの性格が曖昧なこと，その規律にも不明確な点が多いということに尽きるようである．早い段階で，パクス法につき簡潔な解説を提示してみせたある実務書（民法・法社会学の泰斗F・テレ教授の監修によるもの）は，「説明が与えられれば，結婚することが可能な同棲者たち（＝異性のカップル）は，何もしないか，あるいは結婚するという路を選ぶに違いない」と述べているが，これは法学説の平均的な反応であると言えるだろう．

　もっとも，このことから直ちに，パクス立法が不適当だった，失敗だったということになるわけではない．年間3万件が多いか少ないかは別にして（人口を考えると，日本での養子縁組の件数よりもやや少ないというところだろう），一定の範囲でこれを利用しようという人々がいることは確かである．また，実質的な内容を持つ合理的な制度となっているかどうかと，立法として成功したかどうかは，常に一致するとは限らない（日本でも，最近の消費者契約法や成年後見法が成功と言えるかどうかは，見方によるだろう）．最後に，パクスに対する法学説の反対に対して，「法学部の教授たちは保守的だから」という紋切型の断罪がなされることが少なくないことも付け加えておこう（ここには，日本にも通じる問題がある．たとえば，借地借家法改正の時の議論が思い出される）．

III　パクス立法の評価

1　立法学の観点から

(1)　政治的な意義　パクス法の立法過程を政治的な観点から観察するというのは，極めて興味深い作業であると思われる．ここでは本格的な検討を行うことはできないが，いくつか気づいた点を掲げておきたい（特に，私自身が観察した生命倫理法の立法過程とも対比しつつ）．

　第一に，全体的な印象について．生命倫理法にも賛否両論はあったが，推進派・反対派が大規模なデモンストレーションを展開するということはなかった．人工生殖を推進する人々の団体は存在してはいたが，それほど大きな力を持っているというわけではなかった．むしろ，医学界・科学界の一部が強く推進を希望するのに対して，社会規範が模索されるという雰囲気であった．大きな社会問題ではあったが，政治問題というわけではなかった（議会上程は世論の動向が定まった後であった）．これに対して，パクス法は，まさに賛否両論が正面から激突して政治的なイッシューとなった．議会でも賛成派が多数を占めるに至った国民議会と保守派の元老院が最後まで対立した．また，議会外でも，一方で，ゲイ支援団体が，他方で，家族団体・カトリック団体が，動員・キャンペーンを行って対立するという構図が見られた．

　第二に，主要なアクターの行動について．生命倫理法では，政府は立法過程をコントロールしようという強い意図で臨んだ．これに対して，議会が政府の独断専行に歯止めをかけようとした．ところが，今回は，政府・与党の内部でも温度差が見られ，また，議会でも政党を超えて賛否両論が分かれた．そのなかで，政府部内の推進派には「『排除』ではなく『連帯』を」という方向性が強く現れていた．これは97～99年頃のフランス社会を覆った大きな「時代の気分」であった．ある意味では，政府は推進派の運動をうまく取り込んで，一つのシンボルにしたとも言える．他方，推進派の運動団体の方も，「シンボル」という点には敏感であった．法学者の中には「パクス」と「内縁」を併存させることに疑問を投ずる者が多いが，運動団体は，同性・異性にかかわらず同じレジームが使える，ということを求めていた．そうして制度が作られるのであれ

ば，極端に言って，中味は何でもよかったとさえ言える．同じことであるが，立法の途中では大きく議論された性関係とは無縁の共同生活体 (fratrie とか duo などと表現された) を含めることに，彼らは反対であった (同性愛と異性愛を区別しない，という主張が減殺されるから)．

　第三に，パクスの定着について．今後，これがどの程度まで，またどのように使われるかはまだわからないが，パクスというものが存在する，それは異性カップルにも同性カップルにも利用可能であるということは，ある程度まで社会的に認知されたようである．その意味で，パクスは賛否を超えて，フランス社会に浸透したと言えるだろう．

　(2)　技術的な意義　　パクス立法において，法技術的に見て興味深い問題を提起している点の一つとして，憲法院の役割をあげることができるだろう．

　すでに述べたように，パクス法に対しては，国民議会での法案可決後に直ちに，違憲審査の申し立てがなされたが，憲法院は憲法違反ではないという判断を下している (decision n. 99–419 DC du 9/11/99, JO 16 nov. 1999, p. 16962)．申し立てにおいては，憲法違反の理由として，立法手続の違背のほか，平等原則への違背，共和主義的婚姻の侵害，人間の尊厳の侵害，子ども・家族の保護に関する規定の無視，同棲者の権利侵害などがあげられたが，いずれも否定されている．

　この判決は 2 段組の法律雑誌でも 6 頁ほどになるもので，フランスの裁判所の判断としては長大なものである．フランスでは最近，人権と民法の関係が議論されることが多いが，ヨーロッパ人権条約ではなく，憲法との関係が問題になることは制度の作りからして稀であるため (法改正がない限り違憲審査の対象とならない──民法典の既存の規定には違憲審査権は及ばない)，この判決は貴重かつ重要なものであると評されている．

　とりわけ注目されているのが，数多く指摘されているパクス法の不備 (契約責任や財産法との関係，私生活の尊重との関係などにかかわるものが多い) にもかかわらず，憲法院が「解釈の余地 (réserve d'interprétation)」を認め，しかも自身がその方向付けをしたという点である．この点をとらえて，憲法院が行ったのは法律の「書き直し (réécriture)」に他ならないとする見解もある (モルフェシス)．この見解は，さらに憲法院が，パクスの法的性質を変化させる契

機をも含んでいるとする.この点は後述することとして,ここでは,政治的な色彩の濃い(技術的には不備の多い)立法が,「9人の番人」の存在をクローズアップすることとなっているということを指摘しておきたい.

2 解釈学の観点から

すでに I でも触れたように,パクス法は家族法と契約法の接点に位置する法律である.そこで双方の観点から,パクス法の影響について簡単に触れておくことにする.

(1) 家族法への影響　パクスは家族とは無関係である,婚姻を害するものではない,という発言は,パクス法の立法の当初から繰り返し確認されてきたところである.先に触れた憲法院判決もまた,パクス法は「民法典第1編の他の諸章,とりわけ民事身分,親子関係,養子,親権にかかわる諸章に影響を及ぼすものではない」とし,またそれは,「婚姻とは無関係の契約であり,一方的な意思表示による解消は『追い出し(repudiation)』と性格づけられるものではない」としている.パクス法の内容を見ても,すでに述べたように,貞操義務・同居義務は存在せず,相互扶助に関する規定も「義務」であると明言されてはおらず,違反に対するサンクションも欠けている.そこには,婚姻に匹敵するような人格的な関係は存在しない(あるとしても非常に希薄である).

しかし,それでもパクスは「第二の婚姻(mariage bis)」を産み出すものではないかという批判は根強い.ある著者は「パクスは婚姻そのもの(le mariage)ではないが,ある種の婚姻(un mariage)ではある」としている.また別の有力な著者は,パクスは婚姻と競合するものではないという発言は「まやかし(mensongère)」であるとしている.

一面で,このような危惧にはあたっている面もある.オゼ教授の提案したPICなどと比べると,パクスには確かに婚姻に通ずる部分がある.そもそも,オゼ案ではPICは民法典の第3編の契約各論部分に置かれることが予定されていたという.また,不分割のところに規定を置くべきだという意見もあった.ところが,パクスは第1編の人(家族に関する他の規定はここに置かれている)の末尾に挿入された(もっとも,婚姻から離れて,後見の後に置かれてはいる).あるいは,パクスでは当事者間における性関係の存在が前提とされている.そ

うであるが故に，近親婚・重婚をなぞった形での障害事由が置かれている．さらに，モルフェシス教授は，憲法院は，この点につき「パクスの婚姻化 (matrimonialisation du PACS)」の方向に舵を切ったと評している（たとえば，曖昧な「共同生活」という表現につき，住居の共同だけではなく「カップルとしての生活」を含むとしている．あるいは，相互扶助に関する規定は当事者に義務を課すものであり，この規定は合意によって排除できないとしている）．

　もちろん，パクスが仮に婚姻と競合する「第 2 の婚姻」であるとしても，そのことが，直ちに婚姻を害することになるわけではない．しかし，そうした性格づけは，将来，様々な問題に影響を及ぼすことが考えられる．すなわち，一方で，パクスをより婚姻に近づけるべきだという議論が出てくるだろう（特に，同性カップルによる養子縁組の是非が問題になる）．他方，契約的な色彩を帯びた「第 2 の婚姻」は婚姻自体の制度性に疑いを向ける契機となるだろう（たとえば，一方的な意思表示による離婚を認めよ，という主張につながりうる）．

　(2)　契約法への影響　民法典新 515-1 条は，パクスを「共同生活のために，二人の異性または同性が締結する契約」と定義している．この点に着目すれば，パクスは「契約」であることは明らかである．しかし，婚姻か契約かという観点からすると，この定義規定だけでは決め手にはならない．というのは，婚姻についても「婚姻を約定する (contracter mariage)」という表現が用いられているからである（民 144 条）．この点は別にしても，パクスは契約としての性格を色濃く帯びている．PIC のようにはっきりとはしていないものの，パクスは財産関係の規律を中心としており，人格的な関係を生じさせるものではないからである．

　もっとも学説の中には，信義則を媒介として当事者間に誠実義務が課されうるとか，同時に二つのパクスを締結することができないことは排他的性関係を含意するなどとするものもある．しかし，パクスはいかなる貞操義務をも課すものではないというのが，一般的な見方である．実際のところ，パクスを締結していても，婚姻をすることは全く妨げられない（婚姻はパクスの終了原因）．では，当事者が契約で貞操義務を負うのはどうか．もちろん合意することはかまわない．しかし，義務違反があってもパクスの終了原因とはならない（デゥケヴェ＝デフォセは，損害賠償も無理だろうとする．性的自由は公的自由であ

り取引の対象外にあるというのが理由)．また，パクスはあくまでもカップル間の関係を規律するものなので，親子関係とは無縁である．貞操義務も同居義務もない以上，父性推定も働かない．

以上のように，パクスは「財産的な契約 (contrat patrimonial)」であり，カップルの共同生活を短期的に処理するためのものである．その限度で，パクスは婚姻に類似してはいるが，継続性を欠き，かつ，人格的な義務を伴うものでない点で，長期的な制度たる婚姻とは異なるものである．婚姻は共同生活のためのものであるが，同時にそれ以上のものである．しかし，パクスは共同生活のためのものでしかない，というのである (デュケヴェ＝デフォセ)．

とはいえ，パクスは婚姻ではなく契約であると言っただけでは，なお不十分である．憲法院判決の表現に従えば，パクスは「特別な契約 (contrat spécifique)」であり，単なる「各種の契約の一つ (un contrat spécial)」ではない面を持っているからである．民法典に挿入された規定の多くが公序規定と解されているのがその証左であるとされる (ただ，不分割は推定されるだけで，合意により他の種類の財産関係を創り出すことは可能である)．

おわりに

以上のようなフランスの経験から，どのような教訓を引き出すことができるだろうか．あるいは，引き出すことを試みるべきだろうか．いろいろな可能性があるが，ここでは次のことだけを述べておく．

確かにパクス法は曖昧である．政治的な論争に明け暮れた結果，法的な手当が十分ではない，という学説の指摘はそれ自体は当たっているだろう．パクス法は共同生活を営むカップルに大したものをもたらさない．しかし，同性カップルの共同生活に少なくとも一定の法的保護を与えるという社会的な決断がなされたことは過小に評価してはならないだろう．また，婚姻の尊重に配慮を示しつつ，少数者の求めに可能な範囲で応じていくという態度の中には，むしろある種の節度ないしバランス (mesure) を見出すべきであろう．

パクスがこの先どうなっていくかは，パクスを利用する人々，そして，それを支える人々の行動にかかっている．たとえば，各種の契約書が提案されてお

り，よりよい契約形態の模索・開発が始まっている．この点は，フランス法の一つの特色だとも言えるが，ビジネスのレベルにとどまらず法律関係を調整するための規約・契約のモデルが，公証人や弁護士たちによって，一方で当事者の利益を擁護するという当然の観点に立ちつつも，他方で，人々が広く使いうるなかば公的な制度の一部をなすものとして，開発されていく．パクスについても，当事者と実務法律家たちの努力・創意工夫によって，望ましい契約類型が形作られていくことが期待される．

略年表

年　月　日	事　　項
1989.7.11	破毀院社会部判決 (D. 1990. 583)
1990.6	民事パートナーシップ契約に関する法案
1992.11.25	民事結合契約 (CUC) の創設に関する法案 3066 号（ミシェル議員ほかが提出）
1993.1.27	社会保障法典新 L161–14 条，新 R. 161–8–1 条
1993.12.17, 12.21	民事パートナーシップに関する法案
1995	共同生活証明書の発給（シュヴェーヌマンの発議による）
1996 春	シラク首相主宰の閣議にて，立法の必要性が公式に確認される トゥーボン司法相がオゼ教授に内縁改革に関する報告書を依頼
1996.6	オブリー，ギグー，トロットマン，モーロワなどが社会結合契約 (CUS) に好意的なアピールを発表
1997.1.23	社会結合契約に関する法案
1997.6–7	国民議会選挙で左翼陣営が勝利
1998.3	フランス市長会 (18,500 名の市長が立法に反対．内訳＝ RPR 790 名，社会党 740 名，UDF 595 名，共産党 62 名，残りは無党派）
1998.4	オゼ報告書が首相に提出される．共同利益契約 (PIC) と命名
1998.9.23	司法委員会で採択（タスカ委員長，ミシェル議員報告） 「1998 年 9 月に，パクス法案は突然フランス社会をとらえた」（テリー）
1998.10.9	国民議会本会議で否決．左派議員の欠席が原因 「1998 年 10 月 9 日の 9 時頃，すべてが始まった」（ムトゥー）
1999.1.31	反パクスデモ（パリで 10 万人が参加．「反パクス世代」）
1999.3.18, 5.11	元老院，第一読会・第二読会で否決 「燃え上る秋そして騒然たる冬．続いて，5 月にはすべてがかすむ．1999 年秋の国民議会での可決，それはもはや事件でもなんでもない」（テリー）
1999.10.13	法案成立
1999.11.9	憲法院の判断
1999.11.15	民事連帯契約に関する 1999 年 11 月 15 日法律 99–944 号
1999.12.21	デクレ 99–1089 号，99–1090 号，99–1091 号
2000.1.1	法律公布後のパクス締結数は 6211 件

参考文献

I　概説書

1) **F. Terré** (dir.), *Le Couple & son Patrimoine*, Editions du Juris-classeur, Mise à jour, 2000
2) **J. Rubellin-Devichi** (dir.), *Droit de la famille*, Dalloz, 2001

II　雑誌論文

3) **H. Lécuyer** (dir.), Le PACS, *Droit de la famille*, N° 12 ter, hors-série, 1999
4) **N. Molfessis**, La réécriture de la loi relative au PACS par le Conseil constitutionnel, *JCP. G.* 2000.I.210.
5) **F. Dekeuwer-Defossez**, PACS et famille. Retour sur l'analyse juridique d'un contrat controversé, *RTDC.* 2001.529

III　研究集会

6) C. Bontems (dir.), *Mariage-Mariages*, PUF, 2001
7) D. Fenouillet et P. de Vareilles-Sommières (dir.), *La contractualisation de la famille*, Economica, 2001

IV　実用書・啓蒙書

8) A. Aoun, *Le PACS*, Delmas, 2000
9) H. Chanteloup et G. Fauré, *Conclure un PACS*, Litec, mai 2001 (avec la bibliographie)
10) S. Dibos-Lacroux, *PACS. Le guide pratique*, Prat éditions, 3e éd., 2001 (avec les textes de loi)
11) J. L. Vivier, *Le pacte civil de solidarité. Un nouveau contrat*, L'Harmattan, 2001
12) C. Mécary et G. de La Pradelle, *Les droits des homosexuel/les*, que sais-je ?, 2e éd., 1998 (1re éd., 1997)
13) C. Mécary et F. Leroy-Forget, *Le PACS*, que sais-je ?, 2000
14) R. Bachelot et al., *Pour le PACS*, Editions l'écart, 1999
15) **C. Terras et M. Dufourt** (dir.), *Le Pacs en question. De la croisade des réac à l'embarras de la gauche*, Editions Golias, 1999
16) **G. Bach-Ignasse et Y. Roussel**, *Le PACS juridique et pratique*, Denoël, 2000 (avec la chronologie)
17) F. Leroy-Forget, *Histoire juridique de l'homosexualité en Europe*, PUF, 1997

V　専門書

18) C. Mécary, *Droit et homosexualité*, Dalloz, 2000
19) D. Borrillo (dir.), *Homosexualité et droit. De la tolérance sociale à la reconnaissance juridique*, PUF, 1998 (point de vue comparatiste)

20) D. Vich-Y-Llado, *La désunion libre*, 2 tomes, L'Harmattan, juillet 2001 (avec la bibliographie)

Ⅵ 一般書

21) **D. Borrillo, E. Fassin et M. Lacub** (dir.), *Au-delà du PACS. L'expertise familiale à l'epreuve de l'homosexualité*, PUF, 1999 (avec la liste des articles de fond parus dans la presse non-spécialisée entre 1995 et 1999) (point de vue interdisciplinaire)

22) F. Martel, *Le rose et le noir. Les homosexuels en France depuis 1968*, Seuil, 1996 (journaliste)

23) S. Agacinski, *Politique des sexes*, Seuil, 1998 (philosophe)

24) E. Dubreuil, *Des parents de même sexe*, Editions Odile Jacob, 1998 (président de APGL=Association des parents et futurs parents gays et lesbiens)

25) D. Fernandez, *Le loup et le chien. Un nouveau contrat social*, Pygmalion/Gérard Watlet, 1999 (écrivain)

26) F. Leroy-Forget, *Les enfants du PACS. Réalité de l'homoparentalité*, L'atelier de l'Archer, 1999

27) F. Leroy-Forget et C. Mécary, *Le couple homosexuel et le droit*, Editions Odile Jacob, avril 2001 (avec la bibliographie)

Ⅶ 一般雑誌

28) **H. Moutouh**, L'esprit d'une loi : controverses sur le Pacs, *Les Temps Modernes*, mars-avril 1999

29) **I. Térry**, Pacs, sexualité et différences des sexes, *Esprit*, octobre 1999

30) M. Perrot et al., Le méccano familial. Les nouveaux enjeux politiques de la vie privée, *Mouvements*, mars-avril 2000

Ⅷ 政治家

31) **M. Abélès**, *Un ethnologue à l'Assemblée*, Editions Odile Jacob, 2000

32) C. Boutin, *Le "mariage" des homosexuels ?*, Critérion, 1998 (UDF/contre)

33) C. Boutin, *Les larmes de la République*, Plon, 1999

34) R. Bachelot, *Le Pacs entre haine et amour*, Plon, 1999 (RPR/pour)

35) M. Grassin, *Roselyne Bachelot. fidèle et rabelle*, Siloë, 2000

Ⅸ 日本語

36) 大村敦志「性転換・同性愛と民法」同・消費者・家族と法 (東京大学出版会, 1999, 初出, 1995)

37) P・ジェスタツ (野村豊弘＝本山敦訳)「内縁を立法化するべきか——フランスのPACS法について」ジュリスト1172号 (2000)

38) S・マゾー゠ルヴヌール「個人主義と家族法」ジュリスト 1205 号 (2001)

X　追加（日本語のみ）

39) 林瑞枝「フランスの『連帯の民事契約（パックス）法』——カップルの地位」時の法令 1610 号 (2000)

40) 松川正毅「PACS について (1–5) ——連帯に基づく民事契約」国際商事法務 28 巻 3〜7 号 (2000)

41) 力丸祥子「フランスにおける民事連帯協約法の成立をめぐって」比較法雑誌 33 巻 4 号 (2000)

42) 林瑞枝「パートナー関係法の展開——フランスの連帯民事契約が示唆するもの」法律時報 74 巻 9 号 (2002)

＊　太字は，重要なできごと・主要な文献を示す．

D　障害児の出生をめぐる法的言説

I　発端

1　事件

（**1**）　ペリュシュ判決　「すでに著名な一つの大法廷判決（Un arrêt déjà célèbre de l'Asseblée plénière）」．先年長逝したJ・カルボニエは，その家族法教科書の最後の版（2002年の第21版）に，ペリュシュ判決と呼ばれる2000年11月17日破毀院大法廷判決に関するコメントを織り込む際に，この判決をこのように形容している．

　すぐ後に述べるように，この判決をめぐっては，激しい論争が展開されることとなった．カルボニエの教科書に掲げられた判例評釈の長いリストを見るだけで，この判決がフランスの民法学界に及ぼしたインパクトは容易に想像されるだろう．やや特殊な雑誌や単行書を除きおなじみの判例雑誌に限ってみても，この判決を論評したのは，シャバス，ラブリュス＝リウ，ゴベール，マゾー，ジュルダン，テレ，メメトー，ヴィネー，ゴチエ，エネス，オゼ，オベール，これに，ファーブル＝マニャンの論文が付け加えられている．ヨーロッパ人権法の専門家であるメメトー以外は，当代を代表する民法学者たちがきら星のように連なっている．

　ファーブル＝マニャン教授はこうした状況を評して，「ペリュシュ事件はおそらく，民法学者がずっと前から知っているべきであった最も刺激的な（le plus stimulante）事件の一つである」と述べている．顧みれば確かにそう言えるだろう．しかし，多くの民法学者が早い時期から論争に参加したのはなぜなのか．この点を明らかにすることは，本稿の課題の一つである．しかし，本稿の課題

D 障害児の出生をめぐる法的言説　　293

を提示するに先立って，まずはこの事件の経緯を簡単に紹介しておこう．
　(2)　事件の経緯　　ここでもファーブル＝マニャンのまとめによることにしよう．彼女は，論文の最初の注において，事件の経緯を次のようにまとめている．

　　「ペリュシュ夫人は，妊娠当時，彼女の娘が感染していた風疹に自分も感染したことを恐れ，検査をしてもらった．医師と検査施設の過失（faute）の結果このリスクの疑惑は誤って退けられてしまい，彼女は，非常に重い障害を負ったニコラを出産した．パリ控訴院は 1993 年 12 月 17 日の判決において，ペリュシュ夫人の抗体検査に際して医師と検査施設は契約上の過失を犯したとして，夫人の損害，すなわち子どもが子宮内において風疹に感染したために重大な後遺症を負ったという損害は，風疹に感染している場合には夫人は人工妊娠中絶に訴える決断をしただろうと思われ，かつ，上記の過失によって彼女は免疫があると誤信した以上，賠償されなければならないとした．しかし，子どもの損害に関しては過失との間に因果関係がないとされた．この判決は，破毀院によって，子どもの損害に関する部分だけが破毀された（1996 年 3 月 26 日破毀院第 1 民事部判決）．しかし，移送を受けた控訴院の判決（1999 年 2 月 5 日オルレアン控訴院判決）は，この点に関して判断を改めることを拒み『ニコラは，過失との間に因果関係があるところの賠償されるべき損害を被っていない』と判示した．そして，この判決は，破毀院大法廷によって破毀された．『しかしながら，医師と検査施設が P 夫人との間で締結された契約の履行に際して犯した過失によって，同夫人が障害を負った子の出生を避けるために妊娠中絶を選択することが妨げられた以上，この子は，障害に由来し，当該過失による惹起された損害の回復を求めることができる』」．

　この判決を契機に，メディアにおいては，後に述べるような激しい論争が展開されることになる．他方，これも後述するが，後続の判例が現われたために，立法者の介入がなされることとなる．「2002 年 3 月の法律は，子どもの出生という事実のみに基づく医療責任という考え方を否定することによって論争を閉

じようとした」(カルボニエ) のである．

　ペリュシュ判決は，すでに日本でも様々な観点から紹介されている．すなわち，事件のすぐ後に来日したルヴヌール教授による紹介に続き，保険法学者 (山野後掲論文)，民法学者 (中田後掲論文)，憲法学者 (石川後掲論文．なお，現時点では未公表であるが，2004 年 2 月 14 日に広中俊雄教授主宰の民法理論研究会において樋口陽一教授により「人間の尊厳 vs 人権？――ペリュシュ事件をきっかけとして」と題する報告が行われている [民法研究 4 号 (2004) 所収]．同研究会の聴講を許可して下さった広中・樋口両教授にこの場を借りてお礼を申し上げる)，比較法学者 (滝沢後掲論文) による紹介が現れている．

　ペリュシュ判決に対する諸評釈の内容，その後の判例・立法の動向などに関しては，上記の諸研究においてほぼ紹介がなされている．そこで本稿では，これらの点については，先行研究を利用しつつ必要に応じて簡単に触れるにとどめたい．では，本稿はどのような点に重点を置くのか．先に留保した本稿の課題につき，項を改めて，簡単に触れておくことにしよう．

2　事件への関心

　(1)　社会運動の文脈で　別稿 [第 4 編 C] で取りあげたパクス法は，外観上は共同生活をしようとするカップルであれば，異性・同性を問わず適用されるが，それが同性愛者たちの運動の成果であったことは否定すべくもない．これに対して，ペリュシュ論議は，障害者たちの権利の擁護という文脈でとらえることができる．実際のところ，後述のように，ペリュシュ判決に対しては，障害者団体から激しい批判が寄せられた．

　むろんパクス法においてそうであったように，議論は普遍的な価値をめぐる争いとして展開された．このことは，ペリュシュ論議が少数者による承認の要求をめぐって戦わされたものであることと矛盾しない．むしろ，「生命の価値」か「中絶の自由」か，「人間の尊厳」か「生まれない権利」かといった基本原理 (生命倫理) のレベルでの争いが，(政治的な運動と並んで) 展開された点に，フランスらしさがあるとも言える．この点は，1990 年代の人工生殖論議の際にも見られた特色であるとも言えるが，本稿がまず関心を持つのは，このような議論のあり方についてである．学説の趨勢や判例・立法の展開をフォローするに

D　障害児の出生をめぐる法的言説　　295

あたっても，こうした観点を重視したい．

　(2) 法形成の文脈で　ペリュシュ判決が世論の関心を集めた発端は，一般紙『ル・モンド』紙上に，この判決に反対する法学者たちの連名のアピールが掲載されたところにある．憲法学者は別として，民法の研究者たちがこのようなふるまいに出ることは，フランスでは異例のことである．少なくとも少し前までは考えにくいことであったと言ってもよいだろう．このようにいわばメディア化された論争を仕立てて遂行したことは，民法学者たちにとっていかなる意味を持つのか．

　また，ペリュシュ判決は，立法によって覆されることになるのだが，逆風の中で破毀院はなぜ判例変更をしなかったのか，「反ペリュシュ法」はどのようにして制定されたのか．本稿においては，判例と立法との相互関係にも着目したい．

　ここでもパクス法との対比が有効である．パクスに関しても，出発点は1989年の破毀院判決にあった．その後10年にわたり，これを覆すための立法が徐々に模索されたわけだが，この過程において民法学者はほとんど積極的な役割をはたしていない．これに対して，ペリュシュ論議に関しては，全く異なる反応が生じたことになる．こうした論争の経緯を提示して評価することが，本稿のもう一つの関心事となる．

II　論争

1　新聞

　(1) 異例の声明　ペリュシュ判決が現れてからわずか1週間後，すなわち2000年11月24日付の『ル・モンド』紙には，「損害としての人間の生命」という見出しとともに，ラブリュス＝リウとマチューの連名による論文（アピール）が現れた．それ自体は短いものであったが，二人の筆者以外に28名の法学関係者が名を連ねる（家族法改正のための報告書を執筆したデュケヴェ＝デフォセ，PACSの立法過程で検討を依頼されたオゼなど著名教授も含む）異例のものであった．

　その内容はおおむね次のようなものであった．彼らは，重度の障害者を養う

人に援助を与えるべきではあるが，障害を負って生まれてきた子ども自身に賠償を与えることには大きな疑義があると主張した．その理由としてあげられたのは，まず，障害は「自然 (nature)」に由来するのであって医師の過失によるものではないこと，またそれ以上に，ここでの「損害」は生まれたことになるが，「生まれたこと (être)」と「生まないこと (non-être)」を比較するのは困難かつ不適当であること，賠償を認めるというのは，「出生前の安楽死 (euthanasie prénatale)」「正常に生まれる義務 (devoir de naitre normal)」を認めることに通ずるが，これは「人間の尊厳」に反することになる．「法の人間的・倫理的働き (fonction anthoropologique et éthique du droit)」を考慮に入れるならば，こうしたことは受け入れがたいというのである．

　(2)　世論の反応　　上記のようなやり方でのアピールに疑問を呈するゴベールの表現を用いるならば，「ある一人の法学者が通常のやり方で大新聞に意見を発表する分には，単に意見を述べたかっただけだと理解することもできる．しかし，30名もの法学者が，その地位を用いて同じことをすれば，それは制度的に論争を惹起しようとしたものと解される」．

　そして，現実の推移は，アピールを行った人々の思惑通りになった．同一の事件に対して1996年に下された最初の判決に関しては全く生じなかったような世論の喚起が実現したのである．「法律雑誌からインターネットまで，新聞雑誌からテレビまで，ラジオから書物まで」（テリー），そして，おそらくは「（日常の）会話や手紙」（ジェスタツ）をも含めて，そこここでこの問題が論じられた．この事件を「ドレフュス事件」に比す向きがあるのも理由のないことではない．「ドレフュス派 (dreyfusard)」と「反ドレフュス派 (anti-dreyfusard)」が対立したように，ここでも「ペリュシュ派 (perruchiste)」と「反ペリュシュ派 (anti-perruchiste)」は激しい対立を見せたのである．

2　法律雑誌

　(1)　初期の状況　　上記のアピールからさらに2週間ほどのうち，2000年12月8日付の法律専門紙『プチット・アフィシュ』には，ゴベールのアピール批判が現れる．「破毀院は晒し者 (pilori) とされるに値するか？」と題された彼女の論文は，「破毀院大法廷を世論の面前へと召喚した30人の法学者たちの責

任は大きいと言わなければならない」と断罪する．彼女は，医師が母親に対して過失を犯しており，損害が発生していることを認めるならば，この契約上の過失を根拠に，第三者である子について不法行為上の過失ありとすることは可能であるし，また，母親に損害がある以上は子にはもちろん損害があると論じた．さらに，「人間の尊厳」に関しては，子どもの人格を消し去ってしまう批判者たちとこれに反対する破毀院のどちらがそれを尊重していると言うべきかと問うた．

かたやラブリュス＝リウ，こなたゴベール，いずれも全国生命倫理諮問委員会（CCNE）の委員を務めたこともあるスペシャリストである．また，それぞれパリ第1大学，第2大学の教授であり，高い威信を有する民法学者として知られている．この二人を領袖にいただいて，学説上もペリュシュ派・反ペリュシュ派の対立軸が掲載されることとなった．

しかし，早い時期に評釈（あるいはこれに準ずる論文）として発表された意見を見る限り，ゴベールの奮闘にもかかわらず，反ペリュシュ派が優勢であった．諸見解は，中田裕康教授によって，次のように簡潔・的確にまとめられている．

「ラブリュス＝リウとマチウは多数の法学者の名を添え，いち早くル・モンド紙に批判を投じ，シャバスも直ちに反対評釈を書いた．テレは因果関係，胎児の法人格，結論の危険性などの点で批判する．エネスは移送審（パリ控訴院）が損害の存在と証明の点で新たに判断をすることを促し，リプシャベルも移送審が損害の評価によってなしうる抵抗を示唆する．ヴィネは，かつては，子についても障害を損害と解して，子の請求も親の請求と同一の要件・限定の下に置くべきだとし（親が賠償金を横取りする危険を指摘），親と子の請求のどちらも否定するか，どちらも認めるかだとしたうえ，これを認める社会的有用性を述べたが，本判決後，いずれも否定する立場に転じ，懲罰的損害賠償による解決を示唆する．オゼは，父母の利益と子の利益は別だという．マゾーは冷静な議論を求めつつ否定説をまとめる（子に対する親の請求は過失の点で退けられるという）．肯定説は，ジュルダン，オベル（妊娠の中絶の権利に由来する，障害をもって生まれることのない胎児の権利を顧慮）などであり，ジュルダンは破毀院判決を支持

する陣営も形成されているという」．

　(2)　重点の移動　以上のように，少なくとも当初は「反ペリュシュ派」が優勢であったが，時間の経過につれて，状況は少しずつ変化を見せ始める．少し遅れて現れた著書・論文類は，ペリュシュ判決および論争をより客観的に分析しようと試みているからである（賛否についていえば，「ペリュシュ派」に好意的なものが増えている）．

　それらの多くは，論争のあり方を論ずるメタ・レベルのものであるが，中には対象レベルに定位して，論争に加わるものも見られる．ここでは，その代表格として，すでに引用したファーブル゠マニャンの論文の内容を見ておきたい．これによって，ややヒートアップした議論が沈静化に向かう様子を窺うことができるだろう．

　ファーブル゠マニャンは，ペリュシュ判決はさまざまな誤解の対象となっているとする．この判決は難問に取り組もうとするものであり「晒し者」にされるべきものではない．そもそも，障害者団体が主張するのとは異なり，この判決はある種の障害者は生きていない方がよいなどとは述べていない．こうして彼女は，ペリュシュ判決を救い出そうと試みる．ただし，そのためには理由付けにつき再検討が必要だとするのである．

　ファーブル゠マニャンは，不法行為の要件である過失・損害・因果関係の3つに分けて議論を進めるが，出発点として次の事実を確認する．それは，実定法により「中絶の自由」が承認されており，この自由が害されていれば賠償の対象となるという事実である．そして，彼女が得意とする情報提供義務の観点から過失を基礎づける．ここで重要なのは，子の損害について医師に過失を認めても，そのことから直ちに，子は母親の行為（中絶をしなかった）についても過失を主張しうるという帰結にはならないとしている点である．損害に関しても同様の議論が展開される．健常者が事故によって障害を持つようになった時に賠償が認められることからすれば，障害が損害にあたることは当然である．しかし，生まれたことが損害であるわけではない．

　さらに，因果関係に関しても興味深い指摘がなされている．通常の場合には，加害者が介在せず，そのままの状態で推移すれば，損害が生じなかったかどう

かが判断される．ところが，医療の場合には，被害者は病人なのだから，そのままの状態で推移すれば，損害が生ずるのがむしろ普通なのであり，医師の任務はこの通常の推移を遮断する点に存する．つまり，「自然 (nature)」が損害と評価される結果をもたらすのを阻止できたかどうかによって，因果関係が判断されることになるとしている．また，問題は，適切な情報を与えられていれば母親は中絶したかどうかではなく，中絶の自由が害されたか否かであるとしている．

ファーブル＝マニャンは「生まれる権利」とか「生まれない権利」を論ずることは法的に意味がないとする．彼女によれば，重要なのは，「中絶の自由」を擁護したり，逆に，障害児を産む決断をした人を批判したりすることを避けることである．

こうして学説は，ある種の落ち着きを取り戻すのだが，実定法の方はさらなる展開を見せる．その様子についても概観しておこう．

Ⅲ　展開

1　後続判例

(1)　2001年7月判決　　様々な議論がなされる中，破毀院大法廷は，2001年7月13日に3件の判決を下した．これらはいずれも，超音波診断（およびその結果の解釈）における過失が原因で，母親が中絶の機会を失った場合に障害を持って生まれた子は，自らの名において損害賠償を請求できるかが争われた事件であったが，破毀院は，損害賠償を否定した三つの控訴院（メッツ，ヴェルサイユ，エクス・アン・プロヴァンス）の判断を肯定して，上告を棄却した．

これだけの簡単な説明からも窺われるように，事案はペリュシュ判決と類似したものであった．これらの判決において，破毀院は，結論としては損害賠償を否定したものの，判断枠組みとしてはペリュシュ判決を踏襲した．3つの判決は，すべて同じ内容の次のような表現を用いた．

　　「障害を持って生まれた子は，当該損害が，その母親との間で締結された契約の履行において医師が犯した過失と直接の因果関係を持ち，かつ，当

該過失によって母親が人工妊娠中絶を選択することができなくなった場合には，障害に由来する損害の賠償を求めることができる．治療のための中絶の場合には，公衆衛生法典2213-1条の定める医学上の諸条件が充足されていなければならない．しかし，この点が認定されていないので，他の点について判断するまでもなく，控訴院の判断は正当であると言える」．

このように，ペリュシュ判決の原則は維持されつつ，事案の区別がなされたが，これにはいくつかの疑問も投げかけられた．破毀院は，世論の関心を考慮に入れてであろう，この判決に関するコミュニケを発表している．しかし，そこでも，「医学上の諸条件の充足」の内実（二人の医師の意見を徴することが必要）が条文に即して説明されるとともに，この点が因果関係の問題として理解されていることが示されるにとどまっている．この点で，同判決はいずれの陣営をも満足させない判決とも評された（シャバス）．

(2) 2001年11月判決　7月判決は，文字通り原則を再確認したものであるのか，それとも，判例変更への密かな一歩であるのか．この点には全く疑問がないわけではなかった．しかし，破毀院は，みたび大法廷を開いた．2001年11月28日に今度は損害賠償請求を認容する方向の二つの判決が下されたのである．

二つの事案は，紛争の経緯を異にするものの，いずれも「三染色体性 (trisomie 21)」——21番目の染色体が三つに分かれてしまうことによるもので，ダウン症をもたらす——と呼ばれる染色体異常に関するものであった．破毀院は，医師がこの兆候を見逃したのには過失があり，当該過失と母親が中絶の機会を失ったこととの間には直接の因果関係があるとし，かつ，治療のための中絶の要件は，一方のケースでは問題にされておらず，他方のケースでも満たされたであろうとした．

なお，破毀院は，選択の機会につき，単に中絶の機会とするのではなく，中絶をしないとしても，障害児の誕生を迎える準備をする機会を失ったことを付け加えている．他方，損害は，機会の喪失ではなく障害によるものであるとしている．前者はともかくとして，後者に関しては，7月判決とあわせて，学理的にはなお検討の余地を残している．

とはいえ、この判決の登場によって、破毀院の立場は最終的に確立されたと言うことができる。しかし、このことは却って、それまでに萌していた反ペリュシュ立法への動きを加速する結果となった。

2　反対立法

(1)　立法の経緯　2002年3月4日、「患者の権利及び保険衛生制度の質に関する法律」が成立した。この法律は、5章126ヶ条からなる大きな法律（官報でも40頁に及ぶ）であるが、中でも「障害者に対する連帯」と題する章が設けられて、ペリュシュ判決が否定されたため、「反ペリュシュ法」と俗称されている。このような立法に至った経緯はすでに紹介されているが（石川・門両紹介）、おおむね次の通りである（具体的な立法資料は、http://www.senat.fr/evenement/dossier_perruche.html にまとめられている。本稿では、このサイトと『コマンテール』掲載のゴベール論文も参照している。このサイトには、2001年12月18日に行われた元老院の聴聞会の記録も収録されているが、反ペリュシュ派のラブリュス=リウ、ペリュシュ派のゴベール、ペリュシュ判決に関係したサント=ローズ破毀院付検事が意見を述べているほか、障害者擁護運動団体の代表3名から意見聴取がされているのが注意を引く。なお、政府・CCNE・マスコミ・医師会その他の関連サイトにもリンクがはられている。ただし、それらの一部はすでに閉じられている）。

まず、ペリュシュ判決が現れてまもない2001年1月から、生命倫理のスペシャリストとして知られるマテイ議員（国民議会）などが議会で、出生の事実のみを根拠に損害賠償を得ることを禁ずる規定を民法16条に付加する提案を行った。しかし、政府の意向に従い、マテイ案は議会において退けられた。

その後、3月に、雇用=連帯担当大臣のギグーが、全国生命倫理諮問委員会（CCNE）に諮問を行い、6月には同委員会が意見（avis）を発表したのをはさんで、破毀院の11月判決頃には議会には複数の立法案が提出された。なかでも、マテイ議員はほかの二人の議員とともに、2001年12月3日に、「国民連帯および先天的障害の賠償に関する法律案」を提出した。それまで慎重な姿勢を維持してきた政府=社会党もこの流れに抗しきれず、翌2002年1月10日に上記法案に対する修正案を提出し、審議に入った。この法案は直ちに可決され、最

終的には，従前より審議されていた「患者の権利に関する法律案」の第1章に挿入されたのである．

　(2) 立法の内容　　次に成立した法律のうち関連の規定だけを見ておこう（第1章は2ヶ条のみからなる）．第1条は次のように定めている．

> 「① 何人も出生の事実のみをもって損害を主張することはできない．
> 　医療上の過失による障害を持って生まれた者は，過失による行為が直接に障害を生じさせ，加重し，または軽減のための措置を妨げた場合には，損害賠償を請求することができる．
> 　医師または医療機関がその明らかな過失によって妊娠中に発見できなかった障害をもって生まれた子の親との関係で問題となる場合には，親は，その固有の損害の賠償を求めることができる．この損害には，子の生存期間中に障害から生ずる特別な費用を含まない．当該費用は国民連帯によるものとする．
> 　　　（第4文　略）
> 　② すべての障害者は，その障害の原因にかかわらず，国民集合体の連帯に対する権利を有する．
> 　③ 全国障害者諮問委員会（**CNCPH**）は，デクレで定めるところに従い，フランス国内の障害者およびフランス国籍を有し国外に居住するが国民連帯の対象たるべき障害者の物質的・財政的・精神的状況を評価し，これらの人々に関する世話を確保すべく，複数年にわたる計画策定によって，必要と認められるすべての提案を議会と政府に対して行う．
> 　④⑤　略」

　こうした規定に関しては，一般には一定の評価が与えられているようだが，学説からは，パッチワークだとかデマゴジーであるという批判，あるいは，具体的な施策を欠くという批判が寄せられている．しかし，確定的な評価を下すにはなお時間を必要とするだろう．

Ⅳ 結末

1 観察

(1) 生命倫理の観点から 先にも触れたように，ペリュシュ判決が現れてからしばらくして現れた著書・論文の中には，メタ・レベルに立って論争を観察・論評するものも少なくなかった．これらは，論争の意義を明らかにするのに役立つ．

広い意味での「生命倫理」にかかわる議論を見てみることにしよう．こうした観点からの考察としては，ヤキュブの著書が現れている．著者は，大学人ではなくCNRSの研究員であり生命倫理を専門にしている．また，パクスに関する編著もある．

ヤキュブは，生命・生殖に関する現在の文化の基礎を明らかにすることを目標として掲げる．端的に言うならば，ペリュシュ判決は，すでに承認されている規範の帰結であることを示そうとしている．胎児の法的地位，障害の意義，出生前診断の利用，法的なアイデンティティ，身体と人格の関係……これらの点についてはすでに法が解決を与えている．法が創り出しているシステムは，反ペリュシュ法によっても損なわれないというのである．彼女の議論のポイントは，1975年のヴェイル法との関係を重視する点にある．つまり，「中絶の自由」はすでに承認されているという点に重点が置かれている．

著者によれば，ペリュシュ判決によって，子どもの「正常に生まれる権利」が認められたわけではなく，母親に，子どもの健康状態につき避けるべきことがらを決定する権限が肯定されたに過ぎない．そして，強姦によって妊娠した母親が中絶をする義務を負うわけではないのと同様に，出産という道を選んでも，子どもから損害賠償請求を受けることがない．

ヤキュブの議論は，ペリュシュ判決そのものの論評からは一定の距離をとろうとしている点でメタ・レベルに立つものの，主張の内容は明らかであり，その意味では論争に参加するものであるとも言える．これに対して，次に掲げるのは，まさにメタ・レベルに立つものである．ケラとトマの共著がそれである．もっとも，ケラとトマとで議論のレベルは同一ではない．

ケラは，ペリュシュ派と反ペリュシュ派の対立を，「個人の権利」対「人間の尊厳」，「モダン」対「ポスト・モダン」，「実定法」対「自然法」といった二項対立の枠組みで描きだす（これについては，石川・前掲論文を参照．なお，樋口・前掲報告ではこのケラ論文の図式の検討が行われた）．これに対して，トマは，（具体的な個人とは区別される抽象的な）「人格」概念の歴史に照らして，ペリュシュ論争を理解しようとする．

しかし，ケラもトマも，ペリュシュ判決は「障害者敵視 (handiphobie)」の現れであるとか，「法の人間（人道主義）的機能」を損なうといった批判の前提を崩そうとする点で共通している．

(2)「学説」論の観点から　ところで，ヤキュブやケラとトマの考察には，もう一つの論点が含まれていた．それは，法学（学説）の役割をどう見るかにかかわっている．

たとえば，ヤキュブは，以後，法的言語の習得がデモクラシーの条件となったこと，これが論争の最大の教訓であるとしているが，そこには，法学者たちの言説に対する皮肉が感じられる．ケラとトマのスタンスはもっとはっきりしている．とりわけケラは，世論は法学部がはたした役割をあまり知らないが，法学説がいかなる政治的・社会的役割をはたすかを検討すべきだとし，そこで行われていたのは，法の専門家としての発言ではなく市民としてのアンガージュマンであったとしている．

同様の論評は，ドゥ＝ベシロンによってもなされている．彼は，学説の習俗を示すものとしてペリュシュ論争を観察し，より直截に，道徳的に望ましいことが真理のように語られていると批判している．

法学者の側からは，こうした批判に対する反批判もなされている．一つは，世論を背景になされた障害者団体・医療関係団体のロビーイングに対する批判である．この弊害こそが共和国や民主主義を損なうというのである．もう一つは，学説の役割にかかわるものである．具体的には，ジェスタツがケラ，トマ，ドゥ＝ベシロンの見解を論評している．

ジェスタツは，この3人組（著書・論文の公刊前に『ル・モンド』に見解を発表していた）は，議論にコミットせずに分析に終始する態度をとる点で，ペリュシュ・反ペリュシュの両陣営から嫌われているという．ジェスタツは3人

組の「実証主義的な」見解にも一定の理解を示している．しかし，一口に実証主義と言っても，隷属的な実証主義と批判的な実証主義とがあり，多くの民法学者は後者に立つものといえるとしている．そして，「良心なき学問は魂の廃墟」というラブレーの言が引かれている．

何度も引用しているファーブル＝マニャンもまた，ペリュシュ論争における基本的な不一致は，法学者はこのケースに判断を下す正統性や権威を有するか否かという点にあることを指摘している．そして，このケースで問題となっているのは，「個人的確信・個人的基準・裁量的選択・主観的意見」であり，それらは法技術ではなく「道徳・宗教・倫理・衡平・哲学・形而上学」の領域に属するとする見方に対して，明確に反対している．問題はことのほか難しいが，それでも判例・学説はよき解答を模索しなければならないというのである．

テリーは，ペリュシュ論争における学説のあり方を主題として論ずる．彼は，ゴベールが学説に与えた定義をよりどころとする．それは「法を教えることを任務とし，法につき批判的検討を加えることを任務とする人々の総体」というものである．テリーは言う．教育を行う大学は（研究のみを行う）CNRS とは違い，実定法を中心とすることになる．しかし，それは単なる法律実証主義を意味するわけではない．学生や実務家に対する知的誠実さは必要であるとしても，それが批判的検討を含む以上――教えるためには批判的に検討することが必要――，必然的に法技術の領分を超えざるをえない．実定法に対して価値判断を加えることは，その存在理由を理解し，帰結を明らかにするのに必要なことである．法は万人の関心事であるとしても，法学者が意見を述べてはならないということにはならないだろう，と．

2 観察の観察

ここまで見てきたメタ・レベルの観察につき，若干の観察をさらに加えて，結びに代えることにしよう．

（1）　何が争われたのか　　実体面で争われたのは何だったのか．通常は，専門家の間で論じられるだけの破毀院判決が，「ドレフュス事件」にも比されるほどの関心を集めたのは，それが「生命倫理」にかかわるものであったためであることは言うまでもない．

フランスでは，ナチスの記憶と結びつく「優生主義 (eugénisme)」という言葉がひとたび発せられると，これに対しては感覚的な反発・拒絶が示される．「生まれない権利」「正常に生まれる義務」という問題の定式化は，よしあしは別として，ペリュシュ事件をメディア化することになった．障害者団体が，このシンボルに敏感に反応したのはもちろん，法学者たちも程度の差はあれ，このような傾向から自由なわけではなかった．反ペリュシュ派が続出した所以であろう．

そこで，少し遅れて現れた諸見解の多くは，こうした議論の偏りをただすことを目的とした．広い意味でのペリュシュ派は，生まれてきた障害児本人への損害賠償を認めることが，「人権の尊重」に寄与すること (ケラ)，「中絶の自由」は「中絶の義務」を導かないこと (ファーブル＝マニャン，ヤキュブ)，「人格」は抽象的概念であること (トマ) などを指摘した．

すでに冒頭でも述べたように，「人間の尊厳」か「人権の尊重」かという原理論から，「人格」とは何かという概念論まで，抽象的な理念・観念を念頭に置いた論争が展開されるのは，フランスの知的土壌の一つの大きな特徴である．ペリュシュ論争においては，デマゴジーやロビーイングに押されて，こうした点が見失われないように，という危惧の念が，論調の基本的なトーンのひとつを形成したと言ってよいだろう (逆に言えば，当初の議論は，そうした危惧を抱かせるに十分なものであったわけである)．

(2) いかに争われたのか 論争の激化は，その形式にもかかわっている．すでに述べたように，『ル・モンド』のアピールがその引き金となったことは否定しようもない．

しかし，その後は，「冷静に」「誤解を解く」という声がしばしば聞かれた．そのためか，論争はしばらくの間は技術的な色彩を帯びる方向に推移した．両陣営は，「損害」「因果関係」など技術的な法概念をめぐる「エレガントな争い」を続けたのである．

こうした議論の仕方は，一般市民にはまわりくどく難解であり，すでに紹介したような批判が代弁されることとなった．外国人の観察者にとっても，同様の印象があったようである．イギリスの比較法学者マーケニス (英国アカデミー会員) は，論争は因果関係にこだわりすぎであり，もっと実質的に行われるべきであると述べている．概念は理由付けの手段に過ぎず，真の理由ではないというので

ある．彼は，社会保障の財政的窮状を考えれば破毀院の態度は理解可能であり，二次的な重要性しかない法律論レベルでの批判には疑問があるとも述べている．

これは一つの見方ではある．しかし，イギリスの比較法学者の見方であり，そこには経験主義・機能主義が色濃く現れている．ここで注目すべきはむしろ次の２点ではないかと思われる．一つは，すでに述べた基本的な価値の争いは，実定法学においては法技術をめぐって争われるということである．これは決して「仮託」ではない．「価値」と「概念」とは表裏一体なのである．このことを無視しては，フランス法学のあり方を理解することはできない．もう一つは，フランス社会は，判決の当否をめぐって議論をするのに慣れていないということである．そのために，学説と世論のインターフェースが十分に形成されていない．必要なのは，「専門的議論」の相対的独立性を認めつつ，これを社会一般に向けて開いていく回路を創り出すことだろう．そして，このことは，フランス法学にとっての課題につきるものではないだろう．

参考文献

単行書

Cayla et Thomas, *Du droit de ne pas naître. A propos de l'Affaire Perruche*, Gallimard, 2002

Iacub, *Penser les droits de la naissance*, PUF, 2002

『ル・モンド』掲載のアピール

Labrusse-Riou et Mathieu, La vie humaine comme préjudice, *Le Monde*, 24 novembre 2000 (Reproduite dans l'annexe de l'ouvrage d'Iacub ci-dessus cité et dans Dalloz etc.)

判例研究（およびそれに準ずる論文）

Cass.ass.plén. 17 nov. 2000, *JCP*. 2000. II. 10438, note Chabas, *D*. 2001. 332, note Mazeaud et note Jourdan.

Gobert, La Cour de cassation méritait-elle le pilori ?, *Petites Affiches*, 8 décembre 2000

Terré, Le prix de la vie, *JCP*. 2000, p. 2267

Mémeteau, L'action de vie dommageable, *JCP*. 2000. I. 279

Viney, Brèves remarques à propos d'un arrêt qui affecte l'image de la Justice dans l'opinion, *JCP*. 2001. I. 286

Aubert, Indemnisation d'un existence handicapée qui, selon le choix de la mère, n'aurait pas dû être, *D*. 2001, p. 489

Aynès, Préjudice de l'enfant né handicapé: la plainte de Job devant la Cour de cassation, *D*. 2001, p. 492

論文 (**RT**)

Markesinis, Réflexions d'un comparatiste anglais sur et à partir de l'arrêt Perruche, *RT*. 1–2001. 77

Fabre-Magnan, Avortement et responsabilité médicale, *RT*. 2–2001. 285

Jestaz, Une question d'épistémologie (à propos de l'affaire Perruche), *RT*. 3–2001. 547

de Béchillon, Porter atteinte aux catégories anthoropologiques fondamentales ? Réflexions, à propos de la controverse Perruche, sur une figure contemporaine de la rhétorique universitaire, *RT*. 1–2002. 47

論文（その他）

Gobert, Handicap et démocratie. De l'arrêt à la loi Perruche, *Commentaire*, N. 97, 2002

Thery, Un grand bruit de doctrine, in *Ruptures, mouvement et continuité du droit. Autour de Michelle Gobert*, Economica, 2004, p. 113 et s.

論文（日本語）

ローラン・ルヴヌール（小粥太郎訳）「医療責任に関する最近のフランス民事判例」ジュリスト 1205 号（2001）

山野嘉朗「障害児の出生と医師の民事責任——フランス破毀院大法廷 2000 年 11 月 17 日判決を機縁として」愛知学院大学論叢法学研究 42 巻 3 = 4 号（2001）

　　同　　「医療過誤による先天性障害児の出生と賠償・補償——フランスの新立法とその影響」同法学研究 44 巻 3 号（2003）

　　同　　「同題（その 2）」同法学研究 44 巻 4 号（2003）

中田裕康「侵害された利益の正当性——フランス民事責任論からの示唆」一橋大学法学部創立 50 周年記念論文集刊行会編・変動期における法と国際関係（有斐閣，2001）

石川裕一郎「障害者の『生まれない』権利？——『ペリュシュ判決』に揺れるフランス社会」法セミ 573 号（2002）

滝沢正「紹介・フランス（判例・立法）」比較法研究 64 号（2003）

本田まり「フランスにおける先天性風疹症候群児出生と医師の責任」上智法学論集 45 巻 3 号（2002）

　　同　　「《Wrongful life》訴訟における損害（1–2）」上智法学論集 46 巻 4 号，47 巻 1 号（2003）

門彬「医療過誤による先天性障害児の出生をめぐって——司法判断に対する立法府の対抗措置」外国の立法 215 号（2003）

E 文献紹介・立法紹介

E—1 二つの100周年（『実定私法における解釈方法と法源』『民法季刊雑誌』）

— Centenaire de la Revue trimestrielle de droit civil : Les revues juridiques du XXᵉ au XXIᵉ siècle, *RTDC*. 4–2002. 463–780.
— Thomasset et al. (dir.), *François Gény, Mythe et réalités. 1899–1999 Centenaire de Méthode d'interprétation et sources en droit privé positif, essai critique*, Les éditions Yvon Blais, 2000, 397 p.

(1) 今年，2004年は，フランス民法典200周年の年にあたる．これを記念する研究集会はフランスの内外で予定されている．それらの記録のいくつかは遠からず出版されて，この欄でも紹介されるにちがいない．それに先だってここで紹介するのは，二つの「100周年」にかかわる出版物である．相次いでその100周年が祝われたのは，一方で，1899年に出版されて科学学派の登場を高らかに告げた書物，他方，1902年に創刊されて今日までフランス民法学のメイン・ストリームを形成している法律雑誌である．

今から100年ほど前，フランスでは，新しい時代の民法学がまさに生まれようとしていた．二つの年，1899年と1902年とは，それぞれその懐胎の年と出産の年であったと言ってもよい．「注釈学派から科学学派へ」という転回の物語は，ボヌカーズをはじめとする多くの著者によって語られてきた．しかし，1930年代に確立されたそれは，今日ではなかば神話となり，なかばクリッシェと化している．二つの出版物は，この旧い物語とは別の語り口を含むものとして興味深い．

新たな物語が語られようとしているのは懐古趣味のためではない．フランスの(より広くフランス語圏の)研究者たちが，ニュアンスの差はあれ，今日の状況と当時の状況とを重ね合わせてみたいと考えるからであろう（こうした発想は，二つの出版物に共通のプロモーターとなっているジェスタツ＝ジャマン両教授において，とりわけ顕著であるように思われる）．一言で言ってしまえば，100 年前に問われ，いままた問われようとしていることの一つは，「法学校 Ecole」と「法院 Palais」の関係である．このように問題を立てるならば，この時期に，極東の一書評子がこれらの試みに関心を寄せる理由も自ずと明らかになろう．

(2) 広く知られているように，『民法季刊雑誌』創刊号の巻頭に置かれたエスマンの論文は「判例と学説」というタイトルだった．このことを思えば，「法学校」と「法院」の対比は『民法季刊雑誌』にふさわしい．順序は逆転するが，まずは，この雑誌の 100 周年記念の方を眺めてみよう．

2002 年 3 月 7 日・8 日の両日にわたりパリのリュクサンブール宮で開催された研究集会は，大きく三つのパートからなっていた．すなわち，第 1 部「民法季刊雑誌の 1 世紀」には，現在の編集責任者ジェスタツ教授の「開会の辞」の後に，ジャマン，アルペラン両教授の歴史的観点からの報告（「創刊者たちの意図」「20 世紀初頭における諸外国での出版の経験」）とレミィ，スゥリウ両教授による鳥瞰的な報告（「判例紹介の 100 年」「論文の 100 年」）が置かれている．そして，第 2 部「21 世紀に向けていかなる雑誌を？」と第 3 部「紙から電子へ」がこれに続き，カナダからのゲストであるボードゥアン教授の報告を挟んで，ジェスタツ教授の「総括」がなされている．各報告はいずれも興味深いが，とりわけ，レミーとスゥリウの報告は，まさにこの雑誌の 100 年の歴史を物語るものであり，一読に値する．しかしここでは，ジャマンとジェスタツの報告に注目したい．

レミーとともに，フランス近代私法学史の担い手となった観のあるジャマンであるが，彼は次のような指摘をする．「新しい雑誌は対象を『民法』に限っていた．……このことの意味を明らかにするのは，創刊者たちの書き物ではなく時代の文脈であろう」と．そして，彼は続ける．「1902 年には，少なくとも若い世代の一群の教授たちにとって，脅かされつつある民法の研究を促進するこ

とは急務であるように思われた．これこそが，民法季刊雑誌の創刊の核心であるように私には思われるのである」と．

創刊者たちは「誰もが判例の研究を盛んにしようとしていた．……しかし，彼らは判例の権威に服することを拒み，少なくとも判例が不確実であるか躊躇している場合には，その展開を導くべきであると主張していた」．その際のポイントは「歴史的方法 méthode historique」と「総合 synthèse」とによる「構成 construction」にあり，「新しい世代は極めて精力的にこの構成の意義を主張した」．ジャマンの表現によるならば「学説の影響力を強化すること conforter le pouvoir doctrinal」，これこそが創刊者たちが試みたことであった．換言すれば，古くなった民法典を補い「法院」が活発に法創造をするようになりつつあったこの時期に，民法学者たちは「法学校」の存在意義を探し求めていたというわけである．

ジェスタツもジャマンの指摘を肯う．「一般雑誌 revues générales——彼によれば，実定法情報の単なる提供でも純粋の省察でもなく『実定法を考慮に入れた諸観念の実験室』である——は，研究者によって研究者のために創刊された」．すなわち，彼らは，「彼らのアイデンティティを確認することができる省察と論争の空間」を夢見たのであり，その夢を具体化したのが一般雑誌，とりわけ民法季刊雑誌だったというのである．ジェスタツは言う．1902年の民法学者たちは，この雑誌を拠点として民法研究の革新を図りたかったのだと．

では，それは何のためか．この点に関するジェスタツの答えはジャマンとはやや異なっている．民法学を脅かしていたのは，新たに現れた公法学と政治学であったとしているからである．これらのライヴァルに対抗するためには，社会の重要問題に取り組んで民法学を活性化する必要がある，そのためには判例を考慮に入れる必要がある，民法学者たちはそう考えたのではないかと．さらに，ジェスタツによれば，一般雑誌の登場は，1870年の敗戦以後の国民的な動向とも連動していたという．フランスはドイツと競うためにエリート法律家を養成しなければならなかった．新しい雑誌は，一つのやり方でこの要請に応えようとするものであったというのである．

(3) 確かに，「法学校」における民法学の存在意義が問われたのは，「法院」との関係においてのみではなかった．もう一つの100周年記念はこのことを示

唆する．最近の『民法季刊雑誌』でこの企画をとりあげて論評する著者が指摘するように，『実定私法における解釈方法と法源：批判的考察』（以下，『解釈方法と法源』と略称）の 100 周年を記念する研究集会は，この書物の著者であるジェニーの社会的背景に注目する点で興味深い[1]．

1999 年 10 月 28 日から 30 日まで 3 日間にわたってモントリオールで開催された研究集会は，ケベック大学のイニシアティヴによって組織されたが，このこと自体が構えの大きな問いを立てることを可能にしている．大西洋を越えてヨーロッパ（フランス・ベルギー）と北アメリカ（カナダ・アメリカ）の法律家が参加して，「経済のグローバル化，科学技術の支配，経済的社会的諸権利の世界的な要求，人間の尊厳・個人の尊重，ポストモダン・ネオリベラル国家における裁判官の位置づけ」など様々な問題に揺さぶられている「現代の法学にとって科学的自由探求 libre recherche scientifique はなおモデルたりうるか」[2] が問われたのである．

ここでも口火を切ったのはジャマンである．彼の「ジェニー：一つの世紀からもう一つの世紀へ」と題する序論に続き，第 1 部「フランソワ・ジェニーと法源」，第 2 部「フランソワ・ジェニーと規範性」，第 3 部「フランソワ・ジェニーと科学的自由探求」，第 4 部「ジェニーの影響力」の四部に分けて諸報告がなされ，第 5 部「フランソワ・ジェニーの現代性は法の現代的諸問題に抗しうるか：討論と総括」を経て「結論」へと至る精力的な検討がなされており，ジェニーに対する様々な見方が示されている．その中にあって異彩を放つのは，「アメリカにおけるフランソワ・ジェニー」と題された D・ケネディーらの報告である（なお，各論的な考察としては，民事責任をテーマに 60 頁の紙幅を費やしたプレモン報告も検討に値する）．

大久保泰甫教授所蔵のジェニー＝サレイユ書簡を巧みに用いたジャマンの報告は，多数の新たな知見をもたらすが，いまは細部には立ち入らない．ここまでの本稿の文脈との関連で注目すべきは，「ジェニーとサレイユ：社会的なもの

---

1) Gutmann, La fonction sociale de la doctrine juridique. Brèves réflexions à partir d'un ouvrage collectif sur *Méthode d'interprétation et sources en droit privé positif. Essai critique*, RTDC. 2002. 455.
2) Gutmann, *op.cit*., p. 455.

の発明と共和国の再生」と題された部分である．ここでジャマンは，ジェニーを当時の知的＝社会的文脈に置くことを要請する．「それゆえ，危機にある共和制の思想を再生させるものと思われる批判思想の強い流れとの関係で，ジェニーの試論は読まれなければならない」．「ジェニーは……同時代人の大部分と同様，共和制というプロジェクトに貢献している」のであるから．

「社会的なるもの」は，ケネディーらの注目するところでもある．ここでも論点を絞って二点だけをとりだそう．一つは，「社会的なるもの」が「科学的自由探求の基礎」として位置づけられている点である．ケネディーらは，方法＝実質，批判＝構築の二つの軸をクロスさせて，演繹主義から「科学的自由探求」へという方法的な転換と個人主義とから「社会的なるもの」への実質的転換とを重ねて見せている．もう一つは，ジェニーのもたらした革新が，法律家にとっての中心的な問題は再構築 reconstruction であるということを明らかにしたという点に求められている点である．ジェニーには再構築ばやりの現代アメリカ法学の先駆者として称号が与えられている．

しかし，ジャマンもケネディーも口を揃えて言う．ジェニー自身の試み——科学的自由探求——は必ずしも成功を収めなかったと．

(4) それでは，21世紀の学説はどうすればよいのか．101年目を迎えた『民法季刊雑誌』の巻頭に，ジェスタツとジャマンは連名で，エスマンの綱領論文の表題を逆転させた論文を掲げた[3]．問いは投げられているが答えは与えられていない．エスマンの顰みにならえば，まずは歴史を問い，現状を総括することから始めなければなるまい．

E—2 人工妊娠中絶法の改正 (2001年7月4日の法律第588号)

(1) 2000年11月17日のいわゆるペリュシュ事件判決は，あまりにも有名な判決となった．障害児の誕生を「損害」と評価することが許されるか否か．この判決をめぐってフランスの世論は大きく揺れた（同判決から出発して立法へと至る法の生成過程は検討に値するが，本欄では後続の号で別途扱われるこ

---

3) Jestaz et Jaman, Doctrine et jurisprudence : cent ans après, *RTDC*. 2002. 1.

とになろう．評者自身も別稿［第4編C］で扱うことを予定している）．

　生命の誕生にかかわる法規範が，人々の大きな関心事になるのは，ある意味では当然のことである．避妊を認めた1967年12月28日法律や人工妊娠中絶を認めた1975年1月17日法律，最近では，生殖補助医療に関する1994年7月29日法律（いわゆる生命倫理法）の制定の際にも，大いなる公論が展開されたことはよく知られているところである[4]．本稿が紹介する2001年7月4日法律は，上記の二つの法律（67年法律と75年法律）に修正を加える法律であり，ペリュシュ判決の現れる直前の2000年10月に提案されたものである．その背景には，いわゆるパクス法の制定や上記の生命倫理法の改正作業などを含めた大きな流れがあると見られるが[5]，本稿ではこの点には立ち入ることができない[6]．以下，民法の観点からこの法律のポイントを簡単に紹介するにとどめざるを得ない．

　(2)　まずは，新法の背景・立法の経緯と内容の概略をごく簡単に紹介しよう．法案の提案理由は冒頭に次のようなデータを掲げている．「フランスでは，毎年20万件の人工妊娠中絶が行われている．1万人の未成年者たちが望まない妊娠をしそのうちの7,000人が中絶する．また，中絶をせざるを得ないが法定期間を過ぎてしまったために国内で手術ができないために，隣国へと旅立つ女性の数は5,000人に達する」[7]．67年法律や75年法律は確かに大きな成果であったが，今日ではもはや社会や医療の実情に適合していない．それゆえ法改正が必要だというわけである．こうして提案された法案と最終的に成立した法律の間にはいくつかの大きな相違があるが，その経緯には立ち入らない．ここでは，法案に対して憲法違反の疑いがかけられ憲法院の判断が示されていることのみを付記しておく[8]．

　成立した法律は2章29ヶ条からなる．第1章「人工妊娠中絶」では，まず，従来人工妊娠中絶をなし得る期間とされていた「第10週末」を「第12週末」

---

4)　大村・法源・解釈・民法学（有斐閣，1995）231頁以下などを参照．
5)　パクス法制定につき，本書第4編Cを，生命倫理法につき，日仏法学24号の本山解説を参照．
6)　たとえば，国民議会でのマラソン演説でMadame anti-Pacsの異名をとったChristne BOUTIN議員の近著 *L'embryon citoyen*, Sarment, 2001などを参照．
7)　Projet de loi, n° 2605, p. 3.
8)　décision n° 2001-446 DC du 27 juin 2001 et décision n° 2001-449 DC du 4 juillet 2001, JO, 7 juillet 2001, p. 10828, p. 10835.

に改めた（法2条による公衆衛生法典 L. 2212–1 条の改正）．次に，手術前の受診 (consultation) を成年者については任意とした（法5条による公衆衛生法典 L. 2212–4 条の改正．ただし，親権未解放の未成年者についてはなお義務づけが維持された）．そして，親権未解放の未成年者について，親権者の一人または法定代理人の同意が必要とする従前のルール自体は維持したものの，一定の要件の下に最終的には同意なしで手術を受ける途が開かれた（法7条による公衆衛生法典 L. 2212–7 条の改正）．第2章「避妊」では，避妊具の交付に関する規定（第24条による公衆衛生法典 L. 5134–1 条の改正）が修正されたほか，議会審議の過程で，性教育に関する規定（法22条による教育法典第3編第1章第2節への第九款「健康教育と性教育」挿入）や「避妊目的の不妊化 (stérilisation à visée contraceptive)」を認める規定（法26条・27条による公衆衛生法典第2部第1編第2章への同題の第3節挿入）が付加された．

(3) 民法の観点から見て注目に値するのは，新法における未成年者と障害者の取り扱いである[9]．改めてこの点に関する規定を見てみよう．

第一に，新法はすでに述べたように，親権未解放の未成年者が親権者の同意なしで中絶手術を受ける途を開いている．これには一定の事前手続が必要とされているほか，未成年者は「その手続きにおいて自ら選択した成年者を同伴する (se fait accompagner dans sa démarche par la personne majeure de son choix)」（法7条による公衆衛生法典新 L. 2217–7 条3項）ことを求められている．しかし，この成年者とはいったいいかなる者か．同伴は義務であるのか否か．手続きにおいてとはどの時点を指しているのか．解釈論上の疑問はつきない．そもそもこのような形で，未成年者の人身にかかわる決定を家族外の人間に委ねることの当否も問われている．

第二に，新法が導入した不妊化手術に関する規律を見てみよう．従来，刑事罰をもって禁止されていた不妊化手術は，新法によって合法化されたが，なお厳しい要件の下に置かれている．卵管・精管の結紮手術は成年者に対してのみ，かつ，いくつかの要件の下でのみ（たとえば，初診後4ヶ月の熟慮期間を置く，また，書面による意思の再確認が必要，など）許されている（法26条による公衆

---

9) cf. obs. F. B., *RTDCiv.*, 2001, p. 973.

衛生法典新 L. 2123–1 条).ここで注目すべきは,成年者たる精神障害者については,原則としては施術の対象外とされつつ,例外が開かれている点である(法 27 条による公衆衛生法典新 L. 2123–2 条).手続は確かに厳格に定められてはいる(後見判事の決定が必要であり,本人のほか,父母や法定代理人などの聴聞が行われる.また,医療関係者と障害者関連アソシアシオンの代表者からなる専門委員会の意見を聴取する,など).それでも,フランスでは,ナチスの記憶と結びつく優生主義 (eugénisme) に対する危惧が広く行き渡っていることもあって,この点に対する批判は根強いようである.

(4) 日本では,1999 年に成年後見立法が実現したが,新法の射程は成年被後見人などの人身に関する行為には及ばない.また,1997 年に成立した臓器移植法に関する最近の改正論議の中で,臓器提供者の年齢の引き下げが検討されている.本稿の紹介した法律を子細に検討する作業は,これらの問題を比較法的に検討する際には,重要な素材となりうるだろう.もちろん,母体保護法の再検討にも有益であることは言うまでもない.

E—3 兄弟姉妹の絆に関する民法改正 (1996 年 12 月 30 日の法律第 1238 号)

(1) 本法律は民法典に次の 1 ヶ条をつけ加えただけの法律である.
「第 371–5 条 子は兄弟姉妹から離されてはならない.ただし,それが不可能なときまたは子の利益がこれと異なる解決を命ずるときはこの限りではない.必要な場合には,判事は兄弟姉妹間の人格的な関係について定める」.
本法律の公布のために割かれた官報のスペースは半頁にも満たない.その意味では小さな法律である.しかし,その内容においても立法の経緯に鑑みても,本法律は大きな意味を持つことになるかもしれない.
(2) 今日,フランスでも離婚(婚姻の場合)や解消(自由結合の場合)の数が増大している.そして,崩壊したカップルには子があることも多い.それゆえ,離婚・解消後の子の処遇が大きな問題となる.この問題に対処するため,フランスの立法者は,まず離婚後の子や婚外子に対する親権の共同行使を許容し(民旧 373 条–2 条.1987 年 7 月 22 日法律),続いてこれを原則とした(民 373 条–2 条,287 条,372 条.1993 年 1 月 8 日法律.ただし,婚外子に対する共同親権が原則とさ

るのは一定の場合に限られている). これらの立法によって, 今日では, 夫婦としてのカップル (couple conjugal) の崩壊 (不存在) にもかかわらず, 両親としてのカップル (couple parental) は存続するという考え方が広がりつつある.

本稿の紹介する法律は, これらの立法に続き, 以上のような夫婦関係を伴わない「新しい家族」「最小限の家族」の絆をさらに強化しようとするものであると言える. すでに確立された親権共同行使の原則 (principe de l'exercice conjointe de l'autorité parentale) によって, 離婚・解消後も両親と子の間の絆を保つのに加えて, 兄弟不分離の原則 (principe de non séparation des fratries) を宣言することによって, 子相互の間の絆を保つべきことを示したからである.

もちろん, これは原則であり例外は認められている. 現実の必要によって, 兄弟姉妹を父と母とが別々に養育しなければならないことも多いだろう. そもそも, 本法律の原案では, 育成扶助 (assistance à éducative) の措置がとられる際に判事が従うべき指針として, 兄弟不分離の原則が示されていたのに対して, 国民議会の法務委員会において親権行使に関する一般原則に拡張されたという経緯が存在する. 元老院の法務委員会は, 親権行使の形態につき両親の合意を尊重すべきことを強調して国民議会案に反対したが, 今後は, 「それが不可能なとき」(元老院修正に由来するこの表現については国民議会の再審理に際して異論が見られた) の解釈をめぐって, 親の側の事情をどの程度まで考慮すべきかが争われることになろう.

(3) 1996 年 4 月 9 日法律は, 11 月 20 日を「子どもの権利の日 (Journée nationale des droits de l'enfant)」とした. このことに端的に現れているように, このところ, フランスでは子どもの権利に対する関心が高まっている. 本法律もまた, このような状況を背景に成立したものであると言える. 実際のところ, 原案(議員提案)の提案理由においても, 子どもの権利条約 8 条の「家族関係を維持する権利」は兄弟姉妹の関係維持を示唆しているとの理解が示されている.

しかし, 法案提出の直接の原因は, 子ども国会 (Parlement des enfants) の提案に求められる. フランスでは, 1980 年代に地方レベルでの子ども議会は普及したのに続いて, 1994 年には国民議会議長フィリップ・セガンの提案により子ども国会が開催されるようになった.「君も僕も国会議員？ (tu serais député, je serais sénateur)」という標語の下に, 年に一度, 全国の小学 5 年生 (CM2)

から選ばれた子ども議員たちがブルボン宮へと集まるのである．

子ども国会の試みは，参議院50周年の記念行事として日本でも行われ，マスコミの関心を集めた[10]．関係者の努力は称賛に値するが[11]，少なくとも現時点では，その提案が国政に直接に反映する可能性は乏しいと言わざるをえない．

ところが，本法案は，1996年6月1日，3年目を迎えた子ども議会において，最も支持を集めて採択された提案に由来する（法案提出は6月26日）．国民議会は，初めての子どもの権利の日となるこの年の11月20日に全会一致で本法案を可決し，その後，元老院修正を受け入れて，クリスマスに間にあわせるように12月19日に法案を成立させたのである．

原案を修正し冒頭に掲げた一般原則の宣言すべきことを提案したブルダン議員は次のように述べている[12]．「このような（子どもたちの）公的生活への関与は社会の進歩のあかしである．子ども地方議会から子ども国会へ．意見交換と決定の公的な場は，今後は，最も若い人々によっても担われることになろう．彼らが，市民であることの意味を問い直すために意見を述べる機会を持ち，われわれの共和国の諸制度に愛着を示すのを拒む理由は全くない」．人権宣言と民法典の母国にふさわしい言葉である．

---

10) 朝日新聞7月30日付朝刊一面など．
11) 経緯や実情については，肥田美代子・子ども国会——21世紀子どもたちは発言する（ポプラ社，1998）を参照．
12) Rapport de Mme Frédérique Bredin, au nom de la commission des lois, n° 3147, pp. 5–7.

あとがき

(1) F・ジェニーや科学学派に対する私の関心は、学生時代に遡る。最初の留学中 (1987年夏〜89年夏) にも、契約法・消費者法・家族法などと並んで、民法学の方法論の研究にかなりの時間を割いた。その成果は『法源・解釈・民法学——フランス民法総論研究』(有斐閣、1995) として公刊した。しかし、同書にまとめられた研究の対象は、主として1980年代のフランス民法学の状況であり、科学学派の活躍した第三共和政期の状況については、将来の課題とせざるをえなかった。

第1編「共和国の民法学」は、この課題を実現すべく書き始められた。科学学派をその背景事情とあわせて論ずるというプランは、最初の留学時にすでに出来上がっており、とりわけ、法学教育の革新との関係は早くから意識していた。

当初予定していた「法学校 vs. 法院 (Ecole contre Palais)」という観点を乗り越えて、「共和国の民法学」という観点に転じたのは、二度目の留学体験によるところが大きい。二度目の留学期間中 (1999年夏〜2000年夏)、フランスではジョスパンの社会党が政権の座にあった。この時期には、性的少数者 (パクス)・女性 (パリテ)・労働者 (35時間制) に関する重要な改革が相次いだが、とりわけ「パクス」をめぐる大論争は「第二のドレフュス事件」と呼ばれるほどのものであった。同性愛者の法的保護に関する規定を民法典に導入するか否か、という問題は、「共和国」のあり方を試すものとして争われたのである。

翻って100年前の状況を見てみると、第三共和政期にもまた、重要な社会問題が民法典との関連で争われていたことに改めて気づいた。科学学派の民法学は、このような状況との関係で出現したと考えるべきではないか。これが「共和国の民法学」を支える仮説である。実際に書かれた論文は、諸般の事情によって完結しなかったため、この仮説の検証は十分に行われてはいない。しかし、本書の編集にあたり、既発表原稿とあわせて続稿の一部を整理して収録したこ

とにより，不十分ながら，この仮説の検証に向けての素材と視点とを提示することはできたのではないかと思う．

　間章「ベルエポックの法人論争」は，第三共和政期における法人論争をとりあげたものである．扱う時期は第 1 編に近く，第 1 編の補論としての意味を持つが，同時に，「人」とも「物」ともかかわる「法人」が論じられている点では，第 2 編の補論にもなっているので，両編の間に配置した．

　（2）　「テーズ（thèse）」と呼ばれる博士学位論文の集積がフランス民法学を支えていることは，よく知られている通りである．ある特定のテーマに関する研究は，関連のテーズを博捜しこれらを検討するところから始まる．他方，ある時代のテーズを広く見渡すと，その時代の民法学の方法や関心をあぶり出すことが可能になる．これは，外部からフランス民法学の特徴を知ろうとする者にとっては有益な作業であろう．そう考えて，最初の留学時に試みたのが，戦後に書かれた契約法に関する主要なテーズの総合的な検討であり，そこから生まれたのが『典型契約と性質決定』（有斐閣，1997）であった．

　2 度目のフランス留学に際しては，契約法を超えてより領域を広げる一方で，公刊時期を絞り込むことによって時代の特色を抽出しようと考えて，人・物・契約について 1990 年代に発表されたテーズを収集・検討しようと考えた．**第 2 編**「基本概念としての人・物・契約」はその作業報告である．この作業の際の仮説は，1990 年代のテーズは，20 世紀のフランス民法学が同時代に現れた様々な問題に対して基本的な法概念を更新することによって対処しようとしてきたことを，集約的に表現しているのではないか，というものであった．この論文もまた完成には至らず，「人・物」に関する検討は行ったものの，「契約」は手つかずであり，明確な結論も提示されていない．ただ，本書収録にあたり，2000 年代に入ってから現れたテーズの特徴を紹介する新稿を加えたことにより，第 1 編との連続性を高めることができたように思う．というのは，最近の動向には，21 世紀における「共和国の民法学」を支える新たな学派の胎動が感じられるからである．

　（3）　**第 3 編**「フランス民法典の 200 年」は，フランス民法典 200 周年の機会に発表した 2 編の論文と関連する二つの口頭報告からなっている．これらは，上記の二つの仮説をより明確な形で示すことにより，フランス民法典の 200 年

あとがき　321

を総括しようという試みであったと言える．その意味で，第1編・第2編とあわせてお読みいただけると幸いである．

(4)　第4編「日本から見たフランス民法」には，フランス法の紹介を目的とする小論を集めた．A「保育から見た団体論」は，共同研究の報告書に収められたもの，B「信託の理論」は，研究助成の報告書に収められたものである．いずれも法人論・団体論に関連するものであり，私の近年の研究（エッセイ的研究ノートとして『フランスの社交と法』〔有斐閣，2002〕，日本法に関する個別論文として本シリーズ第Ⅱ巻の第1章所収の各論文がある）と密接に関連するものである．いずれも人目に触れにくいものであるので本書に収めた．C「パクスの教訓」，D「障害児の出生をめぐる法的言説」も共同研究の成果である．こちらは私が共編者となっている叢書の1冊に収められていて参照は容易であるが，1990年代後半に「共和国の民法学」が直面した重要な課題について報ずるものとして本書に収めた．E「文献紹介・立法紹介」は雑編であるが，いずれも本書の内容とかかわりのあるものである．

(5)　本書収録の諸編はいずれもフランス民法・民法学を対象とするものであるが，一部にフランス民法・民法学に関する日本の研究を対象とするものが含まれている．第1編の補章がそれであり，日本における科学学派受容の歴史が概観されている．これは，いわば総論的な研究史をたどるものであるが，日本ではこのほかにも，フランス民法・民法学上の個別のテーマに関する研究が蓄積されていることはいうまでもない．そうした研究を総括し，これからのフランス民法・民法学研究の各論的な方向づけを行うことも必要な作業であるが，この点に関しては，そう遠くない時期に小著（『フランス民法──日本における研究状況』〔仮題〕）を公刊する予定である．

収録論文初出一覧

第1編	序言・第1章	「共和国の民法学 (1)」法学協会雑誌 121 巻 12 号 (2004)
	第2章	書き下ろし
	補　章	書き下ろし
	間　章	「ベルエポックの法人論争」藤田宙靖 = 高橋和之編・樋口古稀・憲法論集 (創文社, 2004)
第2編	序言・第1章	「20 世紀が民法に与えた影響 (1)」法学協会雑誌 120 巻 1 号 (2003)
	第2章	「20 世紀が民法に与えた影響 (2)」法学協会雑誌 120 巻 12 号 (2003)
	補　章	書き下ろし
第3編	A—1	「民法典 200 周年を祝う」石井三記編・コード・シヴィルの 200 年 (創文社, 2006)
	A—2	口頭発表原稿 (日仏会館, 2005)
	B	「人」北村一郎編・フランス民法典の 200 年 (有斐閣, 2006)
	C	口頭発表原稿 (横浜桐蔭大学, 2003)
第4編	A	報告書原稿 (2005)
	B	「フランス信託学説史一斑」信託研究奨励金論集 22 号 (2000)
	C	「パクスの教訓」岩村正彦 = 大村敦志編・融ける境・超える法 1 個を支えるもの (東京大学出版会, 2005)
	D	「障害児の出生をめぐる法的言説」岩村 = 大村編・上掲書
	E—1	国家学会雑誌 117 巻 5 = 6 号 (2004)
	E—2	日仏法学 23 号 (2005)
	E—3	日仏法学 22 号 (2000)

事項索引

あ 行

愛情　148
愛情圏　148
アイデンティティ　128
ACEPP　250, 255, 257
アキ・コミュノテール　182
アソシアシオン　42, 49, 84, 94, 138, 176, 230, 234, 238, 244, 249, 252, 255, 258, 259, 261, 316
『アナール』　55
アメリカ（法）　130, 132, 135, 198, 235, 265, 312, 313
アルザス・モーゼル　197
家　206
イギリス（法）　179, 306
育児休業手当　246
意見　301, 108, 116, 267
意思自治　231
意思自律の原則　108
イスラム諸国　194, 196
一時託児所　246, 253
一時保育　252
一般原則　177, 179
一般利益　170, 175
イデオロギーの対立　197
遺伝子型　214
居所　218
イメージ　131
違約金条項　112
因果関係　297, 298, 306
インスティチューション方式　103
インターナショナル　54
ヴェイユ法　214, 303
乳母　250
生まれない権利　294, 299
ウルトラ・ヴァイレス理論　93
英米法　266
役権　152
エクイティ　266

エリカ号原油流出事件　153
沿革的・比較法的考察　79
欧州　177, 180
公の秩序　120
オランダ民法典　196

か 行

外観　132
階級闘争　197
『外国立法・経済評論』　57
解釈　111
会社の利益　120
解除訴権　113
解放　221
科学学派　3, 184, 309
科学的自由探究　61, 64, 96, 312
『科学的自由探究』　68
学位論文　169, 184
学際性　97
革命　200, 216, 232
学問科学　24, 28
過失　293, 296, 298
過失責任主義　229
家族　206, 208, 212, 276, 285
　──の契約化　276
　──の法　210
　──の利益　226
家族支援手当　247
家族住宅手当　247
家族手当　247
家族手当金庫　249
家族手帳　217
家族付加金　247
価値　173
価値所有権　157
可動性　147
カトリック（教会）　8, 32, 85, 283
カナダ　4, 310, 312
環境　149
環境共有の法理　155

環境法　149
感情生活　125
感性　147
『記憶の場』　192
企業　119
企業制度論　119
危険責任　104
危険(リスク)の理論　51
技術的実在説　94
偽装　132
規範定立機能　137
基本概念　98, 103, 227, 275
基本原理　169
基本的債務　172
『基本法学』　103
「客観法」＝「法」　46
旧民法典　103, 205
教師たちの共和国　10
教授資格試験　12, 22
教授たちの共和国　29
行政財産　152
兄弟姉妹　225, 316
兄弟不分離の原則　317
共通法　58, 69, 266
共同生活　119, 220, 223, 276, 286, 294
共同保育所　246, 249
共同利益契約（pacte d'interet commun = PIC）　278
共和国　193, 196, 200, 313
共和国の民法学　6
共和派カトリック　51
均衡　173, 183
均整性　174
近代化　204
禁治産　222
区分所有法　207
グローバリゼーション　198, 207, 208
グローバル化　184, 312
経済成長　207
経済的所有権　155, 158
ゲイ支援団体　283
刑事訴訟法典　138
継続性　119
刑法　234
契約　103, 116, 137, 224, 234, 276

　──の拘束力　115, 233
　──の自由　226, 229
契約改訂　113
契約主義　237, 238, 239
『契約的連帯主義』　52
契約に基づく有機体　40
契約連帯主義　177
結果債務・手段債務　87
結社の自由　140, 226, 234
『結社の自由』対『結社からの自由』　81
健康　145
健康状態　125
現代のドレフュス事件　280
憲法　181, 199
憲法院　123, 181, 194, 279, 284
憲法化　181
権利　95, 98, 267, 275
　～への──　183
原理性　96
権力　170, 173, 176
権利濫用(論)　104, 105, 137, 175, 193
合意　118, 166
行為基礎論　168
交換的正義　183
公共圏　206, 208
工業所有権　136
公共善　176
後見　221
公権　212
後見裁判官　221
公衆衛生法典　145, 214, 256, 300
公序　236
構成　311
構築性　98
高等教育自由化法　11
衡平(法)　175, 177–179
公法　22, 178179
公法学　45
公民　9
コーズ　111, 118, 119, 166, 167, 172, 174
『国際教育評論』　23
『国際共通法』　59
国際私法　216, 268
国際法　150
『国籍法典』　215

国民統合　9
個人主義　43
個人情報コントロール権　130
個人の尊重　312
個人保育　246
戸籍　216
子ども国会　317
子どもの権利条約　222
子どもの権利の日　317
子どもの保護者　222
コミュニオン　43
コミュニティビジネス　259
コモンロー　266
コルポラシオン　84, 236
婚姻　116, 221, 222, 272, 285
婚姻意思　118
婚姻の契約化　116
コンヴィヴィアリテ　255

　　　さ　行

財　151
債権譲渡特例法　207
再構築　313
財産　133, 151, 152, 218, 264, 267, 275
再市民社会化　201
再就職女性扶助　246
在宅保育補助　250, 252
財団　84, 264, 271
裁判所保護　223
再法典化　195, 201
35時間　280
三色旗　192
参政権　212
シアンスポ　20
ジェニー＝サレイユ書簡　312
時間　103
私権　211, 212
試験管ベビー誕生　141
自己同一性　128
資産化可能性　134
市場　202, 208
市場経済　193
事情変更　113
私生活　124
私生活の尊重　124, 131, 199, 213

自然人　183
自然法　59, 65, 72, 73, 75, 127
自然法論　62
自宅保育手当　246, 251
失効　165
実証主義者　53
失踪　219
『実定私法における解釈方法と法源』　3, 36, 312
『実定私法における科学と技術』　95
実務　28
児童手当　246
指導理念　76
死亡　219
司法革命　31
司法社会　30
司法制度改革　4, 201
司法的ディリジズム　115
『私法の基本概念』　87, 104
市民社会　199, 202, 207, 208
氏名　217
社会学　14, 16, 97
社会結合契約（contrat de l'union sociale = CUS）　278
社会構成原理　198
社会的企業　259
社会的機能　50
『社会的債務』　41
社会的つながり　127, 254, 255
社会的な絆　209
社会的なもの　312
社会的連帯　17, 37
社会の構成原理　209
『社会分業論』　19
社会保障費用徴収連合　252, 277
社会連帯　46, 86
弱者保護　202
住居改装貸付金　247
集合的財産　89
集合的利益　139
集合利益共同組合　258, 260
住所　218
終身原則　32
終身性　31
集団的財産説　90

集団的目的　84
集団的利益　93, 95
集団保育所　246, 248
充当　110
自由法説　61
自由法論　68, 71
ジュール・フェリー法　8
「主観法」＝「権利」　46
出自へのアクセス　129
出生証書　217
『ジュリスト』　103
準禁治者　221, 222
準契約　40
純粋法学　67
障害　293
障害児・傷病児休業手当　247
障害児特殊教育手当　247
障害者　276, 294
障害者敵視　304
商業化　134
条件　168
消費者契約法　207
消費者団体　138
消費者保護　163, 182, 183, 226
消費者問題　196
消費貸借　162
小保育所　248
情報　161
情報提供義務　52, 161, 298
条理　63
職業　28
職業人　226
助言　164
助言義務　52
序章　211
処分(不)可能性　133, 142, 144
所有権　154
　　──の分属　154, 156
所有権絶対　155, 229
所有権留保　156
所与　76, 180
知る権利　126
人化　148
人格　122, 143, 160, 199, 213, 227, 275, 306
人格化　160

人格権　124, 128, 137
人格的利益　128
新学期手当　247
進化的解釈　64, 182
『進化的解釈』　68
信義則　174, 175, 177, 286
親権　220
人権　177, 180, 226
　　──の尊重　306
親権共同行使の原則　317
人権裁判所　123
人権条約　181
人工妊娠中絶　293, 314
人身　122, 133, 213, 227, 315
　　──の尊重　214
親族会　221
新ソルボンヌ　11, 17
身　108
人体　159, 199
身体的公序　144
信託　156, 262, 273, 274
『信託法』　262
親密圏　126
新民法　206
人類の記憶　153
住み込み女子学生　246, 253
スライド条項　165
正義　77, 109
整合性　170, 173, 174
政治経済学　12, 20, 22
誠実義務　162
性質決定　114, 171, 172
誠実性　175, 177
政治身分　216
生殖子　142
生殖補助医療　141, 201, 314
精神病者　223
聖性　143
性的自由　286
制度　116
性同一性障害　218
制度理論　48, 121
成年　121
成年後見　207
成年後見立法　222, 316

事項索引　　　　　　　　　　　　　327

成年者　　220, 315
性別　　217
性別を処分する権利　　218
『生への権利』　　36
生命の価値　　294
生命倫理　　305
生命倫理法　　141, 214, 314
世界法論　　69
絶対的強行規定　　121
世論　　296, 313
1901年7月1日アソシアシオン法　　84, 138, 226, 230, 234, 244, 264
1999年1月6日動物保護法　　146
1994年7月29日法　　314
1996年4月9日法律　　317
1975年1月17日法　　314
1967年12月28日法　　314
全国障害者諮問委員会　　302
全国生命倫理諮問委員会　　297, 301
1881年7月29日法律　　123
1883年8月30日法　　31
臓器移植法　　316
総合　　311
総合大学設置法　　11
相対的強行規定　　121
遡及効　　110
組織体説　　82
祖父母　　246
ソルボンヌ　　17
損害　　313

た　行

ダイイ債権譲渡　　156
大学　　11
大学改革　　4
第三共和政　　5, 6, 8, 15, 29, 31, 194
第三の法制改革期　　207
大正デモクラシー期　　66
第二の婚姻　　117, 224, 285, 286
第二のドレフュス事件　　223
大仏破壊　　149
代理母　　142
託児扶助　　246, 251
脱人格化　　160
多人数家族手当　　247

多文化主義　　130, 197
多目的託児所　　253
単親手当　　247
団体　　119
団体訴権　　138
担保機能　　157
知的財産権　　135
知的所有権論　　105
中間法人法　　201
中絶の義務　　306
中絶の自由　　294, 306, 298
著作権　　136
著者の権利　　136
妻　　222, 272
出会いの場　　246, 253, 254
抵当権　　207
テーズ　　105
デュルケム・ルネサンス　　42
ドイツ法　　10, 13, 26, 51, 54, 66, 138, 153, 168, 194, 196, 198, 273, 311
ドイツ法学　　55, 97
ドイツ民法学　　82, 264
ドイツ民法典　　55, 103
同一性感情　　129
道義性　　170, 173
動産・債権譲渡特例法　　201
同棲　　223
同性愛　　224, 276
同性愛者　　294
同定　　211, 215
動物　　146
トクヴィル＝アメリカ型　　235
トクヴィル＝多元主義モデル　　81
特定非営利活動促進法　　207
匿名性と承認　　130
独立財産性　　275
独立した財産　　266
土壌汚染　　153
取引可能性　　134
取引対象外性　　143
ドレフュス事件　　32, 42, 296, 305
ドレフュス派　　32

な　行

名　　133

内縁　283
内容の変化する自然法　74
ナショナル・トラスト　155
ナチス　306, 316
名への権利　135
『ナポレオン法典以降の私法の一般的変遷』
　83, 104
ナンシー大学　95
20 世紀フランス民法学　5, 6, 96, 268, 275
2001 年 7 月 4 日法　314
2002 年 3 月 4 日法　301
2002 年 2 月 21 日デクレ　260
2000 年 8 月 1 日デクレ　256
日本民法学　5, 202
人間　155
　──の尊厳　121, 145, 146, 226, 294, 296,
　　304, 306, 312
人間中心主義　214
『ヌーヴェル・ソルボンヌ』　17
年齢　218, 220
能力　166, 178

は　行

ハーヴァード大学　265
排除　197, 283
排他性　155
配分的正義　183
博士学位論文　105
博士課程改革　24
博士論文　274
破毀院　276, 296, 299
パクス（法）　116, 200, 223, 228, 274, 276,
　278, 294, 314
パクセ（pacser/pacsé）　281
パブリック・ドメイン　152
パリ大学　57
パリ大学法学部　21
パリテ　280
万国博覧会　54
判事　114, 167
パンデクテン方式　103
反ドレフュス派　32
反ペリュシュ派　296
判例　35
判例法　207

非営利団体　138, 259
比較法学　57
比較法国際会議　57
比較法史　59
比較立法　57, 59
比較立法協会　57
東アジア　202, 207, 208
引っ越し一時金　247
人　103, 218, 263
　──と家族の法　131
　──の法　210, 227
避妊　314
非法　123
平等　177, 227
風疹　293
夫婦組合　270
『夫婦財産制』　268
不可処分性　134
不干渉義務　162
附合契約論　105
附合原則　160
不在　219
物化　144, 146
物権法定主義　157, 273
不動産登記法　207
不妊化手術　315
普遍的共通法　70
プライヴァシー　125
フランス国籍　215
フランス古法　179, 232
フランス人　212
　──の民法典　197
フランス大学のルネサンス　11
フランスの民事憲法　198
フランス民法新 515–1 条　286
フランス民法 544 条　155
　──1134 条　229
　──1152 条　112
フランス民法典　189, 311
　──200 周年　4, 22, 99, 185, 189, 203,
　　239, 309
ブルゴーニュ大学　142
文学・芸術所有権　136
文化国家　149
文化財　149

事項索引　329

文化財略奪　149
文化の衝突　197
文化法　150
『分業論』　43
文明人類共通法　58
ベビーシッター　246, 253
ペリュシュ事件　313
ペリュシュ派　296
ペリュシュ判決　276, 292
ベル・エポック　59, 81, 97
ベルギー法　166
弁護士　28
変質　171
変性　112, 172
保育補助士　250, 252
保育ママ　250
法院　28, 310
法概念　95,
法学教育　63, 80, 97, 99
法学教育改革　4
『法学協会雑誌』　62
法学部　97
法科大学院　99
法学校　28, 310, 311
忘却への権利　127
法教育　201
法社会学　80
法主体　95, 98
法主体性＝権利帰属可能性　86
法人　211, 212, 226, 263, 272, 297
法人格　142, 264
法人擬制説　90, 93
法人の人権　81
法人否定説　89
法人本質論　82
法人理論　82
法人論　105
法定管理人　221
法的擬制　109
法的構成　95, 96
法典化　198, 204, 205
『法典論』　205
『法と経済学』　175
法律　231
法律家(弁護士)たちの共和国　29

法律行為　103, 165
法律行為理論　110
法律実証主義　98, 123, 305
保佐人　222
母子保護局　251, 255
補充性の原則　201
ポスト科学学派　52
母体　142
母体保護法　316
ボルドー大学　16
本質的債務　172

ま　行

マニョー現象　36
マニョー判事　35
マルクス主義　161
マルセイユーズ　192
未成年(者)　220, 315
緑の家　254
身分登録簿　216
民事結合契約 (contrat d'union civil = CUC)　277
民事責任　312
民事責任法　276
民事責任論　50, 105
民事身分　216
民事身分証書　216
民主化　204, 206
民主主義　184, 199, 206
民事連帯協約　223, 278
『民法』　202, 269
民法改正　63
『民法季刊雑誌』　4, 25, 159, 310
『民法基本概論』　89
民法典　191
民法法典以外ニ然レトモ法典ニ依テ　61
民法法典ニ依テ然レトモ法典以外ニ　61
無償提供　142
無生物責任　193
無体財産権　133
明治8年布告第103号　71
名誉　121
目的　133, 166, 167, 266
目的限定性　92
目的財産説　267

目的不到達法理　168
物　103, 133, 143, 145, 155, 167
物化　151

　　　や　行

友愛　175, 177, 239
優生主義　306
用益権　155
ヨーロッパ　194
ヨーロッパ共同体法　114
ヨーロッパ契約法　182
ヨーロッパ消費者法　182
ヨーロッパ人権裁判所　194, 218
ヨーロッパ人権条約　284
ヨーロッパ法　150, 181
ヨーロッパ民法典　200

　　　ら　行

ライシテ　196
リース　156
利益　111, 177, 267
利他的利益　140,
立法　51, 63, 177, 183
『立法的共通法』　59
利用所有権　157

リヨン大学　57
理論構成　275
臨時法制審議会　63
ル＝シャプリエ法　234
ルソー＝一般意識モデル　81
ルソー＝ジャコバン型　235
『ル・モンド』　295, 297, 304, 306
歴史的方法　311
歴史派　65
レフェレ　126
連帯　38, 79, 109, 145, 176, 224, 283
『連帯 (solidarité)』　41
連帯主義　38, 42, 45, 51, 177, 185
連帯主義者　48, 50
労働運動　119
労働法学　159
労働問題　195
労働力　159
浪費者　222
ロースクール問題　80
ローマ（法）　124, 179, 232

　　　わ　行

和解　201

人名索引

あ行

アガトン 18
アゴスティネリ, ザビエル 125
アタール, ジェローム 162
アミエル゠ドナ, ジャクリーヌ 109
アルビージュ, クリストフ 179
アルペラン, ジャン゠ルイ 198, 310
アンセル, マリ・エロディー 172, 233
アンドルノ, ロベルト 146
イエリネック, ゲオルグ 84
石川健治 81
イチロー 132
ヴァイヨン, ダニエル 238
ヴィアンディエ, アラン 120
ウィケ, ギローム 109
ヴィネー, ジュヌヴィエーヴ 292, 297
上杉慎吉 62
ウォルムス, ルネ 14
ヴォワネ, ドミニク 280
ウシエフ, ディミトリー 174
エヴァルト, クリスチャン 203
エスマン, アデマール 310, 313
江藤新平 204
エネス, ローラン 167, 292, 297
海老原明夫 82
大久保泰甫 312
オーブリ, シャルル 56
オーリウ, モーリス 47, 84
オゼ, ジャン 117, 278, 292, 295
オプティ, ブルーノ 132
オブリー, マルテーヌ 278
オベール, ジャン゠リュック 292, 297

か行

カピタン, アンリ 50, 56, 69, 87, 97
カルボニエ, ジャン 6, 9, 79, 192, 197, 202, 209, 231, 234, 263, 268, 274, 292, 294
カレ・ド・マルベール 56, 69
カロン, クリストフ 136

ガロン, フレデリック 166
カント, イマヌエル 55
ガンベッタ, レオン 29, 31
ギールケ, オットー・フォン 84, 92
ギグー, エリザベート 278, 301
キュミン, ミシェル 179
グットマン, ダニエル 129
グラッソン, M. 195
クルディエ゠キュイジニエ, A.S. 177
クレマンソー, ジョルジュ 31
クロック, ピエール 156
ゲスタン, ジャック 117, 134, 159
ケゼール, ピエール 125
ケネディー, ダンカン 312, 313
ケラ, オリヴィエ 303, 306
ゴチエ 292
ゴドゥメ, ユージェーヌ 192
ゴベール, ミシェル 292, 296, 297, 301, 305
コマイユ, ジャック 199
コルニュ, マリー 150, 200
コント, オーギュスト 14

さ行

ザッタラ, アン・フランソワ 180
サルトル, ジャン゠ポール 55
サレイユ, レモン 50, 56–58, 61, 64, 66, 68–70, 73, 79, 82, 84, 97, 104, 264
サント゠ローズ 301
ジェスタツ, フィリップ 282, 296, 304, 310, 311, 313
ジェニー, フランソワ 3, 35, 36, 56, 61, 64, 68, 73, 78, 79, 84, 95, 97, 312
ジッド, シャルル 39
四宮和夫 262
シャザル 233
シャバス, ウィリアム 292, 297
ジャマン, クリストフ 232, 310, 311–313
ジュルダン, パトリス 292, 297
ジョーダン, マイケル 134
ジョスパン, リオネル 278, 280

331

人名索引

ジョスラン, ルイ　50, 104
シラク, ジャック　192, 278, 279
スゥリウ, ジャン＝ルイ　310
杉山直治郎　5, 66, 70, 75, 79, 105
ステシャン, パスカル　153
スリウー, ジャン＝ルイ　180
セガン, フィリップ　317
ゼナチ, フレデリック　159
セルナ, マリー　132
ゾラ, エミール　10, 34

た 行

高柳賢三　62
タスカ, カトリーヌ　278, 280
田中耕太郎　68
タルド, ガブリエル　14, 51
ダルメゾン, ステファン　175
タロン, ドゥニ　151
ツァハリエ, カール・サロモ　56
テイシエ, アルベール　195
デュケヴェ＝デフォセ　281, 286, 287, 295
テシエ, アルノー　160
デバッシュ, シャルル　125, 126
デュギー, レオン　45, 51, 83, 86, 88, 95, 97, 104, 117
デュルケム, エミール　6, 14, 16, 42, 51, 54, 97
テリー, イレーヌ　278, 279, 281, 296, 305
デルベック, フィリップ　162, 164
テレ, フランソワ　131, 282, 292, 297
ドゥ＝ベシロン　304
ドゥ・サングリ, フランソワ　228
ドゥ・ベシヨン, マリエール　180
トゥーボン, ジャック　278
ドゥモーグ, ルネ　52, 69, 87, 95, 104
トゥレーヌ, アラン　228
ドーミエ, オノレ　29
トマ, ヤン　303, 306
富井政章　5, 62, 64
ドルト, フランソワーズ　254
トロットマン　278

な 行

中田薫　5, 60
中田裕康　297

ナポレオン, ボナパルト　198, 234
ニーチェ, フリードリヒ・ヴィルヘルム　55
野田良之　5, 72, 105
ノブレ, C.　183
ノラ, ピエール　192

は 行

ハイデッカー, マルティン　55
バシュロ, ロズリヌ　280
パニョル, マルセル　10
バルザック, オノレ・ド　29
バルト, ロラン　18
バンクラジ＝チアン, M.-E.　112
樋口陽一　81, 99, 294
ピシャール, マーク　183
ヒューム, デイヴィッド　129
ビュフノワール, クロード　23, 24, 35
広中俊雄　294
ファーブル＝マニャン, ミュリエル　161, 292, 298, 305, 306
ファヴァル　231
ファン・ランジェ, ローレンス　173
フイエ, アルフレッド　39, 55, 237–239
ブーグレ, セレスタン　39
フェリー, ジュール　8, 13, 29, 31
フォリエ　166
ブダン, シャルル　23
ブタン, カトリーヌ　280
フッサール, エトムント　55
ブラニオル, マルセル　50, 52, 87, 89, 90
フランソン, アンドレ　137
ブランリュエ, ゴーティエ　156
ブリアン, アリスティード　29
プリウール, ステファン　142
ブルジョワ, レオン　38
ブルダン　318
ブルデュー, ピエール　6
フローベル, ギュスターヴ　29
ブロック, M.　55
フワイエ, ジャン　123
ペギー, シャルル　20
ベニエ, ベルナール　122
ベルグソン, アンリ　20, 55
ベルチオー, デニス　178
ボードゥアン　310

人名索引

星野英一　3, 5, 79, 106, 237
穂積陳重　205
ボドリ゠ラカンティヌリ　269
ボヌカーズ　36, 269
ボリ　150
ポルタリス, ジャン・エティエンヌ・マリー　203, 227
ボレ, ルイ　138
ボワソナード, ギュスターヴ・エミール　203, 204
ポワロ, E.　181
ポワンカレ, レイモン　29

ま　行

マーケニス　306
牧野英一　5, 63, 68, 75, 79, 105
マジエール, ピエール　178
マゾー, ルヴヌール　282, 292, 297
マチュー　295, 297
松坂佐一　5, 78
マテイ　301
マルゲノー, J. P.　147
マルタン, ザビエル　154, 232
マロリー, フィリップ　167, 200, 281
ミクー, エヴェリン　178
ミシュー, レオン　82, 84, 85, 88, 90, 95, 97, 99, 264
水野紀子　130
水林彪　230
三潴信三　62
箕作麟祥　204
宮沢俊義　5
宮島喬　6, 43
ミュイール゠ワット, ホレイシャ　174
ミルラン, アレクサンドル　29
ムーリー゠ギルモー, C.　171
メキ, ムスタファ　175
メストル　112
メムトー, ジェラール　292
モチュルスキー　273
モルヴァン, パトリック　180
モルフェシス, ニコラ　149, 180, 282, 284, 286
モワヌ, イザベル　142
モンサリエ, マリ・クリスティーヌ　120

や　行

ヤキュブ　303, 304, 306
山口俊夫　3
山本桂一　105
ユーゴー, ビクトル　152
ユゴン, クリスティーヌ　136
横田喜三郎　67
吉田克己　106

ら　行

ラブリュス゠リウ　292, 295, 297, 301
ラブレー, フランソワ　305
ラベ　23, 35
ラボルド, V.　173
ラマルシュ, M.　117
ラング, ジャック　280
ランソン, ギュスターヴ　17
ランベール, エドアール　57, 58, 66
リアール, ルイ　13, 16, 24, 27
リヴェロ, ジャン　239
リクール, ポール　129
リゴー, フランソワ　125
リプシャベル　297
リペール, ジョルジュ　52, 53, 79, 89
リュブラン゠ドゥヴィシ　282
ル・ガク゠ペシュ, ソフィー　174
ルゥヴィエール, フレデリック　170
ルヴェ, ティエリー　159
ルヴヌール, ローラン　294
ルナン, エルンスト　10
ルブール, ナデージュ　164
ルポール, ピエール　262, 274
ルミール神父　51
レイナール, ジャック　137
レミー, フィリップ　197, 310
ロー, シャルル・フレデリック　56
ロールズ, ジョン　41
ロカン, エリック　142
ロキエ, パスカル　176
ロワゾー, グレゴワール　134

わ　行

我妻栄　94
ワルデック゠ルソー, ルネ　29

文献索引(邦文)

著 書

あ 行

1 青木人志・動物の比較法文化 (有斐閣, 2002) ……………………………… 146
2 芦部信喜ほか編・岩波講座基本法学 (全8巻) (岩波書店, 1983) ………… 103, 237
3 安達功・知っていそうで知らないフランス (平凡社新書, 2001) …………… 153
4 有田英也・ふたつのナショナリズム——ユダヤ系フランス人の「近代」(みすず書房, 2000)
 ……………………………………………………………………………………… 33
5 五十嵐清・民法と比較法 (一粒社, 1984) …………………………………… 56
6 ―――・人格権論 (一粒社, 1989) ………………………………………… 124
7 池上俊一・動物裁判——西欧中世・正義のコスモス (講談社現代新書, 1990) … 146
8 池田真朗編・新しい民法——現代語化の経緯と解説 (有斐閣, 2005) ……… 191
9 石川健治・自由と特権の距離 (日本評論社, 1999) …………………………… 82
10 伊藤正己編・法学者——人と作品 (日本評論社, 1985) …………………… 45
11 稲本洋之助・フランスの家族法 (東京大学出版会, 1985) ………………… 220
12 乾昭三編・土地法の理論的展開 (法律文化社, 1990) ……………………… 156
13 岩村正彦・労災補償と損害賠償 (東京大学出版会, 1984) ………………… 39
14 内田貴・民法Ⅱ債権各論 (東京大学出版会, 1997) ………………………… 159
15 ―――・契約の時代 (岩波書店, 2000) …………………………………… 159
16 近江幸治編・新しい民法全条文——現代語化と保証制度改正 (三省堂, 2005) … 191
17 大木雅夫・比較法講義 (東京大学出版会, 1992) …………………………… 55
18 大塚桂・フランスの社会連帯主義——L. デュギーを中心として (成文堂, 1995) … 39
19 大塚直・環境法 (有斐閣, 2002) …………………………………………… 153
20 大村敦志・法源・解釈・民法学 (有斐閣, 1995)
 ………………………………… 4, 35, 56, 89, 105, 123, 141, 194, 214, 234, 269, 314
21 ―――・典型契約と性質決定 (有斐閣, 1997) ………………………… 111, 180, 262
22 ―――・消費者法 (有斐閣, 1998) ………………………………………… 138
23 ―――・契約法から消費者法へ (東京大学出版会, 1999) ……… 48, 106, 116, 227
24 ―――・消費者・家族と法 (東京大学出版会, 1999) … 106, 116, 122, 217, 218, 228, 291
25 ―――・法典・教育・民法学 (有斐閣, 1999) … 6, 9, 39, 96, 106, 152, 189, 213, 269
26 ―――・フランスの社交と法 (有斐閣, 2002) … 10, 81, 138, 149, 159, 211, 228, 234, 244
27 ―――・生活民法入門 (東京大学出版会, 2003) ………………………… 149
28 ―――・基本民法Ⅱ債権各論 (有斐閣, 2003) …………………………… 159
29 ―――・家族法 (有斐閣, 第2版補訂版, 2004) ………………………… 253
30 ―――・もうひとつの基本民法Ⅰ (有斐閣, 2005) ………………… 124, 149, 156, 243
31 ―――・生活のための制度を創る (有斐閣, 2005) …………………… 199, 243
32 ―――・民法読解 総則編 (有斐閣, 2009) ……………………………… 106
33 大村=道垣内=森田=山本・民法研究ハンドブック (有斐閣, 2000) …… 106

文献索引(邦文)

34 奥井智之・社会学 (東京大学出版会, 2004) ……………………………………… 14
35 沢瀉久敬・アンリ・ベルクソン (中公文庫, 1987) ………………………………… 55

か 行

36 鹿島茂・絶景, パリ万国博覧会——サン＝シモンの鉄の夢 (河出書房新社, 1992) …… 54
37 ────・職業別パリ風俗 (白水社, 1999) ……………………………………… 26
38 加藤＝森島＝大塚＝柳監修・土壌汚染と企業の責任 (有斐閣, 1996) …………… 153
39 兼子＝磯部＝村上・フランス行政法史 (岩波書店, 1990) ………………………… 47
40 北川忠明・フランス政治社会学研究——デュルケムと現代 (青木書店, 1994) …… 42
41 北村一郎編・フランス民法典の200年 (有斐閣, 2006) …………………………… 190
42 木下賢一・第二帝政とパリ民衆の世界——「進歩」と「伝統」のはざまで (山川出版社, 2000) …………………………………………………………………………… 54
43 木村琢麿・財政法理論の展開とその環境——モーリス・オーリウの公法総論研究 (有斐閣, 2004) …………………………………………………………………… 48
44 後藤巻則・消費者契約の法理論 (弘文堂, 2002) ………………………………… 161
45 コバヤシ, コリン・ゲランドの塩物語——未来の生態系のために (岩波新書, 2001) … 153
46 小柳春一郎・震災と借地借家 (成文堂, 2003) ………………………………… 66
47 小山勉・教育闘争と知のヘゲモニー——フランス革命後の学校・教会・国家 (御茶ノ水書房, 1998) …………………………………………………………………… 9

さ 行

48 斉藤博・人格権法の研究 (一粒社, 1979) ………………………………………… 124
49 ────・人格価値の保護と民法 (一粒社, 1986) ………………………………… 124
50 佐々木交賢編・デュルケーム再考 (恒星社厚生閣, 1996) ………………………… 42
51 ジェルーン, タハール・ベン (高橋治男＝相磯佳正訳)・歓迎されない人々——フランスのアラブ人 (晶文社, 1994) ……………………………………………… 196
52 四宮和夫・信託法 (有斐閣, 新版, 1989) ………………………………………… 262
53 柴田三千雄ほか編・フランス史3 (山川出版社, 1995) …………………………… 8
54 ジョリヴェ, ミュリエル (鳥取絹子訳)・移民と現代フランス (集英社新書, 2003) …… 196, 215
55 ────(鳥取絹子訳)・フランス新・男と女 (平凡社新書, 2001) …………… 223
56 白羽祐三・刑法学者牧野英一の民法論 (中央大学出版部, 2003) ………………… 63
57 末弘厳太郎・労働法研究 (改造社, 1926) ………………………………………… 159
58 杉本淑彦・文明の帝国——ジュール・ヴェルヌとフランス帝国主義文化 (山川出版社, 1995) ……………………………………………………………………………… 8
59 杉山直治郎・法源と解釈 (有斐閣, 1957) ……………………………… 51, 70, 71, 105
60 菅野和夫・争議行為と損害賠償 (東京大学出版会, 1978) ……………………… 159
61 ────・労働法 (弘文堂, 第6版, 2003) ………………………………………… 159
62 須永醇・被保護成年者制度の研究 (勁草書房, 1996) …………………………… 222
63 生活情報センター編集部編・子育て支援データ集 2005 (生活情報センター, 2004) …… 245

た 行

64 高橋和之・現代憲法理論の源流 (有斐閣, 1986) ……………………………… 45, 83
65 竹沢尚一郎・表象の植民地帝国——近代フランスと人文諸科学 (世界思想社, 2001) … 8
66 田中耕太郎・世界法の理論・第3巻 (1934) 田中耕太郎・著作集3 (春秋社, 1954) … 69
67 ────・法律学とは何ぞや (河出・市民文庫, 1951) ……………………… 68

68	田中拓道・貧困と共和国——社会的連帯の誕生 (人文書院, 2006)	39
69	谷川稔・十字架と三色旗——もうひとつの近代フランス (山川出版社, 1997)	9
70	谷川稔ほか・近代ヨーロッパの情熱と苦悩〔世界の歴史22〕(中央公論新社, 1999)	9
71	田原音和・歴史のなかの社会学——デュルケームとデュルケミアン (木鐸社, 1983)	11
72	田村善之・知的財産法 (有斐閣, 第2版, 2000)	136
73	ツヴァイゲルト＝ケッツ (大木雅夫訳)・比較法概論 原論・上 (東京大学出版会, 1974)	57
74	デュルケム (宮島喬＝川喜多喬訳)・社会学講義 (みすず書房, 1974)〔原著1950〕	43
75	道垣内弘人・信託法理と私法体系 (有斐閣, 1996)	275
76	――――・買主の倒産における動産売主の保護 (有斐閣, 1997)	156
77	ドュギー, レオン (西島彌太郎訳)・私法変遷論 (弘文堂, 1925)	49

な 行

78	中井淳・デュギー研究 (関西学院大学法政学会, 1956)	45
79	中島さおり・パリの女は産んでいる (ポプラ社, 2005)	243
80	中島道男・デュルケムの〈制度〉理論 (恒星社厚生閣, 1997)	42
81	仲野武志・公権力の行使概念の研究 (有斐閣, 2007)	48
82	夏刈康男・社会学者の誕生——デュルケム社会学の形成 (恒星社厚生閣, 1996)	16, 55
83	二宮宏之・マルク・ブロックを読む (岩波書店, 2005)	55
84	日本仏語法曹会・日仏会館・日仏協会編・アンリ・カピタン教授追悼講演集 (1938)	50
85	橳島次郎・先端医療のルール——人体利用はどこまで許されるのか (講談社現代新書, 2001)	141
86	野田良之・法における歴史と理念 (東京大学出版部, 1951)	72
87	ノラ, ピエール編 (谷川稔監訳)・記憶の場——フランス国民意識の文化＝社会史1〜3 (全3巻, 岩波書店, 2002・03)	9, 152

は 行

88	橋本博之・行政法学と行政判例——モーリス・オーリウ行政法学の研究 (有斐閣, 1998)	48
89	林瑞枝・フランスの異邦人 (中公新書, 1984)	196
90	樋口陽一・憲法 (創文社, 1992)	81, 235
91	肥田美代子・子ども国会——21世紀子どもたちは発言する (ポプラ社, 1998)	318
92	廣澤孝之・フランス「福祉国家」体制の形成 (法律文化社, 2005)	39
93	広中俊雄・民法綱要第1巻・[1] (創文社, 1989)	128
94	――――・契約法の理論と解釈 (創文社, 1992)	162
95	――――・債権各論講義 (有斐閣, 第6版, 1994)	159
96	フィユー編 (佐々木交賢＝中嶋明勲訳)・社会科学と行動 (恒星社厚生閣, 1988)〔原著1970〕	43
97	フィンク, キャロル (河原温訳)・マルク・ブロック——歴史のなかの生涯 (平凡社, 1994)	55
98	ブルデュー, ピエール (石崎晴己＝東松秀雄訳)・ホモ・アカデミクス (藤原書店, 1997)	18
99	法務大臣官房司法法制調査部編 (稲本洋之助訳)・フランス民法典〔物権・債権関係〕(法曹会, 1982)	229
100	星野英一・民法概論Ⅰ (良書普及会, 1970)	128
101	――――・民法概論Ⅳ契約 (良書普及会, 合本新訂版, 1986)	159
102	――――・民法論集第1巻 (有斐閣, 1970)	264
103	――――・民法論集第6巻 (有斐閣, 1986)	106, 108
104	――――・ときの流れを超えて (有斐閣, 2006)	79

105 ポルタリス(野田良之訳)・民法典序論(日本評論社, 1947) ················ 213
106 本間圭一・パリの移民・外国人(高文研, 2001) ······················ 196

ま 行

107 牧野英一・民法の基本問題(全5巻)(有斐閣, 1926–1941) ··············· 63
108 ────・民法の基本問題・外編(全5巻)(有斐閣, 1930–1948) ··········· 63
109 ─ ──・法律学における進化的と普遍的(民法の基本問題・外編第3)(有斐閣, 1948) ····· 66
110 ────・科学的自由探究と進化的解釈(民法の基本問題・外編第4)(有斐閣, 1937) ······· 63
111 牧陽子・産める国フランスの子育て事情(明石書店, 2008) ··············· 243
112 松川正毅・医学の発展と親子法(有斐閣, 2008) ······················· 141
113 水町勇一郎・労働社会の変容と再生(有斐閣, 2001) ··················· 120
114 宮島喬・デュルケム社会理論の研究(東京大学出版会, 1977) ············ 6, 43
115 ────・デュルケム理論と現代(東京大学出版会, 1987) ················ 6, 42
116 メリアンヌ, ルーブナ(堀田一陽訳)・自由に生きる──フランスを揺るがすムスリムの女たち (社会評論社, 2005) ·································· 196

や 行

117 山口俊夫・フランス債権法(東京大学出版会, 1986) ··················· 229
118 ────編・フランス法辞典(東京大学出版会, 2002) ··················· 165
119 山崎亮・デュルケーム宗教学思想の研究(未来社, 2001) ················ 42
120 山下雅之・コントとデュルケームのあいだ──1870年代フランスの社会学(木鐸社, 1996) ·· 14
121 山本桂一・フランス企業法序説(東京大学出版会, 1969) ············ 105, 264
122 横田喜三郎・純粋法学論集II(有斐閣, 1977) ························ 67
123 吉田克己・現代市民社会と民法(日本評論社, 1999, 初出, 1996–1998) ········ 106
124 吉村良一・公害・環境私法の展開と今日的課題(法律文化社, 2002) ········· 153

ら 行

125 リンガー, F. K.(筒井清忠ほか訳)・知の歴史社会学──フランスとドイツにおける教養 1890~1920(名古屋大学出版会, 1996) ························· 13
126 レヴィ, ベルナール=アンリ(石崎晴己監訳)・サルトルの世紀(藤原書店, 2005) ········· 55
127 ローグ, ウィリアム(南充彦ほか訳)・フランス自由主義の展開1870~1914(ミネルヴァ書房, 1998) ··· 39

わ 行

128 我妻栄・新訂民法総則(岩波書店, 1965) ··························· 94

論 文

あ 行

池上俊一「フランスの歴史家と『ドイツ』─ミシュレとマルク・ブロックをめぐって」石井洋二郎=工藤庸子編・フランスとその〈外部〉(東京大学出版会, 2004) ·············· 55
石井三記「フランス革命期の法学教育・司法制度・法曹」同・18世紀フランスの法と正義(名古屋大学出版会, 1999) ····································· 31

―――「フランス民法典 200 年に寄せて」創文 464 号 (2004) ·· 191
石川博康「『契約の本性』の法理論 (10 完)」法協 124 巻 11 号 (2007) ··························· 173
石川裕一郎「障害者の『生まれない』権利?――『ペリュシュ判決』に揺れるフランス社会」
　法セミ 573 号 (2002) ··· 308
石崎政一郎「ランベールの統一法観」法学 5 巻 11＝12 号 ··· 59
磯部力「モーリス・オーリウの行政法学」〔著書 39 に収録〕·· 47
伊藤洋一「コメント・フランス民法とヨーロッパ人権条約」ジュリ 1204 号 (2001) ············· 194
井上由里子「パブリシティの権利」法教 252 号 (2001) ··· 132
岩村正彦「民法典と社会法」日仏法学 24 号 (2007) ·· 196
ウーアン, L. (山本桂一訳)「フランス民法典改正委員会の事業」ジュリ 81 号 (1955)············· 212
上杉慎吉「自由法説非ナリ」法協 30 巻 1 号 (1913) ·· 62
上野達弘「著作物の改変と著作者人格権をめぐる一考察 (1～2)」民商 120 巻 4＝5 号, 6 号 (1999)
··· 136
海老原明夫「法人の本質論」ジュリ 950 号, 952 号, 954 号 (1990) ······························· 82, 264
大内伸哉「労働法と消費者契約」ジュリ 1200 号 (2001) ··· 159
大木雅夫「独仏法学交流の私的素描」上智法学論集 19 巻 2＝3 号 (1976) ···························· 56
―――「サレイユとダヴィド――現代比較法学の岐路」上智法学論集 30 巻 2＝3 号 (1987) ······ 58
大村敦志「ハビトゥス・象徴権力・法――『ブルデューと法』研究のために」UP 1994 年 8 月号・
　9 月号〔著書 20 に収録〕··· 6
―――「フランスにおける人工生殖論議」法協 109 巻 4 号 (1992)〔著書 20 に収録〕············ 141
―――「現象としての判例」〔著書 20 に収録〕··· 35
―――「フランスにおける『憲法と民法』」〔著書 20 に収録〕······································ 123, 234
―――「性転換・同性愛と民法」(1995)〔著書 24 に収録〕······································ 116, 218, 290
―――「住所の意義」星野英一＝平井宜雄編・民法判例百選 I (有斐閣, 第 4 版, 1996) ······· 264
―――「民法と民法典を考える――『思想としての民法』のために」民法研究第 1 巻 (1996)
〔著書 25 に収録〕·· 6, 9, 152, 189
―――「『合意』の構造化へ――『契約の成立』に関する立法論的一考察」別冊 NBL 51 号・
　債権法改正の課題と方向 (1998) ··· 167
―――ほか「座談会　不動産所有権の現代的諸問題――第 5 回日仏法学共同研究集会」ジュリ
　1134 号 (1998) ·· 156
―――「フランス法における契約と制度」北村一郎ほか編・山口古稀・現代ヨーロッパ法の展望
　(東京大学出版会, 1998)〔著書 23 に収録〕··· 48, 116
―――「契約と消費者保護」〔著書 23 に収録〕·· 227
―――「人――総論」〔著書 24 に収録〕··· 122
―――「民法における人」〔著書 24 に収録〕··· 228
―――「現代における委任契約」中田裕康＝道垣内弘人編・金融取引と民法法理 (有斐閣, 2000)
··· 163
―――「人――〈個人性〉と〈社会性〉の間で」法教 2002 年 9 月号······························· 124
―――「文化財」法教 267 号 (2002)〔著書 30 に収録〕··· 149
―――「所有権」法教 268 号 (2003)〔著書 30 に収録〕··· 156
―――「『結社の自由』の民法学的再検討・序説」NBL 767 号 (2003) ·························· 81, 211
―――「20 世紀が民法に与えた影響 (1-2)」法協 120 巻 1 号, 12 号 (2003) ········· 98, 213, 214
―――「『後継ぎ遺贈論』の可能性」道垣内＝大村＝滝沢編・信託取引と民法法理 (有斐閣,
　2003) ··· 158
―――「法における構造と実践の間――『ブルデューと法』再論」宮島喬＝石井洋二郎編・

―――「文化の権力――反射するブルデュー(藤原書店, 2003) 6
―――「大きな公共性から小さな公共性へ」法時 76 巻 2 号 (2004) 199
―――「共和国の民法学 (1)」法協 121 巻 12 号 (2004) 54
―――「中絶と不妊化 (立法紹介)」日仏法学 23 号 (2004) 214
―――「ベルエポックの法人論争」藤田宙靖＝高橋和之編・樋口古稀・憲法論集 (創文社, 2004)〔本書所収〕 45, 211
―――「Loi n°2001–588 du 4 juillet 2001 relatives à l'interruption volontaire de grossesse et à la contraception (JO 7 juillet 2001, p. 10823)」日仏法学 23 号 (2005) 145
―――「パクスの教訓」岩村正彦＝大村敦志編・融ける境 超える法 1 個を支えるもの (東京大学出版会, 2005)〔本書所収〕 38, 117, 200, 223
―――「家族法の広がり――労働・社会保障・租税と家族」〔著書 30 に収録〕 243
―――「『時効に関する覚書』に関する覚書――星野民法学の存在理由, あるいは 70 年代日本民法学の一側面」慶應法学 10 号 (2008) 79
沖野眞已「契約の解釈に関する一考察 (3)」法協 109 巻 8 号 (1992) 51
荻村慎一郎「フランスにおける団体訴訟と訴訟要件」法協 121 巻 6 号 (2004) 138
奥田昌道「民法の基本制度とその原理」法教 139 号 (1992) 103

か　行

角紀代恵「フランスにおける信託の展開――信託法案の動向を中心として」信託法研究 18 号 (1994) 156
門 彬「医療過誤による先天性障害児の出生をめぐって――司法判断に対する立法府の対抗措置」外国の立法 215 号 (2003) 308
後藤巻則「フランス契約法における詐欺・錯誤と情報提供義務」民商 102 巻 2 号, 3 号, 4 号 (1990)〔著書 44 に収録〕 161
金山直樹「フランス契約法の最前線――連帯主義の動向をめぐって」判タ 1183 号 (2005) … 38, 173
亀田浩一郎「停止条件付法律行為無効」椿寿夫編・法律行為無効の研究 (日本評論社, 2001) … 168
―――「不法条件無効・不能条件無効」椿寿夫編・法律行為無効の研究 (日本評論社, 2001) … 168
北村一郎「契約の解釈に対するフランス破毀院のコントロオル (1〜10)」法協 93 巻 12 号〜95 巻 5 号 (1976〜78) 51, 112
―――「私法上の契約と『意思自律の原理』」〔著書 2 (第 4 巻) に収録〕 108, 231
―――「私生活の尊重をもとめる権利――フランスにおける《人の法＝権利》の復権」北村一郎ほか編・現代ヨーロッパ法の展望 (東京大学出版会, 1998) 125, 213
―――「フランス民法典 200 年記念とヨーロッパの影」ジュリ 1281 号 (2004) 190
―――「追悼・ジャン・カルボニエ学長 (1908–2003)」日仏法学 23 号 (2005) 202
久保野恵美子「養子縁組 (立法紹介)」日仏法学 22 号 (1999) 222
小粥太郎「フランス法におけるコーズの理論」早稲田法学 70 巻 3 号 (1995) 111
―――「マルセル・プラニオルの横顔」日仏法学 23 号 (2005) 50
コマイユ, ジャック (高村学人訳)「民法典を再考する――フランス民法典制定二百周年を契機として」東京都立大学法学会雑誌 45 巻 2 号 (2005) 199

さ　行

佐伯仁志「プライヴァシーと名誉の保護 (1〜4)」法協 101 巻 7〜11 号 (1984) 124
ジェスタッツ, P (野村豊弘＝本山敦訳)「内縁を立法化するべきか――フランスの PACS 法について」ジュリ 1172 号 (2000) 274, 290
潮見佳男「債権・前注」奥田昌道編・新版注釈民法 (10) I (有斐閣, 2003) 168

ジャン・ルイ・ラビル「フランス：社会的企業による『近隣サービス』」ボルザガ＝ドゥフルニ編（内山哲朗ほか訳）・社会的企業（ソーシャル エンタープライズ）——雇用・福祉の EU サードセクター（日本経済評論社，2004） ……………………………………………… 244
杉山直治郎「比較法学の観念に就て」法学志林 20 巻富井博士還暦祝賀号 (1918)〔著書 **59** に収録〕 ……………………………………………………………………………………… 70
―――「附合契約の観念に就て」(1924)〔著書 **59** に収録〕 ………………………… 51, 105
―――「明治八年布告第百三号裁判事務心得と私法法源——チェニー先生の古稀を祝して」法協 49 巻 9 号～12 号 (1931)〔著書 **59** に収録〕 …………………………………… 71

た 行

高橋和之「レオン・デュギー——人と業績」(1974) 伊藤正己編・法学者——人と作品（日本評論社，1985）〔著書 **64** に収録〕 ……………………………………………………… 83
高橋朋子「カルボニエの家団論——とくに夫婦別産制の家団的構成について」東京都立大学法学会雑誌 28 巻 2 号 (1987) ………………………………………………………………… 269
高柳賢二「英人の自由法運動観（自由法説非なり）」法協 32 巻 6 号 (1914) ……………… 62
高山奈美枝「子どもの権利（立法紹介）」日仏法学 23 号 (2004) …………………………… 222
滝沢正「紹介・フランス（判例・立法）」比較法研究 64 号 (2003) ………………………… 308
田中通裕「氏名権の法理」民商 120 巻 4＝5 号 (1999) ……………………………………… 132
谷川稔「司祭と教師——一九世紀フランス農村の知・モラル・ヘゲモニー」谷川稔ほか・規範としての文化——文化統合の近代史（平凡社，1990） ……………………………… 9
飛世昭裕「サレイユの『フォオト』概念とドネルスの『クルパ』定義 (1)」帝塚山法学 9 号 (2005) …………………………………………………………………………………… 51
富井政章「自由法説ノ価値」法協 33 巻 4 号 (1915) ………………………………………… 62

な 行

中川忠晃「親権（立法紹介）」日仏法学 23 号 (2004) ………………………………………… 222
中田薫「仏蘭西ニ於ケル自由法説」法協 31 巻 1 号，2 号 (1913) …………………………… 60
中田裕康「侵害された利益の正当性——フランス民事責任論からの示唆」一橋大学法学部創立 50 周年記念論文集刊行会編・変動期における法と国際関係（有斐閣，2001） ……… 308
―――「民法の現代語化」ジュリ 1283 号 (2005) …………………………………………… 191
橳島次郎「フランスにおける生命倫理の法制化——医療分野での生命科学技術の規制のあり方」Studies 生命・人間・社会 1 号 (1993) ……………………………………………… 141
―――「人体実験と先端医療——フランス生命倫理政策の全貌」Studies 生命・人間・社会 3 号 (1995) …………………………………………………………………………………… 141
―――「フランスの生殖技術規制政策」Studies 生命・人間・社会 2 号 (1994) ………… 141
能見善久「違約金・損害賠償額の予定とその規制 (1～5)」法協 102 巻 2 号～103 巻 6 号 (1985～86) ……………………………………………………………………………… 112
野上博義「七月王政期のフランス法学と法学教育」上山安敏編・近代ヨーロッパ法社会史（ミネルヴァ書房，1987） ……………………………………………………………… 28
野澤正充「有償契約における代金額の決定 (1～2)」立教法学 50 号，51 号 (1998～99) … 112
―――, Le transfert de la propriété à titre de garantie en droit français et en droit japonais 立教法学 49 号 (1998) …………………………………………………………………… 156
野田良之「自動車事故に関するフランスの民事責任法」法協 57 巻 2 号 (1939) ………… 105
―――「フランス民法における faute の概念」川島武宜ほか編・我妻還暦・損害賠償責任の研究（上）（有斐閣，1957） ……………………………………………………………… 51

―――「フランス法学―デュギー，レヴィ，オーリユー，リペール」川島武宜編集・法社会学講座1（岩波書店，1972）……………………………………………………………53

は　行

林瑞枝「フランスの『連帯の民事契約（パックス）法』――カップルの地位」時の法令1610号（2000）………………………………………………………………………………291

―――「パートナー関係法の展開――フランスの連帯民事契約が示唆するもの」法時74巻9号（2002）……………………………………………………………………………291

樋口陽一「憲法規範の私人間適用と民法規範の『憲法化』」憲法理論研究会編著・立憲主義とデモクラシー（敬文堂，2001）…………………………………………………………181

広中俊雄「消費貸借を要物契約とした民法の規定について」契約法の研究（有斐閣，増訂版，1964）〔著書 **94** に収録〕……………………………………………………………162

―――「成年後見制度の改革と民法の体系――旧民法人事編＝『人の法』の解体から1世紀余を経て（下）」ジュリ1185号（2000）………………………………………………228

福井憲彦「20世紀の文化と社会」柴田三千雄ほか編・フランス史3（山川出版社，1995）…………38

福井勇二郎「19世紀仏国民法学の発達――ユージェーヌ・ゴドゥメ教授の講演に依りて」福井勇二郎編訳・仏蘭西法学の諸相（日本評論社，1943）………………………………………5

藤田友敬「契約と組織――契約的企業観と会社法」ジュリ1126号（1998）………………121

星野英一「フランス民法典の日本民法に与えた影響」〔著書 **41** に収録〕…………………105

―――「いわゆる『権利能力なき社団』について」（1967）〔著書 **102** に収録〕……………264

―――「日本民法学史（2）」法学教室9号（1981）……………………………………………63

―――「契約思想・契約法の歴史と比較法」（1983）〔著書 **103** に収録〕……………………106

―――「私法における人間」（1983）〔著書 **103** に収録〕………………………………………106

―――「意思自治の原則，私的自治の原則」同・民法講座第1巻（有斐閣，1984）〔同・民法論集第7巻（有斐閣，1989）収録〕……………………………………………………………108

―――「契約思想・契約法の歴史と比較法」〔著書 **2**（第4巻）に収録〕……………………237

本田まり「フランスにおける先天性風疹症候群児出生と医師の責任」上智法学論集45巻3号（2002）………………………………………………………………………………308

―――「《Wrongful life》訴訟における損害（1-2）」上智法学論集46巻4号，47巻1号（2003）……………………………………………………………………………………308

ま　行

牧野英一「権利の濫用」法協22巻6号（1904）………………………………………………105

マゾー＝ルヴヌール（大村敦志訳）「個人主義と家族法」ジュリ1205号（2001）………116, 223, 291

松川正毅「PACSについて（1-5）――連帯に基づく民事契約」国際商事法務28巻3～7号（2000）……………………………………………………………………………………291

松坂佐一「ジェニィの『解釈方法論』を顧みて」（1978）同・民法解釈の基本問題（名古屋大学出版会，1985）……………………………………………………………………………78

水野紀子「人工生殖子の家族法上の身分――出自を知る権利はあるか」産婦人科の世界52巻春期増刊号（2000）……………………………………………………………………………130

三潴信三「独逸ニ於ケル自由法説ニ付テ」法協30巻12号（1912）……………………………62

宮沢俊義「法律学における科学と技術――又は，法律における存在と行為」同・法律学における学説（有斐閣，1968）…………………………………………………………………………67

森泉章「カルボニエの法人論について」同・公益法人の研究（勁草書房，1977）……………264

民法典翻訳委員会「フランス民法典改正草案（1-3）」比較法雑誌4巻1=2号，3=4号，5巻

本山敦「フランスの人工生殖親子関係法について」学習院大学法学論集 6 号 (1998) ………… 141
────「立法改正」日仏法学 23 号 (2004) ……………………………………………………… 223

や 行

山下純司「情報の収集と錯誤の利用 (一)」法協 119 巻 5 号 (2002)………………………… 162
山口成樹「名誉毀損法における事実と意見 (1〜3)」都立大学法学会雑誌 35 巻 1 号〜36 巻 2 号
　(1994〜95) ……………………………………………………………………………………… 124
山口俊夫「フランス法学」碧海純一ほか編・法学史 (東京大学出版会, 1976) ………………… 3
────「フランス法における意思自治理論とその現代的変容」法協百年論集第 3 巻 (1983) …… 108
山田誠一「金融機関を当事者とする債権の譲渡および買入れ──フランスにおける最近の動向」
　金融法研究 6 号 (1991) ……………………………………………………………………… 156
────「フランスにおける法人格のない組合」日仏法学 17 号 (1991) ………………………… 274
山野嘉朗「障害児の出生と医師の民事責任──フランス破毀院大法廷 2000 年 11 月 17 日判決を
　機縁として」愛知学院大学論叢法学研究 42 巻 3=4 号 (2001) ……………………………… 308
────「医療過誤による先天性障害児の出生と賠償・補償──フランスの新立法とその影響」
　愛知学院大学論叢法学研究 44 巻 3 号 (2003) ……………………………………………… 308
────「同題 (その 2)」愛知学院大学論叢法学研究 44 巻 4 号 (2003) ……………………… 308
山本桂一「フランスにおける組合法人論」(1947〜48)〔著書 **121** に収録〕…………………… 105
────「フランス各種法領域における所有権とくに無体所有権について」法協 87 巻 3 号 (1970)
　………………………………………………………………………………………………… 105
横山美夏「契約締結過程における情報提供義務」ジュリ 1094 号 (1996) …………………… 162
吉田克己「憲法と民法──問題の位相と構造」法時 2004 年 2 月号 ……………………………… 81
────「フランス民法典第 544 条と『絶対的所有権』」〔著書 **12** に収録〕…………………… 156
力丸祥子「フランスにおける民事連帯協約法の成立をめぐって」比較法雑誌 33 巻 4 号 (2000) … 291
ルヴヌール, ローラン (小粥太郎訳)「医療責任に関する最近のフランス民事判例」ジュリ 1205 号
　(2001) ………………………………………………………………………………………… 308
────(大村敦志訳)「フランス民法典とヨーロッパ人権条約・ヨーロッパ統合」ジュリ 1204 号
　(2001) …………………………………………………………………………… 182, 194, 218
────(平野裕之訳)「ヨーロッパにおける販売された消費財についての新たな担保責任──
　統一, 多様性または共通の土台?」ジュリ 1303 号 (2005) ………………………………… 183
ルケット, イヴ (馬場圭太郎訳)「フランス民法典へと向かうべきか」龍谷大学社会科学研究年報
　35 号 (2004) …………………………………………………………………………………… 182
レミー, フィリップ (吉田克己訳)「ベル・エポック期のフランス民法学──プラニオル」北大法学
　論集 52 巻 5 号 (2002) ………………………………………………………………………… 50

その他

「特集・生殖補助医療の課題」ジュリ 1243 号 (2003) ………………………………………… 142
「特集・民法一〇〇年　新時代の民法を展望する」ジュリ 1126 号 (1998) ………………… 103

文献索引（欧文）

著書

A

Abélès, M., *Un ethnologue à l'Assemblée*, Editions Odile Jacob, 2000 ··· 290
Acollas, E., *Manuel de droit civil à l'usage des étudiants*, tome 2, 1869 ··· 231
Agacinski, S., *Politique des sexes*, Seuil, 1998 (philosophe) ··· 290
Agostinelli, X., *Le droit à l'information face à la protection de la vie privée*, Librairie de l'Université, 1994 ··· 125
Agulhon, M., *La République, I 1880–1932*, 1990 ··· 12
Albiges, C., *De l'équité en droit privé*, LGDJ 2000 (préf. R. Cabrillac) ··· 179
Ancel, M. E. *La prestation caractéristique du contrat*, Economica 2002 (préf. L. Aynes) ··· 172
Andorno, R., *La distinction juridique entre les personnes et les choses à l'épreuve des procréations artificielles*, LGDJ, 1996 ··· 146
Aoun, A., *Le PACS*, Delmas, 2000 ··· 289
Arnaud, *Les juristes face à la société du XIXe siècle à nos jours*, PUF, 1975 ··· 23
Atias, Ch., *Le droit civil*, collection que sais-je ?, 1984 ··· 219
―――, *Philosophie du droit*, PUF, 1999 ··· 3

B

Bachelot, R. et al., *Pour le PACS*, Editions l'écart, 1999 ··· 289
Bachelot, R., *Le Pacs entre haine et amour*, Plon, 1999 (RPR/pour) ··· 290
Bach-Ignasse, G. et Y. Roussel, *Le PACS juridiq et pratique*, Denoël, 2000 (avec la chronologie) ··· 289
Badinter, R., « *Le plus grand bien ...* », Fayard, 2004 ··· 190
Bahans, J. M., *Théorie générale de l'acte juridique et droit économique*, PUS, 1999 ··· 170
Bardout, J. C., *L'histoire étonnanate de la loi 1901. Le droit des associations avant et après Pierre Waldeck-Rousseau*, 2e éd., 2001 ··· 236
Baud et Wachsmann (dir.), *La science juridique française et la science juridique allemande de 1870 à 1918*, PUS, 1997 ··· 56
Beignier, B., *L'honneur et le droit*, LGDJ, 1995 ··· 122
Bernard, C., *La paternité en droit français*, thèse Paris II, 2000 ··· 142
Berthiau, D., *Le principe d'égalité et le droit civil des contrats*, LGDJ, 1999 (préf. J. L. Sourioux) ··· 178
Le Bicentenaire de Code civil, Ministère de la Justice, 2004 ··· 190
Birnbaum, P., *La France de l'affaire Dreyfus*, Gallimard, 1994 ··· 34
Blanluet, G., *Essai sur la notion de propriété économique en droit privé français. Recherches au confluent du droit fiscal et du droit civil*, LGDJ, 1999 (préf. Catala et Cozian) ··· 156, 274
Bompaire-Evesque, *Un débat sur l'Université au temps de la Troisième République. La lutte contre la Nouvelle Sorbonne*, Aux amateurs de livres, 1988 ··· 17
Bonnecase, J., *L'école de l'exégèse en droit civil*, 2e éd., 1924 ··· 5

———, *Qu'est-ce qu'une Faculté de Droit ?*, Sirey, 1929. ····· 12
———, *Science et tradition en droit civil. A propos de la these de doctrat de M. Jean Carbonnier*, 1932 ····· 269
Bontems, C. (dir.), *Mariage-Mariages*, PUF, 2001 ····· 289
Boré, L., *La défense des intérêts collectifs par les associations devant les juridictions administratives et judiciaires*, LGDJ, 1997 ····· 138
Borgetto, *La notion de fraternité en droit public français. Le passé, le présent et l'avenir de la solidarité*, LGDJ, 1993 ····· 38
Borrillo, D. (dir.), *Homosexualité et droit. De la tolérance sociale à la reconnaissance juridique*, PUF, 1998 (point de vue comparatiste) ····· 289
Borrillo, D., E. Fassin et M. Lacub (dir.), *Au-delà du PACS. L'expertise familiale à l'epreuve de l'homosexualité*, PUF, 1999 (avec la liste des articles de fond parus dans la presse non-spécialisée entre 1995 et 1999) (point de vue interdisciplinaire) ····· 290
Bouneau et Roux, *200 ans de Code civil*, ADPF, 2004 ····· 190
Bourgeois, L., *Solidarité*, Armand Colin, 1896 ····· 39
Boutin, C., *Le "mariage" des homosexuels ?*, Critérion, 1998 (UDF/contre) ····· 290
———, *Les larmes de la République*, Plon, 1999 ····· 290
Bredin, J. D., *L'affaire*, Julliard, 1983 ····· 33
Bruno, *Tour de France par deux enfants*, 1877 ····· 39
Bullelan-Lanone, *Essai sur la notion de caducité en droit civil*, LGDJ, 1963 (préf. Hébraud) ····· 166

C

Carbonnier, J., *Le régime matrimonial. Sa nature juridique sous le rapport des notions de société et d'association*, thèse Bordeaux, 1932 ····· 268
———, *Droit civil, tome 4, les obligations*, 20e éd., 1996 ····· 230
———, *Droit civil, tome 1, Les personnes*, 20e éd., 1996 ····· 82, 108, 213
———, *Droit civil, tome 3, Les biens*, PUF, 17e éd., 1997 ····· 155
———, *Droit civil, Introduction*, 25e éd., 1997 ····· 108
———, *Droit civil, tome 2*, 21e éd., 2002 ····· 214
———, *Droit civil*, 2 tomes, Quadrige/PUF, 2004 ····· 204
Caron, C., *Abus de droit et droit d'auteur*, Litec, 1998 ····· 136
Cathiard, A., *L'abus dans les contrats conclus entre professionnels*, PUAM, 2006 ····· 173
Cayla et Thomas, *Du droit de ne pas naître. A propos de l'Affaire Perruche*, Gallimard, 2002 ····· 307
100e Congrès des notaires de France, *Code civil. Les défis d'un nouveau siècle*, ACNF, 2004 [*Notaires*] ····· 191
Le Centenaire du Code civil, 1804–1904, Imprimerie Nationale, 1904 [*Centenaire*] ····· 191
Centenaire du Doyen Gény, Dalloz, 1963 ····· 3
CEPPRA (Collectif Enfants Parents Professionnels Rhône Associatif), *Animons ensemble un lieu d'accueil petite enfance associatif*, 2000 ····· 258
Chanteloup, H. et G. Fauré, *Conclure un PACS*, Litec, mai 2001 (avec la bibliographie) ····· 289
Chantepie, G., *La lésion*, LGDJ, 2006 ····· 170
Charle, Ch., *Naissance des «intellectuels» 1880–1900*, Minuit, 1990 ····· 33
———, *La République des universitaires, 1870–1940*, Seuil, 1994 ····· 18
Chartier, J.-L. A., *Portalis, le père du Code civil*, Fayard, 2004 ····· 190
Chrisitne, B., *L'embryon citoyen*, Sarment, 2001 ····· 314
Clère et Harpérin (dir.), *Ordre et dsordre dans le système napoléonien*, MD, 2003 ····· 190

Le Code civil, 1804–2004, Livre du Bicentenaire, Dalloz/Litec, 2004 [*Livre-bi*] ················ 191
Le Code civil, *Pouvour- Revue française d'études constitutionnelles et politiques*, n. 107, Seuil, 2003 ·· 190
La contractualisation de la famille, Economica, 2001 ··· 117
Cornu, G., *Droit civil, Introduction-Les personnes-Les biens*, 8ᵉ éd., 1997 ······················ 217
——, *Droit civil, La famille*, 8ᵉ éd., 2003 ·· 224
Courdier-Cuisinier, A. S., *Le solidarisme contractuel*, Litec 2006 (préf. E. Loguin) ········ 38, 177
Crocq, P., *Propriété et garantie*, thèse Paris II, LGDJ, 1995 ······································ 156, 273
Cumyn, M., *La validité du contrat suivant le droit strict ou l'équité : étude histrique et comparée des nullités contractuelles*, LGDJ, 2003 (préf. Ghestin) ······························ 179
CURAPP (dir.), *La solidarité : un sentiment républicain ?*, PUF, 1992 ··························· 38

D

Darmaison, S., *Le contrat moral*, LGDJ, 2000 (préf. B. Teyssié) ······································ 175
De Béchillon, M., *la notion de pricipe général en droit privé*, PUAM, 1998 (préf. B. Saintourent) ·· 179
De Vareilles-Sommières, *Les personnes morales*, 1902 ··· 85
Debet, A., *L'influence de la Convention européenne des droits de l'homme sur le droit civil*, Dalloz, 2002 (préf. L. Leveneur) ··· 181
Debré, J. L., *La république des avocats*, Perrin, 1981 ··· 29
Deguit, L., *Les transformations générales du droit privé depuis Code Napoléon*, 1ʳᵉ éd., 1912 ··· 49
Delebecque, P., *préface* à la thèse d'Attard, p. 6. ·· 163
Demogue, R., *Les notions fondamentales du droit privé. Essai critique*, Librairie Nouvelle de Droit et de Jurisprudence, 1911, reproduction, Editions la mémoire du droit, 2001 ······ 87, 104
——, *Traité des obligations en général*, 7 tomes, 1923–33, reproduction, 1994 ················· 87
Deroussin (dir.), *Le renouvellement des sciences sociales et juridiques sous la IIIᵉ République. La Faculté de droit de Lyon*, Ed. Mémoire du droit, 2006 ·· 59
200 ans de Code civil. Des lois qui nous rassemblent, Dalloz, 2004 ································· 190
Dibos-Lacroux, S., *PACS. Le guide pratique*, Prat éditions, 3ᵉ éd., 2001 (avec les textes de loi) ··· 289
Le Discours et le code. Poratalis, deux siècles après le Code Napoléon, Litec, 2004 [*Litec*] ··· 191
Donzelot, *L'invention du social*, 1984 ··· 39
Droit et esthétique, APD, tome 40, 1996 ··· 150
Dubreuil, E., *Des parents de même sexe*, Editions Odile Jacob, 1998 (président de APGL = Association des parents et futurs parents gays et lesbiens) ··· 290
Dugas de la boissonny, *Létat civil*, Collection que sais-je ?, 1987 ································· 216
Duguit, L., *Etudes de droit public, tome 1, L'Etat, le droit objectif et la loi positive*, 1901, *tome 2, L'Etat, les gouvernants et les agents*, 1903 ·· 86
——, *Les transformations générales du droit privé depuis le Code Napoléon*, Librairie Férix Alcan, 2ᵉ éd., 1920, Editions la mémoire du droit, reproduction, 1999 ····················· 83, 104
Duranton, *Cours de droit français suivant le Code civil*, tome 1, 2ᵉ éd., 1838 ··················· 231
Duvignaud, J., *La solidarité*, 1986 ··· 39

E

Ewald, F., *Etat-Prividence*, 1986 ··· 39
——, *Naissance du Code civil*, Flammarion, 1989 ··· 215

F

Fabre-Magnan, M., *De l'obligation d'information dans les contrats*, LGDJ, 1992, préf. Ghestin 161
Fauré et Kouvi (dir.), *Le titre préliminaire du Code civil*, Economica, 2003 190
Fenouillet, D. et P. de Vareilles-Sommières (dir.), *La contractualisation de la famille*, Economica, 2001 289
Fernandez, D., *Le loup et le chien. Un nouveau contrat social*, Pygmalion/Gérard Watlet, 1999 (écrivain) 290
Ferry, J., *La République des citoyens*, tome I et tome II, Imprimerie nationale, 1996 8
Fin-Langer, L., *L'équilibre contractuel*, LGDJ, 2002 (préf. C. Thibierge) 173
Forrier, *La caducité des obligations contractuelles par disparition d'un élément essentiel à leur formation. De la nature des chose à l'équité, de l'impossible au principe de l'exécution de bonne foi*, Bruyant, 1998 (préf. Simon) 166
Fouillée, A., *La science sociale contemporaine*, 2ᵉ éd., 1885, 1ʳᵉ éd., 1880 .... 40, 237
Frier, *Droit du patrimoine culturel*, PUF, 1997 150
Furet (dir.), *Jules Ferry. Fondateur de la République*, Editions de L'EHESS, 1985 8

G

Garron, *La caducité du contrat (Etude de droit privé)*, PUAM, 1999 (préf. Mestre) 166
Gautier, Y., *Droit littéraire et artistique*, PUF, 3ᵉ éd., 1999 136
Gelot, B., *Finalités et méthodes objectives d'interprétation des actes juridiques*, 2003 170
Gény, F., *Méthode d'interprétation et sources en droit privé positif*, 2ᵉ éd., 1919 3
Ghestin, J., *Traité de droit civil, La formation du contrat*, 3ᵉ éd., 1993 108
Gounot, *Le principe de l'autonomie de la volonté en droit privé*, th. 1912 237
Grassin, M., *Roselyne Bachelot. fidèle et rabelle*, Siloë, 2000 290
Grimonprez, B., De *l'exigibilité en droit des contrats*, LGDJ, 2006 170
Grynbaum et Nicod (dir.), *Le solidarisme contractuel*, Economica, 2004 38
Guide de la famille etde la vie quotidienne, Documentation française 245
Gutmann, D., *Le sentiment d'identité. Etude de droit des personnes et de la famille*, LGDJ, 2000 129

H

Harpérin, *Histoire du droit privé français depuis 1804*, PUF, 1996 23
Houtcieff, D., *Le principe de cohérence en matière contractuelle*, 2 tomes, PUAM, 2001 (préf. H. Muir-Watt) 174
Hugon, C., *Le régime juridique de l'œuvre audiovisuelle*, Litec, 1993 136

I

Iacub, *Penser les droits de la naissance*, PUF, 2002 307
Ishizaki, S., *Le droit corporatif international de la vente des soie*, 3 tomes, 1928 57
Izorche, M. L., *L'avènement de l'engagement unilatéral en droit privé ...*, PUAM, 1995 169

J

Jacob, F., *Le constitut ou l'engagement autonome de payer la dette ...*, LGDJ, 1998 169
Jacques, P., *Regards sur l'article 1135 du Code civil*. Dalloz, 2005 (préf. F. Chabas) 171
Jeuland, E., *Essai sur la substitution de personne dans un rapport ...*, LGDJ, 1999 169

Jeantet, *L'économie sociale face au XXIe siècle*, Documentation française, 2001 ················ 260
Jestaz et Jamin, *La doctrine*, PUF, 2004 ··· 23
Josserand, L., *De la responsabilité des choses inanimées*, 1897 ································· 105
―――, *De l'abus de droit*, 1905 ··· 105
―――, *De l'esprit des droits et de leur relativité*, 1927 ·· 105
Jus et Le Code civil, *Droit et culture- Revue semestrielle d'anthropologie et d'histoire*, n. 48, L'Harmattan, 2004 ··· 190

K

Karpik, *Les avocats. Entre l'Etat, le public et marché. XIIIe–XXe siècle*, Gallimard, 1995. ········ 29
Kayser, P., *Protection de la vie privée*, PUAM-Economica, 3e éd., 1995 ························· 125

L

La laïcité à l'école : un principe républicain à réaffirmer, AN, N.1275, tome 1 rapport, 2003
 ·· 196
La société d'études législatives, *Le Code civil, 1804–1904. Livre du centenaire*, 2 tomes, Arthur Rousseau, 1904 [*Livre I/II*] ··· 191
Lafay, F., *La modulation du droit par le juge*, 2 tomes, PUAM, 2006 ······························ 170
Lamarche, M., *Les degrés du mariage*, PUAM, 1999 ·· 117
Lasbordes, V., *Les contrats déséquilibrés*, 2 tomes, PUAM 1999 (préf. C. Saint-Alary-Houin) 173
Lavefve-Laborderie, A. S., *La pérennité contractuelle*, LGDJ, 2005 ································ 170
Laville et Nyssens (dir.), *Les services sociaux entre associations, Etat et marché. L'aide aux personnes âgés*, La Découverte, 2001 ··· 244
Laville et Sainsaulieu, *Sociologie de l'association*, Desclée de Brouwer, 1998, Laville (dir.), *L'Economie solidaire*, Desclée de Brouwer, 2000 ·· 244
Laville et al., *Association, démocratie et société civile*, La Découverte, 2001 ··················· 244
Laïcité et République. Rapport au Président de la République, DF, 2004 ························ 196
Le Gac-Pech, S., *La proportionnalité en droit civil des contrats*, LGDJ 2000 (préf. Muir-Watt)
 ·· 174
Lécuyer, H. (dir.), Le PACS, *Droit de la famille*, N 12 ter, hors-série, 1999 ····················· 289
Lepaulle, P., *Traité théorique et pratique des trusts en droit interne, en droit fiscal et en droit international*, 1932 ··· 265
Lepenies, *Les trois cultures. Entre science et littérature. l'avènement de la sociologie*, Editons de la Maison des sciences de l'homme, 1990 ·· 16
Leroy-Forget, F. et C. Mécary, *Le couple homosexuel et le droit*, Editions Odile Jacob, avril 2001 (avec la bibliographie) ··· 290
Leroy-Forget, F., *Histoire juridique de l'homosexualité en Europe*, PUF, 1997 ·················· 289
―――, *Les enfants du PACS. Réalité de l'homoparentalité*, L'atelier de l'Archer, 1999 ······· 290
Les Français et leur Code civil, Bicentenaire du Code civil 1804–2004, Les éditions des Jouraux officiels, 2004 ··· 190
L'image de la vie associative en France. Sondage exclusif CSA, 2001 ································ 238
L'islam dans la République. Rapport au Premier ministre, DF, 2001 ································ 196
L'œuvre juridique de Raymond Salleiles, 1914 ·· 51
Loiseau, G., *Le nom, objet d'un contrat*, LGDJ, 1997 ··· 134
Lokiec, P., *Contrat et pouvoir. Essai sur les transformations du droit privé de rapport contractuel*, LGDJ, 2004 (préf. A. Lyon-Caen) ·· 176
Lucas, F. X., *Les tranferts temporaires de valeurs mobilières. Pour une fiducie de valeurs

mobilières, thèse Nantes, LGDJ, 1997 ·· 169, 271

M

Malaurie et Aynès, *Droit civil, tome 6, Les obligations*, Editions Cujas, 1993 ············ 165, 230
Malaurie, Ph., *Droit civil, tome 2, Les personnes, les incapacités*, 3ᵉ éd., 1992 ·························· 94
―――, *Droit civil, tome 1, Introduction générale*, 2ᵉ éd., 1994 ································· 89
Marcel Planiol, Marcel, *Traité élémentaire de droit civil*, tome 1, 1899 ································· 89
Marguénaud, J. P., *L'animal en droit privé*, PUF, 1992, préf. Lombois································ 147
Martel, F., *Le rose et le noir. Les homosexuels en France depuis 1968*, Seuil, 1996（journaliste）
·· 290
Martin, *Nature humaine et Code napoléon*, Droits, 2, 1984 ··· 232
―――, *Mythologie de Code Napoléon. Aux soubassements de la France moderne*, DMM, 2003·· 190
Mazeaud, D., *Les clauses pénales*, LGDJ, 1992·· 112
MaziÈre, P., *Le principe d'égalité en droit privé*, PUAM, 2003（préf. B. Teyssié）·········· 178
Mécary, C., *Droit et homosexualité*, Dalloz, 2000 ··· 289
Mécary, C. et G. de La Pradelle, *Les droits des homosexuel/les*, que sais-je ?, 2ᵉ éd., 1998（1ʳᵉ éd., 1997）·· 223, 289
Mécary, C. et F. Leroy-Forget, *Le PACS*, que sais-je ?, 2000 ·· 223, 289
Mekki, M., *L'intérêt général et le contrat. Contribution à une étude de la hiérarchie des intérêts en droit privé*, LGDJ, 2004（préf. Ghestin）·· 175
Merlet, *L'avènement de la loi de 1901 sur le droit d'association. Genèse et évolution de la loi au fil des Journaux officiels*, 2000 ··· 236
Merlet, *Une grande loi de la Troisième République : la loi du 1er juillet 1901*, 2001············ 236
Mesnard, *Droit et politique de la culture*, PUF, 1990 ·· 150
Micar, *Le droit n'est pas si vil*, Litec, 2004 ··· 190
Michoud, L., *La théorie de la personnalité morale. Son application au droit français*, 2 tomes, LDGJ, 2ᵉ éd., par Trotabas, 19241 ; 3ᵉ éd., 1932 ; reproduction, 1998 ···················· 85, 264
Micou, E., *Egalité de sexes en droit privé*, PUP, 1997（préf. Y. Saint-Jours）···················· 178
Mirabail, S., *La rétractation en droit privé français*, LGDJ, 1997 ·· 169
Moine, I., *Les choses hors commerce. Une approche de la personne humaine juridique*, LGDJ, 1997·· 142
Molfessis, N., *Le conseil constitutionnel et le droit privé*, LGDJ, 1997（préf. Mgobert）········ 180
Monsallier, M.-C., *L'aménagement contractuel du fonctionnement de la société anonyme*, LGDJ, 1998·· 120
Moracchini-Zeidenberg, S., *L'abus dans les relations de droit privé*, PUAM, 2004 ·············· 173
Morvan, P., *Le principe de droit privé*, Ed. Panthéon-Assas, 1999（préf. J. L. Sourioux）········ 180
Mouly-Uillemaud, C., *Retour sur l'article 1135. Une nouvelle source de contenu contractuel*, LGDJ, 2006（préf. D. Ferrier）··· 171
Mucchielli, *La découverte du social. Naissance de la sociologie en France（1870–1914）*, Editions la découverte, 1998 ··· 14

N

Neau-Leduc, P., *La réglementation de droit privé*, Litec, 1998 ·· 169
Nicolas, V., *Essai d'une nouvelle analyse du contrat d'assurance*, LGDJ, 1996 ···················· 170
―――, *L'influence des progès génétique sur le droit de la filiation*, th. Bordeaux, 1988（publié en 1989）··· 142

Niort, *HOMO CIVILIS. Contribution à l'histoire du Code Civil français*, 2 tomes, PUAM, 2004 190
Noblet, C., *La qualité du contractant comme critère légal du protection. Essai de méthodologie législative*, LGDJ, 2002 (préf. F. Labarthe)
Nora (dir.), *Les Lieux de mémoire*, 3 tomes, Gallimard, 1984–92 192

O

Oppetit, B., *Philosophie du droit*, Dalloz, 1999 3
Ory et Sirinelli, *Les intellectuels en France, de l'Affaire Dreyfus à nos jours*, Almand Colin, 1986 33
Ozouf et Ozouf, *La République des instituteurs*, Gallimard, 1992 10

P

Pancrazi-Tian, M.-E., *La protection judiciaire du lien contractuel*, PUAM, 1996 112
Pautot, *Le chien et la loi*, Editions Jurissevice, 5ᵉ éd., 2001 147
Peres-Dourdou, C., *La règle supplétive*, LGDJ, 2004 170
Pichard, M., *Le droit à. Etude de législation française*, Economica, 2006 (préf. M. Gobert) 183
Pimont, S., *Economie du contrat*, PUAM, 2004 (préf. J. Beauchard) 174
Planiol, M., *Traité élémentaire de droit civil*, 2ᵉ éd., avec la collaboration de G. Ripert, tome 1, 1925 89
―――, *Traité élémentaire de droit civil, tome 1*, 5ᵉ éd., 1909 212
―――, *Traité élémentaire de droit civil, tome 2*, 5ᵉ éd., 1909 231
Poilot, E., *Droit européen de la consommation et unification du droit des contrats*, LGDJ, 2006 (préf. de Vareilles-Sommières) 181
Poli, *La protection des biens culturels meubles*, LGDJ, 1996, avant-propos Morand-Deviller, préface Pontier, Cornu, *Le droit culturel des biens. L'intérêt culturel juridiquement protégé*, Bruylant, 1996, préface Tallon 150
Pontier = Ricci = Bourdon, *Droit de la culture*, Dalloz, 2ᵉ éd., 1996, 1ʳᵉ édition, 1990 150
Poracchia, D., *La réception juridique des montages...*, PUAM, 1998 169
Poumarède, La magistrature et la Républiqe. Le débat sur l'éléction des juge en 1882, *Mélanges Hébraud*, 1981 31
Prieur, S., *La disposition par l'individu de son corps*, Les Etudes Hospitalières, 1999 142

R

Ranouil, V., *L'autonimie de la volonté*, PUF, 1980 .... 108, 231
Relin et Maché, *SOS Jeune mère parisien*, Editions Parigramme, 2002 245
Renaut, A., *Les Révolutions de l'universités. Essai sur la modernisation de la culture*, Calmann-Lévy, 1996. 11
Revet, *La force du travail (étude juridique)*, Litec, 1992 (préf. Zenati) 159
Revue trimestrielle de droit civil (2001–1) 227
Rigaux, F., *La protection de la vie privée et des autres biens de la personnalité*, Bruylant-LGDJ, 1990 125
Ripert, G., *La régle morale dans les obligations civile*, 1925 53
―――, *Le régime démocratique et le droit civil modern*, 1935 53
―――, *Aspects juridiques du capitalism modern*, 1946 53
―――, Marcel Planiol 1853–1931, in *Traité élémentaire de droit civil de Marcel Planiol*, tome 1, 4ᵉ éd., 1948 89

Rochfeld, J., *Cause et type de contrat*, LGDJ, 1999 ········ 170
Rosanvallon, P., *La nouvelle question sociale*, 1995 ········ 39
Rouet, *Justice et justiciables aux XIXe et XXe siècles*, Belin, 1999 ········ 30
Rouviere, F., *Le contenu du contrat : essai sur la notion d'inexécution*, PUAM, 2005 (préf. C. Atias) ········ 170
Royer, *La société judiciaire depuis le XVIIIe siècle*, PUF, 1979 ········ 30
————, *Histoire de la justice en France*, PUF, 1995 ········ 31
Royer et al., *Juges et notables au XIXe siècle*, PUF, 1982 ········ 31
Rubellin-Devichi, J. (dir.), *Droit de la famille*, Dalloz, 2001 ········ 289

S

Saint-Pau, *L'anonimat et le droit*, thèse Bordeaux, 1998 ········ 142
Saleilles, R., *De la déclaration de volonté*, 1901 ········ 105
————, *De la personnalité juridique, histoire et théorique*, 2e éd., 1922 ········ 105, 264
Serinet, *Les régimes comparés des sanctions de l'erreur, des vices cachés et l'obligation de délivérance de la vente*, LGDJ, à paraître ········ 165
Serna, M., *L'image des personnes physiques et des biens*, Economica, 1997 ········ 132
Seube, J. B., *L'indivisibilité et les actes juridiques*, Litec, 1999 ········ 169
Steichen, *Les sites contaminés et le droit*, LGDJ, 1996 (préf. Martin) ········ 153
Sueur, *Renouer le lien social. Liberté, égalité, association*, 2001 ········ 239
Sur, *Histoire des avocats en France des origine à nos jours*, Dalloz, 1998 ········ 28

T

Teisseir-Ensminger, *La fortune esthétique de Code civil des Français*, MD, 2004 ········ 190
Terras, C. et M. Dufourt (dir.), *Le Pacs en question. De la croisade des réac à l'embarras de la gauche*, Editions Golias, 1999 ········ 289
Terré, F. (dir.), *Le Couple & son Patrimoine*, Editions du Juris-classeur, Mise à jour, 2000 ····· 289
Thibaudet, *La république des professeurs*, Sauret, 1927 ········ 29
Thioye, M., *Recherches sur la conception du prix dans le contrat*, 2 tomes, PUAM, 2004 ········ 170
Thomasset, Vanderlinden et Jestaz (dir.), *François Gény, Mythe et réalités. 1899–1999 Centenaire de Méthode d'interprétation, essai critique*, 2000 ········ 4
Thomasset et al. (dir.), *François Gény, Mythe et réalités. 1899–1999 Centenaire de Méthode d'interprétation et sources en droit privé positif, essai critique*, Les éditions Yvon Blais, 2000 ········ 309
Thuiller, *L'ENA avnt l'ENA*, PUF, 1983 ········ 21

U

UNIOPSS, *L'accueil des jeunes enfants. Monter un projet. Touver des partenaire. Fiches pratiques pour l'action*, ESF éditeur, 2002 ········ 245
Université Panthéon-Assas (Paris II), *1804–2004, LE CODE CIVIL. Un passé, un présent, un avenir*, Dalloz, 2004 [*Paris II*] ········ 191

V

Valory, S., *La postestativité dans les relations contractuelles*, PUAM, 1999 ········ 169
Vich-Y-Llado, D., *La désunion libre*, 2 tomes, L'Harmattan, juillet 2001 (avec la bibliographie) ········ 290
Vincent, *Sciences-Po. Histoire d'une réussite*, Oliver Orban, 1987 ········ 20

Vivier, J. L., *Le pacte civil de solidarité. Un nouveau contrat*, L'Harmattan, 2001 ·················· 289

W

Wicker, G., *Les fictions juridiques. Contributions à l'analyse de l'acte juridique*, LGDJ, 1997
·· 109

Z

Zattara, A. F., *La dimension constitutionnel et le droit privé*, LGDJ, 2001（préf. R. Cabrillac）
·· 180

論　文

A

Ancel, Force obligatoire et contenu obligationnel du contrat, *R.T.D.C.*, 1999 ······················ 233
Arrighi de Casanova, Le Conseil d'Etat et les travaux de (re)codifidation, *Livre-bi* ············· 195
Aubert, J. L., Indemnisation d'un existence handicapée qui, selon le choix de la mère, n'aurait
　pas dû être, *D*. 2001, p. 489. ··· 307
　――――, La recodification et l'eclatement du droit civil hors le Code civil, *Livre-bi*············· 195
Aynès, L., Préjudice de l'enfant né handicapé: la plainte de Job devant la Cour de cassation,
　D. 2001, p. 492 ··· 308

B

Belleau, Les théories féministes: droit et différence sexuelle, *Revue trimestrielle de droit civil*
　(2001–1) ··· 227
Bézard, Le Viêtnam, *Livre-bi*··· 193
Blondel, De l'enseignement du droit dans les Universités allemandes, *Revue internationale de
　l'enseignement*, 1885–I, II ·· 23
　――――, Note sur l'organisation des Etudes juridiques en Angleterre, *RIE*, 1887–II ············· 23
Bürge, Le code civil et son évolution vers un droit imprégné d'individualisme libéral, *R.T.D.C.*,
　2000 ··· 232
Bufnoir, La réforme du la licence et du doctrat, *RIE*, 1895–I ·· 24
　――――, La réforme du doctrat, *RIE*, 1893–II ··· 24

C

Carbonnier, J., Le Code civil français dans la mémoire collective, *Paris II* ······················ 197
Centenaire de la Revue trimestrielle de droit civil, Les revues juridiques du XXe au XXIe siècle,
　R.T.D.Civ,. 2002, n° 4 ·· 4, 309
Chastel, La notion de patrimoine, in *Les lieux de mémoire*, tome 2, La nation, Gallimard, 1984
　·· 150
Chazal, De la signification du mot loi dans l'article 1134 alinéa 1er du code civil, *R.T.D.C.*, 2001
　·· 233
Commaille, J., Code civil et nouveaux codes sociaux, *Livre-bi*·· 199
Cornu, G., Jean Carbonnier (1908–2003), *RT*, 2003, n. 4 ··· 202
　――――, Réflexions en attendant le tricentenaire, *Livre-bi*. ··· 201
Courdier-Cuisinier, *Le solidarisme contractuel*, Litec, 2006 ··· 38
Crome, Les similitudes du Code civil allemand et du Code civil français, *Livre I/II* ············ 194

D

De Béchillon, Porter atteinte aux catégories anthoropologiques fondamentales ? Réflexions, à propos de la controverse Perruche, sur une figure contemporaine de la rhétorique universitaire, *RT*. 1–2002.47 ················· 308

Dekeuwer-Defossez, F., PACS et famille. Retour sur l'analyse juridique d'un contrat controversé, *RTDC*. 2001.529 ················· 289

Despagnet, La fonction sociale des Facultés de droit, *RIE*, 1891–I ················· 23, 27

Drago, La Société de législation comparée, in Livre du Centenaire de la Société de législation comparée, tome 1, 1969 ················· 57

Duguit, L., *Les transformations de Droit privé depuis de Code Napoléon*, 1911 ················· 271

E

Ewald, F., Rapport philosophique : une politique du droit, *Livre-bi* ················· 203

F

Fabre-Magnan, M., Avortement et responsabilité médicale, *RT*. 2–2001.285 ················· 308

G

Gannagé, L'influence du code civil sur les codifications des états du proche-orient, *Livre-bi* ···· 194

Gaudemet, Y., Le Code civil, *Livre-bi* ················· 192

―――, Le Code civil, « constitution civile de la France », *Paris II* ················· 192

Gobert, M., La Cour de cassation méritait-elle le pilori ?, *Petites Affiches*, 8 décembre 2000 ···· 307

―――, Handicap et démocratie. De l'arrêt à la loi Perruche, *Commentaire*, N. 97, 2002 ······· 308

Gutmann, La fonction sociale de la doctrine juridique. Brèves réflexions à partir d'un ouvrage collectif sur *Méthode d'interprétation et sources en droit privé positif. Essai critique*, *RTDC*. 2002.455 ················· 312

H

Harpérin, J.-L., Le regard de l'historien, *Livre-bi* ················· 193

J

Jacuinot, L'Université Harvard, troisième partie. Les écoles spéciales et les annexes, *RIE*, 1890–II ················· 23

Jahel, Code civil et codification dans les pays du monde arabe, *Paris II* ················· 194

―――, Révision et intangibilité du contrat ou la double philosophie de l'article 1134 du Code civil, *Droit et patrimoine*, N. 58, 1998 ················· 233

Jamin, Ch., Henri Capitant et René Demogue : notation sur l'actualité d'un dialogue doctrinal, *Mél. Fr. Terré*, 1999 ················· 52

―――, Plaidoyer pour le solidarisme contractuel, *Mél. Ghestin, Le contrat au début du XXIe siècle*, 2001 ················· 38

―――, Les intentions des fondateurs, *RTDCiv.*, 2002 ················· 25

Jestaz, Ph., Une question d'épistémologie (à propos de l'affaire Perruche), RT. 3–2001.547 ···· 308

Jestaz et Jaman, Doctine et jurisprudence : cent ans après, *RTDC*. 2002.1 ················· 313

K

Kessedjean, La mondialisation du droit : défi pour la codification, *Paris II* ················· 198

Kohler, Le Code civil français dans la théorie et la pratique allemandes, *Livre I/II* ········· 194

L

Labrusse-Riou et Mathieu, La vie humaine comme préjudice, *Le Monde*, 24 novembre 2000 ··· 307
Lequette, Y., Recodification civile et prolifération de sources internationals, *Livre-bi* ············ 195
Leveneur, L., Le Code civil et le droit communautaire, *Paris II* ································ 201
Liard, La réforme de la Licence en droit, *RIE*, 1889–II ·· 24

M

Markesinis, Réflexions d'un comparatiste anglais sur et à partir de l'arrêt Perruche, *RT.* 1–
　2001.77 ·· 308
Martin, L'insensiblité des rédacteurs du Code civil à l'altuisme, *R.H.D.*, 1982 ················ 232
　―――, Foudements politiques du Code Napoléon, *RTDC*. 2003 ······························ 232
Mazeaud, D., Loyauté, solidarité, fraternité : la nouvelle devise contractuelle ? in *Mélanges
　Terré*, 1999 ··· 38, 109
Mémeteau, L'action de vie dommageable, *JCP*. 2000. I. 279 ···································· 307
Molfessis, N., La réécriture de la loi relative au PACS par le Conseil constitutionnel, *JCP.
　G*. 2000. I. 210 ··· 289
Motulsky, H., De l'impossibilité juridique de constituer un "Trust" anglo-saxon sous l'empire
　de la loi francaise, *Rev. critique de dr. interne. privé*, 1948.451 ······························ 271
Moutouh, H., L'esprit d'une loi : controverses sur le Pacs, *Les Temps Modernes*, Mars-Avril
　1999 ·· 290
Müller, Le Code civil en Allemange, *Livre I/II* ··· 194

P

Perrot, M. et al., Le méccano familial. Les nouveaux enjeux politiques de la vie privée,
　Mouvements, mars-avril 2000 ··· 290
Petit de Julleville, La statistique de l'enseignement supérieur en 1889, *RIE*, 1890–I ······ 23, 27
Planiol, M., Inutilité d'une révision générale du Code civil, *Livre-bi* ························ 195
Prétot, Le Code civil et le droit de la sécité sociale. Un parrainage tout en nuances..., *Livre-bi*
　··· 196

R

Rémy, Ph., Regard sur le Code, *Livre-bi* ··· 193, 197
―――, Planiol : un civiliste à la Belle Epoque, *RTDC*. 2002.11 ·································· 89

S

Sériaux, A., La notion juridique de patrimoine, *RTDCiv.*, 1994, p. 801 et s ··················· 264
Sève, R., Détermination philosophique d'une théorie : la théorie de patrimoine d'Aubry et Rau,
　APD, t. 24, 1979, p. 22 et s ·· 264
Sonnenberger, Code civil et Bürgerliches Gesetzbuch : leur fonction de pilier dans la construction
　de la société civile européenne, *Paris II* ··· 201
Sorel, Introduction, *Livre I* ·· 195

T

Tallon, D., L'avenir du Code en présence des projets d'unification européenne du droit civil,
　Paris II ·· 194

Terré, Fr., Le prix de la vie, *JCP.* 2000, p. 2267 ·········· 307
Térry, I., Pacs, sexualité et différences des sexes, *Esprit*, Octobre 1999 ·········· 290
Thery, Un grand bruit de doctrine, in *Ruptures, mouvement et continuité du droit. Autour de Michelle Gobert*, Economica, 2004, p. 113 et s. ·········· 308
Tissier, Le Code civil et les classes mouvrières, *Livre I* ·········· 195
Turgon, L'enseignement des Faculté de droit de 1879 à 1889, *RIE*, 1890–I ·········· 24

V

Viney, G., Brèves remarques à propos d'un arrêt qui affecte l'image de la Justice dans l'opinion, *JCP.* 2001. I. 286 ·········· 307
Vogel, L., Le monde des code civils, *Paris II* ·········· 193
———, Recodification civile et renouvellement des sources internes, *Livre-bi* ·········· 195

Z

Zoller, Le Code civil et la constitution, *Paris II* ·········· 199

著者略歴
1958 年　千葉県に生まれる
1982 年　東京大学法学部卒業
現　在　東京大学法学部教授
主要著書
『契約法から消費者法へ』1999 年，東京大学出版会
『消費者・家族と法』1999 年，東京大学出版会
『民法総論』2001 年，岩波書店
『フランスの社交と法』2002 年，有斐閣
『生活民法入門』2003 年，東京大学出版会
『家族法 第 2 版補訂版』2004 年，有斐閣
『もうひとつの基本民法 I』2005 年，有斐閣
『生活のための制度を創る』2005 年，有斐閣
『基本民法 II 債権各論 第 2 版』2005 年，有斐閣
『基本民法 III 債権総論・担保物権 第 2 版』2005 年，有斐閣
『消費者法 第 3 版』2007 年，有斐閣
『基本民法 I 総則・物権総論 第 3 版』2007 年，有斐閣
『もうひとつの基本民法 II』2007 年，有斐閣
『他者とともに生きる』2008 年，東京大学出版会
『民法読解 総則編』2009 年，有斐閣
『新しい日本の民法学へ』2009 年，東京大学出版会

学術としての民法 I　20 世紀フランス民法学から

2009 年 7 月 31 日　初　版

［検印廃止］

著　者　大村敦志（おおむらあつし）

発行所　財団法人　東京大学出版会

代 表 者　長谷川寿一

113-8654　東京都文京区本郷 7-3-1　東大構内
電話 03-3811-8814　Fax 03-3812-6958
振替 00160-6-59964

印刷所　研究社印刷株式会社
製本所　牧製本印刷株式会社

© 2009　Atsushi Omura
ISBN 978-4-13-031183-0　Printed in Japan

Ⓡ〈日本複写権センター委託出版物〉
本書の全部または一部を無断で複写複製（コピー）することは，著作権法上での例外を除き，禁じられています．本書からの複写を希望される場合は，日本複写権センター（03-3401-2382）にご連絡ください．

著者	書名	判型	価格
大村敦志著	新しい日本の民法学へ 学術としての民法 II	A5	8500円
大村敦志著	他者とともに生きる 民法から見た外国人法	A5	2800円
大村敦志著	生活民法入門 暮らしを支える法	A5	3200円
大村敦志著	契約法から消費者法へ 生活民法研究 I	A5	5800円
大村敦志著	消費者・家族と法 生活民法研究 II	A5	5800円
内田 貴著	民法 I　第4版 総則・物権総論	A5	3300円
内田 貴著	民法 II　第2版 債権各論	A5	3600円
内田 貴著	民法 III　第3版 債権総論・担保物権	A5	3500円
内田 貴著	民法 IV　補訂版 親族・相続	A5	3500円
平井宜雄著	損害賠償法の理論	A5	7200円

ここに表示された価格は本体価格です．御購入の際には消費税が加算されますので御了承下さい．